SIR ANGELS

Impressions de voyage en Suisse (tome 1)
Dumas, Alexandre

Publication: 1833
Catégorie(s): Fiction, Récit de voyage

A Propos Dumas:
Alexandre Dumas, père, born Dumas Davy de la Pailleterie (July 24, 1802 – December 5, 1870) was a French writer, best known for his numerous historical novels of high adventure which have made him one of the most widely read French authors in the world. Many of his novels, including The Count of Monte Cristo, The Three Musketeers, and The Man in the Iron Mask were serialized, and he also wrote plays and magazine articles and was a prolific correspondent. Source: Wikipedia

Disponible pour Dumas:
- *Les Trois mousquetaires* (1844)
- *Le Comte de Monte-Cristo - Tome I* (1845)
- *Le Comte de Monte-Cristo - Tome II* (1845)
- *Le Comte de Monte-Cristo - Tome III* (1845)
- *Le Comte de Monte-Cristo - Tome IV* (1845)
- *La Reine Margot* (1845)
- *Vingt ans après* (1845)
- *Joseph Balsamo - Tome I (Les Mémoires d'un médecin)* (1848)
- *Joseph Balsamo - Tome II (Les Mémoires d'un médecin)* (1848)
- *Le Collier de la Reine - Tome I (Les Mémoires d'un médecin)* (1850)

Chapitre 1

Exposition

Il n'y a pas de voyageur qui ne croie devoir rendre compte à ses lecteurs des motifs de son voyage. Je suis trop respectueux envers mes célèbres devanciers, depuis M. de Bougainville, qui fit le tour du monde, jusqu'à M. de Maistre, qui fit le tour de sa chambre, pour ne pas suivre leur exemple. D'ailleurs, on trouvera dans mon exposition, si courte qu'elle soit, deux choses fort importantes qu'on chercherait vainement ailleurs : une recette contre le choléra et une preuve de l'infaillibilité des journaux.

Le 15 avril 1832, en revenant de conduire jusqu'à l'escalier mes deux bons et célèbres amis Liszt et Boulanger, qui avaient passé la soirée à se prémunir avec moi contre le fléau régnant en prenant force thé noir, je sentis que les jambes me manquaient tout à coup ; en même temps, un éblouissement me passa sur les yeux et un frisson dans la peau ; je me retins à une table pour ne pas tomber : j'avais le choléra.

S'il était asiatique ou européen, épidémique ou contagieux, c'est ce que j'ignore complètement ; mais ce que je sais très bien, c'est que, sentant que, cinq minutes plus tard, je ne pourrais plus parler, je me dépêchai de demander du sucre et de l'éther.

Ma bonne, qui est une fille fort intelligente, et qui m'avait vu quelquefois, après mon dîner, tremper un morceau de sucre dans du rhum, présuma que je lui demandais quelque chose de pareil. Elle remplit un verre à liqueur d'éther pur, posa sur son orifice le plus gros morceau de sucre qu'elle put trouver, et me l'apporta au moment où je venais de me coucher, grelottant de tous mes membres.

Comme je commençais à perdre la tête, j'étendis machinalement la main ; je sentis qu'on m'y mettait quelque chose ; en même temps, j'entendis une voix qui me disait :
– Avalez cela, monsieur ; cela vous fera du bien.

J'approchai ce quelque chose de ma bouche, et j'avalai ce qu'il contenait, c'est-à-dire un demi-flacon d'éther.

Dire la révolution qui se fit dans ma personne, lorsque cette liqueur diabolique me traversa le torse, est chose impossible, car presque aussitôt je perdis connaissance. Une heure après, je revins à moi : j'étais roulé dans un grand tapis de fourrures, j'avais aux pieds une boule d'eau bouillante ; deux personnes, tenant chacune à la main une bassinoire pleine de feu, me frottaient sur toutes les coutures. Un instant, je me crus mort et en enfer : l'éther me brûlait la poitrine au dedans, les frictions me rissolaient au dehors ; enfin, au bout d'un quart d'heure, le froid s'avoua vaincu : je fondis en eau comme la Biblis de M. Dupaty, et le médecin déclara que j'étais sauvé. Il était temps : deux tours de broche de plus, et j'étais rôti.

Quatre jours après, je vis s'asseoir au pied de mon lit le directeur de la Porte-Saint-Martin ; son théâtre était plus malade encore que moi, et le moribond appelait à son secours le convalescent. M. Harel me dit qu'il lui fallait, dans quinze jours au plus tard, une pièce qui produisît cinquante mille écus au moins ; il ajouta, pour me déterminer, que l'état de fièvre où je me trouvais était très favorable au travail d'imagination, vu l'exaltation cérébrale qui en était la conséquence. Cette raison me parut si concluante que je me mis aussitôt à l'œuvre : je lui donnai sa pièce au bout de huit jours au lieu de quinze ; elle lui rapporta cent mille écus au lieu de cinquante mille : il est vrai que je faillis en devenir fou.

Ce travail forcé ne me remit pas le moins du monde ; et, à peine pouvais-je me tenir debout, tant j'étais faible encore, lorsque j'appris la mort du général Lamarque. Le lendemain, je fus nommé par la famille l'un des commissaires du convoi : ma charge était de faire prendre à l'artillerie de la garde nationale, dont je faisais partie, la place que la hiérarchie militaire lui assignait dans le cortège.

Tout Paris a vu passer ce convoi, sublime d'ordre, de recueillement et de patriotisme. Qui changea cet ordre en désordre, ce recueillement en colère, ce patriotisme en rébellion ? C'est ce que j'ignore ou veux ignorer, jusqu'au jour où la royauté de juillet rendra, comme celle de Charles IX, ses comptes à Dieu, ou comme celle de Louis XVI, ses comptes aux hommes.

Le 9 juin, je lus dans une feuille légitimiste que j'avais été pris les armes à la main, à l'affaire du cloître Saint-Méry, jugé militairement pendant la nuit, et fusillé à trois heures du matin.

La nouvelle avait un caractère si officiel ; le récit de mon exécution, que, du reste, j'avais supportée avec le plus grand courage, était tellement détaillé ; les renseignements venaient d'une si bonne source que j'eus un instant de doute ; d'ailleurs, la conviction du rédacteur était grande ; pour la première fois, il disait du bien de moi dans son journal : il était donc évident qu'il me croyait mort.

Je rejetai ma couverture, je sautai à bas de mon lit, et je courus à ma glace pour me donner à moi-même des preuves de mon existence. Au même instant, la porte de ma chambre s'ouvrit, et un commissionnaire entra, porteur d'une lettre de Charles Nodier, conçue en ces termes :

« *Mon cher Alexandre,*

« *Je lis à l'instant, dans un journal, que vous avez été fusillé hier, à trois heures du matin : ayez la bonté de me faire savoir si cela vous empêchera de venir demain à l'Arsenal dîner avec Taylor.* »

Je fis dire à Charles que, pour ce qui était d'être mort ou vivant, je ne pouvais pas trop lui en répondre, attendu que, moi-même, je n'avais pas encore d'opinion bien arrêtée sur ce point ; mais que, dans l'un ou l'autre cas, j'irais toujours le lendemain dîner avec lui ; ainsi, qu'il n'avait qu'à se tenir prêt, comme don Juan, à fêter la statue du commandeur.

Le lendemain, il fut bien constaté que je n'étais pas mort ; cependant, je n'y avais pas gagné grand'chose, car j'étais toujours fort malade. Ce que voyant, mon médecin m'ordonna ce qu'un médecin ordonne lorsqu'il ne sait plus qu'ordonner : un voyage en Suisse.

En conséquence, le 21 juillet 1832, je partis de Paris.

Chapitre 2

Jean sans Peur

Le 9 septembre 1419, sur la partie du pont qui traverse l'Yonne, et sous l'inspection de deux hommes qui, assis de chaque côté du parapet, paraissaient apporter un égal intérêt à l'œuvre qui s'opérait devant eux, des ouvriers, protégés dans leur travail par quelques soldats qui empêchaient le peuple d'approcher, élevaient en grande hâte une espèce de loge en charpente qui s'étendait sur toute la largeur du pont, et sur une longueur d'environ vingt pieds. Le plus vieux des deux personnages que nous avons représentés comme président à la construction de cette loge paraissait âgé de quarante-huit ans, à peu près. Sa tête brune, ombragée par de longs cheveux noirs taillés en rond, était couverte d'un chaperon d'étoffe de couleur sombre, dont un des bouts flottait au vent comme l'extrémité d'une écharpe. Il était vêtu d'une robe de drap pareil à celui de son chaperon, dont la doublure, en menu-vair, paraissait au collet, à l'extrémité inférieure et aux manches ; de ces manches larges et tombantes sortaient deux bras robustes que protégeait un de ces durs vêtements de fer maillé qu'on appelait haubergeon. Ses jambes étaient couvertes de longues bottes, dont l'extrémité supérieure disparaissait sous sa robe, et dont l'extrémité inférieure, souillée de boue, attestait que la précipitation avec laquelle il s'était occupé de venir présider à l'exécution de cette loge ne lui avait pas permis de changer son costume de voyage. À sa ceinture de cuir pendait, à des cordons de soie, une longue bourse de velours noir et, à côté d'elle, en place d'épée ou de dague, à une chaîne de fer, une petite hache d'armes damasquinée d'or, dont la pointe opposée au tranchant figurait, avec une vérité qui faisait honneur à l'ouvrier des mains duquel elle était sortie, une tête de faucon déchaperonné.

Quant à son compagnon, qui paraissait à peine âgé de vingt-cinq à vingt-six ans, c'était un beau jeune homme, mis avec un soin qui paraissait, au premier abord, incompatible avec la préoccupation sombre de son esprit. Sa tête, inclinée sur sa poitrine, était couverte d'une espèce de casquette de velours bleu doublée d'hermine ; une agrafe de rubis y rassemblait, sur le devant, les tiges de plusieurs plumes de paon, dont le vent agitait l'autre extrémité comme une aigrette d'émeraude, de saphir et d'or. De son surtout de velours rouge, dont les manches pendaient, garnies d'hermine comme son chapeau, sortaient, croisés sur sa poitrine, ses bras couverts d'une étoffe si brillante, qu'elle semblait un tissu de fil d'or. Ce costume était complété par un pantalon bleu collant, sur la cuisse gauche duquel étaient brodés un P et un G surmontés d'un casque de chevalier, et par des bottes de cuir noir, doublées de peluche rouge, dont l'extrémité supérieure, en se rabattant, formait un retroussis auquel venait s'attacher, par une chaîne d'or, la pointe recourbée de la poulaine démesurée qu'on portait à cette époque.

De son côté, le peuple regardait avec une grande curiosité les apprêts de l'entrevue qui devait avoir lieu le lendemain entre le dauphin Charles et le duc Jean ; et, quoique le désir unanime fût pour la paix, les paroles qu'il murmurait étaient bien diverses ; car il y avait dans tous les esprits plus de crainte que d'espoir ; la dernière conférence qui avait eu lieu entre les chefs des partis dauphinois et bourguignon, malgré les promesses faites de part et d'autre, avait eu des suites si désastreuses que l'on ne comptait plus que sur un miracle pour la réconciliation des deux princes. Cependant, quelques esprits, mieux disposés que les autres, croyaient, ou paraissaient croire, au succès de la négociation qui allait avoir lieu.

— Pardieu ! disait, les deux mains passées dans la ceinture qui encerclait la rotondité de son ventre au lieu de serrer le bas de sa taille, un gros homme à figure épanouie, bourgeonnant comme un rosier au mois de mai ; pardieu ! c'est bien heureux que monseigneur le dauphin, que Dieu conserve, et que monseigneur de Bourgogne, que tous les saints protègent, aient choisi la ville de Montereau pour y venir jurer la paix.

— Oui, n'est-ce pas, tavernier ? répondit, en lui frappant du plat de la main sur le point culminant du ventre, son voisin, moins enthousiaste que lui ; oui, c'est fort heureux, car cela fera tomber quelques écus dans ton escarcelle, et la grêle sur la ville.

— Pourquoi cela, Pierre ? dirent plusieurs voix.

— Pourquoi cela est-il arrivé au Ponceau ? pourquoi, l'entrevue à peine finie, un si terrible ouragan éclata-t-il dans un ciel où l'on ne voyait pas un nuage ? pourquoi le tonnerre tomba-t-il sur l'un des deux arbres au pied desquels s'étaient embrassés le dauphin et le duc ? pourquoi brisa-t-il cet arbre sans toucher l'autre, de telle manière que, bien qu'ils partissent d'une même tige, l'un tomba foudroyé auprès de son frère resté debout ? Et, tiens, ajouta Pierre en étendant la main, pourquoi, en ce moment, tombe-t-il de la neige, quoique nous ne soyons qu'au 9 septembre ?

Chacun, à ces mots, leva la tête, et vit effectivement flotter sur un ciel gris les premiers flocons de cette neige précoce qui devait, pendant la nuit suivante, couvrir comme un linceul toutes les terres de la Bourgogne.

— Tu as raison, Pierre, dit une voix ; c'est de mauvais augure, et cela annonce de terribles choses.

— Savez-vous ce que cela annonce ? reprit Pierre. C'est que Dieu se lasse, à la fin, des faux serments que font les hommes.

— Oui, oui, cela est vrai, répondit la même voix ; mais pourquoi n'est-ce pas sur ceux-là qui se parjurent que le tonnerre tombe, plutôt que sur un pauvre arbre qui n'y peut rien ?

Cette exclamation fit lever la tête au plus jeune des deux seigneurs, et, dans ce mouvement, ses yeux se portèrent sur la loge en construction. Un des ouvriers établissait, au milieu de cette loge, la barrière qui devait, pour la sûreté de chacun, séparer les deux partis. Il paraît que cette mesure de précaution n'obtint pas l'approbation du noble assistant ; car son visage pâle devint pourpre, et, sortant de l'apathie apparente dans laquelle il était plongé, il bondit jusqu'à la loge et tomba au milieu des ouvriers avec un blasphème si sacrilège que le charpentier, qui commençait à ajuster la barrière, la laissa tomber et se signa.

— Qui t'a ordonné de mettre cette barrière, misérable ? lui dit le chevalier.

— Personne, monseigneur, reprit l'ouvrier, tremblant et courbé sous ces paroles ; personne, mais c'est l'habitude.

— L'habitude est une sotte, entends-tu ? Envoie-moi ce morceau de bois à la rivière.

Et, se retournant vers son compagnon plus âgé :

— À quoi donc, dit-il, pensiez-vous, messire Tanneguy, que vous le laissiez faire ?

— Mais j'étais comme vous, messire de Gyac, répondit Duchâtel, si préoccupé, à ce qu'il paraît, de l'événement, que j'en oubliais les préparatifs.

Pendant ce temps, l'ouvrier, pour obéir à l'ordre du sire de Gyac, avait dressé la barrière contre le parapet du mur, et se préparait à la faire passer par-dessus, lorsqu'une voix sortit de la foule qui regardait cette scène : c'était celle de Pierre.

— C'est égal, disait-il en s'adressant au charpentier, tu avais raison, André ; et c'est ce seigneur qui a tort.

— Hein ? dit de Gyac en se retournant.

— Oui, monseigneur, continua tranquillement Pierre en se croisant les bras ; vous avez beau dire : une barrière, c'est la sûreté de chacun ; c'est chose de bonne précaution lorsqu'une entrevue doit avoir lieu entre deux ennemis, et cela se fait toujours.

— Oui, oui, toujours ! crièrent tumultueusement les hommes qui l'entouraient.

— Et qui donc es-tu, dit de Gyac, pour oser avoir un avis qui n'est pas le mien ?

— Je suis, répondit froidement Pierre, un bourgeois de la commune de Montereau, libre de corps et de biens et ayant pris, tout jeune, l'habitude de dire tout haut mon avis sur chaque chose sans m'inquiéter s'il choque l'opinion d'un plus puissant que moi.

De Gyac fit un geste pour porter la main à son épée ; Tanneguy l'arrêta par le bras.

— Vous êtes insensé, messire, lui dit-il en haussant les épaules. Archers ! continua Tanneguy, faites évacuer le pont et si ces drôles font quelque résistance, je vous permets de vous souvenir que vous avez une arbalète à la main et des viretons plein votre trousse.

— Bien, bien, messeigneurs, dit Pierre, qui, placé le dernier, avait l'air de soutenir la retraite ; on se retire ; mais, puisque je vous ai dit mon premier avis, il faut que je vous dise le second : c'est qu'il se prépare à cette place quelque bonne trahison.

Dieu reçoive en grâce la victime, et en miséricorde les meurtriers !

Pendant que les ordres donnés par Tanneguy s'exécutaient, les charpentiers avaient abandonné la loge achevée, et garnissaient de barrières, fermées par de solides portes, les deux extrémités du pont, afin que les seules personnes qui étaient de la suite du dauphin et du duc pussent entrer ; ces personnages devaient être au nombre de dix de chaque côté, et, pour la sûreté personnelle de chacun des chefs, le reste des gens du duc devait occuper la rive gauche de la Seine et le château de Surville, et les partisans du dauphin la ville de Montereau et la rive droite de l'Yonne. Quant à la langue de terre dont nous avons parlé, et qui se trouve entre les deux rivières, c'était un terrain neutre qui ne devait appartenir à personne ; et comme, à cette époque, à l'exception d'un moulin isolé qui s'élevait au bord de l'Yonne, cette presqu'île était complètement inhabitée, on pouvait facilement s'assurer qu'on n'y avait préparé aucune surprise.

Lorsque les ouvriers eurent achevé les barrières, deux troupes d'hommes armés, comme si elles n'avaient attendu que ce moment, s'avancèrent simultanément pour prendre leurs positions respectives : l'une de ces troupes, composée d'arbalétriers portant la croix rouge de Bourgogne sur l'épaule, vint, commandée par Jacques de La Lime, son grand maître, s'emparer du faubourg de Montereau, et placer ses sentinelles à l'extrémité du pont par laquelle devait arriver le duc Jean ; l'autre, formée d'hommes d'armes dauphinois, se répandit dans la ville, et vint mettre des gardes à la barrière par laquelle devait entrer le dauphin.

Pendant ce temps, Tanneguy et de Gyac avaient continué leur entretien ; mais, dès qu'ils virent ces dispositions prises, ils se séparèrent : de Gyac pour reprendre la route de Bray-sur-Seine, où l'attendait le duc de Bourgogne, et Tanneguy-Duchâtel pour se rendre auprès du dauphin de France.

La nuit fut horrible : malgré la saison peu avancée, six pouces de neige couvraient le sol. Tous les biens de la terre furent perdus.

Le lendemain, 10 septembre, à une heure après midi, le duc monta à cheval dans la cour de la maison où il s'était logé. Il avait à sa droite le sire de Gyac et à sa gauche le seigneur de

Noailles. Son chien favori avait hurlé lamentablement toute la nuit et, voyant son maître prêt à partir, il s'élançait hors de la niche où il était attaché, les yeux ardents et le poil hérissé ; enfin, lorsque le duc se mit en marche, le chien fit un violent effort, rompit sa double chaîne de fer, et, au moment où le cheval allait franchir le seuil de la porte, il se jeta à son poitrail et le mordit si cruellement que le cheval se cabra et faillit faire perdre les arçons à son cavalier. De Gyac, impatient, voulut l'écarter avec un fouet qu'il portait ; mais le chien ne tint aucun compte des coups qu'il recevait, et se jeta de nouveau à la gorge du cheval du duc ; celui-ci, le croyant enragé, prit une petite hache d'armes qu'il portait à l'arçon de sa selle et lui fendit la tête. Le chien jeta un cri, et alla en roulant expirer sur le seuil de la porte, comme pour en défendre encore le passage : le duc, avec un soupir de regret, fit sauter son cheval par-dessus le corps du fidèle animal.

Vingt pas plus loin, un vieux Juif, qui était de sa maison et qui se mêlait de l'œuvre de magie, sortit tout à coup de derrière un mur, arrêta le cheval du duc par la bride et dit à celui-ci :

— Monseigneur, au nom de Dieu, n'allez pas plus loin !

— Que me veux-tu, Juif ? dit le duc en s'arrêtant.

— Monseigneur, reprit le Juif, j'ai passé la nuit à consulter les astres, et la science dit que, si vous allez à Montereau, vous n'en reviendrez pas.

Et il tenait le cheval au mors pour l'empêcher d'avancer.

— Qu'en dis-tu, de Gyac ? dit le duc en se retournant vers son jeune favori.

— Je dis, répondit celui-ci, la rougeur de l'impatience au front, je dis que ce Juif est un fou qu'il faut traiter comme votre chien, si vous ne voulez pas que son contact immonde vous force à quelque pénitence de huit jours.

— Laisse-moi, Juif, dit le duc pensif, en lui faisant doucement signe de le laisser passer.

— Arrière, Juif ! s'écria de Gyac en heurtant le vieillard du poitrail de son cheval, et en l'envoyant rouler à dix pas ; arrière ! N'entends-tu pas monseigneur qui t'ordonne de lâcher la bride de son cheval ?

Le duc passa la main sur son front, comme pour en écarter un nuage ; et, jetant un dernier regard sur le Juif étendu sans connaissance sur le revers de la route, il continua son chemin.

Trois quarts d'heures après, le duc arriva au château de Montereau. Avant de descendre de cheval, il donna l'ordre à deux cents hommes d'armes et à cent archers de se loger dans le faubourg, et de relever ceux qui, la veille, avaient reçu la garde de la tête du pont.

En ce moment, Tanneguy vint vers le duc, et lui dit que le dauphin l'attendait au lieu de l'entrevue depuis près d'une heure. Le duc répondit qu'il y allait ; au même instant, un de ses serviteurs, tout effaré, accourut, et lui parla tout bas. Le duc se tourna vers Duchâtel.

– Par le saint jour de Dieu ! dit-il, chacun s'est donné le mot aujourd'hui pour nous entretenir de trahison. Duchâtel, êtes-vous bien sûr que notre personne ne court aucun risque ? car vous feriez bien mal de nous tromper.

– Mon très redouté seigneur, répondit Tanneguy, j'aimerais mieux être mort et damné que de faire trahison à vous ou à nul autre ; n'ayez donc aucune crainte, car monseigneur le dauphin ne vous veut aucun mal.

– Eh bien, nous irons donc, dit le duc, nous fiant à Dieu (il leva les yeux au ciel) et à vous, continua-t-il en fixant sur Tanneguy un de ces regards perçants qui n'appartenaient qu'à lui.

Tanneguy le soutint sans baisser la vue.

Alors celui-ci présenta au duc le parchemin sur lequel étaient inscrits les noms des dix hommes d'armes qui devaient accompagner le dauphin ; ils étaient inscrits dans l'ordre suivant : Le vicomte de Narbonne, Pierre de Beauveau, Robert de Loire, Tanneguy-Duchâtel, Barbazan, Guillaume Le Bouteillier, Guy d'Avaugour, Olivier Layet, Varennes et Frottier.

Tanneguy reçut en échange la liste du duc. Ceux qu'il avait appelés à l'honneur de le suivre étaient : Monseigneur Charles de Bourbon, le seigneur de Noailles, Jean de Fribourg, le seigneur Saint-Georges, le seigneur de Montagu, messire Antoine de Vergy, le seigneur d'Ancre, messire Guy de Pontarlier, messire Charles de Lens et messire Pierre de Gyac. De plus, chacun devait amener avec lui son secrétaire [1].

---

1. Enguerrand de Monstrelet, Sainte-Foix, Barante

Tanneguy emporta cette liste. Derrière lui, le duc se mit en route pour descendre du château au pont ; il était à pied, avait la tête couverte d'un chaperon de velours noir, portait pour arme défensive un simple haubergeon de mailles, et, pour arme offensive, une faible épée à riche ciselure et à poignée dorée.

En arrivant à la barrière, Jacques de La Lime lui dit qu'il avait vu beaucoup de gens armés entrer dans une maison de la ville qui touchait à l'autre extrémité du pont, et qu'en l'apercevant, lorsqu'il avait pris poste avec sa troupe, ces gens s'étaient hâtés de fermer les fenêtres de cette maison.

— Allez voir si cela est vrai, de Gyac, dit le duc ; je vous attendrai ici [2].

De Gyac prit le chemin du pont, traversa les barrières, passa au milieu de la loge en charpente, arriva à la maison désignée et en ouvrit la porte. Tanneguy y donnait des instructions à une vingtaine de soldats armés de toutes pièces.

— Eh bien ? dit Tanneguy en l'apercevant.
— Êtes-vous prêts ? répondit de Gyac.
— Oui ; maintenant, il peut venir.

De Gyac retourna vers le duc.

— Le grand maître a mal vu, monseigneur, dit-il ; il n'y a personne dans cette maison.

Le duc se mit en marche. Il dépassa la première barrière, qui se ferma aussitôt derrière lui. Cela lui donna quelques soupçons ; mais, comme il vit devant lui Tanneguy et le sire de Beauveau, qui étaient venus à sa rencontre, il ne voulut pas reculer. Il prêta son serment d'une voix ferme ; et, montrant au sire de Beauveau sa légère cotte de mailles et sa faible épée :

— Vous voyez, monsieur, comme je viens ; d'ailleurs, continua-t-il en se tournant vers Duchâtel et en lui frappant sur l'épaule, *voici en qui je me fie* [3].

Le jeune dauphin était déjà dans la loge en charpente au milieu du pont : il portait une robe de velours bleu clair garnie de martre, un bonnet dont la forme était entourée d'une petite couronne de fleurs de lis d'or ; la visière et les rebords étaient de fourrure pareille à celle de la robe.

---

2. Enguerrand de Monstrelet
3. Enguerrand de Monstrelet

En apercevant le prince, les doutes du duc de Bourgogne s'évanouirent ; il marcha droit à lui, entra sous la tente, remarqua que, contre tous les usages, il n'y avait point de barrière au milieu pour séparer les deux partis ; mais, sans doute, il crut que c'était un oubli, car il n'en fit pas même l'observation. Quand les dix seigneurs qui l'accompagnaient furent entrés à sa suite, on ferma les deux barrières.

À peine s'il y avait dans cette étroite tente un espace suffisant pour que les vingt-quatre personnes qui y étaient enfermées pussent y tenir, même debout ; Bourguignons et Français étaient mêlés au point de se toucher. Le duc ôta son chaperon, et mit le genou gauche en terre devant le dauphin.

– Je suis venu à vos ordres, monseigneur, dit-il, quoique quelques-uns m'aient assuré que cette entrevue n'avait été demandée par vous qu'à l'effet de me faire des reproches ; j'espère que cela n'est pas, monseigneur, ne les ayant pas mérités.

Le dauphin se croisa les bras sans l'embrasser ni le relever, comme il avait fait à la première entrevue.

– Vous vous êtes trompé, monsieur le duc, répondit-il d'une voix sévère : oui, nous avons de graves reproches à vous faire ; car vous avez mal tenu la promesse que vous nous aviez engagée. Vous m'avez laissé prendre ma ville de Pontoise, qui est la clef de Paris ; et, au lieu de vous jeter dans la capitale pour la défendre ou y mourir, comme vous le deviez en sujet loyal, vous avez fui à Troyes.

– Fui, monseigneur ? dit le duc en tressaillant de tout son corps à cette expression outrageante.

– Oui, fui ! répéta le dauphin, appuyant sur le mot. Vous avez...

Le duc se releva, ne croyant pas sans doute devoir en entendre davantage ; et, comme, dans l'humble posture qu'il avait prise, une des ciselures de la poignée de son épée s'était accrochée à une maille de son haubergeon, il voulut lui faire reprendre sa position verticale : le dauphin recula d'un pas, ne sachant pas quelle était l'intention du duc en touchant son épée.

– Ah ! vous portez la main à votre épée en présence de votre maître ! s'écria Robert de Loire en se jetant entre le duc et le dauphin.

Le duc voulut parler. Tanneguy se baissa, ramassa derrière la tapisserie la hache qui, la veille, était pendue à sa ceinture ; puis, se redressant de toute sa hauteur :

– Il est temps, dit-il en levant son arme sur la tête du duc.

Le duc vit le coup qui le menaçait ; il voulut le parer de la main gauche, tandis qu'il portait la droite à la garde de son épée ; il n'eut pas même le temps de la tirer ; la hache de Tanneguy tomba, abattant la main gauche du duc, et, du même coup, lui fendant la tête depuis la pommette de la joue jusqu'au bas du menton.

Le duc resta encore un instant debout, comme un chêne qui ne peut tomber ; alors Robert de Loire lui plongea son poignard dans la gorge et l'y laissa.

Le duc jeta un cri, étendit les bras, et alla tomber aux pieds de Gyac.

Il y eut alors une grande clameur et une affreuse mêlée ; car, dans cette tente où deux hommes auraient eu à peine de la place pour se battre, vingt hommes se ruèrent les uns sur les autres. Un moment, on ne put distinguer au-dessus de toutes ces têtes que des mains, des haches et des épées ! Les Français criaient : « Tue ! tue ! à mort ! » Les Bourguignons criaient : « Trahison ! trahison ! alarme ! » Les étincelles jaillissaient des armes qui se rencontraient, le sang s'élançait des blessures. Le dauphin, épouvanté, s'était jeté le haut du corps en dehors de la barrière. À ses cris, le président Louvet arriva, le prit par-dessous les épaules, le tira dehors, et l'entraîna presque évanoui vers la ville ; sa robe de velours bleu était toute ruisselante du sang du duc de Bourgogne, qui avait rejailli jusque sur lui.

Cependant, le sire de Montagu, qui était au duc, était parvenu à escalader la barrière, et criait : « Alarme ! » De Noailles allait la franchir aussi, lorsque Narbonne lui fendit le derrière de la tête ; il tomba hors de la tente, et expira presque aussitôt. Le seigneur de Saint-Georges était profondément blessé au côté droit d'un coup de pointe de hache ; le seigneur d'Ancre avait la main fendue.

Le combat et les cris continuaient dans la tente ; on marchait sur le duc mourant, que nul ne songeait à secourir. Jusqu'alors, les Dauphinois, mieux armés, avaient le dessus ; mais, aux cris du seigneur de Montagu, Antoine de Thoulongeon, Simon

Othelimer, Sambutier et Jean d'Ermay accoururent, s'approchèrent de la loge, et, tandis que trois d'entre eux dardaient leurs épées à ceux du dedans, le quatrième rompait la barrière. De leur côté, les hommes cachés dans la maison sortirent et arrivèrent en aide aux Dauphinois. Les Bourguignons, voyant que toute résistance était inutile, prirent la fuite par la barrière brisée. Les Dauphinois les poursuivirent, et trois personnes seulement restèrent sous la tente vide et ensanglantée.

C'était le duc de Bourgogne, étendu et mourant ; c'était Pierre de Gyac, debout, les bras croisés, et le regardant mourir ; c'était, enfin, Olivier Layet, qui, touché des souffrances de ce malheureux prince, soulevait son haubergeon pour l'achever par-dessous avec son épée. Mais de Gyac ne voulait pas voir abréger cette agonie, dont chaque convulsion semblait lui appartenir ; et, lorsqu'il reconnut l'intention d'Olivier, d'un violent coup de pied il lui fit voler son épée des mains. Olivier, étonné, leva la tête.

– Eh ! sang-Dieu ! lui dit en riant de Gyac, laissez donc ce pauvre prince mourir tranquille.

Puis, lorsque le duc eut rendu le dernier soupir, il lui mit la main sur le cœur pour s'assurer qu'il était bien mort ; et, comme le reste l'inquiétait peu, il disparut sans que personne fît attention à lui.

Cependant, les Dauphinois, après avoir poursuivi les Bourguignons jusqu'au pied du château, revinrent sur leurs pas. Ils trouvèrent le corps du duc étendu à la place où ils l'avaient laissé, et près de lui le curé de Montereau, qui, les genoux dans le sang, lui disait les prières des morts. Les gens du dauphin voulurent lui arracher ce cadavre et le jeter à la rivière ; mais le prêtre leva son crucifix sur le duc, et menaça de la colère du ciel quiconque oserait toucher ce pauvre corps, dont l'âme était si violemment sortie. Alors Cœsmerel, bâtard de Tanneguy, lui détacha du pied un de ses éperons d'or, jurant de le porter désormais comme un ordre de chevalerie ; et les valets du dauphin, suivant cet exemple, arrachèrent les bagues dont ses mains étaient couvertes, ainsi que la magnifique chaîne d'or qui pendait à son cou.

Le prêtre resta là jusqu'à minuit ; puis, à cette heure seulement, avec l'aide de deux hommes, il porta le corps dans un moulin, près du pont, le déposa sur une table, et continua de prier près de lui jusqu'au lendemain matin. À huit heures, le duc fut mis en terre en l'église Notre-Dame, devant l'autel Saint-Louis ; il était revêtu de son pourpoint et de ses houseaux ; sa barrette était tirée sur son visage ; aucune cérémonie religieuse n'accompagna l'inhumation : cependant, pour le repos de son âme, il fut dit douze messes pendant les trois jours suivants. Le lendemain du jour de l'assassinat du duc de Bourgogne, des pêcheurs trouvèrent dans la Seine le corps de madame de Gyac [4].

4.Voyez les Chroniques de France, dans la Revue des Deux Mondes

Chapitre 3

Napoléon

Dans la soirée du 17 février 1814, les habitants de Montereau avaient vu s'entasser dans leur ville, prendre position sur la hauteur qui la domine, et s'étendre dans les plaines qui l'environnent, des masses de Wurtembergeois si pressées qu'ils n'en pouvaient calculer le nombre. Ces hommes regrettaient amèrement de n'être que l'arrière-garde de la triple armée qui poursuivait Napoléon vaincu et les quinze mille hommes qui l'entouraient encore, dernier débris qui lui servait plutôt d'escorte que de défense ; et chacun d'eux, fixant ses yeux avides sur le cours de la Seine qui fuit vers la capitale, répétait ce cri que nous avons entendu tout enfant, et que, cependant, nous croyons entendre encore, tant il avait une expression funeste dans les bouches étrangères :

– Paris ! Paris !

Toute la journée, cependant, de Mormant à Provins, le canon avait grondé ; mais l'ennemi, insoucieux, y avait à peine fait attention : c'était sans doute quelque général perdu qui, acculé comme un sanglier aux abois, tenait encore tête aux Russes. En effet, qu'avait-on à craindre ? Napoléon le vainqueur était en fuite à son tour ; Napoléon était à dix-huit lieues de Montereau, avec ses quinze mille hommes harassés qui ne devaient plus avoir de forces que pour regagner la capitale.

La nuit vint. Le lendemain, le canon se fait entendre, mais de plus près que la veille : d'instant en instant, chaque cri de cette grande voix des batailles tonne plus haut. Les Wurtembergeois se réveillent, ils écoutent : le canon n'est plus qu'à deux lieues de Montereau ; le cri « Aux armes ! » court partout avec son frémissement électrique ; les tambours battent, les clairons sonnent, les chevaux des aides de camp battent le pavé de leurs quatre pieds de fer ; l'ennemi est en bataille.

Tout à coup, par la route de Nogent, débouchent des masses en désordre ; elles sont poursuivies de si près que le feu de notre canon les brûle, que le souffle de nos chevaux mouille leurs épaules : ce sont les Russes qui, la veille au matin, formaient l'avant-garde de l'armée d'invasion, et avaient déjà atteint Fontainebleau.

Dans la nuit du 16 au 17, Napoléon s'est retourné : des charrettes de poste transportent ses soldats ; des chevaux de poste traînent son artillerie ; la cavalerie d'Espagne arrive toute fraîche, et les suit au galop. Le 17, au matin, Napoléon et son armée sont en bataille devant Guignes ; ils y trouvent les avant-postes ennemis, les chassent devant eux, atteignent les colonnes russes, les renversent. L'ennemi se replie. De Guignes à Nangis, ce n'est encore qu'une retraite ; de Nangis à Nogent, c'est une déroute. Napoléon passe au galop devant le duc de Bellune, lui jette l'ordre de détacher trois mille hommes de son corps d'armée. Qu'a-t-il à faire de quinze mille soldats pour poursuivre vingt-cinq mille Russes ? Bellune ira l'attendre à Montereau : en s'y rendant en ligne droite, il n'a que six lieues à faire ; Napoléon y sera le lendemain, lui ; et, par le cercle qu'il lui faut parcourir, il en aura fait dix-sept.

Bellune détache trois mille hommes, se met à leur tête, s'égare, met dix heures à faire six lieues, et, en arrivant à Montereau, trouve la ville occupée depuis deux heures par les Wurtembergeois.

Cependant, Napoléon balaye l'ennemi comme l'ouragan la poussière, le dépasse, et, se retournant aussitôt, le refoule sur Montereau où Bellune et ses trois mille hommes doivent l'attendre. Cette cavalerie qui hennit, c'est la sienne ; ces canons qui tonnent, ce sont les siens ; cet homme qui, au milieu de la poudre, du bruit et du feu, apparaît aux premiers rangs des vainqueurs, chassant vingt-cinq mille Russes avec sa cravache, c'est lui, c'est Napoléon !

Russes et Wurtembergeois se sont reconnus : les fuyards s'adossent à un corps d'armée de troupes fraîches. Où Napoléon croit trouver trois mille Français, et prendre les Russes entre deux feux, il rencontre dix mille ennemis, et heurte un mur de baïonnettes ; de la hauteur de Surville, où devait flotter le drapeau tricolore, dix-huit pièces de canon s'apprêtent à le foudroyer.

La garde reçoit l'ordre d'enlever le plateau de Surville, elle s'élance au pas de course ; après la troisième décharge, les artilleurs Wurtembergeois sont tués sur leurs pièces ; le plateau est à nous.

Cependant, les canons, que l'ennemi a eu le temps d'enclouer, ne peuvent pas servir. On traîne à bras l'artillerie de la garde ; Napoléon la dirige, la place, la pointe ; la montagne s'allume comme un volcan ; la mitraille enlève des rangs entiers de Wurtembergeois et de Russes ; les boulets ennemis répondent, sifflent et ricochent sur le plateau ; Napoléon est au milieu d'un ouragan de fer. On veut le forcer de se retirer.

— Laissez, laissez, mes amis, **dit-il** en se cramponnant à un affût ; le boulet qui doit me tuer n'est pas encore fondu.

En sentant la poudre de si près, l'empereur a disparu ; le lieutenant d'artillerie s'est remis à l'œuvre. Allons, Bonaparte, sauve Napoléon !

Protégées par le feu de cette redoutable artillerie, dont l'œil de Napoléon semble conduire chaque boulet, diriger chaque mitraille, les gardes nationales bretonnes s'emparent à la baïonnette du faubourg de Melun, tandis que, du côté de Fossard, le général Pajol pénètre avec sa cavalerie jusqu'à l'entrée du pont ; là, ils trouvent Russes et Wurtembergeois tellement entassés que ce ne sont plus les baïonnettes ennemies, mais les corps mêmes des hommes qui les empêchent d'avancer : il faut se faire avec le sabre un chemin dans cette foule, comme avec la hache dans une forêt trop pressée. Alors Napoléon ramène tout le feu de son artillerie sur un seul point ; ses boulets enfilent la longue ligne du pont ; chacun d'eux enlève des rangs entiers d'hommes dans cette masse qu'ils labourent comme la charrue un champ ; et cependant l'ennemi se trouve encore trop pressé ; il étouffe entre les parapets ; le pont déborde ; en un instant, la Seine et l'Yonne sont couvertes d'hommes et rouges de sang. Cette boucherie dura quatre heures.

— Et maintenant, dit Napoléon lassé, en s'asseyant sur l'affût d'un canon, je suis plus près de Vienne qu'ils ne le sont de Paris.

Puis il laissa tomber sa tête entre ses mains, resta dix minutes absorbé dans la pensée de ses anciennes victoires et dans l'espérance de ses victoires nouvelles.

Quand il releva le front, il avait devant lui un aide de camp qui venait lui annoncer que Soissons, cette poterne de Paris, s'était ouverte, et que l'ennemi n'était plus qu'à dix lieues de la capitale.

Il écouta ces nouvelles comme choses que, depuis deux ans, l'impéritie ou la trahison de ses généraux l'avait habitué à entendre : pas un muscle de son visage ne bougea, et nul, de ceux qui l'entouraient, ne put dire qu'il avait surpris une trace d'émotion sur la figure de ce joueur sublime qui venait de perdre le monde.

Il fit signe qu'on lui amenât son cheval ; puis, indiquant du doigt la route de Fontainebleau, il ne dit que ces seules paroles :

– Allons, messieurs, en route !

Et cet homme de fer partit, impassible, comme si toute fatigue devait s'émousser sur son corps, et toute douleur sur son âme.

On montre, suspendue à la voûte de l'église de Montereau, l'épée de Jean de Bourgogne.

Sur toutes les maisons qui font face au plateau de Surville, on reconnaît la trace des boulets de Napoléon.

Chapitre 4

Lyon

Le lendemain au soir, nous nous arrêtâmes à Chalon. Nous n'avions retenu nos places que jusqu'à cette ville, comptant, une fois arrivés là, gagner Lyon par eau. Nous nous trompions : la Saône était si basse, que, le jour même, les bateaux à vapeur n'avaient pu revenir ; nous les aperçûmes piteusement traînés à la remorque par quarante chevaux qui les forçaient d'avancer sur un lit de sable dont leur quille labourait le fond : il ne fallait pas songer à partir le lendemain par cette voie.

Comme il n'y avait de place à la voiture que pour le surlendemain, je me remémorai les ruines de certain château que j'avais vu en passant sur les bords de la route, quatre ou cinq lieues avant d'arriver à Chalon ; et, n'ayant rien de mieux à faire, je pris le parti de le visiter. En effet, le lendemain, de bon matin, nous étions en route, emportant précautionnellement un déjeuner qu'il aurait été fort difficile, je crois, de trouver au lieu de notre destination.

Il ne reste du château de la Roche-Pot qu'une enceinte circulaire ; les bâtiments d'habitation et de service s'élevaient autour d'une cour ronde ; une partie du château devait être déjà bâtie au retour des croisades ; deux tours seulement m'ont paru postérieures à cette époque. Un rocher à pic forme la base de l'édifice, et se trouve enclavé dans les fondations de cette bâtisse avec tant d'art, qu'aujourd'hui encore, et malgré les huit siècles qui ont passé sur elle, il est difficile de distinguer la place précise où l'œuvre de l'homme fut superposée à l'œuvre de Dieu.

Au pied du rocher crénelé, comme des nids d'hirondelles et de passereaux, quelques cabanes peureuses s'étaient groupées, demandant à la maison féodale de l'ombre et un abri.

Le château n'est plus que ruines, tristesse et solitude ; les maisons des paysans sont restées debout, joyeuses et habitées !

Et cependant ceux qui peuplaient le château étaient de nobles seigneurs dont le nom a laissé trace dans l'histoire.

En 1422, le duc Philippe de Bourgogne, fils de Jean sans Peur, sollicite et obtient du roi Charles VI et de la reine Isabeau que le chancelier de Bourgogne, *René Pot,* seigneur de la Roche, l'accompagne pour recevoir le serment de la Bourgogne.

Or, quel était ce serment exigé par le roi et la reine de France, et qui devait être prêté entre les mains du premier feudataire de la couronne ? C'était celui de reconnaître le roi Henri d'Angleterre comme gouverneur et régent du royaume des lis.

En 1434, Jacques Pot, seigneur de la Roche-Nolay, fils de celui que nous venons de nommer, assiste avec honneur à la revue des chevaliers et des troupes passée par la duchesse de Bourgogne et au tournoi qui en est la suite.

En 1451, Philippe Pot est nommé par le duc de Bourgogne chef de l'ambassade qu'il envoie au roi Charles VII.

En 1477, Philippe Pot, Guy Pot, son fils, et Antoine de Crèvecœur signent, comme plénipotentiaires, le traité de Sens entre le roi Louis XI et Maximilien, époux de Marie de Bourgogne.

En 1480, le duc Maximilien de Bourgogne raye de la liste des chevaliers de la Toison d'or Philippe Pot de la Roche-Nolay, qu'il soupçonne d'être dans les intérêts de Louis XI.

Ici, je perds les traces de cette noble famille, et je reviens aux ruines de son château, dont un habitant de Lyon, victime d'une escroquerie assez curieuse pour être racontée, se trouve maintenant propriétaire. Voici le fait :

Vers la fin de 1828, un individu se présente chez le paysan en la possession duquel se trouvaient alors le château de la Roche et les deux ou trois arpents de terrain cailloutteux qui en forment aujourd'hui toutes les dépendances, et lui demande pour quel prix il consentirait à vendre sa propriété.

Le paysan, qui n'avait jamais pu, même au milieu des moellons dont elle était encombrée, y faire pousser des orties pour sa vache, fut très accommodant sur le prix, qui, après une légère discussion, fut fixé à mille francs.

L'accord fait pour cette somme, on se rendit chez le notaire, où les mille francs furent comptés ; seulement, l'acquéreur demandait, pour des raisons personnelles, que le prix fût porté sur le contrat à la somme de cinquante mille francs.

Le vendeur, à qui la chose était assez indifférente, puisque ce n'était pas lui qui payait les frais de mutation, y consentit bien volontiers, trop content de tirer mille francs d'une ruine qui ne lui rapportait par an que deux ou trois douzaines d'œufs de corbeau. Le tabellion, de son côté, parut parfaitement comprendre l'originalité de cette fantaisie, du moment que l'acquéreur l'eut prié de régler ses honoraires sur le prix simulé, et non sur le prix réel.

L'acte fait, le nouveau propriétaire s'en fit délivrer une expédition, puis, avec cette expédition, il se rendit à Lyon, se présenta chez un notaire, demandant à emprunter à réméré, sur sa propriété de la Roche, une somme de vingt-cinq mille francs garantie par première hypothèque.

Le notaire lyonnais écrivit au bureau des inscriptions pour savoir si la propriété n'était grevée d'aucune obligation : le conservateur lui répondit qu'il n'y avait pas une pierre du château qui dût un sou à qui que ce fût.

Le même jour, le notaire avait trouvé la somme, et, dix minutes après l'acte passé, l'emprunteur était parti avec elle.

Le jour du remboursement arriva sans que le prêteur vit venir ni son homme, ni son argent, ni la moindre chose qui leur ressemblât. Il demanda la mise en possession, et, après un millier d'écus de frais, il l'obtint.

Aussitôt il prit la poste pour aller visiter sa nouvelle propriété que, d'après l'expédition de vente, il avait eue à moitié prix.

Il trouva une masure qui valait cinquante écus pour un amateur.

Lorsque nous redescendîmes au village, on nous demanda si nous avions vu le Vaux-Chignon ; nous répondîmes négativement, le nom même de cette curiosité nous étant inconnu. Comme il n'était encore qu'une heure de l'après-midi, nous ordonnâmes au postillon de nous y conduire.

Le postillon prit la grande route, comme s'il voulait nous ramener à Paris puis, enfin, quittant le chemin, se jeta dans les

24

terres. Cinq minutes après, il tournait court devant une espèce de précipice. Nous étions arrivés à la merveille.

En effet, c'est une chose bizarre : au milieu d'une de ces grandes plaines de Bourgogne, où nul accident de terrain n'empêche la vue de s'étendre, le sol se fend tout à coup sur une longueur d'une lieue et demie et sur une largeur de cinq cents pas, laissant apercevoir, à la profondeur de deux cents pieds à peu près, une vallée délicieuse, verte comme l'émeraude et sillonnée par une petite rivière blanche et bruissante, qui s'harmonise admirablement avec elle comme grandeur et comme contour. Nous descendîmes une rampe assez douce, et, au bout de dix minutes à peu près, nous nous trouvâmes au milieu de ce petit eldorado bourguignon que les roches qui l'entourent, coupées à pic et surplombant sur lui, isolent du reste du monde. Là, en remontant le cours de la petite rivière, dont nous ne sûmes pas le nom et qui, probablement, n'en a point encore, sans apercevoir ni un homme ni une maison, nous vîmes des moissons qui semblaient pousser pour les oiseaux du ciel, des raisins que rien ne défendait contre la soif des curieux, des arbres fruitiers pliant sous leur propre poids. Au milieu de tant de solitude, de silence et de richesses, on serait vainement tenté de croire que ce coin de terre est resté inconnu aux hommes.

Nous continuâmes de monter les rives de ce petit ruisseau. À cent pas de l'extrémité du vallon, il se bifurque comme un Y, car il a deux sources : l'une d'elles sort d'une roche vive par une ouverture assez large pour qu'on la poursuive dans ce corridor sombre l'espace de cent toises environ, au bout desquelles on la surprend jaillissant de terre ; l'autre, qui descend d'une fontaine supérieure, tombe d'une hauteur de cent pieds, transparente comme une écharpe de gaze et glissant sur la mousse verte dont sa fraîcheur a tapissé le rocher.

J'ai visité depuis les belles vallées de la Suisse et les somptueuses plaines de l'Italie ; j'ai descendu le cours du Rhin et remonté celui du Rhône ; je me suis assis sur les bords du Pô, entre Turin et la Superga, ayant devant moi les Alpes et derrière moi les Apennins. Eh bien ! aucune vue, aucun site, si varié, si pittoresque, si grandiose qu'il fût, n'a pu me faire oublier mon petit vallon de Bourgogne, si tranquille, si solitaire, si inconnu, avec son ruisseau si frêle qu'on a oublié de lui donner un nom, et sa cascade si légère que le moindre coup de vent la soulève et va l'éparpiller au loin comme de la rosée.

Nous étions de retour à cinq heures à Chalon, car ces deux courses peuvent se faire en moins d'une journée. Nous y apprîmes qu'un bateau à vapeur, plus léger que les autres, tenterait, le lendemain, d'arriver jusqu'à Mâcon. La voiture m'avait tellement fatigué que, quoique j'ignorasse si, de cette dernière ville, je trouverais moyen de gagner Lyon, j'aimai mieux profiter de ce mode de transport que de tout autre.

Le lendemain, vers midi, nous arrivâmes à Mâcon ; mais, à Mâcon, pas de voiture ou des voitures pleines. C'est alors – Dieu garde mon plus grand ennemi de surprise pareille ! – que des bateliers vinrent nous offrir de nous conduire par eau jusqu'à Lyon, affirmant qu'avec le vent qu'il faisait nous devions arriver en six heures. Nous nous laissâmes prendre à cette promesse, et nous embarquâmes, dans notre innocence : nous mîmes vingt-quatre heures à accomplir ce voyage pittoresque ! On vante beaucoup les bords de la Saône ; je ne sais si c'est prévention, à cause de la nuit abominable que j'avais passée sur ses eaux, mais, le lendemain, je me trouvai peu disposé à l'admiration. Je leur préfère de beaucoup les rives de la Loire, et j'aime au moins autant celles de la Seine.

Enfin, à onze heures du matin, nous aperçûmes tout à coup, en franchissant un coude de la rivière, la rivale de Paris assise sur sa colline comme sur un trône, le front paré de sa double couronne antique et moderne, richement vêtue de cachemire, de velours et de soie ; Lyon, la vice-reine de France, qui noue autour de ses reins une rivière et un fleuve, et laisse pendre, à travers le Dauphiné et la Provence, un des bouts de sa ceinture jusqu'à la mer.

L'entrée de la ville, par le chemin que nous suivions, est à la fois grandiose et pittoresque : l'île Barbe, jetée en avant de la ville, comme une fille d'honneur qui annonce une reine, est une jolie fabrique située au milieu de la rivière pour servir de promenade dominicale aux élégants du faubourg. Derrière elle s'élève, adossé à la ville comme un rempart, le rocher de Pierre-Scise [5], surmonté autrefois d'un château qui servit de prison d'État. Pendant les troubles de la Ligue, le duc de Nemours y fut emprisonné après avoir échoué dans sa tentative de prendre la ville ; il céda la place à Louis Sforza, surnommé *il*

Moro, du mûrier qu'il portait dans ses armes, et à son frère le cardinal Ascagne. Le baron des Adrets, partisan gigantesque, héros de guerre civile, y vint après eux ; puis, enfin, de Thou et Cinq-Mars, doubles victimes dévouées à la mort, l'un par la haine et l'autre par la politique de Richelieu, et qui n'en sortirent que pour aller, sur la place des Terreaux, porter leurs têtes à l'exécuteur inhabile qui s'y reprit à cinq fois pour la leur couper.

Un jeune sculpteur de Lyon, M. Legendre-Herald, avait eu l'idée de tailler ce rocher immense et de lui donner la forme d'un lion colossal, armes de la ville ; il voulait consacrer cinq ou six ans de sa vie à ce travail. Sa demande ne fut pas comprise, à ce qu'il paraît, de l'autorité administrative à laquelle elle était adressée. Aujourd'hui, ce travail deviendrait difficile, et plus tard impossible ; car, Pierre-Scise servant de carrière à la ville tout entière, qui vient y puiser ses ponts, ses théâtres et ses palais, au lieu du lion, ne présentera bientôt plus que sa caverne.

À peine a-t-on dépassé Pierre-Scise qu'on aperçoit un autre rocher dont les souvenirs sont plus doux. Celui-là est surmonté, non pas d'une prison d'État, mais de la statue d'un homme tenant une bourse à la main : c'est un monument que la reconnaissance lyonnaise éleva en 1716 à la mémoire de *Jean Cléberg*, surnommé le bon Allemand, qui, chaque année, consacrait une partie de son revenu à doter les pauvres filles de son quartier. La statue qui y est en ce moment a été placée le 24 juin 1820, après avoir été promenée dans toute la ville, au son des tambours et des trompettes, par les habitants de Bourg-Neuf. Un accident rend l'installation d'une nouvelle statue nécessaire. Lorsque je passai à Lyon, l'Homme de la roche n'avait déjà plus de tête, ce qui faisait beaucoup crier les filles à marier, qui prétendaient s'apercevoir de cette mutilation.

Trois cents pas plus loin, on se trouve au pied de la colline qui servit de berceau à Lyon encore enfant. La ville était si peu de chose, du temps de la conquête des Gaules, que César passa

---

5. Pietra-Scisa, ainsi nommée parce qu'Agrippa la fit couper lorsqu'il construisit ses quatre voies militaires, dont l'une, dirigée du côté du Vivarais et des Cévennes, conduisait vers les Pyrénées ; l'autre, vers le Rhin ; la troisième, vers l'océan, par le Beauvaisis et la Picardie ; et la quatrième, dans la Gaule narbonnaise, jusqu'aux côtes de Marseille.

sur elle sans la voir et sans la nommer. Seulement, il fit une halte sur cette colline où est maintenant Fourvière, y assit ses légions, et ceignit son camp momentané d'une ligne si profonde que dix-neuf siècles écoulés n'ont pu combler entièrement de leur poussière les fossés qu'il creusa avec la pointe de son épée.

Quelque temps après la mort de ce conquérant, qui subjugua trois cents peuples et défit trois millions d'hommes, un de ses clients proscrits, escorté de quelques soldats restés fidèles à la mémoire de leur général et cherchant un lieu où fonder une colonie, trouva arrêtés, au confluent du Rhône et de la Saône, un assez grand nombre de Viennois qui, refoulés par les populations allobroges descendues de leurs montagnes, avaient dressé leurs tentes sur cette langue de terre que fortifiaient naturellement ces fossés immenses creusés par la main de Dieu et dans lesquels coulaient, à pleins bords, un fleuve et une rivière. Les proscrits firent un traité d'alliance avec les vaincus et, sous le nom de Lucii Dunum, on commença bientôt à voir sortir de terre les fondations de la ville qui devait, en peu de temps, devenir la citadelle des Gaules et le centre de communication de ces quatre grandes voies tracées par Agrippa et qui sillonnent encore la France moderne des Alpes au Rhin, et de la Méditerranée à l'océan.

Alors soixante cités des Gaules reconnurent *Lucii Dunum* [6] pour leur reine et vinrent, à frais communs, élever un temple à Auguste, qu'ils reconnurent pour leur dieu. Ce temple, sous Caligula, changea de destination, ou plutôt de culte. Il devint le lieu de réunion des séances d'une académie dont un des règlements peint tout entier le caractère du fou impérial qui l'avait fondée : ce règlement porte que celui des concurrents académiques qui produira un mauvais ouvrage l'effacera tout entier avec sa langue, ou, s'il l'aime mieux, sera précipité dans le Rhône.

Lucii Dunum n'avait encore qu'un siècle, et la cité, née d'hier, le disputait déjà en magnificence à Massilia la Grecque et à Narbo la Romaine, lorsqu'un incendie, qu'on attribua au feu du ciel, la réduisit en cendres, et cela si rapidement, dit Sénèque, historien concis de ce vaste embrasement, que, entre

---

6. Par abréviation Luc Dunum et par corruption Lugdunum, dont on a fait Lyon.

une ville immense et une ville anéantie, il n'y eut que l'espace d'une nuit.

Trajan prit pitié d'elle. Sous sa protection puissante, *Lucii Dunum* commença de sortir de ses cendres ; bientôt, sur la colline qui la dominait, s'éleva un magnifique édifice destiné aux marchés. À peine fut-il ouvert que les Bretons s'empressèrent d'y apporter leurs boucliers peints de différentes couleurs, et les Ibères ces armes d'acier qu'eux seuls savaient tremper. En même temps, Corinthe et Athènes y envoyèrent, par Marseille, leurs tableaux peints sur bois, leurs pierres gravées et leurs statues de bronze ; l'Afrique, ses lions, ses tigres et ses panthères altérés du sang des amphithéâtres ; et la Perse, ses chevaux, si légers qu'ils balançaient la réputation des coursiers numides dont les mères, dit Hérodote, étaient fécondées par le souffle du vent.

Ce monument, qui s'écroula l'an 840 de notre ère, est appelé, par les auteurs du neuvième siècle, *Forum vetus*, et, par ceux du quinzième, *Fort Viel* ; c'est de ce mot composé que les modernes ont fait *Fourvière*, nom que porte encore de nos jours la colline sur laquelle il est bâti.

Ici nous abandonnons l'histoire particulière de Lyon qui, à compter de l'an 532, époque à laquelle cette ville se réunit au royaume des Francs, vint se confondre avec notre histoire. Colonie romaine sous les Césars, seconde ville de France sous nos rois, le tribut de noms illustres qu'elle livra à Rome, à titre d'alliée, furent ceux de Marc Aurèle, de Caracalla, de Claude, de Germanicus, de Sidoine Apollinaire et d'Ambroise ; ceux qu'elle donna à la France, à titre de fille, furent ceux de Philibert Delorme, de Coustou, de Coysevox, de Suchet, de Duphot, de Camille Jordan, de Lémontey et de Lemot.

Trois monuments restent encore debout à Lyon, qui semblent des jalons plantés par les siècles à des distances à peu près égales, comme des types du progrès et de la décadence de l'art : ce sont l'église d'Ainay, la cathédrale Saint-Jean et l'hôtel de ville. Le premier de ces monuments est contemporain de Charlemagne, le second, de saint Louis, et le troisième, de Louis XV.

L'église d'Ainay est bâtie sur l'emplacement même du temple que les soixante nations de la Gaule avaient élevé à Auguste. Les quatre piliers de granit qui soutiennent le dôme sont même empruntés par la sœur chrétienne à son frère païen ; ils ne formaient d'abord que deux colonnes qui s'élançaient à une hauteur double de celle où elles s'élèvent aujourd'hui et dont chacune était surmontée d'une Victoire. L'architecte qui bâtit Ainay les fit scier par le milieu afin qu'ils ne jurassent point avec le caractère roman du reste de l'édifice. Leur hauteur respective est aujourd'hui de douze pieds dix pouces, ce qui fait supposer que, dans leur emploi primitif, lorsque les quatre n'en formaient que deux, chacun avait au moins vingt-six pieds de hauteur.

Au-dessous de la porte principale de l'église d'Ainay, on a incrusté un petit bas-relief antique représentant trois femmes tenant des fruits à leurs mains. Au-dessous de ces figures, on lit ces mots en abrégé :

MAT. AUG. PH. E. MRD.

On les explique ainsi :

MATRONIS AUGUSTIS,
PHILEXUS EGNATICUS MEDICUS

La cathédrale de Saint-Jean ne paraît pas, au premier abord, avoir l'âge que nous lui avons donné. Son portique et sa façade datent évidemment du quinzième siècle. Soit qu'ils aient été rebâtis ou seulement achevés à cette époque, la date précise de sa naissance se retrouvera, pour l'antiquaire, dans l'architecture de la grande nef, dont les pierres portent la trace toute fraîche des souvenirs rapportés des croisades et des progrès que l'art oriental venait d'introduire chez les peuples occidentaux.

L'une des chapelles qui forment les bas-côtés de l'église, et dont, en général, l'architecte portait le nombre à sept, en l'honneur des sept mystères, est nommée la chapelle Bourbon. La devise du cardinal, qui se compose de ces trois mots : *N'espoir ne peur*, est reproduite en plusieurs endroits, ainsi que celle de Pierre de Bourbon, son frère, qui conserva les mêmes paroles, mais y ajouta l'emblème historique d'un cerf ailé. Le P et le A entrelacés qui accompagnent cette devise sont les premières lettres de son nom de baptême, *Pierre* de Bourbon, et celui de sa femme, *Anne* de France, remis en chiffre ; les chardons qui l'ornent indiquent que le roi lui a fait un *cher don* en lui accordant sa fille.

L'un des quatre clochers qui, contrairement aux règles architecturales du temps, flanquent l'édifice à chacun des angles, sert de demeure à l'une des plus grosses cloches de France ; elle pèse trente-six milliers.

L'hôtel de ville, situé sur la place des Terreaux, est probablement l'édifice que Lyon montre avec le plus de complaisance aux étrangers. Sa façade, élevée sur les dessins de Simon Maupin, présente tous les caractères du grandiose lourd, froid et guindé de l'architecture de Louis XIV, qui valait cependant encore mieux que celle de Louis XV, laquelle valait mieux que celle de Thermidor, qui valait mieux que celle de Napoléon, qui valait mieux que celle de Louis-Philippe. L'art architectural est mort en France sous le Grand Roi et a rendu le dernier soupir dans les bras de Perrault et de Le Pautre, entre un groupe d'Amours soutenant un vase de fleurs et un fleuve de bronze couronné de roseaux.

À propos de fleuves, dans le premier vestibule de l'hôtel de ville, au lieu d'un, on en trouve deux : c'est le Rhône et la Saône, de Coustou. Ces groupes ornaient autrefois le piédestal de la statue élevée à Louis XIV sur la place Bellecour. Ils sont destinés, je crois, à être transportés aux deux angles de l'hôtel de ville qui font face aux Terreaux et à servir de fontaine, décision administrative qui ne laisse pas que d'être fort humiliante pour un fleuve et une rivière.

En descendant les marches de l'hôtel de ville, on se trouve en face de l'un des souvenirs historiques les plus terribles que Lyon garde dans les archives de ses places publiques : c'est sur le terrain qui s'étend devant vous que sont tombées les têtes de Cinq-Mars et de de Thou.

Un autre souvenir plus moderne et plus sanglant encore se rattache à la promenade des Brotteaux : deux cent dix Lyonnais y furent mitraillés après le siège de Lyon. Un monument de forme pyramidale et entouré d'une barrière de fer indique la place où ils ont été enterrés.

Depuis cinq ou six ans, Lyon lutte contre l'esprit commercial afin d'avoir une littérature. J'admirai vraiment, en passant, la prodigieuse constance des jeunes artistes qui ont dévoué leur vie à cette œuvre accablante ; ce sont des mineurs qui exploitent un filon d'or dans du granit ; chaque coup qu'ils frappent enlève à peine une parcelle du roc qu'ils attaquent ;

et cependant, grâce à leur travail obstiné, la nouvelle littérature a acquis à Lyon le droit de bourgeoisie dont elle commence à jouir. Une anecdote entre mille donnera une idée de l'influence qu'exerce, en matière d'art, sur les négociants de Lyon, la préoccupation commerciale.

On jouait *Antony* devant une société assez nombreuse, et, comme cela est arrivé quelquefois à l'ouvrage, devant une opposition assez vive. Un négociant et sa fille étaient dans une loge de face, et près d'eux se trouvait l'un des jeunes auteurs dont j'ai parlé. Le père, qui avait paru prendre beaucoup d'intérêt à la première partie du drame, s'était visiblement refroidi après la scène d'Antony et de la maîtresse de l'auberge ; la fille, au contraire, avait éprouvé, à partir de ce moment, une émotion toujours croissante, qui, au dernier acte, avait fini par se répandre en larmes. Quand la toile fut baissée, le père, qui avait donné des signes d'impatience visibles pendant tout le temps des deux derniers actes, s'aperçut que sa fille pleurait.

– Ah ! pardieu ! tu es bien bonne, lui dit-il, de t'attendrir à de pareilles balivernes !

– Ah ! papa, ce n'est pas ma faute, répondit la pauvre enfant toute confuse ; pardonnez-moi, car je sais que c'est bien ridicule.

– Oh ! oui, c'est bien le mot, ridicule. Pour moi, je ne comprends pas comment on peut s'intéresser à des choses aussi invraisemblables.

– Mon Dieu, papa, mais c'est justement parce que je trouvais cela si vrai !

– Vrai ! par exemple ! As-tu suivi l'intrigue ?

– Je n'en ai pas perdu un mot.

– Bon !... Au troisième acte, Antony achète une chaise de poste, n'est-ce pas ?

– Oui, je me le rappelle.

– Il la paye au comptant, n'est-ce pas ?

– Je me le rappelle encore.

– Eh bien, il ne retient pas l'escompte !

L'œuvre de la régénération politique a été moins dure à opérer : la semence tombait sur la terre populaire, toujours si prompte et si généreuse à pousser de bons fruits. On a vu, lors de la révolution de Lyon, le résultat de cette éducation républicaine. Et cette admirable devise : *Vivre en travaillant, ou mourir en combattant*, que les ouvriers de 1832 avaient inscrite sur leur drapeau, comparée aux cris des ouvriers de 92 : *Du pain, ou la mort !* résume en elle seule tout le progrès social de ces trente-neuf années.

Le journal qui a le plus aidé à cette éducation de la masse laborieuse est sans contredit *Le Précurseur*. Il est rédigé par un homme de la trempe de Carrel : même fermeté d'opinion, même lutte journalière, même probité politique, même désintéressement pécuniaire. Cependant, la différence des classes auxquelles chacun d'eux s'adresse a amené une différence dans le style : Armand Carrel a plus de Pascal, Anselme Pétetin plus de Paul-Louis.

Mais le progrès le plus grand et le plus remarquable, c'est que les ouvriers eux-mêmes ont un journal rédigé par des ouvriers, où toutes les questions vitales du haut et du bas commerce s'agitent, se discutent, se résolvent. J'y ai lu des articles d'économie politique d'autant plus remarquables qu'ils étaient rédigés par des hommes de pratique, et non pas de théorie.

Trois ou quatre jours suffisent pour connaître ce que Lyon a de curieux ; je parle ici non point des manufactures ni des métiers, mais des monuments ou de ses souvenirs historiques. Ainsi, quand on aura visité le Musée, qu'on y aura vu une *Ascension de Jésus-Christ* par le Pérugin, un *Saint François d'Assise* par l'Espagnolet, une *Adoration des mages* par Rubens, un *Moïse sauvé des eaux* par Véronèse, un *Saint Luc peignant la Vierge* par Giordano, la fameuse table de bronze retrouvée en 1529 dans une fouille faite à Saint-Sébastien, et sur laquelle est gravée une partie de la harangue que prononça, lorsqu'il n'était encore que censeur, l'empereur Claude devant le sénat, pour faire accorder à Lyon le titre de colonie romaine ; les quatre mosaïques antiques qui ornent le pavé de la salle ; que, passant de là aux maisons particulières, on sera entré dans la cour de l'hôtel de Jouys, rue de l'Arsenal, où se trouve un tombeau antique sur lequel est sculptée la *Chasse de Méléagre*, don que la ville d'Arles fit, en 1640, au cardinal de Richelieu, archevêque de Lyon ; qu'on aura jeté un coup d'œil sur le monastère des religieuses de Sainte-Claire, où le dauphin, fils de François Ier, fut empoisonné en 1530 par le comte de Montécuculi ; qu'on aura lu, sur la façade d'une petite

maison située au faubourg de la Guillotière, cette inscription attestant que Louis XI y prit un gîte royal :
> L'AN MIL QUATRE CENT SOIXANTE ET QUINZE
> LOUJA CIENS LE NOBLE ROI LOUIS
> LA VEILLE DE NOTRE DAME DE MARS ;

quand on aura cherché, au faubourg Saint-Irénée, sur l'emplacement duquel était située la ville antique brûlée sous Néron, les restes des palais d'Auguste et de Sévère, les débris des cachots qui servaient, la nuit, de demeure aux esclaves, et les ruines de l'ancien théâtre, où furent massacrés au IIe siècle, dix-neuf mille chrétiens qui n'ont pour épitaphe que huit vers creusés sur le pavé d'une église ; qu'on sera redescendu par le chemin des Étroits, où Jean-Jacques Rousseau passa une nuit si délicieuse, et où le général Mouton-Duvernet fut fusillé, vers le pont de la Mulatière, où commence le chemin de fer qui conduit à Saint-Étienne, et qui, à sa naissance, traversant la montagne, passe sous une voûte si étroite qu'on lit, au-dessus du cintre qu'elle forme, cette inscription :
> IL EST DÉFENDU DE PASSER SOUS CETTE VOUTE
> SOUS PEINE D'ÊTRE ÉCRASÉ [7] ;

qu'on sera revenu par la place Bellecour, l'une des plus grandes de l'Europe, et au milieu de laquelle se perd une chétive statue de Louis XIV ; – on n'aura rien de mieux à faire, si toutefois on veut faire ce que j'ai fait, que de prendre à huit heures du soir la voiture de Genève, et, le lendemain à six heures du matin, on sera réveillé par le conducteur, qui, arrivé à la montée de Cerdon, a contracté, pour le plus grand soulagement de ses chevaux, l'habitude d'inviter les voyageurs à faire *un petit bout de chemin à pied* : invitation qu'ils acceptent d'autant plus volontiers, qu'on se trouve alors au milieu d'un paysage si grandiose et si accidenté, que l'on se croirait déjà dans une vallée des Alpes.

Sur les dix heures, nous arrivâmes à Nantua, située à l'extrémité d'un joli petit lac bleu saphir encaissé entre deux montagnes comme un joyau précieux que la nature craindrait de

---

7. Il paraît que cette recommandation toute paternelle n'a point suffi et que l'autorité s'est crue obligée d'y ajouter un règlement plus sévère car, au-dessous de cette inscription, on en lit une seconde conçue en ces termes : Il est défendu de passer sous cette voûte sous peine de payer l'amende.

perdre. C'est dans cette petite ville que l'empereur Karl le Chauve, mort à Brios du poison que lui avait donné un médecin juif nommé Sédécias, fut d'abord enterré *dans un tonneau enduit de poix au dedans et au dehors, et enveloppé de cuir* [8].

Quelques lieues plus loin, nous nous arrêtâmes à Bellegarde pour y dîner : aussitôt le repas pris, l'un de nous proposa d'aller voir, à dix minutes de chemin de l'auberge, la perte du Rhône. Le conducteur s'y opposa d'abord ; mais nous entrâmes en rébellion ouverte contre lui. Il nous dit qu'il ne nous attendrait pas ; nous lui répondîmes que cela nous était fort égal, et que, le cas échéant, nous prendrions, pour achever notre route, une voiture aux frais de l'administration Laffitte et Caillard ; comme il n'avait pour lui que le postillon, et que celui-ci même se détacha de son parti, à l'aspect d'une bouteille de vin que nous lui montrâmes du doigt sur une table de l'auberge, il fut contraint de céder à la majorité.

Nous descendîmes par un sentier assez rapide que nous trouvâmes au bord de la grande route, et, quelques minutes après, nous étions arrivés au-dessus de la perte du Rhône ; un pont joint les deux rives du fleuve, dont un côté appartient à la Savoie et l'autre à la France ; sur le milieu du pont, deux douaniers, l'un sarde, l'autre français, veillent à ce que rien ne passe d'un État à l'autre sans payer les droits convenus. Ces deux braves *gabelous* fumaient le plus amicalement du monde, chacun d'eux envoyant des bouffées de tabac sur la terre étrangère ; signe touchant de la bonne intelligence qui unit Sa Majesté Charles-Albert et Sa Majesté Louis-Philippe.

C'est au milieu de ce pont que l'on se trouve le mieux placé pour examiner le phénomène qui nous amenait. Le Rhône, qui accourt bouillonnant et profond, disparaît tout à coup dans les gerçures transversales d'un rocher pour reparaître cinquante pas plus loin : l'espace intermédiaire reste parfaitement à sec ; de sorte que le pont sur lequel nous nous trouvions est jeté, non pas sur le fleuve, mais sur le rocher qui couvre le fleuve. Ce qui se passe dans l'abîme où le Rhône se précipite, c'est ce qu'il est impossible de savoir : du bois, du liège, des chiens, des chats ont été jetés à l'endroit où il entre, et ont été attendus vainement à l'endroit où il sort ; le gouffre n'a jamais rien rendu de ce qu'il avait englouti.

---

8. Annales de Saint-Bertin.

Nous revînmes à l'auberge, où nous trouvâmes notre conducteur furieux.

– Messieurs, nous dit-il en nous réintégrant violemment dans notre caisse, vous nous avez fait perdre une demi-heure.

– Bah ! dit le postillon en passant près de nous, et en essuyant sa bouche avec la manche de son habit, ta bête de demi-heure, on la rattrapera.

En effet, quoique la montée fût assez rapide, notre homme mit ses chevaux au grand trot, et nous avions reconquis le temps perdu en arrivant au fort de l'Écluse.

Le fort de l'Écluse est la porte de la France du côté de Genève ; placé à cheval sur la route, qui passe à travers lui, adossé à un talus rapide et dominant un précipice à pic, il commande toute la vallée, au fond de laquelle gronde le Rhône, et qui, sur le versant opposé à la citadelle, n'offre, à demi-portée de canon, que des sentiers connus des seuls contrebandiers et impraticables pour une armée.

À peine entrés dans le fort, la porte se referma derrière nous ; et, comme celle par laquelle nous devions sortir était encore close, nous nous vîmes complètement emprisonnés. Ces précautions étaient recommandées à cause du peu de temps qui s'était écoulé entre les affaires de juin et le moment où nous nous trouvions. Cependant, nos passe-ports nous furent demandés avec toute la politesse qui distingue la troupe de ligne de la gendarmerie ; et, comme chacun de nous était parfaitement en règle, on ne fit aucune difficulté de rouvrir la porte ; nous nous retrouvâmes donc bientôt en liberté.

Au bout de trois heures de marche, et en sortant de Saint-Genis, le postillon se retourna et nous dit :

– Messieurs, vous n'êtes plus en France.

Vingt minutes après, nous étions à Genève.

36

Chapitre 5

Le tour du lac

Genève est, après Naples, une des villes les plus heureusement situées du monde : paresseusement couchée comme elle l'est, appuyant sa tête à la base du mont Salève, étendant jusqu'au lac ses pieds que chaque flot vient baiser, elle semble n'avoir autre chose à faire que de regarder avec amour les mille villas semées aux flancs des montagnes neigeuses qui s'étendent à sa droite, ou couronnent le sommet des collines vertes qui se prolongent à sa gauche. Sur un signe de sa main, elle voit accourir, du fond vaporeux du lac, ses légères barques aux voiles triangulaires qui glissent à la surface de l'eau, blanches et rapides comme des goélands, et ses pesants bateaux à vapeur qui chassent l'écume avec leur poitrail. Sous ce beau ciel, devant ces belles eaux, il semble que ses bras lui soient inutiles, et qu'elle n'a qu'à respirer pour vivre ; et cependant cette odalisque nonchalante, cette sultane paresseuse en apparence, c'est la reine de l'industrie, c'est la commerçante Genève qui compte quatre-vingt-cinq millionnaires parmi ses vingt mille enfants.

Genève, comme l'indique son étymologie celtique [9], fut fondée il y a deux mille cinq cents ans, à peu près. César, dans ses *Commentaires*, latinisa la barbare et fit de *Gen-ev, Geneva*. Antonin, à son tour, changea, dans son *Itinéraire*, ce nom en celui de *Genabum*. Grégoire de Tours, dans ses *Chroniques*, l'appela *Janoba* ; les écrivains du huitième au quinzième siècle la désignèrent sous celui de *Gebenna* ; enfin, en 1536, elle prit la dénomination de *Genève*, qu'elle ne quitta plus depuis.

Les premiers renseignements que l'histoire offre sur cette ville nous sont transmis par César. Il nous apprend qu'il s'établit à Genève pour s'opposer à l'invasion des Helvétiens dans

---

9. Gen, sortie ; ev, rivière

les Gaules et que, trouvant la position favorable pour un poste militaire, il s'y retrancha. C'est alors qu'il bâtit, dans l'île qui divise le Rhône lorsqu'il sort du lac, une tour qui porte encore son nom. Genève passa donc sous la domination romaine et adopta les dieux du Capitole : un temple à Apollon fut élevé sur l'emplacement occupé aujourd'hui par l'église Saint-Pierre, et un rocher qui sortait du lac, à cent pas à peu près du bord, dut à sa forme et à sa situation au milieu de l'eau l'honneur d'être consacré par les pêcheurs au dieu de la Mer. Vers le commencement du dix-septième siècle, on a retrouvé, en fouillant à sa base, deux petites haches et un couteau de cuivre qui servaient à égorger les animaux destinés au sacrifice. De nos jours, cet autel à Neptune s'appelle tout bonnement la Pierre à Niton.

Genève demeura soumise aux Romains pendant l'espace de cinq siècles. En 426, cette mer barbare qui débordait sur l'Europe l'inonda de l'un de ses flots : les Burg-Hunds [10] en firent l'une des capitales les plus importantes de leur royaume. Ce fut pendant ce temps que le roi des Francs, Chlod-Wig [11], envoya au roi des Burg-Hunds, Gunde-Bald [12], demander à sa nièce Chlod-Hilde [13] pour épouse. Un esclave romain, dont les ancêtres peut-être avaient commandé sous Jules César à l'Helvétie et à la Gaule, vint humblement présenter à la jeune fille le sou d'or que lui envoyait le chef franc ; elle habitait le palais de son oncle, situé à l'endroit où est aujourd'hui l'arcade du bourg du Four.

La domination des Ost-Goths [14] succéda à celle des Burg-Hunds, mais ils ne possédèrent Genève que quinze ans. Le roi des Francs la reprit sur eux et la rattacha de nouveau au royaume de Burgondie, dont elle resta la capitale jusqu'en 858. À la mort de Louis le Débonnaire, elle échut en partage à

---

10. Gens de guerre confédérés, dont les auteurs latins ont fait Burgundiones et les modernes Bourguignons.
11. Fameux guerrier, en latin Clodevecus et en français moderne, et par corruption, Clovis.
12. Homme de guerre puissant, en latin Gundebaldus, en français Gondebaud.
13. Noble et belle, en latin Clotilda et en français Clotilde.
14. Goths d'Orient. Les West-Goths ou Goths d'Occident s'étaient jetés en Espagne. Ces noms venaient de la situation qu'ils occupaient sur les rives du Pont-Euxin, les Ost-Goths entre l'Hypanis et le Borysthène, et les West-Goths entre l'Hypanis et les Alpes Bastarnes.

Lothaire, passa de ses mains entre celles de l'empereur de Germanie et, conquise sur lui par Charles le Chauve, qui la légua à son fils Louis, elle fut annexée, à la mort de celui-ci, au royaume d'Arles. Depuis lors, reconquise en 888 par Charles le Gros, elle redevint la capitale du second royaume de Bourgogne jusqu'en 1032, époque à laquelle elle fut enfin réunie à l'Empire par Conrad le Salique qui s'y fit couronner la même année par Héribert, archevêque de Milan.

Il serait trop long de la suivre dans ses démêlés avec les comtes du Genevois et les comtes de Savoie : il suffira de dire qu'en 1401, elle passa définitivement au pouvoir de ces derniers.

C'était l'époque où s'opérait, par toute l'Europe, une grande transformation sociale. Les communes de France s'étaient affranchies dès le onzième siècle ; au douzième, les villes de la Lombardie s'étaient érigées en républiques ; au commencement du quatorzième, les cantons de Schwyz, d'Uri et d'Unterwald avaient échappé au pouvoir de l'Empire et avaient posé la base de cette confédération qui devait un jour réunir toute l'Helvétie. Genève, placée au milieu de ce triangle populaire, sentit à son tour le feu que la liberté lui soufflait au visage. En 1519, elle contracta une alliance avec Fribourg et, bientôt après, elle se lia de combourgeoisie avec Berne. Des enfants lui naquirent, qui devinrent de grands hommes ; des apôtres apparurent, qui prêchèrent la liberté au milieu des supplices. Bonnivard, jeté pour six ans dans les cachots du château de Chillon, y resta attaché par une chaîne à un pilier ; Pécolat se coupa la langue avec ses dents au milieu des tortures et la cracha au bourreau qui lui disait de dénoncer ses complices. Enfin, Berthelier, conduit à l'échafaud, sur la place de l'Île, et pressé de demander pardon au duc, répondit :

– C'est aux criminels à demander pardon, et non pas aux gens de bien. Que le duc demande pardon à Dieu, car il m'assassine !

Et il posa la tête sur le billot.

La religion réformée, qui fit faire un si grand pas aux peuples que, fatigués de ce pas, ils se sont reposés depuis lors, entra à Genève après avoir parcouru déjà une grande partie de l'Allemagne et de la Suisse. Ce fut une puissante auxiliaire à la liberté car elle ajouta les haines religieuses aux haines politiques. L'évêque Pierre de La Beaume quitta Genève en 1535 pour n'y rentrer jamais, et la république fut proclamée.

En 1536, Calvin s'établit à Genève ; le Conseil lui offrit une place de professeur de théologie. L'austérité de ses mœurs, l'âpreté de son éloquence, la rigidité de ses principes lui donnèrent, sur ses concitoyens, une influence que ne put lui faire perdre le supplice de Servet et, lorsqu'il mourut, en 1554, il laissa la petite ville de Genève capitale d'un nouveau monde religieux : c'était la Rome protestante.

Le duc Charles-Emmanuel de Savoie fit en 1602, pour reprendre cette ville, une dernière tentative qui échoua. Elle est connue dans les annales genevoises sous le nom de *l'Escalade*, parce qu'il fit escalader les murailles par un corps d'élite et surprit la ville sans défense au milieu de la nuit. Il n'en fut pas moins chassé par les habitants demi-nus et à moitié armés, qui consacrèrent l'anniversaire de cette victoire par une fête nationale qu'on célèbre encore aujourd'hui.

Les dix-septième et dix-huitième siècles furent des siècles de repos pour Genève. Pendant ce temps, son commerce, qui date de cette époque, prit un tel accroissement qu'aujourd'hui l'industrie est tout et la propriété territoriale rien. Si tous les citoyens du canton réclamaient leur part du sol, à peine si chacun d'eux en obtiendrait dix pieds carrés.

Napoléon trouva Genève réunie à la France et l'attacha pendant douze ans, comme une broderie d'or, au coin de son manteau impérial. Mais lorsqu'en 1814 les rois taillèrent entre eux ce manteau, tous les morceaux cousus par l'Empire leur restèrent aux mains. Le roi de Hollande prit la Belgique ; le roi de Sardaigne, la Savoie et le Piémont ; l'empereur d'Autriche, l'Italie. Restait encore Genève, que personne ne pouvait prendre et qu'on ne voulait pas laisser à la France. Un congrès en fit cadeau à la Confédération suisse, à laquelle elle fut agrégée sous le titre de vingt-deuxième canton.

Parmi toutes les capitales de la Suisse, Genève représente l'aristocratie d'argent : c'est la ville du luxe, des chaînes d'or, des montres, des voitures et des chevaux. Ses trois mille ouvriers alimentent l'Europe entière de bijoux ; soixante-quinze mille onces d'or et cinquante mille marcs d'argent changent chaque année de forme entre leurs mains, et leur seul salaire s'élève à deux millions cinq cent mille francs.

Le plus fashionable des magasins de bijouterie de Genève est sans contredit celui de Beautte ; il est difficile de rêver en imagination une collection plus riche de ces mille merveilles qui perdent une âme féminine ; c'est à rendre folle une Parisienne, c'est à faire tressaillir d'envie Cléopâtre dans son tombeau.

Ces bijoux payent un droit pour entrer en France ; mais, moyennant un droit de courtage de cinq pour cent, M. Beautte se charge de les faire parvenir par contrebande ; le marché entre l'acquéreur et le vendeur se fait à cette condition, tout haut et publiquement, comme s'il n'y avait point de douaniers au monde. Il est vrai que M. Beautte possède une merveilleuse adresse pour les mettre en défaut ; une anecdote sur mille viendra à l'appui du compliment que nous lui faisons.

Lorsque M. le comte de Saint-Cricq était directeur général des douanes, il entendit si souvent parler de cette habileté grâce à laquelle on trompait la vigilance de ses agents qu'il résolut de s'assurer par lui-même si tout ce qu'on disait était vrai. Il alla, en conséquence, à Genève, se présenta au magasin de M. Beautte, acheta pour trente mille francs de bijoux, à la condition qu'ils lui seraient remis sans droit d'entrée à son hôtel à Paris. M. Beautte accepta la condition en homme habitué à ces sortes de marchés ; seulement, il présenta à l'acheteur une espèce de sous-seing privé par lequel il s'obligeait à payer, outre les trente mille francs d'acquisition, les cinq pour cent d'usage ; celui-ci sourit, prit une plume, signa : *de Saint-Cricq, directeur général des douanes françaises,* et remit le papier à Beautte, qui regarda la signature et se contenta de répondre en inclinant la tête :

– Monsieur le directeur des douanes, les objets que vous m'avez fait l'honneur de m'acheter seront arrivés aussitôt que vous à Paris.

M. de Saint-Cricq, piqué au jeu, se donna à peine le temps de dîner, envoya chercher des chevaux à la poste, et partit une heure après le marché conclu.

En passant à la frontière, M. de Saint-Cricq se fit reconnaître des employés qui s'approchaient pour visiter sa voiture, raconta au chef des douaniers ce qui venait de lui arriver, recommanda la surveillance la plus active sur toute la ligne, et promit une gratification de cinquante louis à celui des employés

41

qui parviendrait à saisir les bijoux prohibés ; pas un douanier ne dormit de trois jours.

Pendant ce temps, M. de Saint-Cricq arrive à Paris, descend à son hôtel, embrasse sa femme et ses enfants, et monte à sa chambre pour se débarrasser de son costume de voyage.

La première chose qu'il aperçoit sur la cheminée est une boîte élégante dont la forme lui est inconnue. Il s'en approche, et lit sur l'écusson d'argent qui l'orne : *Monsieur le comte de Saint-Cricq, directeur général des douanes* ; il l'ouvre, et trouve les bijoux qu'il a achetés à Genève.

Beautte s'était entendu avec un des garçons de l'auberge, qui, en aidant les gens de M. de Saint-Cricq à faire les paquets de leur maître, avait glissé parmi eux la boîte défendue. Arrivé à Paris, le valet de chambre, voyant l'élégance de l'étui et l'inscription particulière qui y était gravée, s'était empressé de le déposer sur la cheminée de son maître.

M. le directeur des douanes était le premier contrebandier du royaume.

Les autres objets de contrebande que l'on trouve à Genève, à moitié prix de celui de Paris, sont les étoffes de piqué, les linges de table et les assiettes de terre anglaise. Ces objets y sont même moins chers qu'à Londres car, pour entrer dans cette ville aux environs de laquelle ils se fabriquent, ils payent un droit plus considérable que ne l'est le prix de leur transport à Genève. Partout, moyennant la même somme de cinq pour cent, on vous garantit le passage en fraude de ces objets : ce qui prouve, comme on le voit, l'utilité de la triple ligne de douaniers que nous payons pour garder la frontière.

Quoique Genève ait donné naissance à des hommes d'art et de science, le commerce y est l'unique occupation de ses habitants. À peine si quelques-uns d'entre eux sont au courant de notre littérature moderne, et le premier commis d'une maison de banque se croirait fort humilié, j'imagine, si son importance était mise en parallèle avec celle de Lamartine ou de Victor Hugo, dont les noms ne sont probablement pas même parvenus jusqu'à lui : la seule littérature qu'ils apprécient est celle du Gymnase. Aussi, au moment où j'arrivai à Genève, Jenny Vert-pré, cette gracieuse miniature de Mlle Mars, mettait-elle la ville en ébullition. La salle de spectacle débordait chaque soir dans ses corridors, et une émeute fut tout près d'éclater parce que les entrées des abonnés dans les coulisses avaient été suspendues. Les déclarations d'amour étaient, de cette manière, obligées de passer publiquement par-dessus la rampe, ce qui, du reste, n'en diminuait pas le nombre. Quelques-unes tombèrent par ricochet entre mes mains, et je remarquai qu'il fallait plus de désintéressement que de vertu pour y résister : c'étaient, en général, des espèces de factures dans lesquelles une jolie femme était évaluée au prix courant d'une perle fine.

La société de salon à Genève est en petit celle de notre Chaussée-d'Antin. Seulement, malgré la fortune acquise, l'économie primitive s'y fait sentir ; partout et à chaque instant, on sent que l'on heurte les coudes de cette ménagère de la maison. À Paris, nos dames ont à elles des albums d'une grande valeur ; celles de Genève louent un album *pour la soirée* : cela coûte dix francs.

Les seules choses d'art à voir pour un étranger sont :

À la bibliothèque, un manuscrit de saint Augustin sur papyrus ; une histoire d'Alexandre, par Quinte-Curce, trouvée dans les bagages du duc de Bourgogne après la bataille de Grandson, et les comptes de la maison de Philippe le Bel, écrits sur des tablettes de cire.

Dans l'église de Saint-Pierre, le tombeau du maréchal de Rohan, ami de Henri IV, soutien ardent des calvinistes, mort en 1638 à Kœnigsfelden [15] ; il est enterré avec sa femme, fille de Sully.

Enfin, la maison de Jean-Jacques Rousseau, qu'indique, dans la rue de ce nom, une plaque de marbre noir sur laquelle est gravée cette inscription :

ICI EST NÉ J.-J. ROUSSEAU, LE 28 JUIN 1712.

Les courses dans les environs de Genève sont délicieuses ; à chaque moment de la journée, on trouve d'élégantes voitures disposées à conduire le voyageur partout où le mène sa curiosité ou son caprice. Lorsque nous eûmes visité la ville, nous montâmes dans une calèche et nous partîmes pour Ferney ; deux heures après, nous étions arrivés.

La première chose que l'on aperçoit, avant d'entrer au château, c'est une petite chapelle dont l'inscription est un chef-d'œuvre ; elle ne se compose cependant que de trois mots :

DEO EREXIT VOLTAIRE.

---

15. Champ du roi.

Elle avait pour but de prouver au monde entier, fort inquiet des démêlés de la créature et du Créateur, que Voltaire et Dieu s'étaient enfin réconciliés ; le monde apprit cette nouvelle avec satisfaction, mais il soupçonna toujours Voltaire d'avoir fait les premières avances.

Nous traversâmes un jardin, nous montâmes un perron élevé de deux ou trois marches, et nous nous trouvâmes dans l'antichambre ; c'est là que se recueillent, avant d'entrer dans le sanctuaire, les pèlerins qui viennent adorer le dieu de l'irréligion. Le concierge les prévient solennellement d'avance que rien n'a été changé à l'ameublement, et qu'ils vont voir l'appartement tel que l'habitait M. de Voltaire ; cette allocution manque rarement de produire son effet. On a vu, à ces simples paroles, pleurer des abonnés du *Constitutionnel*.

Aussi rien n'est plus prodigieux à étudier que l'aplomb du concierge chargé de conduire les étrangers. Il entra tout enfant au service du grand homme ; ce qui fait qu'il possède un répertoire d'anecdotes, à lui relatives, qui ravissent en béatitude les braves bourgeois qui l'écoutent. Lorsque nous mîmes le pied dans la chambre à coucher, une famille entière aspirait, rangée en cercle autour de lui, chaque parole qui tombait de sa bouche, et l'admiration qu'elle avait pour le philosophe s'étendait presque jusqu'à l'homme qui avait ciré ses souliers et poudré sa perruque ; c'était une scène dont il serait impossible de donner une idée, à moins que d'amener les mêmes acteurs sous les yeux du public. On saura seulement que, chaque fois que le concierge prononçait, avec un accent qui n'appartenait qu'à lui, ces mots sacramentels : *M. Arouet de Voltaire,* il portait la main à son chapeau, et que tous ces hommes, qui ne se seraient peut-être pas découverts devant le Christ au Calvaire, imitaient religieusement ce mouvement de respect.

Dix minutes après, ce fut à notre tour de nous instruire ; la société paya et partit ; alors le cicérone nous appartint exclusivement. Il nous promena dans un assez beau jardin, d'où le philosophe avait une merveilleuse vue, nous montra l'allée couverte dans laquelle il avait fait *sa belle tragédie d'Irène* ; et, nous quittant tout à coup pour s'approcher d'un arbre, il coupa, avec sa serpette, un copeau de son écorce qu'il me donna. Je le portai successivement à mon nez, à ma langue, croyant que c'était un bois étranger qui avait une odeur ou un goût quelconque. Point : c'était un arbre planté par M. Arouet de Voltaire lui-même, et dont il est d'usage que chaque étranger emporte une parcelle. Ce digne arbre avait failli mourir d'un accident, il y avait trois mois, et paraissait encore bien malade ; un sacrilège s'était introduit nuitamment dans le parc et avait enlevé trois ou quatre pieds carrés de l'écorce sainte.

– C'est quelque fanatique de *la Henriade* qui aura fait cette infamie, dis-je à notre concierge.

– Non, monsieur, me répondit-il, je crois plutôt que c'est tout bonnement un spéculateur qui aura reçu une commande de l'étranger.

Stupendo !...

En sortant du jardin, notre concierge nous conduisit chez lui ; il voulait nous montrer la canne de Voltaire, qu'il conservait religieusement depuis la mort du grand homme, et qu'il finit par nous offrir pour un louis, les besoins du temps le forçant à se séparer de cette relique précieuse ; je lui répondis que c'était trop cher et que j'avais connu un souscripteur de l'édition Touquet auquel, il y avait huit ans, il avait cédé la pareille pour vingt francs. Nous remontâmes en voiture, nous repartîmes pour Coppet, et nous arrivâmes au château de madame de Staël.

Là, point de concierge bavard, point d'église à Dieu, point d'arbre dont on emporte l'écorce ; mais un beau parc où tout le village peut se promener en liberté, et une pauvre femme qui pleure de vraies larmes en parlant de sa maîtresse et en montrant les chambres qu'elle habitait, et où rien ne reste d'elle. Nous demandâmes à voir le bureau qui était encore taché de l'encre de sa plume, le lit qui devait être encore tiède de son dernier soupir ; rien de tout cela n'a été sacré pour la famille : la chambre a été convertie en je ne sais quel salon ; les meubles ont été emportés je ne sais où. Il n'y avait peut-être pas même, dans tout le château, un exemplaire de *Delphine*.

De cet appartement, nous passâmes dans celui de M. de Staël fils ; là aussi, la mort était entrée et avait trouvé à frapper de ses deux mains ; deux lits étaient vides : un lit d'homme et un berceau d'enfant. C'est là que M. de Staël et son fils étaient morts à trois semaines d'intervalle l'un de l'autre.

Nous demandâmes à voir le tombeau de la famille ; mais une disposition testamentaire de M. de Necker en a interdit l'entrée à la curiosité des voyageurs.

Nous étions sortis de Ferney avec une provision de gaieté qui nous paraissait devoir durer huit jours ; nous sortîmes de Coppet les larmes aux yeux et le cœur serré.

Nous n'avions pas de temps à perdre pour prendre le bateau à vapeur qui devait nous conduire à Lausanne ; nous le voyions arriver sur nous, rapide, fumant et couvert d'écume comme un cheval marin ; au moment où nous croyions qu'il allait passer sans nous voir, il s'arrêta tout à coup, tremblant de la secousse ; puis, se mettant en travers, il nous attendit ; à peine eûmes-nous mis le pied sur le pont qu'il reprit sa course.

Le lac Léman, c'est la mer de Naples ; c'est son ciel bleu, ce sont ses eaux bleues, et plus encore, ses montagnes sombres qui semblent superposées les unes aux autres comme les marches d'un escalier du ciel ; seulement, chaque marche a trois mille pieds de haut ; puis, derrière tout cela, apparaît le front neigeux du mont Blanc, géant curieux qui regarde le lac par-dessus la tête des autres montagnes, lesquelles, près de lui, ne sont que des collines, et dont, à chaque échappée de vue, on aperçoit les robustes flancs.

Aussi a-t-on peine à détacher le regard de la rive méridionale du lac pour le porter sur la rive septentrionale ; c'est, cependant, de ce côté que la nature a secoué le plus prodigalement ces fleurs et ces fruits de la terre qu'elle porte dans un coin de sa robe : ce sont des parcs, des vignes, des moissons, un village de dix-huit lieues de long étendu d'un bout à l'autre de la rive ; des châteaux bâtis dans tous les sites, variés comme la fantaisie, et portant sur leurs fronts sculptés la date précise de leur naissance : à Nyon, des constructions romaines bâties par César ; à Vufflens, un manoir gothique élevé par Berthe, la reine fileuse ; à Morges, des villas en terrasses qu'on croirait transportées, toutes construites, de Sorrente ou de Baïa ; puis, au fond, Lausanne, avec ses clochers élancés ; Lausanne, dont les maisons blanches semblent, de loin, une troupe de cygnes qui se sèchent au soleil, et qui a placé au bord du lac la petite ville d'Ouchy, sentinelle chargée de faire signe aux voyageurs de ne point passer sans venir rendre hommage à la reine vaudoise ; notre bateau s'approcha d'elle comme un tributaire et déposa une partie de ses passagers sur le rivage. À peine avais-je mis le pied sur le port que j'aperçus un jeune républicain nommé Allier, que j'avais connu à l'époque de la révolution de juillet, et qui, condamné pour une brochure à cinq ans de prison, je crois, s'était réfugié à Lausanne ; depuis un mois, il habitait la ville ; c'était une bonne fortune pour moi : mon cicérone était tout trouvé.

Il vint se jeter dans mes bras aussitôt qu'il me reconnut, quoique nous n'eussions jamais été liés ensemble ; je devinai à cet embrassement tout ce qu'il y avait de douleur dans cette pauvre âme errante : en effet, il était atteint du mal du pays. Ce beau lac aux rives merveilleuses, cette ville située dans une des positions les plus ravissantes du monde, ces montagnes pittoresques, tout cela était sans mérite et sans charme à ses yeux : l'air étranger l'étouffait.

Comme ce pauvre garçon n'était guère en état de satisfaire ma curiosité, et que, lorsque je parlais Suisse, il répondait France, il offrit de me présenter à un excellent patriote, député de la ville de Lausanne, qui l'avait reçu comme un frère en religion, et qui ne l'avait pas consolé, par la seule raison qu'on ne console pas de l'exil.

M. Pellis est un des hommes les plus distingués que j'aie rencontrés dans tout mon voyage, par son instruction, son obligeance et son patriotisme ; du moment où nous nous fûmes serré la main, nous devînmes frères ; et, pendant les deux jours que je passai à Lausanne, il eut la bonté de me donner, sur l'histoire, la législation et l'archéologie du canton, les renseignements les plus précieux. Il s'était lui-même beaucoup occupé de ces trois choses.

Le canton de Vaud, qui touche à celui de Genève, doit sa prospérité à une cause tout opposée à celle de son voisin. Ses richesses, à lui, ne sont point industrielles, mais territoriales ; le sol est divisé de manière à ce que chacun possède ; de sorte que, sur ses cent quatre-vingt mille habitants, il compte trente-quatre mille propriétaires. On a calculé que c'était quatre mille de plus que dans toute la Grande-Bretagne.

Le canton est, militairement parlant, l'un des mieux organisés de la Confédération et, comme tout Vaudois est soldat, il a toujours, tant en troupes disponibles qu'en troupes de réserve, trente mille hommes, à peu près, sous les armes : c'est le cinquième de la population. L'armée française, établie sur cette proportion, serait composée de six millions de soldats.

Les troupes suisses ne reçoivent aucune solde : c'est un devoir de citoyen qu'elles acquittent et qui ne leur paraît pas onéreux. Tous les ans, elles passent trois mois au camp pour s'exercer à toutes les manœuvres et s'endurcir à toutes les fatigues ; de cette manière, la Suisse entière trouverait prête, à son premier appel de guerre, une armée de cent quatre-vingt mille hommes qui ne coûte pas une obole au gouvernement. Le budget de la nôtre qui présente, je crois, un effectif de quatre cent mille hommes, s'élève à environ trois cent six millions.

Nul ne peut être officier s'il n'a servi deux ans. Les candidats sont proposés par le corps d'officiers et nommés par le Conseil d'État ; celui qui atteint l'âge de vingt-cinq ans sans avoir servi dans l'élite sert dans un corps de dépôt jusqu'à l'âge de cinquante, et est frappé d'incapacité pour devenir officier. Un citoyen ne peut se marier s'il ne possède son uniforme, ses armes et sa Bible.

Quant au pouvoir législatif, il est établi sur des bases solides et aussi claires : tous les cinq ans, la Chambre des Députés est soumise à un renouvellement intégral et le Conseil exécutif à un renouvellement partiel. Tout citoyen est électeur ; les élections se font dans l'église et les députés prêtent aussitôt serment devant l'écusson fédéral, où sont inscrits ces deux mots : *Liberté, Patrie*.

La cathédrale de Lausanne paraît avoir été commencée vers la fin du XVe siècle ; elle allait être terminée et la partie supérieure de l'un de ses clochers restait seule à achever, lorsque la réformation interrompit ses travaux en 1536. L'intérieur, comme celui des temples protestants, est nu et dépouillé de tout ornement ; un grand prie-Dieu s'élève au milieu du chœur : c'est là que, à l'époque où le calvinisme fit de si rapides progrès, les catholiques venaient prier Dieu de rendre la lumière à leurs frères égarés. Ils y vinrent si longtemps et en si grand nombre, que le marbre, creusé par le frottement, a conservé l'empreinte de leurs genoux.

Le chœur est entouré de tombeaux presque tous remarquables, soit sous le rapport de l'art, soit à cause des restes illustres qui leur ont été confiés, soit enfin à cause des particularités qui se rattachent à la mort de ceux qu'ils renferment.

Les tombeaux gothiques dignes de quelque attention sont ceux du pape Félix V et d'Othon de Granson, à la statue duquel les mains manquent.

Voici la cause de cette mutilation :

En 1393, Gérard d'Estavayer, jaloux des soins que rendait à sa femme, la belle Catherine de Belp, le sire Othon de Granson, prit le parti, pour se venger de lui et pour dissimuler la véritable cause de cette vengeance, de l'accuser d'être l'auteur d'un empoisonnement dont le comte Amédée VIII, de Savoie, avait manqué d'être victime.

En conséquence, il fit solennellement sa plainte par devant Louis de Joinville, bailli de Vaud, et, la renouvelant avec de grandes formalités devant le comte Amédée VIII, il offrit à son ennemi le combat à outrance comme témoignage de la vérité de son accusation. Othon de Granson, quoique affaibli par une blessure encore mal fermée, crut de son honneur de ne point demander un délai et accepta le défi : il fut donc convenu que le combat aurait lieu le 9 août 1393 à Bourg en Bresse, et que chacun des combattants serait armé d'une lance, de deux épées et d'un poignard ; il fut convenu en outre que le vaincu perdrait les deux mains, à moins qu'il n'avouât, si c'était Othon, le crime dont il était accusé, et, si c'était Gérard d'Estavayer, la fausseté de l'accusation.

Othon fut vaincu : Gérard d'Estavayer lui cria d'avouer qu'il était coupable ; Othon répondit en lui tendant les deux mains, que Gérard abattit d'un seul coup. Voilà pourquoi les mains manquent à la statue comme elles manquent au cadavre, car elles furent brûlées par le bourreau comme étant les mains d'un traître [16].

Lorsqu'on ouvrit le tombeau d'Othon afin de transporter ses restes dans la cathédrale de Lausanne, on trouva le squelette revêtu de son armure de combat, casque en tête et éperons aux pieds ; la cuirasse, brisée à la poitrine, indiquait l'endroit où avait frappé la lance de Gérard.

Les tombeaux modernes sont ceux de la princesse Catherine Orlov et de lady Strafford Canning : lord Strafford obtint, à cause de sa profonde douleur, que sa femme fût enterrée dans le temple. Il écrivit à Canova pour lui commander un tombeau,

---

16. L'artiste qui a fait le tombeau a sculpté deux petites mains sur le coussin de marbre qui soutient la tête d'Otton.

recommandant au sculpteur de faire le plus de diligence possible. Le tombeau arriva au bout de cinq mois, le lendemain du jour où lord Strafford venait de convoler en secondes noces.

De là, M. Pellis, notre savant et aimable cicérone, nous offrit de nous faire voir la prison pénitentiaire. En sortant, nous admirâmes la merveilleuse vue que l'on découvre du plateau de la cathédrale, au-dessous de laquelle Lausanne, couchée, éparpille ses maisons, toujours plus distantes les unes des autres au fur et à mesure qu'elles s'éloignent du centre. Au-delà de ces maisons, le lac bleu, uni comme un miroir ; à l'un des bouts de ce lac, Genève, dont les toits et les dômes de zinc brillent au soleil, comme les coupoles d'une ville mahométane ; enfin, à l'autre extrémité, la gorge sombre du Valais, que dominent de leurs arêtes neigeuses la Dent de Morcles et la Dent du Midi.

Ce plateau est le rendez-vous de la ville ; mais, comme il est exposé à l'occident, il y vient toujours, de la cime des monts couverts de glace qui bornent l'horizon, un vent aigu, dangereux pour les enfants et les vieillards. Le Conseil d'État vient de décider, en conséquence, qu'il serait fait, sur le versant méridional de la ville, une promenade destinée à la vieillesse et à l'enfance qui, faibles toutes deux, ont toutes deux besoin de soleil et de chaleur. Cette promenade coûtera cent cinquante mille francs : ne dirait-on pas une décision des éphores de Sparte ?

La Suisse n'a ni galères ni bagnes, mais seulement des maisons pénitentiaires. C'était l'une d'elles que nous allions visiter ; ainsi, les hommes que nous allions voir, c'étaient des forçats. Nous y entrâmes avec cette pensée, mais cela ressemblait si peu à nos prisons de France, que nous nous crûmes tout simplement dans un hospice.

Les détenus étaient en récréation, c'est-à-dire qu'ils pouvaient se promener une heure dans une belle cour qui leur est consacrée ; nous les vîmes par une fenêtre, causant par groupes. On nous fit remarquer que quelques-uns avaient des habits rayés vert et blanc et portaient une espèce de ferrement au cou ; ceux-là étaient les galériens.

Nous allâmes à une fenêtre en face, et nous vîmes dans un jardin des femmes qui se promenaient : c'était le jardin des Madelonnettes et du Saint-Lazare vaudois.

Nous visitâmes ensuite les petites chambres isolées dans lesquelles couchent les détenus. C'étaient de jolies cellules dont les grilles faisaient seules des prisons ; chaque cellule était garnie des meubles nécessaires à l'usage d'une personne. Quelques-unes même avaient une petite bibliothèque, car il est loisible aux détenus de consacrer à la lecture les heures de la récréation.

Le but de ces maisons pénitentiaires n'est pas seulement de séparer de la société les individus qui pourraient lui porter préjudice ; elles ont encore pour résultat d'améliorer le moral de ceux qu'elles séquestrent. En général, nos jeunes condamnés français sortent des prisons ou des bagnes plus corrompus qu'ils n'y sont entrés ; les condamnés vaudois, au contraire, en sortent meilleurs. Voici sur quelle base logique le gouvernement a fait reposer cette amélioration.

La plus grande partie des crimes a pour cause la misère ; cette misère dans laquelle l'individu est tombé vient de ce que, ne connaissant aucun état, il n'a pu, à l'aide de son travail, se créer une existence au milieu de la société. Le séquestrer de cette société, le retenir emprisonné un temps plus ou moins long et le relâcher au milieu d'elle, ce n'est pas le moyen de le rendre meilleur : c'est le priver de la liberté, et voilà tout. Rejeté au milieu du monde dans la même position qui a causé sa première chute, cette même position en causera naturellement une seconde. Le seul moyen de la lui épargner est donc de le rendre aux hommes qui vivent de leur industrie sur un pied égal au leur, c'est-à-dire avec une industrie et de l'argent.

En conséquence, les maisons pénitentiaires ont pour premier règlement que tout condamné qui ne saurait pas un état en apprendra un à son choix ; et, pour second, que les deux tiers de l'argent que rapportera cet état, pendant la détention du coupable, seront pour lui. Un article, ajouté depuis, complète cette mesure philanthropique. Il autorise les prisonniers à faire passer un tiers de cet argent à leur père ou à leur mère, à leur femme ou à leurs enfants. Ainsi, la chaîne de la nature, violemment brisée pour le condamné par un arrêt juridique, se renoue à des relations nouvelles. L'argent qu'il envoie à sa famille lui prépare au milieu d'elle un retour joyeux. L'intérieur, dont son cœur a tant besoin après en avoir été si longtemps privé, lui est ouvert, puisqu'au lieu d'y revenir flétri, pauvre et nu, le membre absent de cette famille y rentre lavé du crime passé, par la punition même, et assuré de sa vertu à venir par l'argent qu'il possède et l'état qu'il a appris. Plusieurs exemples sont venus à l'appui de cette merveilleuse institution et ont récompensé ses auteurs. Voici des notes, copiées sur le registre de la maison, qui attestent ce résultat.

« B..., né en 1807 à Bellerive. – Garçon meunier. – Pauvre. – Il a volé trois mesures de méteil et a été condamné à deux ans de fers. – Son bénéfice, à la fin de son temps, outre les secours envoyés à sa famille, était de soixante-dix francs de Suisse (cent francs de France à peu près). Il est sorti, de plus, tisserand très habile. »

Au-dessous de ces lignes, le pasteur du village où retournait B... a écrit de sa main :

« Lors de son retour à Bellerive, ce jeune homme, extrêmement humilié de sa détention, se cachait chez son père et n'osait sortir de la maison. Les jeunes gens du village allèrent le prendre un dimanche chez lui et le conduisirent au milieu d'eux à l'église.

« L..., prévenue de divers vols. – Trois ans de réclusion. – Elle est sortie dans de bonnes dispositions et est allée dans sa commune où, sur les renseignements favorables qui étaient parvenus dans son village, relativement à son excellente conduite pendant sa détention, les jeunes filles sont allées à sa rencontre, et, après l'avoir embrassée, l'ont ramenée au milieu d'elles dans le village. – Son bénéfice, cent treize francs de Suisse (cent quatre-vingt francs de France environ). – Fileuse, et sachant lire et écrire.

» D..., condamnée à dix ans de réclusion pour infanticide sans préméditation. – Entrée ne sachant rien. – Sortie instruite. – Excellente ouvrière en linge, avec un bénéfice de neuf cents francs de Suisse (mille deux cent cinquante francs de France à peu près). Aujourd'hui gouvernante dans une des meilleures maisons du canton. »

N'y a-t-il pas quelque chose de patriarcal dans ce gouvernement qui instruit le coupable, et dans cette jeunesse qui lui pardonne ? N'est-ce pas la sublime devise fédérale mise en pratique : *un pour tous, tous pour un* ?

Je pourrais citer cent exemples pareils inscrits sur le registre d'une seule maison pénitentiaire. Que l'on consulte les registres de tous nos bagnes et de toutes nos prisons, et je porte le défi, même à M. Appert, de me citer quatre faits qui balancent moralement ce que je viens de rapporter.

En sortant de la maison pénitentiaire, nous allâmes prendre des glaces. Elles coûtent trois batz (neuf sous de France) et sont les meilleures que j'aie mangées de ma vie. Je les recommande à tout voyageur qui passera à Lausanne.

Une seconde recommandation gastronomique, que les amateurs ne me pardonneraient pas d'avoir oubliée, est celle de la *ferra* du lac Léman. Cet excellent poisson ne se trouve que là, et, quoiqu'il ait une grande ressemblance avec le lavaret du lac de Neufchâtel et l'*omble chevalier* du lac du Bourget, il les surpasse tous deux en finesse. Je ne connais que l'alose de Seine qui lui soit comparable.

Lorsqu'on aura visité la promenade, la cathédrale et la maison d'arrêt de Lausanne ; lorsqu'on aura mangé, au *Lion d'or,* de la ferra du lac, bu du vin blanc de Vevey, et pris, au café qui se trouve dans la même rue que cette auberge, des glaces à la neige, on n'aura rien de mieux à faire que de louer une voiture et de partir pour Villeneuve. Chemin faisant, on traversera Vevey, où demeurait Claire ; le château de Blonay, qu'habitait le père de Julie ; Clarens, où l'on montre la maison de Jean-Jacques ; et enfin, en arrivant à Chillon, on apercevra à une lieue et demie, sur l'autre rive, les rochers escarpés de la Meilleraie, du sommet desquels Saint-Preux contemplait le lac profond et limpide dans les eaux duquel étaient la mort et le repos.

Chillon, ancienne prison d'État des ducs de Savoie, aujourd'hui l'arsenal du canton de Vaud, fut bâti en 1250. La captivité de Bonnivard l'a tellement rempli de son souvenir, qu'on a oublié jusqu'au nom d'un prisonnier qui s'en échappa en 1798 d'une manière presque miraculeuse. Ce malheureux parvint à faire un trou dans le mur à l'aide d'un clou arraché à la semelle de ses souliers ; mais, sorti de son cachot, il se trouva dans un plus grand, et voilà tout. Il lui fallut alors, à la force du poignet, briser une barre de fer qui fermait une meurtrière de trois ou quatre pouces de large ; la trace de ses souliers, restée sur le talus de cette meurtrière, atteste que les efforts qu'il fut obligé de faire dépassaient presque la puissance humaine. Ses pieds, à l'aide desquels il se roidissait, ont creusé la pierre à la profondeur d'un pouce. Cette meurtrière est la troisième à gauche, en entrant dans le grand cachot.

À l'article de Genève, nous avons parlé de Bonnivard et de Berthelier. Le premier avait dit un jour que, pour l'affranchissement de son pays, il donnerait sa liberté, le second répondit qu'il donnerait sa vie. Ce double engagement fut entendu et, lorsque les bourreaux vinrent en réclamer l'accomplissement, ils les trouvèrent prêts tous deux à l'accomplir. Berthelier marcha à l'échafaud. Bonnivard, transporté à Chillon, y trouva une captivité affreuse. Lié par le milieu du corps à une chaîne dont l'autre bout allait rejoindre un anneau de fer scellé dans un pilier, il resta ainsi six ans, n'ayant de liberté que la longueur de cette chaîne, ne pouvant se coucher que là où elle lui permettait de s'étendre, tournant toujours comme une bête fauve autour de son pilier, creusant le pavé avec sa marche forcément régulière, rongé par cette pensée que sa captivité ne servait peut-être en rien à l'affranchissement de son pays, et que Genève et lui étaient voués à des fers éternels. Comment, dans cette longue nuit, que nul jour ne venait interrompre, dont le silence n'était troublé que par le bruit des flots du lac battant les murs du cachot, comment, ô mon Dieu ! la pensée n'a-t-elle pas tué la matière, ou la matière la pensée ? Comment, un matin, le geôlier ne trouva-t-il pas son prisonnier mort ou fou, quand une seule idée, une idée éternelle devait lui briser le cœur et lui dessécher le cerveau ? Et pendant ce temps, pendant six ans, pendant cette éternité, pas un cri, pas une plainte, dirent ses geôliers, excepté sans doute quand le ciel déchaînait l'orage, quand la tempête soulevait les flots, quand la pluie et le vent fouettaient les murs. Car alors, vous seul, ô mon Dieu ! vous pouviez distinguer ses cris et ses sanglots ; et ses geôliers, qui n'avaient pas joui de son désespoir, le retrouvaient le lendemain calme et résigné, car la tempête alors s'était calmée dans son cœur comme dans la nature. Oh ! sans cela, ne se serait-il pas brisé la tête à son pilier ? ne se serait-il pas étranglé avec sa chaîne ? Aurait-il attendu le jour où l'on entra en tumulte dans sa prison, et où cent voix lui dirent à la fois :

– Bonnivard, tu es libre !
– Et Genève ?
– Libre !

Depuis lors, la prison du martyr est devenue un temple, et son pilier un autel. Tout ce qui a un cœur noble et amoureux de la liberté se détourne de sa route et vient prier là où il a souffert. On se fait conduire droit à la colonne où il a été si longtemps enchaîné ; on cherche sur sa surface granitique, où chacun veut inscrire un nom, les caractères qu'il y a gravés. On se courbe vers la dalle creusée pour y trouver la trace de ses pas ; on se cramponne à l'anneau auquel il était attaché, pour éprouver s'il est solidement scellé encore avec son ciment de huit siècles. Toute autre idée se perd dans cette idée : c'est ici qu'il est resté enchaîné six ans... six ans, c'est-à-dire la neuvième partie de la vie d'un homme.

Un soir, c'était en 1816, par une de ces belles nuits qu'on croirait que Dieu a faites pour la Suisse seule, une barque s'avança silencieusement, laissant derrière elle un sillage brillanté par les rayons brisés de la lune. Elle cinglait vers les murs blanchâtres du château de Chillon et toucha au rivage sans secousse, sans bruit, comme un cygne qui aborde. Il en descendit un homme au teint pâle, aux yeux perçants, au front découvert et hautain ; il était enveloppé d'un grand manteau noir qui cachait ses pieds, et cependant on s'apercevait qu'il boitait légèrement. Il demanda à voir le cachot de Bonnivard. Il y resta seul et longtemps, et, lorsqu'on rentra après lui dans le souterrain, on trouva, sur le pilier même auquel avait été enchaîné le martyr, un nouveau nom : Byron.

Chapitre 6

Une pêche de nuit

Nous arrivâmes à midi à Villeneuve.

Villeneuve, que les Romains appelaient *Penilucus,* est située à l'extrémité orientale du lac Léman. Le Rhône, qui descend de la Furka où il prend sa source, passe à une demi-heure de chemin de ce petit bourg, marque les limites du canton de Vaud qui, s'avançant en pointe, s'étend encore cinq lieues au-delà, et sépare le canton de Vaud du pays valaisan. Un célérifère, qui attend les passagers du bateau à vapeur, les conduit le même soir à Bex, où l'on couche ordinairement. L'heure d'avance que j'avais gagnée en venant par terre me permit de courir jusqu'à l'endroit où le Rhône se jette en se bifurquant, gris et sablonneux, dans le lac pour y laisser son limon et ressortir, pur et azuré, à Genève, après l'avoir traversé dans toute sa longueur.

Lorsque je revins à Villeneuve, la voiture était près de partir ; chacun avait pris sa place, et l'on m'avait gratifié, comme absent, de celle que l'on jugeait la plus mauvaise, et que j'eusse choisie, moi, comme la meilleure. On m'avait mis près du conducteur, dans le cabriolet du devant, où rien ne devait me garantir du vent du soir, mais aussi où rien ne m'empêchait de voir le paysage.

C'était un beau coup d'œil, à travers cet horizon bleuâtre des Alpes, que cette vallée qui s'ouvre sur le lac dans une largeur de deux lieues et qui va toujours se rétrécissant, à tel point qu'arrivée à Saint-Maurice, une porte la ferme tant elle est resserrée entre le Rhône et la montagne. À droite et à gauche du fleuve, et de demi-lieue en demi-lieue, de jolis villages vaudois et valaisans paraissaient et disparaissaient presque aussitôt sans que la rapidité de notre course nous permît d'en voir autre chose que la hardiesse de leur situation sur la pente de la montagne, les uns près de glisser sur un talus rapide où s'échelonnent des ceps de vigne, les autres arrêtés sur une plate-forme, entourés de sapins noirs et pareils à des nids d'oiseaux cachés dans les branches ; quelques-uns dominant un précipice et ne laissant pas même deviner à l'œil la place du chemin qui y conduit. Puis, au fond du paysage et dominant tout cela, à gauche la Dent de Morcles, rouge comme une brique qui sort de la fournaise, s'élevant à sept mille cinq cent quatre-vingt-dix pieds au-dessus de nos têtes ; à droite, sa sœur, la Dent du Midi, portant sa tête toute blanche de neige à huit mille cinq cents pieds dans les nues ; toutes deux diversement colorées par les derniers rayons du soleil couchant, toutes deux se détachant sur un ciel bleu d'azur, la Dent du Midi par une nuance d'un rose tendre, la Dent de Morcles par sa couleur sanglante et foncée. Voilà ce que je voyais en punition de ma tardive arrivée, tandis que ceux du dedans, les stores chaudement fermés, se réjouissaient d'échapper à cette atmosphère froide que je ne sentais pas et à travers laquelle m'apparaissait ce pays de fées.

À la nuit tombante, nous arrivâmes à Bex. La voiture s'arrêta à la porte d'une de ces jolies auberges qu'on ne trouve qu'en Suisse ; en face était une église dont les fondations, comme celles de presque tous les monuments religieux du Valais, paraissent, par leur style roman, avoir été l'œuvre des premiers chrétiens.

Le dîner nous attendait. Nous trouvâmes le poisson si délicat, que nous en demandâmes pour notre déjeuner du lendemain. Je cite ce fait insignifiant parce que cette demande me fit assister à une pêche qui m'était complètement inconnue, et que je n'ai vu faire que dans le Valais.

À peine eûmes-nous exprimé ce désir gastronomique, que la maîtresse de la maison appela un grand garçon de dix-huit ou vingt ans qui paraissait cumuler dans l'hôtellerie les différentes fonctions de commissionnaire, d'aide de cuisine et de cireur de bottes. Il arriva à moitié endormi, et reçut l'ordre (malgré des bâillements très expressifs, seule espèce d'opposition que le pauvre diable osât faire à l'injonction de sa maîtresse) d'aller pêcher quelques truites pour le déjeuner de monsieur ; et elle m'indiquait du doigt. Maurice, c'était le nom du pêcheur, se retourna de mon côté avec un regard si paresseux, si plein d'un indicible reproche, que je fus ému du combat qu'il était forcé de se livrer pour obéir sans se laisser aller au désespoir.

– Cependant, dis-je, si cette pêche doit donner trop de peine à ce garçon (la figure de Maurice s'épanouissait au fur et à mesure que ma phrase prenait un sens favorable à ses désirs), si cette pêche, continuai-je...

La maîtresse m'interrompit.

– Bah ! bah ! dit-elle, c'est l'affaire d'une heure, la rivière est à deux pas. Allons, paresseux, prends ta lanterne et ta serpe, ajouta-t-elle en s'adressant à Maurice, qui était retombé dans cette apathie résignée habituelle aux gens que leur position a faits pour obéir, et dépêche-toi.

Ta lanterne et ta serpe, pour aller à la pêche !... Ah ! dès lors Maurice fut perdu, car il me prit une envie irrésistible de voir une pêche qui se faisait comme un fagot.

Maurice poussa un soupir ; car il pensa bien qu'il n'avait plus d'espoir qu'en Dieu, et Dieu l'avait vu si souvent en pareille situation sans songer à l'en tirer, qu'il n'y avait guère de chance qu'il fît un miracle en sa faveur.

Il prit donc, avec une énergie qui tenait du désespoir, une serpe pendue au milieu des instruments de cuisine et une lanterne d'une forme si singulière, qu'elle mérite une description détaillée.

C'était un globe de corne, rond comme ces lampes que nous suspendons au plafond de nos boudoirs ou de nos chambres à coucher, auquel on avait adapté un conduit de fer-blanc de trois pieds de long, de la forme et de la grosseur d'un manche à balai. Comme ce globe était hermétiquement fermé, la mèche huilée qui brûlait à l'intérieur de la lanterne ne recevait d'air que par le haut du conduit, et ne risquait d'être éteinte ni par le vent ni par la pluie.

– Vous venez donc ? me dit Maurice après avoir fait ses préparatifs, et voyant que je m'apprêtais à le suivre.

– Certes, répondis-je ; cette pêche me paraît originale...

– Oui, oui, grommela-t-il entre ses dents ; c'est fort original de voir un pauvre diable barboter dans l'eau jusqu'au ventre quand il devrait à la même heure dormir, enfoncé dans son foin jusqu'au cou. Voulez-vous une serpe et une lanterne ? Vous pêcherez aussi, vous, et ce sera une fois plus original.

Un *Tu n'es pas encore en route, musard!* qui partit de la chambre voisine me dispensa de répondre par un refus à cette offre de Maurice, dans laquelle il y avait au moins autant d'amertume ironique que de désir de me procurer une passe-temps agréable. Au même instant, on entendit se rapprocher le pas de la maîtresse de l'auberge ; elle accompagnait sa venue d'une espèce de grognement sourd qui ne présageait rien de bon pour le retardataire. Il le sentit si bien, qu'à tout événement il ouvrit rapidement la porte, sortit et la referma sans m'attendre, tant il était pressé de mettre deux pouces de bois de sapin entre sa paresse et la colère de notre gracieuse hôtelière.

– C'est moi, dis-je en ouvrant la porte et en suivant des yeux la lanterne qui s'enfuyait à quarante pas de moi, c'est moi qui ai retenu ce pauvre garçon en lui demandant des détails sur la pêche ; ainsi, ne le grondez pas.

Et je m'élançai à toutes jambes à la poursuite de la lanterne, qui allait disparaître.

Comme mes yeux étaient fixés sur une ligne horizontale, tant je craignais de perdre de vue mon précieux falot, à peine eus-je fait dix pas, que mes pieds accrochèrent les chaînes pendantes de notre célérifère, et que j'allai, avec un bruit horrible, rouler au milieu du chemin, au bout duquel brillait mon étoile polaire. Cette chute, dont le retentissement arriva jusqu'à Maurice, loin de l'arrêter, parut donner une nouvelle impulsion à la vélocité de sa course ; car il sentait que maintenant il y avait deux colères à redouter au lieu d'une. La malheureuse lanterne semblait un follet, tant elle s'éloignait rapidement, et tant elle sautait en s'éloignant ; j'avais perdu près d'une minute, tant à tomber qu'à me relever et à tâter si je n'avais rien de rompu. Maurice, pendant ce temps, avait gagné du terrain, je commençais à perdre l'espoir de le rattraper ; j'étais maussade de ma chute, tout endolori du contact forcé que mes genoux et la pommette de ma joue gauche avaient eu avec le pavé ; je sentais la nécessité d'aller plus doucement si je ne voulais m'exposer à un second accident du même genre. Toutes ces réflexions instantanées, cette honte, cette douleur, ce sang qui me portait à la tête, me firent sortir de mon caractère ; je m'arrêtai au milieu du chemin, frappant du pied et jetant devant moi, d'une voix sonore quoique émue, ces terribles paroles qui étaient ma dernière ressource :

– Mais, sacredieu ! Maurice, attendez-moi donc.

Il paraît que le désespoir avait donné à cette courte mais énergique injonction un accent de menace qui résonna formidablement aux oreilles de Maurice, car il s'arrêta tout court, et la lanterne passa de son état d'agitation à un état d'immobilité qui lui donna l'aspect d'une étoile fixe.

– Pardieu ! lui dis-je tout en me rapprochant de lui et en étendant les mains et les pieds avec précaution devant moi, vous êtes un drôle de corps ; vous entendez que je tombe... un coup à fendre les pavés de votre village, et cela parce que je n'y vois pas, et vous ne vous en sauvez que plus vite avec la lanterne. Tenez, voyez (je lui montrais mon pantalon déchiré) ! tenez, regardez (et je lui faisais voir ma joue éraflée) ! je me suis fait un mal horrible avec vos chaînes de célérifère que vous laissez traîner devant la porte de l'auberge ; c'est inouï ; on met des lampions, au moins. Tenez, tenez, je suis beau, là !...

Maurice regarda toutes mes plaies, écouta toutes mes doléances, et, quand j'eus fini de secouer la poussière amassée sur mes habits, d'extirper une douzaine de petits cailloux incrustés en mosaïque dans le creux de mes deux mains :

– Voilà ce que c'est, me dit-il, que d'aller à la pêche à neuf heures et demie du soir.

Et il se remit flegmatiquement en chemin.

Il y avait du vrai au fond de cette réponse égoïste ; aussi je ne jugeai pas à propos de rétorquer l'argument, quoiqu'il me parût attaquable de trois côtés. Nous continuâmes donc, pendant dix minutes à peu près, de marcher sans proférer une seule parole dans le cercle de lumière tremblante que projetait autour de nous la lanterne maudite. Au bout de ce temps, Maurice s'arrêta.

– Nous sommes arrivés, dit-il.

En effet, j'entendais se briser dans une espèce de ravine les eaux d'une petite rivière qui descendait du versant occidental du mont Cheville, et qui, traversant la grande route sous un petit pont que je commençais à distinguer, allait se jeter dans le Rhône, qui n'était lui-même qu'à deux cents pas de nous.

Pendant que je faisais ces remarques, Maurice faisait ses préparatifs. Ils consistaient à quitter ses souliers et ses guêtres, à mettre bas son pantalon et à relever sa chemise, en la roulant et en l'attachant avec des épingles autour de sa veste ronde. Cet accoutrement mi-partie lui donnait l'air d'un portrait en pied d'après Holbein ou Albert Dürer. Tandis que je le considérais, il se retourna de mon côté.

— Si vous voulez en faire autant ? me dit-il.

— Vous allez donc descendre dans l'eau ?

— Et comment voulez-vous avoir des truites pour votre déjeuner, si je ne vais pas vous les chercher ?

— Mais je ne veux pas pêcher, moi !

— Mais vous venez pour me voir pêcher, n'est-ce pas ?

— Sans doute.

— Alors, défaites votre pantalon. À moins que vous n'aimiez mieux venir avec votre pantalon ; vous êtes libre. Il ne faut pas disputer des goûts.

Alors il descendit dans le ravin pierreux et escarpé au fond duquel grondait le torrent, et où se devait accomplir la pêche miraculeuse.

Je le suivis en chancelant sur les cailloux qui roulaient sous mes pieds, me retenant à lui, qui était debout et ferme comme un bâton ferré. Nous avions à peu près trente pieds à descendre dans ce chemin rapide et mouvant. Maurice vit combien j'aurais eu de peine à faire ce trajet sans son aide.

— Tenez, me dit-il, portez la lanterne.

Je la pris sans me le faire répéter. Alors, de la main que je lui laissais libre, il me saisit le bras sous l'épaule avec une force dont je croyais ce corps grêle incapable, force de montagnard que j'ai retrouvée en pareille circonstance dans des enfants de dix ans, me soutint et me guida dans cette descente dangereuse, son instinct de guide bon et fidèle l'emportant sur la rancune qu'il m'avait conservée jusque-là ; si bien que, grâce à son aide, j'arrivai sans accident au bord de l'eau. J'y trempai la main, elle était glacée.

— Vous allez descendre là-dedans, Maurice ? lui dis-je.

— Sans doute, répondit-il en me prenant la lanterne des mains et en posant un pied dans le torrent.

— Mais cette eau est glacée ! repris-je en le retenant par le bras.

— Elle sort de la neige à une demi-lieue d'ici, me répondit-il sans comprendre le véritable sens de mon exclamation.

– Mais je ne veux pas que vous entriez dans cette eau, Maurice !

– N'avez-vous pas dit que vous vouliez manger des truites demain à votre déjeuner ?

– Oui, sans doute, je l'ai dit ; mais je ne savais pas qu'il fallait, pour me passer cette fantaisie, qu'un homme... que vous, Maurice ! entrassiez jusqu'à la ceinture dans ce torrent glacé, au risque de mourir dans huit jours d'une fluxion de poitrine. Allons, venez, venez, Maurice.

– Et la maîtresse, qu'est-ce qu'elle dira ?

– Je m'en charge. Allons, Maurice, allons-nous-en.

– Cela ne se peut pas.

Et Maurice mit sa seconde jambe dans l'eau.

– Comment, cela ne se peut pas ?

– Sans doute, il n'y a pas que vous qui aimez les truites. Je ne sais pas pourquoi même, mais tous les voyageurs aiment les truites, un mauvais poisson plein d'arêtes ! Enfin, il ne faut pas disputer des goûts.

– Eh bien, qu'est-ce que cela veut dire ?

– Cela veut dire que, s'il n'en faut pas pour vous, il en faudra pour d'autres, et qu'ainsi, puisque m'y voilà, autant que je fasse ma pêche tout de suite. Voyez-vous, il y a d'autres voyageurs qui aiment le chamois, et ils disent quelquefois : « Demain au soir, en arrivant des salines, nous voudrions bien manger du chamois. » Du chamois ! une mauvaise chair noire ! autant vaudrait manger du bouc. Enfin, n'importe ! Alors, quand ils ont dit cela, la maîtresse appelle Pierre, comme elle a appelé Maurice quand vous avez dit : « Je veux manger des truites » ; car Pierre, c'est le chasseur, comme moi, je suis le pêcheur ; et elle dit à Pierre : « Pierre, il me faudrait un chamois », comme elle m'a dit, à moi : « Maurice, il me faudrait des truites ». Pierre dit : « C'est bon », et il part avec sa carabine à deux heures du matin. Il traverse des glaciers dans les fentes desquels le village tout entier tiendrait ; il grimpe sur des rochers où vous vous casseriez le cou vingt fois, si j'en juge par la manière dont vous avez descendu tantôt cette rigole-ci ; et puis, à quatre heures de l'après-midi, il revient avec une bête au cou, jusqu'à ce qu'un jour il ne revienne pas !

– Comment cela ?

– Oui : Jean, qui était avant Pierre, s'est tué, et Joseph, qui était avant moi, est mort d'une maladie comme vous l'appeliez tout à l'heure, d'un fluxion... Eh bien, ça ne m'empêche pas de pêcher des truites, et ça n'empêche pas Pierre de chasser le chamois.

– Mais j'avais entendu dire, repris-je avec étonnement, que ces exercices étaient des plaisirs pour ceux qui s'y livraient, des plaisirs qui devenaient un besoin irrésistible ; qu'il y avait des pêcheurs et des chasseurs qui allaient au-devant de ces dangers comme on va à des fêtes ; qui passaient la nuit dans les montagnes pour y attendre les chamois à l'affût ; qui dormaient sur la rive des fleuves pour jeter leurs filets à la pointe du jour ?

– Ah ! oui, dit Maurice avec un accent profond dont je l'aurais cru incapable ; oui, cela est vrai, il y en a qui sont comme vous le dites.

– Mais lesquels donc ?

– Ceux qui chassent et qui pêchent pour eux.

Je laissai tomber ma tête sur ma poitrine sans cesser de regarder cet homme qui venait de jeter, sans s'en douter, un si amer argument dans le bassin inégal de la justice humaine. Au milieu de ces montagnes, dans ces Alpes, dans ce pays des hautes neiges, des aigles et de la liberté, se plaidait donc aussi, sans espoir de le gagner, ce grand procès de ceux qui ne possèdent pas contre ceux qui possèdent. Là aussi, il y avait des hommes dressés, comme les cormorans et les chiens de chasse, à rapporter à leurs maîtres le poisson et le gibier, en échange desquels on leur donnait un morceau de pain.

C'était bien bizarre, car qui empêchait ces hommes de pêcher et de chasser pour eux ? L'habitude d'obéir... C'est dans les hommes mêmes qu'elle veut faire libres que la liberté trouve ses plus grands obstacles.

Pendant ce temps, Maurice, qui ne se doutait guère à quelles réflexions m'avait conduit sa réponse, était descendu dans l'eau jusqu'à la ceinture, et commençait une pêche dont je n'avais aucune idée, et que j'aurais peine à croire possible si je ne l'avais pas vue. Je compris alors à quoi lui servaient les instruments dont je l'avais vu s'armer au lieu de ligne ou de filet.

En effet, cette lanterne, avec son long tuyau, était destinée à explorer le fond du torrent, tandis que le haut du conduit, sortant de l'eau, laissait pénétrer dans l'intérieur du globe la quantité d'air suffisante à l'alimentation de la lumière. De cette manière, le lit de la rivière se trouvait éclairé circulairement d'une grande lueur trouble et blafarde qui allait s'affaiblissant au fur et à mesure qu'elle s'éloignait de son centre lumineux. Les truites qui se trouvaient dans le cercle qu'embrassait cette lueur ne tardaient pas à s'approcher du globe, comme font les papillons et les chauve-souris attirés par la lumière, se heurtant à la lanterne, et tournant tout alentour. Alors Maurice levait doucement la main gauche qui tenait le falot ; les étranges phalènes, fascinées par la lumière, la suivaient dans son mouvement d'ascension ; puis, dès que la truite paraissait à fleur d'eau, sa main droite, armée de la serpe, frappait le poisson à la tête, et toujours si adroitement, que, étourdi par la violence du coup, il tombait au fond de l'eau pour reparaître bientôt mort et sanglant et passer incontinent dans le sac suspendu au cou de Maurice comme une carnassière.

J'étais stupéfait : cette intelligence supérieure, dont j'étais si fier, il n'y avait que cinq minutes, était confondue ; car il est évident que si, la veille encore, je m'étais trouvé dans une île déserte avec des truites au fond d'une rivière pour toute nourriture, et n'ayant pour les pêcher qu'une lanterne et une serpe, cette intelligence supérieure ne m'aurait probablement pas empêché de mourir de faim.

Maurice ne soupçonnait guère l'admiration qu'il venait de m'inspirer, et continuait d'augmenter mon enthousiasme par les preuves renouvelées de son habileté, choisissant, comme un propriétaire dans son vivier, les truites qui lui paraissaient les plus belles, et laissant tourner impunément autour de la lanterne le menu fretin qui ne lui semblait pas digne de la sauce au bleu.

Enfin, je n'y tins plus, je mis bas pantalon, bottes et chaussettes, je complétai mon accoutrement de pêcheur sur le modèle de celui de Maurice, et, sans penser que l'eau avait à peine deux degrés au-dessus de zéro, sans faire attention aux cailloux qui me coupaient les pieds, j'allai prendre de la main de mon acolyte la serpe et la lanterne. Au moment où une superbe truite venait se mirer, je l'amenai à la surface avec les précautions que j'avais vu employer à mon prédécesseur, et, quand je la jugeai à la portée, je lui appliquai au milieu du dos, de peur de la manquer, un coup de serpe à fendre une bûche.

La pauvre bête remonta en deux morceaux.

Maurice la prit, l'examina un instant, et la rejeta avec mépris à l'eau, en disant :

– C'est une truite déshonorée.

Déshonorée ou non, je comptais bien manger celle-là et non une autre ; en conséquence, je repêchai mes deux fragments, qui s'en allaient chacun de leur côté, et je revins au bord ; il était temps. Je grelottais de tous mes membres, et mes dents cliquetaient.

Maurice me suivit. Il avait son contingent de poisson ; trois quarts d'heures lui avaient suffi pour pêcher huit truites.

Nous nous rhabillâmes, et nous prîmes rapidement le chemin de l'auberge.

– Pardieu ! me disais-je en revenant, si une de mes trente mille connaissances parisiennes fût passée, ce qui eût été possible, sur la route en vue de laquelle je me livrais, il y a un instant, à l'exercice de la pêche, et qu'elle m'eût reconnu, au milieu d'un torrent glacé, dans le singulier costume que j'avais été forcé d'adopter, une serpe d'une main et une lanterne de l'autre, je suis bien certain que, jour pour jour, au bout du temps nécessaire à son retour de Bex à Paris, et à l'arrivée de journaux de Paris à Bex, j'aurais eu la surprise de lire dans la première gazette qui me fût tombée entre les mains, que l'auteur d'*Antony* avait eu le malheur de devenir fou pendant son voyage dans les Alpes, *ce qui,* n'eût-on pas manqué d'ajouter, *est une perte irréparable pour l'art dramatique !*

Et, tout en me faisant ces réflexions qu'entretenait ma congélation croissante, je pensais à un escabeau que j'avais remarqué dans la cheminée de la cuisine, et sur lequel, au moment où j'avais quitté l'auberge, s'épanouissait, à quarante-cinq degrés de chaleur, un énorme chat de gouttière dont j'avais admiré l'incombustibilité, et je me disais :

– Aussitôt que je serai arrivé, j'irai droit à la cheminée de la cuisine, je chasserai le chat et je me mettrai sur son escabeau.

En effet, dominé par cette idée qui me donnait du courage en me donnant de l'espoir, je précipitai le pas, et, comme pour me réchauffer provisoirement les doigts je m'étais muni de la lanterne, j'arrivai sans accident, malgré ma course accélérée, à la porte de l'auberge, dans l'intérieur de laquelle je devais trouver le bienheureux escabeau qui, pour le moment, était l'objet de tous mes désirs. Je sonnai en homme qui n'a pas le temps d'attendre. L'hôtesse vint nous ouvrir elle-même ; je passai auprès d'elle comme une apparition, je traversai la salle à manger comme si j'avais été poursuivi, et je me précipitai dans la cuisine...

Le feu était éteint !...

Au même instant, j'entendis la maîtresse de l'hôtel, qui m'avait suivi aussi vite qu'elle avait pu le faire, demander à Maurice :

– Qu'est-ce qu'il a donc, ce monsieur ?

– Je crois qu'il a froid, répondit Maurice.

Dix minutes après, j'étais dans un lit bassiné, et j'avais à la portée de ma main un bol de vin chaud, les symptômes m'ayant paru assez inquiétants pour combattre le mal par les toniques et les révulsifs.

Grâce à ce traitement énergique, j'en fus quitte pour un rhume abominable.

Mais aussi j'ai eu l'honneur de découvrir et de constater le premier un fait important pour la science, et dont l'Institut et la *Cuisinière bourgeoise* me sauront gré, je l'espère. C'est que, dans le Valais, les truites se pêchent avec une serpe et une lanterne.

Chapitre 7

Les salines de Bex

Le lendemain, après avoir mangé le train de devant de ma truite, je me mis en route pour les salines.

Maurice, avec lequel j'étais tout à fait raccommodé, m'indiqua un petit chemin qui part du jardin même de l'auberge et qui conduit à l'établissement d'exploitation par une route plus courte et plus pittoresque. La première montée (qui est assez fatigante, mais où chaque pas que l'on fait élargit le paysage) une fois gravie, on arrive à un sentier qui traverse un bois de beaux châtaigniers, que rien ne protège contre la gourmandise des voyageurs. À cette vue, je me rappelai aussitôt mon ancien métier de maraudeur et, à l'aide d'une grosse pierre que je jetai de toute ma force contre le tronc de l'arbre qui se trouva le plus à ma portée, je fis tomber une véritable pluie de châtaignes. Comme elles étaient encore renfermées dans leurs coques, je procédai incontinent à l'extraction d'icelles par le procédé connu de tout collégien, procédé qui consiste à les faire rouler délicatement entre le gazon et la semelle de la botte jusqu'à ce que la pression combinée avec la rotation amène un résultat satisfaisant. Au bout de dix minutes, j'avais mes poches pleines et je m'étais remis en route, grignotant les *castaneæ molles*, comme aurait pu le faire un écureuil ou un berger de Virgile.

C'est une admirable recette contre la fatigue et l'ennui, et je l'indique ici comme telle à tout voyageur pédestre, que de faire, dans les chemins qui n'offrent point par eux-mêmes grande distraction, travailler leur âme ou leur bête. Quant à moi, c'est un procédé que j'employai, et que je me promets bien d'employer encore dans mes nouvelles courses. Pour occuper mon âme, j'avais en réserve dans ma tête trois ou quatre odes de Victor Hugo ou de Lamartine, que je répétais tout haut, recommençant aussitôt que j'avais achevé, finissant par ne plus comprendre le sens des paroles, délicieusement bercé dans l'ivresse du nombre et de l'harmonie. Pour donner de la besogne à ma bête, je bourrais toutes mes poches d'autant de châtaignes ou de noix qu'elles en pouvaient contenir, puis, en les tirant une à une, je les épluchais du bout de mon canif, avec la patience méticuleuse d'un artiste qui sculpterait la tête de M. de Voltaire sur une canne de houx. Grâce à ces deux ressources, le temps et la distance cessaient de se diviser par heures ou par lieues. Enfin, si une mauvaise disposition d'esprit m'ôtait la mémoire, si le arbres qui bordaient le chemin ne m'offraient pas de récolte, je poussais avec persévérance un petit caillou du bout du pied, et cela revenait absolument au même.

J'arrivai donc aux salines sans trop savoir le temps que j'avais mis à faire la route. Ce sont les mineurs eux-mêmes qui, à tour de rôle et dans leurs heures de repos, se chargent de conduire les voyageurs. Je m'adressai à l'un d'eux. Il fit aussitôt ses dispositions pour notre petit voyage : elles consistaient à nous mettre à chacun entre les mains une lampe allumée, et dans la poche un briquet, des allumettes et de l'amadou. Ces précautions prises, nous nous avançâmes vers une entrée taillée dans la montagne et dont l'orifice, surmonté d'une inscription indiquant le jour où le premier coup de pioche avait été donné dans le roc, présentait une ouverture de huit pieds de haut sur cinq de large.

Mon guide entra le premier dans le souterrain et je le suivis. La galerie dans laquelle nous marchions s'enfonce hardiment et en droite ligne dans la montagne, taillée partout dans la même proportion de largeur et de longueur que nous avons dite. De place en place, des inscriptions indiquent les progrès annuels des ouvriers mineurs qui, tantôt, ont eu à percer le roc vif où s'émoussaient les outils les mieux trempés, et tantôt une terre friable qui, à chaque minute, menaçait les travailleurs d'un éboulement qu'ils ne prévenaient qu'à l'aide d'un revêtement de charpente soutenu par des étais. Cette avenue est bordée de chaque côté de deux ruisseaux coulant dans des ornières de bois. Celui que j'avais à ma droite contenait de l'eau salée, et celui que j'avais à ma gauche de l'eau sulfureuse, dont la montagne fournit une certaine quantité que l'on sépare avec soin de l'autre. Quant au terrain sur lequel on marche, c'est un prolongement de planches glissantes, larges de dix-huit pouces, et mises bout à bout.

À peine a-on fait cent pas dans cette galerie qu'on trouve à sa droite un petit escalier composé de quelques marches. Il conduit au premier réservoir, qui a neuf pieds de hauteur sur quatre-vingts pieds de circonférence ; le liquide qu'il renferme contient cinq ou six parties de matières salines sur cent parties d'eau.

Vingt-cinq pas plus loin, et toujours en suivant la même galerie, on arrive au deuxième réservoir. On y monte, comme au premier, à l'aide de quelques marches de bois rendues glissantes par l'humidité. Celui-là, comme l'autre, a neuf pieds de profondeur, mais une circonférence double ; l'eau qu'il renferme contient vingt-six parties de matières salines au lieu de cinq.

Un des échos les plus remarquables que j'aie entendus de ma vie, après celui de la Simonetta près de Milan, qui répète cinquante-trois fois les paroles qu'on lui jette, est sans contredit celui du second réservoir. Au moment de descendre dans la seconde galerie, mon guide m'arrêta par le bras et, sans me prévenir, poussa un cri : je crus que la montagne s'abîmait sur nous, tant la caverne s'emplit aussitôt de bruit et de rumeur. Une minute au moins s'écoula avant que le dernier frémissement de cet écho, réveillé si violemment, consentît à s'éteindre ; on l'entendait gronder sourdement, se heurtant aux cavités du roc comme un ours surpris qui s'enfonce dans les dernières profondeurs de sa tanière. Il y a quelque chose d'effrayant dans cette répercussion bruyante du bruit de la voix humaine, dans un lieu où elle n'était pas destinée à parvenir et où celle de Dieu même ne devait arriver qu'au jour du Jugement dernier.

Nous nous remîmes en route. Bientôt, mon guide ouvrit une balustrade ronde située à notre droite et, mettant le pied sur le premier degré d'une échelle qui s'enfonçait presque perpendiculairement dans un gouffre, il me demanda si je voulais le suivre. Je l'invitai à descendre le premier, afin que je pusse un peu me rendre compte des facilités du chemin. Il descendit, en conséquence, le long d'une première échelle dont le pied reposait sur une pointe de terrain, contre laquelle une seconde échelle qui conduisait plus bas venait s'appuyer. C'est de ce premier plateau qu'il m'apprit que le puits dans lequel il m'avait précédé contenait une source d'eau saline que les voyageurs avaient l'habitude de visiter. Je n'éprouvais pas une curiosité bien vive pour le phénomène qu'on me promettait : je trouvais la route qui y conduisait assez mal éclairée et le chemin passablement ardu. Cependant, une mauvaise honte me poussa ; je posai à mon tour le pied sur le premier échelon. Le guide, qui vit mon premier mouvement, l'imita aussitôt ; nous nous mîmes à descendre, lui la seconde, et moi la première échelle, lui avec l'insouciance d'un homme habitué au trajet, et moi comptant scrupuleusement un à un les degrés que je descendais. Au bout de cinq minutes de cet exercice, et arrivé à mon deux cent soixante-quinzième degré, je m'arrêtai au beau milieu de mon échelle et, jetant les yeux au-dessous de moi, je vis mon guide réglant toujours sa descente sur la mienne et se maintenant à la distance où nous étions lors du départ. La lampe qu'il portait éclairait autour de lui la paroi humide et brillante du rocher ; mais, au-dessous de ses pieds, tout rentrait dans l'obscurité, et j'apercevais seulement la pointe d'une autre échelle qui m'indiquait, à n'en pouvoir douter, que nous n'étions pas au bout de notre course. En me voyant arrêté, le guide s'était arrêté aussi ; moi regardant en bas, lui regardant en haut.

– Eh bien ? me dit-il.

– Dites donc, l'ami, repris-je, lui faisant une question en même temps qu'une réponse, est-ce que nous ne sommes pas bientôt au bout de la plaisanterie ?

– Nous avons fait un peu plus du tiers du chemin.

– Ah ! Ainsi, nous avons encore quatre cent cinquante échelons, à peu près, à descendre ?

Le guide abaissa la tête pour compter plus à son aise ; puis, après un instant, il la releva.

– Quatre cent cinquante-sept, dit-il. Il y a cinquante-deux échelles à la suite les unes des autres, les cinquante et une premières ont chacune quatorze pieds et la dernière dix-huit.

– Ce qui me fait, dites-vous, une profondeur de quatre cent cinquante-sept pieds au-dessous de moi ?

– En droite ligne.

– De sorte que, si mon échelle cassait ?

– Vous **tomberiez** de cent pieds plus haut que si vous tombiez de la flèche du **clocher** de Strasbourg.

Il **n'avait** pas achevé ces mots que, convaincu que je n'avais pas trop de mes deux **mains** pour prévenir, autant qu'il était en moi, cet accident, je lâchai, pour me cramponner à l'échelle pliante au milieu de laquelle j'étais juché comme un scarabée sur un brin d'herbe, ma lampe, que j'eus le plaisir de suivre des yeux **tant** que son lumignon brûla, puis ensuite d'entendre heurter les unes après les autres les échelles qu'elle rencontrait sur sa route jusqu'à ce qu'enfin un bruit sourd, produit par son contact avec l'eau, m'annonçât qu'elle venait d'arriver où nous allions.

– Qu'est-ce que c'est ? me **dit** le guide.

– Un étourdissement, voilà **tout**.

– Ah, diable ! Il faut vous en défaire, ça n'est pas sain dans nos pays.

Sous ce rapport, j'étais parfaitement de son avis. En conséquence, je secouai la tête ainsi que fait un homme qui se réveille, et je me remis à descendre avec plus de précaution encore qu'auparavant, si cela était possible. Comme j'étais privé de ma lumière, je rejoignis mon guide, qui brillait fièrement sur son échelle comme un ver luisant sur une haie, et nous continuâmes à descendre. Au bout de dix minutes, nous étions arrivés au bas de la cinquante-deuxième échelle, sur un rebord glaiseux, un pied au-dessous duquel était l'eau. Je cherchai à sa surface ma malheureuse lampe ; elle avait plongé, à ce qu'il paraît.

Arrivé là, je m'aperçus d'une chose à laquelle la préoccupation antérieure de mon esprit m'avait empêché de songer, c'est que je pouvais respirer à peine ; il me semblait que ces parois étroites me pressaient la poitrine comme dans un rêve et m'étouffaient. En effet, l'air extérieur ne pénétrait jusqu'à nous que par l'ouverture de la porte d'entrée, et nous étions, comme je l'ai déjà dit, à sept cent trente-deux pieds au-dessous du niveau de la galerie. Et, comme la galerie elle-même est à neuf cents pieds à peu près du sommet de la montagne, je me trouvais avoir pour le moment quinze ou seize cents pieds de terre par-dessus la tête ; on étoufferait à moins.

Le malaise que j'éprouvais nuisit beaucoup à l'attention que je prêtai à mon guide, qui m'expliqua les divers travaux de mine à l'aide desquels on était arrivé où nous étions. Je me rappelle cependant qu'il me dit que l'espoir de trouver une source plus abondante avait encore déterminé une fouille plus profonde, qu'on exécutait à l'aide d'une sonde, qui était déjà parvenue à cent cinquante pieds lorsqu'elle se trouva arrêtée par un obstacle qu'elle ne put vaincre et contre lequel tous les instruments d'acier vinrent s'émousser. Les ouvriers pensèrent qu'un ennemi de l'exploitation avait, pendant que les mineurs dînaient ou prenaient du repos, jeté un boulet dans le tuyau, et que c'était ce boulet qui faisait obstacle.

Cependant, telle quelle, cette source, qui est la plus forte de toutes puisqu'elle contient vingt-huit parties de matière saline sur cent parties d'eau, est assez abondante. Tous les cinq ans, on vide le puits ; on réduit, par le mélange de l'eau ordinaire, le liquide que l'on en tire à vingt-deux parties de matière saline seulement, degré auquel il faut que cette eau soit parvenue pour être soumise à l'ébullition. Les autres sources, au contraire, qui, plus faibles, ne contiennent que six parties de matière saline sur cent parties d'eau, renforcent leur principe salin en coulant à travers des épines, où s'opère une évaporation de la partie aqueuse qui augmente d'autant la matière saline. Ces explications données, mon guide remit le pied sur l'échelle, et j'avoue que ce fut avec un certain plaisir que je le vis commencer son ascension, qui fut suivie immédiatement de la mienne. Toutes deux s'accomplirent sans accident, et je me retrouvai avec plaisir sur le terrain plus solide de la galerie.

Nous continuâmes de nous enfoncer dans cet immense corridor, percé en ligne si droite que, chaque fois que nous nous retournions, nous pouvions voir l'entrée illuminée par les rayons du soleil, diminuant graduellement de largeur et de hauteur au fur et à mesure que nous nous éloignions d'elle. À quatre mille pieds de l'entrée, la galerie fait un coude. Avant de m'engager dans ce premier détour, je me retournai une dernière fois ; le jour intérieur brillait encore à l'extrémité de ce long tuyau, mais faible et isolé comme une étoile dans la nuit. Je fis un pas, et il disparut.

Au bout de quatre mille autres pieds, à peu près, on arrive au filon de sel fossile. Là, le souterrain s'élargit, et l'on se trouve bientôt dans une immense cavité circulaire. Tout ce que les hommes ont pu arracher aux larges flancs de la montagne, ils l'ont fait : tant que la terre a conservé un principe salin, ils ont creusé avaricieusement pour arriver au bout. Aussi voit-on partout de nouvelles galeries commencées, puis abandonnées, qui ressemblent à des niches de saints ou à des cellules d'ermites. Il y a quelque chose de profondément triste dans cette pauvre carrière vide, comme une maison pillée dont on a laissé toutes les portes ouvertes.

À quelques pas de là, un rayon de jour extérieur illumine une grande roue verticale de trente-six pieds de diamètre, mise en mouvement par un courant d'eau douce qui tombe du haut de la montagne. Cette roue fait agir des pompes destinées à extraire du puits l'eau salée et l'eau sulfureuse, et à les amener à la hauteur des rigoles qui conduisent hors de la mine. Ce rayon de jour arrivait jusqu'à nous par un soupirail presque circulaire pratiqué dans le but de renouveler l'air intérieur de la mine et qui va aboutir verticalement au sommet de la montagne. Mon guide m'assura qu'à l'aide de cet immense télescope, on pouvait, quand le temps était beau, distinguer les étoiles en plein midi. Ce jour-là, justement, il n'y avait pas un nuage au ciel ; je regardai, en conséquence, avec l'attention la plus scrupuleuse pendant l'espace de dix minutes, au bout desquelles je demeurai convaincu qu'il y avait dans l'assertion de mon Valaisan beaucoup d'amour-propre national.

Ma situation sous le soupirail avait, du moins, produit un résultat : c'était celui de me remplir la poitrine d'un air un peu plus respirable que celui que je humais depuis une demi-heure. Aussi, ma provision faite, je me remis en route avec un nouveau courage. Bientôt, mon guide s'arrêta pour me demander si je préférais m'en aller par le fondement d'en haut ou le fondement d'en bas. Je lui demandai quelle différence il faisait entre ces deux sorties ; il me répondit que, par le premier, il y avait quatre cents marches à monter, et par le second sept cents marches à descendre. Je me décidai incontinent pour les quatre cents marches à monter ; je me rappelais mon puits, et j'avais assez d'une expérience comme celle-là pour un jour.

Arrivés au haut de l'escalier, nous aperçûmes la lumière du jour au bout de la galerie dans laquelle nous nous trouvions. J'avoue que cette vue me fut assez agréable ; j'avais fait trois quarts de lieue dans la mine, et je trouvais le chemin fort curieux, mais un peu trop accidenté.

La sortie vers laquelle nous marchions débouche dans un vallon étroit et sauvage. Un sentier assez rapide nous ramena en une demi-heure à la porte par laquelle nous étions entrés. C'était le moment de régler mes comptes avec mon guide. J'avais une course et une lampe à lui payer; j'évaluai les deux choses à six francs, et je reconnus à ses remerciements qu'il se regardait comme largement rétribué.

J'étais de retour à Bex à onze heures du matin ; c'était d'assez bonne heure encore pour que je continuasse ma journée. Martigny, où je comptais aller coucher, n'étant qu'à cinq lieues et demie de pays, je ne m'arrêtai donc à l'auberge que pour charger mon sac et prendre mon bâton. La première ville que l'on rencontre, en sortant de Bex, est Saint-Maurice : ce nom est celui du chef de la Légion thébaine qui y subit le martyre avec ses six mille six cents [17] soldats plutôt que de renier la religion du Christ.

Saint-Maurice fut regardé de tout temps comme la porte du Valais ; en effet, les deux chaînes de montagnes au milieu desquelles s'étend la vallée se rapprochent tellement sur ce point que, tous les soirs, on peut fermer ce défilé avec une porte. César avait si bien compris l'importance de ce passage, qu'il avait fait ajouter des fortifications à sa force naturelle, afin d'avoir toujours à sa disposition ce passage des Alpes. À cette époque,

---

17. Selon l'auteur du livre De gestis Francorum – et 6 066 selon la légende du moine d'Agaune. Ce dernier nombre est aussi adopté par Adon, archevêque de Vienne dans son Abrégé de la vie des saints. Venance-Fortunat, évêque de Poitiers, célébra en 590 cette glorieuse mort par un poème dont nous extrayons quelques vers : Turbine sub mundi cùm persequebantur iniqui Christicolasque daret sæva procella neci, Frigore depulso succendens corda peregit Rupibus in gelidis fervida bella fide. Quò, pie Maurici, ductor legionis opimæ, Traxisti fortes subdera colla viros, Quos positis gladiis armarunt dogmata Pauli Nomine pro Christi dulcius esse mori. Pectore belligero poterant qui vincere ferro Invitant jugulis vulnera rara suis. Hortantes se clade suà sic ire sub astra : Alter in alterius cæde natavit herus. Adjuvit rapidas Rhodanis fons sanguinis undas, Tinxit et alpinas ira cruenta nives. Tali fine polos felix exercitus intrans, Junctus apostolicis plaudit honore choris. Cingitus angelico super astra beata senatu, Mors fuit inde prius lux fovet indè viros Qui faciunt sacrum Paradisi crescere censum Hæredes Domini luce perenne dati. Sidereo chorus iste throno cum carne locandus Cùm veniet judex, arbiter orbis erit. Sic pia turba simul, festinans cernere Christum, Ut cælos peteret de nece fecit iter.

Saint-Maurice se nommait Tarnade, du nom d'un château voisin, *castrum Tauredunense*, qui fut enseveli en 562 sous l'éboulement du mont *Tauredunum*.

Plusieurs inscriptions funéraires attestent l'antiquité de Saint-Maurice, en même temps qu'elles constatent la force de sa position, puisque les Romains, qui craignaient avant tout la violation des tombeaux, avaient toujours soin de placer les cendres des personnes qui leur étaient chères à l'abri de la vengeance de leurs ennemis. La famille des Sévère surtout paraissait avoir adopté ce lieu pour sa demeure mortelle : les trois inscriptions suivantes font foi de ce que nous avançons, puisque la première constate qu'Antoine Sévère avait fait transporter de Narbonne à Tarnade le corps de son fils :

*

D. M.
ANTONI II SEVERI II NARBONÆ DE-
FUNCTI QUI VIXIT ANNOS XXV
MENSES III. DIEBUS XXIV. ANTONIUS
SEVERUS PATER INFELIX CORPUS
DEPORTATUM HIC CONDIDIT

*

M. PANSIO COR.
M FILIO SEVERO
II VIR. FLAMINI
JULIA DECUMINA
MARITO

*

D. PANSIO M. FL.
SEVERO ANNO XXVI
JULIA DECUMINA
MATER
FIL. PIENTISSIMO.

*

Tarnade était restée place-forte et importante sous les empereurs, puisque la Légion thébaine, commandée par saint Maurice et forte de six mille six cents soldats, s'y trouvait en garnison lorsque Maximien voulut la faire sacrifier aux faux dieux et que, ferme dans la foi naissante, elle préféra le supplice à l'abjuration. Bientôt après, comme ces vierges païennes qui adoptaient le christianisme, Tarnade, baptisée du sang des martyrs, change de nom et s'appelle Agaune : l'époque précise de ce changement remonte à la fin du quatrième siècle, puisque la carte théodosienne, qui parut vers l'an 380, lui conserve encore son ancien nom, et que, dix ans après, saint Martin étiquetait le reliquaire où étaient les ossements des Thébains : *Reliques des martyrs d'Agaune.* Du reste, la conversion de Tarnade remonte encore plus haut que l'époque que nous indiquons ici, puisque, s'il faut en croire une inscription qui est devenue la devise de sa maison de ville, elle était chrétienne depuis l'an 58 (*Christiana sum ab anno 58*).

L'étymologie du mot Agaune a fort occupé l'érudition des savants du Moyen Âge. Le moine d'Agaune fait dériver ce mot du mot latin *Acaunus*, qui dériverait lui-même du mot celtique *Agaun,* lequel veut dire *pays de rochers*. D'autres pensent que ce fut saint Ambroise, allant en ambassade près de l'empereur Maximien à Trèves et passant vers l'an 385 à Tarnade, qui détermina ce changement, avant de donner au lieu où les Thébains avaient été mis à mort un nom relatif à leur martyr. Or ce saint prélat nous apprend, dans une de ses lettres, que le lieu où Samson termina sa vie, en écrasant avec lui les Philistins sous les ruines du temple, porte le nom d'*Agaunus*, du grec *Agôn*. Festus, dans son vocabulaire, donne la signification de ce mot : *Agôn* était, selon lui, la victime que les empereurs immolaient avant d'entreprendre leurs expéditions, afin de se rendre les dieux favorables. Saint Jérôme dit toujours *Agones martyrum*, lorsqu'il parle des combats des martyrs Enfin, on appelait *Agaunistici* certains donatistes fanatiques qui cherchaient à se faire donner la mort : c'est donc, selon nous, en faveur de cette dernière version que cette importante question doit être décidée. Quoi qu'il en soit, vers le neuvième siècle, on joignit le nom du chef de la légion massacrée au nom qui exprimait le massacre : Agaune s'appela *Saint-Maurice d'Agaune,* puis, enfin, il a fini, de nos jours, par ne plus s'appeler que Saint-Maurice.

Les miracles opérés par les reliques des martyrs les mirent en telle réputation, que ceux des évêques des Gaules qui manquaient de saints dans leur diocèse en envoyaient chercher à Agaune. Bientôt, les curés, jaloux du privilège de leurs supérieurs, poussèrent l'indiscrétion jusqu'à demander, pour leur église, l'un un bras, l'autre une jambe. Les saints ossements, quelque nombreux qu'ils fussent, eussent probablement disparu jusqu'au dernier dans ce pillage si l'empereur Thédose n'eût rendu un édit qui défendait, sous les peines les plus rigoureuses, d'ouvrir leurs tombeaux. De cette manière, on sauva de la déprédation un millier de martyrs et plusieurs bouteilles de leur sang. Charlemagne, pour conserver ce précieux dépôt, fit cadeau à Saint-Maurice d'une fiole d'agate que le trésor de la ville a conservée jusqu'à nos jours. Il lui donna en même temps une table d'or pesant soixante marcs et enrichie de diamants, destinée à la communion : elle servit à faire les frais du voyage en Terre sainte d'Amédée III, comte de Savoie.

Je me suis étendu sur les souvenirs antiques de Saint-Maurice, vu qu'en sortant de la ville, il est difficile d'en emporter un souvenir moderne, et j'ai agi avec elle comme avec nos nobles actuels que, par politesse, j'appelle encore de leurs vieux noms.

À peine sorti de Saint-Maurice, j'aperçus, en jetant les yeux à ma droite, le petit ermitage de Notre-Dame de Bex, bâti ou plutôt cloué à la hauteur de huit cents pieds contre la paroi d'un rocher. On y monte par un petit sentier sans parapet, large en quelques endroits de moins de dix-huit pouces. Il est habité par un aveugle.

Mille pas plus loin, et à la droite de la grande route, après dix minutes de marche, on trouve la petite chapelle de Véroliez, bâtie à la place même où saint Maurice a subi le martyre. À l'époque où cet événement eut lieu, le Rhône passait au pied du petit monticule sur lequel eut lieu le supplice, et la tête du saint, détachée du corps, roula jusque dans le fleuve où elle disparut.

Il était trois heures de l'après-midi, et je voulais arriver à Martigny pour dîner. Je désirais consacrer quelque temps à la cascade de Pissevache, qu'on m'avait vantée comme une des merveilles de la Suisse. En effet, après une heure et demie de marche, en tournant un coude, je l'aperçus de loin se découpant sur son rocher noir, comme un fleuve de lait qui se précipiterait de la montagne. L'eau est toujours une admirable chose dans un point de vue : c'est à un paysage ce qu'une glace est à un appartement ; c'est le plus animé des objets inanimés. Mais une cascade l'emporte sur tout : c'est véritablement de l'eau vivante ; on est tenté de lui donner une âme. On s'intéresse aux efforts écumeux qu'elle fait en se heurtant contre les rochers ; on écoute sa voix bruyante qui se plaint quand elle tombe ; on gémit de sa chute, dont ne la console pas l'écharpe brillante que lui jette en passant le soleil ; puis enfin, on la suit avec intérêt dans son cours plus tranquille au milieu de la vallée, comme on suit dans le monde l'existence paisible d'un ami dont le matin a été agité par de violentes passions.

Pissevache descend d'une des plus belles montagnes du Valais, nommée Salanfe ; sa chute est d'environ quatre cents pieds.

Chapitre 8

Le bifteck d'ours

J'arrivai à l'hôtel de la poste, à Martigny, vers les quatre heures du soir.

– Pardieu! dis-je au maître de la maison en posant mon bâton ferré dans l'angle de la cheminée et en ajustant mon chapeau de paille au bout de mon bâton, il y a une rude trotte de Bex ici.

– Six petites lieues de pays, monsieur.

– Oui, qui en font douze de France, à peu près. Et d'ici à Chamouny [18] ?

– Neuf lieues.

– Merci. Un guide demain à six heures du matin.

– Monsieur va à pied ?

– Toujours.

Et je vis que, si mes jambes gagnaient quelque chose en considération dans l'esprit de notre hôte, c'était certainement aux dépens de ma position.

– Monsieur est artiste ? continua mon hôte.

– À peu près.

– Monsieur dîne-t-il ?

– Tous les jours, et religieusement.

En effet, comme les tables d'hôte sont assez chères en Suisse, et que chaque dîner coûte quatre francs, prix fait d'avance et sur lequel on ne peut rien rabattre, j'avais longtemps, dans mes projets d'économie, essayé de rattraper quelque chose sur cet article. Enfin, après de longues méditations, j'étais parvenu à trouver un terme moyen entre la rigidité scrupuleuse des hôteliers et le cri de ma conscience : c'était de ne me lever de table qu'après avoir mangé pour une valeur comparative de six francs ; de cette manière, mon dîner ne me

---

18. Chamonix

coûtait que quarante sous. Seulement, en me voyant acharné à l'œuvre et m'entendant dire : *Garçon, le second service !* l'hôte marmottait entre ses dents :

— Voilà un Anglais qui parle fort joliment le français !

Vous voyez que le maître de l'auberge de Martigny n'était pas doué de la science physiognomonique de son compatriote Lavater, puisqu'il osait me faire cette question au moins impertinente : « Monsieur dîne-t-il ? »

Lorsqu'il eut entendu ma réponse affirmative :

— Monsieur est bien tombé aujourd'hui, continua-t-il ; nous avons encore de l'ours.

— Ah ! ah ! fis-je médiocrement flatté du rôti, est-ce que c'est bon, votre ours ?

L'hôtelier sourit en secouant la tête avec un mouvement de haut en bas qui pouvait se traduire ainsi : « Quand vous en aurez goûté, vous ne voudrez plus manger d'autre chose. »

— Très bien, continuai-je. Et à quelle heure votre table d'hôte ?

— À cinq heures et demie.

Je tirai ma montre, il n'était que quatre heures dix minutes.

— C'est bon, dis-je à part moi, j'aurai le temps d'aller voir le vieux château.

— Monsieur veut-il quelqu'un pour le conduire et pour lui expliquer de quelle époque il est ? me dit l'hôte, répondant à mon aparté.

— Merci, je trouverai mon chemin tout seul ; quant à l'époque à laquelle remonte votre château, ce fut Pierre de Savoie, surnommé le Grand, qui, si je ne me trompe, le fit élever vers la fin du XIIe siècle.

— Monsieur sait notre histoire aussi bien que nous.

Je le remerciai pour l'intention, car il était évident qu'il croyait me faire un compliment.

— Oh ! reprit-il, c'est que notre pays a été fameux autrefois ; il avait un nom latin, il a soutenu de grandes guerres, et il a servi de résidence à un empereur de Rome.

— Oui, repris-je en laissant, comme le professeur du *Bourgeois gentilhomme,* tomber négligemment la science de mes lèvres ; oui, Martigny est l'*Octodurum* des Celtes, et ses habitants actuels sont les descendants des Véragrians dont parlent César, Pline, Strabon et Tite-Live, qui les appellent même demi-Germains. Cinquante ans environ avant Jésus-Christ, Sergius Galba, lieutenant de César, y fut assiégé par les Sédunois : l'empereur Maximien y voulut faire sacrifier son armée aux faux dieux, ce qui donna lieu au martyre de saint Maurice et de toute la légion Thébaine ; enfin, lorsque Petronius, préfet du prétoire, fut chargé de diviser les Gaules en dix-sept provinces, il sépara le Valais de l'Italie, et fit de votre ville la capitale des Alpes Pennines, qui devaient former, avec la Tarentaise, la septième province viennoise. N'est-ce pas cela, mon hôte ?

Mon hôte était stupéfait d'admiration. Je vis que mon effet était produit ; je m'avançai vers la porte ; il se rangea contre le mur, le chapeau à la main, et je passai fièrement devant lui, fredonnant aussi faux que cela est possible :

Viens, gentille dame ;

Paris, je t'attends !

Je n'avais pas descendu dix marches, que j'entendis mon homme crier à tue-tête au garçon :

– Préparez pour monseigneur le no 3.

C'était la chambre où avait couché Marie-Louise lorsqu'elle passa à Martigny en 1829.

Ainsi mon pédantisme avait porté le fruit que j'en espérais. Il m'avait valu le meilleur lit de l'auberge, et, depuis que j'avais quitté Genève, les lits faisaient ma désolation.

C'est qu'il faut vous dire que les lits suisses sont composés purement et simplement d'une paillasse et d'un sommier sur lequel on étend, en le décorant du titre de drap, une espèce de nappe si courte, qu'elle ne peut ni se replier à l'extrémité inférieure, sous le matelas, ni se rouler à l'extrémité supérieure, autour du traversin, de sorte que les pieds et la tête en peuvent jouir alternativement, il est vrai, mais jamais tous deux à la fois. Ajoutez à cela que, de tous côtés, le crin sort roide et serré à travers la toile, ce qui produit sur la peau du voyageur le même effet à peu près que s'il était couché sur une immense brosse à tête.

C'est donc bercé par l'espérance d'une bonne nuit que je fis dans la ville et dans les environs une tournée d'une heure et demie, espace de temps suffisant pour voir tout ce qu'offre de remarquable l'ancienne capitale des Alpes Pennines.

Lorsque je rentrai, les voyageurs étaient à table : je jetai un coup d'œil rapide et inquiet sur les convives ; toutes les chaises se touchaient et toutes étaient occupées, je n'avais pas de place !...

Un frisson me courut par tout le corps, je me retournai pour chercher mon hôte. Il était derrière moi. Je trouvai à sa figure une expression méphistophélique. Il souriait...

– Et moi, lui dis-je, et moi, malheureux ?...

– Tenez, me dit-il en m'indiquant du doigt une petite table à part, tenez, voici votre place ; un homme comme vous ne doit pas manger avec tous ces gens-là.

Oh ! le digne Octodurois ! et je l'avais soupçonné !...

C'est qu'elle était merveilleusement servie, ma petite table. Quatre plats formaient le premier service, et au milieu était un bifteck d'une mine à faire honte à un bifteck anglais !...

Mon hôte vit que ce bifteck absorbait mon attention. Il se pencha mystérieusement à mon oreille :

– Il n'y en aura pas de pareil pour tout le monde, me dit-il.

– Qu'est-ce donc que ce bifteck ?

– Du filet d'ours ! rien que cela !

J'aurais autant aimé qu'il me laissât croire que c'était du filet de bœuf. Je regardais machinalement ce mets si vanté qui me rappelait ces malheureuses bêtes que, tout petit, j'avais vues, rugissantes et crottées, avec une chaîne au nez et un homme au bout de la chaîne, danser lourdement, à cheval sur un bâton, comme l'enfant de Virgile ; j'entendais le bruit mat du tambour sur lequel l'homme frappait, le son aigu du flageolet dans lequel il soufflait ; et tout cela ne me donnait pas pour la chair tant vantée que j'avais devant les yeux une sympathie bien dévorante. J'avais pris le bifteck sur mon assiette, et j'avais senti, à la manière triomphante dont ma fourchette s'y était plantée, qu'il possédait au moins cette qualité qui devait rendre les moutons de mademoiselle Scudéri si malheureux. Cependant, j'hésitais toujours, le tournant et retournant sur les deux faces rissolées, lorsque mon hôte, qui me regardait sans rien comprendre à mon hésitation, me détermina par un dernier *Goûtez-moi cela et vous m'en direz des nouvelles.*

En effet, j'en coupai un morceau gros comme une olive, je l'imprégnai d'autant de beurre qu'il était capable d'en éponger, et, en écartant mes lèvres, je le portai à mes dents, plutôt par une mauvaise honte que dans l'espoir de vaincre ma répugnance. Mon hôte, debout derrière moi, suivait tous mes mouvements avec l'impatience bienveillante d'un homme qui se fait un bonheur de la surprise que l'on va éprouver. La mienne fut grande, je l'avoue. Cependant, je n'osai tout à coup manifester mon opinion, je craignais de m'être trompé ; je recoupai silencieusement un second morceau d'un volume double à peu près du premier, je lui fis prendre la même route avec les mêmes précautions, et, quant il fut avalé :

– Comment ! c'est de l'ours ? dis-je.
– De l'ours.
– Vraiment ?
– Parole d'honneur.
– Eh bien, c'est excellent.

Au même instant, on appela à la grande table mon digne hôte, qui, rassuré par la certitude que j'avais fait honneur à son mets favori, me laissa en tête-à-tête avec mon bifteck. Les trois quarts avaient déjà disparu lorsqu'il revint, et, reprenant la conversation où il l'avait interrompue :

– C'est, me dit-il, que l'animal auquel vous avez affaire était une fameuse bête.

J'approuvai d'un signe de tête.

– Pesant trois cent vingt !
– Beau poids !

Je ne perdais pas un coup de dent.

– Qu'on n'a pas eu sans peine, je vous en réponds.
– Je crois bien !

Je portai mon dernier morceau à ma bouche.

– Ce gaillard-là a mangé la moitié du chasseur qui l'a tué.

Le morceau me sortit de la bouche comme repoussé par un ressort.

– Que le diable vous emporte ! dis-je en me retournant de son côté, de faire de pareilles plaisanteries à un homme qui dîne !...

– Je ne plaisante pas, monsieur, c'est vrai comme je vous le dis.

Je sentais mon estomac se retourner.

– C'était, continua mon hôte, un pauvre paysan du village de Fouly nommé Guillaume Mona. L'ours, dont il ne reste plus que ce petit morceau que vous avez là sur votre assiette, venait toutes les nuits voler ses poires, car à ces bêtes tout est bon. Cependant, il s'adressait de préférence à un poirier chargé de crassanes. Qui est-ce qui se douterait qu'un animal comme ça a les goûts de l'homme, et qu'il ira choisir dans un verger justement les poires fondantes ? Or, le paysan de Fouly préférait aussi, par malheur, les crassanes à tous les autres fruits. Il crut d'abord que c'étaient des enfants qui venaient faire du dégât dans son clos ; il prit en conséquence son fusil, le chargea avec du gros sel de cuisine, et se mit à l'affût. Vers les onze heures, un rugissement retentit dans la montagne. « Tiens, dit-il, il y a un ours dans les environs. » Dix minutes après, un second rugissement se fit entendre, mais si puissant, si rapproché, que Guillaume pensa qu'il n'aurait pas le temps de gagner sa maison, et se jeta à plat ventre contre terre, n'ayant plus qu'une espérance, que c'était pour ses poires et non pour lui que l'ours venait. Effectivement, l'animal parut presque aussitôt au coin du verger, s'avança en droite ligne vers le poirier en question, passa à dix pas de Guillaume, monta lestement sur l'arbre, dont les branches craquaient sous le poids de son corps, et se mit à y faire une consommation telle, qu'il était évident que deux visites pareilles rendraient la troisième inutile. Lorsqu'il fut rassasié, l'ours descendit lentement, comme s'il avait du regret d'en laisser, repassa près de notre chasseur, à qui le fusil chargé de sel ne pouvait pas être dans cette circonstance d'une grande utilité, et se retira tranquillement dans la montagne. Tout cela avait duré une heure, à peu près, pendant laquelle le temps avait paru plus long à l'homme qu'à l'ours. Cependant, l'homme était un brave... et il avait dit tout bas en voyant l'ours s'en aller :

« – C'est bon, va-t-en ; mais ça ne se passera pas comme ça ; nous nous reverrons.

» Le lendemain, un de ses voisins qui vint le visiter le trouva occupé à scier en lingots les dents d'une fourche.

» – Qu'est-ce que tu fais donc là ? lui dit-il.

» – Je m'amuse, répondit Guillaume.

» Le voisin prit les morceaux de fer, les tourna et les retourna dans sa main en homme qui s'y connaît, et, après avoir réfléchi un instant :

» – Tiens, Guillaume, dit-il, si tu veux être franc, tu avoueras que ces petits chiffons de fer sont destinés à percer une peau plus dure que celle d'un chamois.

» – Peut-être, répondit Guillaume.

» – Tu sais que je suis bon enfant, reprit François (c'était le nom du voisin), eh bien, si tu veux, à nous deux l'ours ; deux hommes valent mieux qu'un.

» – C'est selon, dit Guillaume.

» Et il continua de scier son troisième lingot.

» – Tiens, continua François, je te laisserai la peau, à toi tout seul, et nous ne partagerons que la prime et la chair [19].

» – J'aime mieux tout, dit Guillaume.

» – Mais tu ne peux pas m'empêcher de chercher la trace de l'ours dans la montagne, et, si je la trouve, de me mettre à l'affût sur son passage.

» – Tu es libre.

» Et Guillaume, qui avait achevé de scier ses trois lingots, se mit, en sifflant, à mesurer une charge de poudre double de celle que l'on met ordinairement dans une carabine.

» – Il paraît que tu prendras ton fusil de munition ? dit François.

» – Un peu ! trois lingots de fer sont plus sûrs qu'une balle de plomb.

» – Cela gâte la peau.

» – Cela tue plus roide.

» – Et quand comptes-tu faire ta chasse ?

» – Je te dirai cela demain.

» – Une dernière fois, tu ne veux pas ?

» – Non.

» – Je te préviens que je vais chercher la trace.

» – Bien du plaisir.

» – À nous deux, dis ?

» – Chacun pour soi.

» – Adieu, Guillaume !

» – Bonne chance, voisin !

» Et le voisin, en s'en allant, vit Guillaume mettre sa double charge de poudre dans son fusil de munition, y glisser ses trois lingots, et poser l'arme dans un coin de sa boutique. Le soir, en repassant devant la maison, il aperçut, sur le banc qui était près de la porte, Guillaume assis et fumant tranquillement sa pipe. Il vint à lui de nouveau.

---

19. Le gouvernement accorde une prime de quatre-vingt francs pour chaque ours tué

» – Tiens, lui dit-il, je n'ai pas de rancune. J'ai trouvé la trace de notre bête ; ainsi je n'ai plus besoin de toi. Cependant, je viens te proposer encore une fois de faire à nous deux.

» – Chacun pour soi, dit Guillaume.

» C'est le voisin qui m'a raconté cela avant-hier, continua mon hôte, et il me disait :

» – Concevez-vous, capitaine, car je suis capitaine dans la milice, concevez-vous ce pauvre Guillaume ? Je le vois encore sur son banc, devant sa maison, les bras croisés, fumant sa pipe, comme je vous vois. Et quand je pense enfin !... »

– Après ? dis-je, intéressé vivement par ce récit qui réveillait toutes mes sympathies de chasseur.

– Après, continua mon hôte, le voisin ne peut rien dire de ce que fit Guillaume dans la soirée.

« À dix heures et demie, sa femme le vit prendre son fusil, rouler un sac de toile grise sous son bras et sortir. Elle n'osa lui demander où il allait ; car Guillaume n'était pas homme à rendre des comptes à une femme.

» François, de son côté, avait véritablement trouvé la trace de l'ours ; il l'avait suivie jusqu'au moment où elle s'enfonçait dans le verger de Guillaume, et, n'ayant pas le droit de se mettre à l'affût sur les terres de son voisin, il se plaça entre la forêt de sapins qui est à mi-côte de la montagne et le jardin de Guillaume.

» Comme la nuit était assez claire, il vit sortir celui-ci par sa porte de derrière. Guillaume s'avança jusqu'au pied d'un rocher grisâtre qui avait roulé de la montagne jusqu'au milieu de son clos, et qui se trouvait à vingt pas tout au plus du poirier, s'y arrêta, regarda autour de lui si personne ne l'épiait, déroula son sac, entra dedans, ne laissant sortir par l'ouverture que sa tête et ses deux bras, et, s'appuyant contre le roc, se confondit bientôt tellement avec la pierre, par la couleur de son sac et l'immobilité de sa personne, que le voisin, qui savait qu'il était là, ne pouvait pas même le distinguer. Un quart d'heure se passa ainsi dans l'attente de l'ours. Enfin, un rugissement prolongé l'annonça. Cinq minutes après, François l'aperçut.

» Mais, soit par ruse, soit qu'il eût éventé le second chasseur, il ne suivait pas sa route habituelle ; il avait au contraire décrit un circuit, et, au lieu d'arriver à la gauche de Guillaume, comme il avait fait la veille, cette fois il passait à sa droite, hors de la portée de l'arme de François, mais à dix pas tout au plus du bout du fusil de Guillaume.

» Guillaume ne bougea pas. On aurait pu croire qu'il ne voyait pas même la bête sauvage qu'il était venu guetter, et qui semblait le braver en passant si près de lui. L'ours, qui avait le vent mauvais, parut de son côté ignorer la présence d'un ennemi, et continua lestement son chemin vers l'arbre. Mais, au moment où, se dressant sur ses pattes de derrière, il embrassait le tronc de ses pattes de devant, présentant à découvert sa poitrine que ses épaisses épaules ne protégeaient plus, un sillon rapide de lumière brilla tout à coup contre le rocher, et la vallée entière retentit du coup de fusil chargé à double charge et du rugissement que poussa l'animal mortellement blessé.

» Il n'y eut peut-être pas une seule personne dans tout le village qui n'entendît le coup de fusil de Guillaume et le rugissement de l'ours.

» L'ours s'enfuit, repassant sans l'apercevoir à dix pas de Guillaume, qui avait rentré ses bras et sa tête dans son sac et qui se confondait de nouveau avec le rocher.

» Le voisin regardait cette scène appuyé sur ses genoux et sur sa main gauche, serrant sa carabine de la main droite, pâle et retenant son haleine. Pourtant, c'est un crâne chasseur ! Eh bien, il m'a avoué que, dans ce moment-là, il aurait autant aimé être dans son lit qu'à l'affût.

» Ce fut bien pis quand il vit l'ours blessé, après avoir fait un circuit, chercher à reprendre sa trace de la veille, qui le conduisait droit à lui. Il fit un signe de croix, car ils sont pieux, nos chasseurs, recommanda son âme à Dieu, et s'assura que sa carabine était armée. L'ours n'était plus qu'à cinquante pas de lui, rugissant de douleur, s'arrêtant pour se rouler et se mordre le flanc à l'endroit de sa blessure, puis reprenant sa course.

» Il approchait toujours. Il n'était plus qu'à trente pas. Deux secondes encore, et il venait se heurter contre le canon de la carabine du voisin, lorsqu'il s'arrêta tout à coup, aspira bruyamment le vent qui venait du côté du village, poussa un rugissement terrible, et rentra dans le verger.

» – Prends garde à toi, Guillaume, prends garde ! s'écria François en s'élançant à la poursuite de l'ours et oubliant tout pour ne penser qu'à son ami ; car il vit bien que, si Guillaume n'avait pas eu le temps de recharger son fusil, il était perdu ; l'ours l'avait éventé.

» Il n'avait pas fait dix pas, qu'il entendit un cri. Celui-là, c'était un cri humain, un cri de terreur et d'agonie tout à la fois ; un cri dans lequel celui qui le poussait avait rassemblé toutes les forces de sa poitrine, toutes ses prières à Dieu, toutes ses demandes de secours aux hommes :

» – À moi !...

» Puis rien, pas même une plainte ne succéda au cri de Guillaume.

» François ne courait pas, il volait ; la pente du terrain précipitait sa course. Au fur et à mesure qu'il approchait, il distinguait plus clairement la monstrueuse bête qui se mouvait dans l'ombre, foulant aux pieds le corps de Guillaume et le déchirant par lambeaux.

» François était à quatre pas d'eux, et l'ours était si acharné à sa proie, qu'il n'avait pas paru l'apercevoir. Il n'osait pas tirer, de peur de tuer Guillaume, s'il n'était pas mort ; car il tremblait tellement, qu'il n'était plus sûr de son coup. Il ramassa une pierre et la jeta à l'ours.

» L'animal se retourna furieux contre son nouvel ennemi ; ils étaient si près l'un de l'autre, que l'ours se dressa sur ses pattes de derrière pour l'étouffer ; François le sentit bourrer avec son poitrail le canon de sa carabine. Machinalement il appuya le doigt sur la gâchette ; le coup partit.

» L'ours tomba à la renverse : la balle lui avait traversé la poitrine et brisé la colonne vertébrale.

» François le laissa se traîner en hurlant sur ses pattes de devant et courut à Guillaume. Ce n'était plus un homme, ce n'était plus même un cadavre. C'étaient des os et de la chair meurtrie, la tête avait été dévorée presque entièrement [20].

» Alors, comme il vit, au mouvement des lumières qui passaient derrière les croisées, que plusieurs habitants du village étaient réveillés, il appela à plusieurs reprises, désignant

---

20. J'affirme que je ne fais point ici de l'horreur à plaisir et que je n'exagère rien : il n'y a pas un Valaisan qui ignore la catastrophe que je viens de raconter et, lorsque nous remontâmes la vallée du Rhône pour gagner le route du Simplon, on nous raconta partout, avec peu de différence dans les détails, cette terrible et récente aventure.

l'endroit où il était. Quelques paysans accoururent avec des armes, car ils avaient entendu les cris et les coups de feu. Bientôt tout le village fut assemblé dans le verger de Guillaume.

» Sa femme vint avec les autres. Ce fut une scène horrible. Tous ceux qui étaient là pleuraient comme des enfants.

» On fit pour elle, dans toute la vallée du Rhône, une quête qui rapporta sept cents francs. François lui abandonna sa prime, fit vendre à son profit la peau et la chair de l'ours. Enfin, chacun s'empressa de l'aider et de la secourir. Tous les aubergistes ont même consenti à ouvrir une liste de souscription, et, si monsieur veut y mettre son nom... »

– Je crois bien ! donnez vite.

Je venais d'écrire mon nom et d'y joindre mon offrande, lorsqu'un gros gaillard blond, de moyenne taille, entra : c'était le guide qui devait me conduire le lendemain à Chamouny, et qui venait me demander l'heure du départ et le mode du voyage. Ma réponse fut aussi courte que précise.

– À cinq heures du matin et à pied.

Chapitre 9

Le col de Balme

Mon guide fut exact comme une horloge à réveil. À cinq heures et demie, nous traversions le bourg de Martigny, où je ne vis rien de remarquable que trois ou quatre crétins qui, assis devant la porte de la maison paternelle, végétaient stupidement au soleil levant. En sortant du village, nous traversâmes la Drance, qui descend du mont Saint-Bernard par le val d'Entremont et va se jeter dans le Rhône, entre Martigny et la Bastia. Presque aussitôt, nous quittâmes la route et nous prîmes un sentier qui s'enfonçait dans la vallée en s'appuyant à droite sur le versant oriental de la montagne.

Lorsque nous eûmes fait une demi-lieue, à peu près, mon guide m'invita à me retourner et à remarquer le paysage qui se déroulait sous nos yeux. Je compris alors, à la première vue, quelle importance politique César devait attacher à la possession de Martigny ou, pour me servir du nom qu'il lui donne dans ses Commentaires, d'Octodure. Placée comme elle l'est, cette ville devait devenir le centre de ses opérations sur l'Helvétie, par la vallée de Tarnade ; sur les Gaules, par le chemin que nous suivions et qui mène à la Savoie ; enfin, sur l'Italie, par l'Ostiolum montis Jovis, aujourd'hui le Grand Saint-Bernard, où il avait fait tracer une voie romaine qui allait de Milan à Mayence. Nous nous trouvions au centre de ces quatre chemins et nous pouvions les voir fuir chacun de leur côté, en les suivant plus ou moins longtemps des yeux, selon que nous le permettaient les accidents fantasques de la grande chaîne des Alpes, au milieu de laquelle nous voyagions.

Le premier objet qui attirait la vue comme point central de ce vaste tableau était d'abord cette vieille ville de Martigny où vivaient, du temps d'Annibal, ces demi-Germains dont parlent César, Strabon, Tite-Live et Pline, et qui dut à l'avantage de sa position topographique le terrible honneur de voir passer au milieu de ses murs les armées de ces trois colosses du monde moderne : César, Charlemagne, Napoléon.

L'œil ne se détache de Martigny que pour suivre le chemin du Simplon qui, s'enfonçant hardiment dans la vallée du Rhône, suit de Martigny à Riddes une ligne si droite qu'elle semble une corde tendue, dont les clochers de ces deux villes font les deux piquets. À sa gauche, le Rhône, encore enfant, serpente au fond de la vallée, onduleux et brillant comme le ruban argenté qui flotte à la ceinture d'une jeune fille, tandis qu'au-dessus de lui s'élève, de chaque côté, cette double chaîne d'Alpes qui s'ouvre au col de Ferret, s'élargit pour enfermer le Valais dans toute sa longueur, et qui va se joindre à cinquante lieues plus loin, à l'endroit où la Furka, point intermédiaire entre ces deux rameaux granitiques, réunit à sa droite et à sa gauche les larges bases de Galenstock et du Matterhorn.

En ramenant la vue de l'horizon à la place que nous occupions, nous apercevions à gauche, mais pour le perdre aussitôt derrière le vieux château de Martigny, le chemin qui conduit à Genève par la vallée de Saint-Maurice ; à droite, visible pendant l'espace d'une lieue à peu près, côtoyant la Dranse, torrent bruyant et caillouteux qu'elle enjambe de temps en temps pour passer capricieusement d'un côté de la rive à l'autre, la route du Grand Saint-Bernard, et à laquelle succède, en sortant de Saint-Pierre, un sentier qui mène à l'hospice. Enfin, derrière nous, et en nous remettant en marche, nous trouvions le chemin escarpé et rapide que nous gravissions et que semble, au premier abord, dominer sans solution de continuité le sombre pic de la Tête-Noire, tandis qu'arrivé au haut de la Forclaz, convaincu qu'il va falloir escalader immédiatement cette espèce de Pélion entassé sur Ossa, vous vous arrêtez étonné qu'une distance de deux lieues sépare ces deux sommités qui semblaient se toucher d'abord, et entre lesquelles s'ouvre inopinément une vallée dont vous ne pouviez même pas soupçonner l'existence.

Quelque habitué que je fusse déjà à ne me faire, au milieu de ces masses colossales, aucune idée des distances d'après le témoignage de mes yeux, je n'en fus pas moins étonné en découvrant tout à coup à mes pieds, et comme si le sol se dérobait à leurs pas, cette ride profonde de la terre. Immédiatement au-dessous de moi, à deux mille pieds de profondeur, je voyais se tordre et reluire, mince comme un de ces fils que le vent emporte à la fin de l'été, le torrent qui, s'échappant du beau glacier de Trient, serpente capricieusement dans toute la longueur de la vallée et va fendre une montagne, de sa cime à sa base, pour se jeter et se perdre dans le Rhône entre la Verrerie et Vernayaz. Quelques maisons éparses sur ses bords, couvertes de leurs toits gris, semblaient de gros scarabées se promenant lourdement dans la plaine, tandis que, des extrémités opposées de cette espèce de village, s'échappaient, à peine visibles à l'œil nu, les deux chemins qui conduisent indifféremment à Chamouny, l'un par la Tête-Noire et l'autre par le col de Balme. C'était ce dernier que nous devions prendre.

Nous descendîmes dans la vallée. Mon guide me conseilla de faire halte à une petite baraque oubliée par le village au bord du chemin et pompeusement décorée du nom d'auberge. Ce repos était nécessaire, me dit-il, pour nous préparer à faire les deux autres tiers de la route, la seule maison que nous devions rencontrer après celle-là étant distante de trois lieues et située dans l'échancrure même du col de Balme. Ce que je compris de plus clair dans tout cela, c'est qu'il avait soif.

On nous donna, au prix du bordeaux, une bouteille de vin du cru avec lequel un Parisien n'aurait pas voulu assaisonner une salade, et que mon Valaisan vida voluptueusement jusqu'à la dernière goutte. Heureusement, je trouvai ce que l'on trouve partout en Suisse, une tasse d'excellent lait, dans laquelle je versai quelques gouttes de kirchenwasser. C'était un assez pauvre déjeuner pour un homme auquel il restait encore six lieues de pays à faire. Mon guide, qui s'aperçut de ma préoccupation et qui en devina la cause, en me voyant piteusement tremper dans ce mélange acidulé une croûte de pain dur et gris comme de la pierre ponce, me rendit un peu de courage en m'assurant qu'à l'auberge du col de Balme, nous trouverions à manger quelque chose de plus restaurant. Je priai Dieu de l'entendre, et nous nous remîmes en route.

Après une demi-heure de marche, nous arrivâmes à l'entrée d'un bois de sapin où j'avais vu se perdre la route. Mon guide ne m'avait pas trompé : là devait commencer la véritable fatigue. Cependant, j'aurai tant à parler dans la suite de passages escarpés et dangereux que je ne cite celui-ci que pour mémoire. Nous commençâmes à côtoyer la pente rapide du col, ayant à notre droite un précipice de cinq à six cents pieds de profondeur, et, au-delà de ce précipice, une montagne à pic que les gens du pays appellent l'aiguille d'Illiers, et qui venait d'acquérir une célébrité récente par la chute mortelle qu'y avait faite, en 1831, un Anglais qui avait voulu parvenir à son sommet. Mon guide me vit voir, aux deux tiers de la hauteur de l'aiguille, l'endroit où le pied avait manqué à ce malheureux, l'espace effrayant qu'il avait parcouru, bondissant de rocher en rocher comme une avalanche vivante, puis enfin, au fond du précipice, la place où il s'était arrêté, masse de chair informe et hideuse à laquelle il ne restait aucune apparence humaine.

Ces sortes d'histoires, peu gracieuses par elles-mêmes, le sont encore moins racontées sur le terrain où elles sont arrivées : il est peu réconfortant pour un voyageur, si flegmatique qu'il soit, d'apprendre qu'à l'endroit même où il est, le pied glissa à un autre et que cet autre s'est tué. Au reste, les guides ne sont guère avares de tels récits : c'est un avis indirect qu'ils donnent aux voyageurs de ne point se hasarder sans eux.

Cependant, là où cet Anglais s'était tué, un pâtre suivi de son troupeau de chèvre courait à toutes jambes, sautant de rocher en rocher, ébranlant à chaque bond quelque pierre qui, dans sa chute, en entraînait d'autres. Celles-ci se détachaient en roulant de petits rochers qui, à leur tour, en déracinaient de plus gros. Enfin, toute cette avalanche descendait avec une vitesse croissante sur le talus de la montagne, cliquetant comme la grêle sur un toit. Puis, après un intervalle de silence, elle allait se précipiter avec un bruit sourd dans l'eau qui coulait au fond du ravin coupé à pic qui séparait les deux montagnes. Il nous accompagna ainsi sur le versant opposé à celui que nous suivions, redoublant d'adresse et de vélocité pendant l'espace d'une demi-lieue, sans autre motif apparent que celui de prolonger le plaisir qu'il voyait bien que me donnaient son adresse et sa témérité montagnardes.

Depuis quelque temps, l'air se rafraîchissait. Nous montions toujours, et déjà nous étions arrivés à sept mille pieds, à peu près, au-dessus du niveau de la mer. Çà et là, de grandes plaques de neige annonçaient que nous approchions des régions glacées où elle ne fond plus. Nous avions laissé au-dessous de nous, dans la montée du bois Magnen, les hêtres et les sapins ; les pâturages seuls poussaient à l'endroit où nous étions parvenus. Une bise froide passait de temps en temps et glaçait tout à coup sur mon front la sueur que la fatigue y rappelait bientôt. Ce fut avec une véritable joie que j'appris de mon guide que nous allions apercevoir l'auberge du col de Balme. Quelques minutes après, je vis effectivement, au milieu de l'échancrure de la montagne qui sépare la vallée de Chamouny de celle du Trient, poindre, en se découpant sur un ciel bleu, le toit rouge de cette bienheureuse maison, puis ses murailles blanches qui semblaient sortir de terre au fur et à mesure que nous montions ; enfin, les degrés de sa porte, sur lesquels était assis un chien roux qui accourut gracieusement vers nous, les yeux brillants et la queue flamboyante, pour nous inviter à venir nous reposer chez son maître.

– Merci, mon chien, merci ! Nous y allons.

J'étais si pressé de trouver du feu et une chaise, que je me précipitai dans l'auberge sans prendre le temps de jeter un regard sur cette fameuse vallée de Chamouny qui, du seuil de la porte, se déroulait à la vue dans toute son étendue et toute sa beauté.

Lorsque le froid et la faim, ces deux grands ennemis du voyageur, furent un peu calmés, la curiosité reprit le dessus. Je me fis conduire les yeux fermés par mon guide à l'endroit le plus favorable pour embrasser d'un coup d'œil la double chaîne des Alpes, et bientôt je me trouvai placé sur un point assez élevé pour ne rien perdre de son étendue. Alors j'ouvris les yeux et, comme si une toile se levait sur une magnifique décoration, je saisis, avec un plaisir mêlé d'effroi de me voir si petit au milieu de si grandes choses, tout l'ensemble de cet immense panorama dont les dômes neigeux, dominant la riche végétation de la vallée, semblent le palais d'été du dieu de l'Hiver.

En effet, aussi loin que la vue pouvait s'étendre, ce n'étaient que pics décharnés à chacun desquels pendaient, comme la queue traînante d'un manteau, les scintillantes ondulations d'une mer de glace. C'était à qui s'élancerait le plus près du ciel, de l'aiguille du Tour, de l'aiguille Verte ou du pic du Géant ; c'était à qui descendrait le plus menaçant dans la vallée, des glaciers d'Argentière, des Bossons ou de Taconnaz.

Puis, à l'horizon, qu'il ferme comme s'il était la derrière sommité de cette chaîne que sa masse nous dérobe et qui fuit vers les Pyrénées, dominant pics et aiguilles, couché comme un ours blanc sur les glaçons d'une mer polaire, le frère du Chimborazo et de l'Immaüs, le roi des montagnes de l'Europe, le mont Blanc, cette dernière marche de l'escalier de la terre à l'aide duquel l'homme se rapproche du ciel.

Je restai une heure anéanti dans la contemplation de ce tableau, sans m'apercevoir qu'il faisait quatre degrés de froid.

Quant à mon guide, qui avait vu cent fois déjà ce splendide spectacle, il courait, pour se réchauffer, à quatre pattes avec le chien, et le faisait aboyer en lui tirant la queue. Enfin, il vint à moi pour me faire part d'une idée dont il venait d'être frappé.

– Si Monsieur veut coucher ici, me dit-il avec l'accent d'un homme qui ne serait pas fâché de doubler son bénéfice en dédoublant ses journées, Monsieur trouvera un bon souper et un bon lit.

Le maladroit ! S'il m'eût laissé tranquille, ce souper et ce lit, j'aurais bien été obligé de les prendre, et Dieu sait quel repas et quel sommeil l'un et l'autre me promettaient. Je me levai, tout effrayé à l'idée du danger que j'avais couru.

– Non, non, lui dis-je. Partons.

– C'est que nous ne sommes qu'à moitié chemin tout juste de Martigny à Chamouny.

– Je ne suis pas fatigué.

– C'est qu'il est quatre heures.

– Trois heures et demie.

– C'est que nous avons encore près de cinq lieues à faire et trois heures de jour seulement.

– Nous ferons les deux dernières lieues de nuit.

– C'est que vous perdrez un beau paysage.

– Je gagnerai un bon lit et un bon souper. Allons, en route !

Mon guide, qui avait épuisé ses meilleures raisons, me tint quitte des autres et se remit en marche en soupirant. Nous partîmes.

Toutes les choses que je vis, tant que le jour me permit de distinguer les objets, ne furent plus que des détails du grand tableau dont l'ensemble m'avait tant frappé, détails merveilleux pour qui les voit, mais fatigants, je crois, pour ceux à qui on essayerait de les peindre. D'ailleurs, il entre bien plus dans le plan de ces Impressions, si tant est que ces Impressions aient un plan, de parler des hommes que des localités.

Il était nuit noire lorsque nous arrivâmes à Chamouny. Nous avions fait neuf lieues de pays, qui, sans exagération, en valent bien douze ou quatorze en France : c'était une bonne journée.

Aussi, je ne m'occupai que de trois choses, que je recommande à tous ceux qui feront la route que je venais de parcourir : la première, de prendre un bain ; la seconde, de souper ; la troisième, de faire remettre à son adresse une lettre contenant une invitation à dîner pour le lendemain et cette suscription :

À Monsieur Jacques Balmat, dit Mont-Blanc.

Puis je me couchai.

Maintenant, je vais vous dire en deux mots et de mon lit, si toutefois sa célébrité n'est point arrivée jusqu'à vous, ce que c'est que ce M. Jacques Balmat, dit Mont-Blanc.

C'est le Christophe Colomb de Chamouny.

Chapitre 10

Jacques Balmat dit Mont-Blanc

Il y deux choses consacrées que le voyageur qui passe à Chamouny ne peut se dispenser de voir : c'est la croix de Flegère et la Mer de glace. Ces deux merveilles sont placées en face l'une de l'autre, à droite et à gauche de Chamouny ; on ne parvient à chacune de ces sommités qu'en gravissant la base de l'une ou l'autre des deux chaînes de montagnes au milieu desquelles est situé le village ; et, arrivé au bout de l'ascension, on domine la vallée à la hauteur de quatre mille cinq cents pieds, à peu près.

La Mer de glace, qu'alimente le sommet neigeux du mont Blanc, descend entre l'aiguille des Charmoz et le pic du Géant, et s'avance jusqu'au milieu de la vallée. Là, après avoir rempli, comme un serpent immense, l'intervalle qui sépare ces deux montagnes entre lesquelles elle rampe, elle ouvre sa gueule verdâtre, de laquelle sort en bouillonnant à grand bruit le torrent glacé de l'Arveyron. L'ascension qui conduit le voyageur sur sa croupe immense se fait donc, comme on le voit, au flanc même du mont Blanc, dont on ne peut plus embrasser du regard la masse colossale, par cela même qu'on le touche.

La croix de Flegère est, au contraire, placée au versant de la chaîne de montagnes opposée à celle du mont Blanc. Aussi, au fur et à mesure qu'on s'élève, on croirait, si ce n'était la fatigue, que c'est le colosse que l'on a en face de soi qui s'abaisse graduellement et avec la complaisance d'un éléphant qui se couche à l'ordre de son cornac pour se faire voir de lui-même. Enfin, arrivé au plateau où se trouve la croix, le voyageur découvre devant lui, et aussi distinctement que si quelques centaines de pas seulement l'en séparaient, tous les accidents de glaces, de neiges, de rochers et de forêts que la nature capricieuse ou tourmentée des montagnes peut accumuler dans son désordre ou sa fantaisie.

La première ascension que l'on fait est ordinairement celle de la croix de Flegère. Voilà du moins ce que me dit le guide que m'envoya le syndic, car, à Chamouny, les guides sont soumis à un syndicat qui règle leurs tours de service ; de cette manière, aucun d'eux ne fait fortune aux dépens de ses confrères en intriguant auprès des voyageurs. Comme je n'avais aucune prédilection particulière pour la Mer de glace, je remis au lendemain la visite que je comptais lui faire, et nous partîmes.

Le chemin de la croix de Flegère est assez facile : il y a bien, par-ci par-là, quelque passage escarpé, quelque précipice à pic, quelque pente rapide ; mais, quoique je ne sois pas un montagnard bien habile, comme on le verra en temps et lieu, je m'en tirai à mon honneur. Quant à la distance à parcourir, c'était une promenade en comparaison des courses que j'avais faites, et trois heures de marche nous suffirent pour atteindre le plateau. Arrivé à son sommet, on découvre de face le même tableau qu'on a vu la veille de profil en arrivant par le col de Balme, qui lui-même sert alors de point de départ pour la vue dans le vaste panorama qu'elle a à parcourir.

J'ai déjà parlé de la difficulté de calculer les distances dans les montagnes et des illusions d'optique qui résultent de la proportion exagérée des objets que l'on a sous les yeux. De la croix de Flegère, nous apercevions, comme si une heure de chemin seulement nous en séparait, la petite maison blanche au toit rouge qui s'élève dans l'échancrure du col de Balme et qui, cependant, est éloignée de quatre lieues à peu près, distance à laquelle il serait impossible de la distinguer dans nos plaines.

La première aiguille et le premier glacier qu'on aperçoit, en commençant l'inventaire des sommités que l'on a devant soi, sont le glacier et l'aiguille du Tour. L'aiguille du Tour s'élève de sept ou huit mille pieds au-dessus du niveau de la mer.

Viennent immédiatement après le glacier d'Argentière et l'aiguille du même nom, qui s'élance, noire et aiguë, à la hauteur de douze mille quatre-vingt-dix pieds. Puis l'aiguille Verte, dont la tête toute couverte de neige semble le géant de la ballade qui arrête les aigles dans leur vol et heurte les nuages de son front. Elle dépasse de six cents pieds la tête de sa sœur, l'aiguille d'Argentière. Après elle et en face de vous, s'appuyant au pied de l'aiguille rougeâtre du Dru et aux flancs du Montenvers, la mer de Glace déroule son vaste tapis dont les ondulations solides, à peine visibles de la place où l'on se trouve, deviennent de petites montagnes quand on les mesure de leur base. Les cinq aiguilles qui se succèdent sont celle des Charmoz, du Grépon, de la Blaitière, du Midi et du mont Maudit. La plus petite a neuf mille pieds.

Puis enfin vient la sommité la plus élevée du mont Blanc, haute, selon Andry de Gy, de quatorze mille huit cent quatre-vingt-douze pieds ; selon Tralles, de quatorze mille sept cent quatre-vingt-treize, et selon Saussure, de quatorze mille six cent soixante-seize, et de laquelle pendent, jusque dans la vallée, les glaciers des Bossons et de Taconnaz.

En face de cette famille de géants aux têtes blanchies, on se fait tout d'abord cette question : la cime de ces montagnes a-t-elle été de tout temps couverte de neige comme elle l'est en ce moment ? Nous allons essayer d'y répondre.

Deux théories se disputent la formation de la Terre : la théorie neptunienne et la théorie volcanique. Toutes les recherches géologiques tendent à prouver que les différentes couches terrestres résultent d'un état primitivement fluide. La terre, à ses plus grandes hauteurs comme dans ses fouilles les plus profondes, livre à l'investigation du savant des matières cristallines ; or point de cristallisations salines sans liquidité. De leur côté, des impressions végétales et animales creusent les strates les plus réfractaires et prouvent, à n'en point douter, que ces substances ont été, sinon fluides, du moins amollies au point de recevoir les empreintes qu'elles ont conservées. Enfin, la disposition généralement reconnue, partout où quelque cataclysme n'a point amené le désordre, de matières terreuses différentes superposées les unes aux autres et étendues en couches parallèles ne permet pas de doute à ce sujet. Maintenant, cette fluidité est-elle le résultat d'une chaleur intense ou d'un liquide primordial ? Est-elle due au système volcanique ou au système neptunien, au feu central ou à l'océan universel ? Hutton est-il dans l'erreur, ou est-ce Werner qui se trompe ?

Comme chacune de ces théories peut se défendre à l'aide des raisons dont se sont armés leurs auteurs et qu'il serait trop long de rapporter ici, les géologues modernes, embarrassés de choisir entre elles, se sont occupés seulement de recueillir les faits et de constater les résultats : or les faits recueillis, les résultats constatés prouvent que, soit primitivement, soit subséquemment, la terre fut entièrement couverte d'eau. Les montagnes calcaires du Derbyshire et celles de Craven, dans le Yorkshire, contiennent, à la hauteur de deux mille pieds au-dessus de la mer, des débris fossiles de zoophytes et d'écailles de poisson. La partie la plus élevée des Pyrénées est couverte de roches calcaires où l'on aperçoit des empreintes d'animaux marins. La pierre à chaux même qui n'a pu conserver ces vestiges, dissoute dans un acide, exhale une odeur de cadavre due certainement à la matière qu'elle contient. À sept mille pieds de hauteur, à trois lieues au-dessus des maisons de Stechelberg, plus haut que la vallée de Rothun [21], envahie maintenant par les glaciers, l'on trouve, dans les débris d'une montagne écroulée, à l'endroit nommé *Kriegsmatten*, de belles pétrifications d'ammonites. Le mont Perdu, à la hauteur de plus de dix mille cinq cents pieds au-dessus de la mer, offre des débris de même nature. Enfin, M. de Humboldt en a découvert dans les Andes, à quatorze mille pieds de hauteur.

D'ailleurs, les traditions de la Bible sont d'accord avec les recherches de la science. Moïse parle d'un déluge et Cuvier le constate ; le prophète et le savant se donnent le mot pour raconter aux hommes, à plus de trois mille ans d'intervalle, le même miracle géologique, et l'Académie enregistre comme une vérité incontestable cette belle phrase de la Genèse, que Voltaire prenait pour le rêve de la poésie :

Spiritus Dei ferebatur super aquas.

Or, partons de ce point. La terre entière fut couverte d'eau. Cette eau supportait, comme les supporte aujourd'hui la terre, les seize lieues d'atmosphère qui nous enveloppent. Bientôt, soit qu'elle se volatilisât par l'effet du feu intérieur, cet atelier de Vulcain, soit qu'elle s'évaporât par l'action du soleil, cet œil de Dieu, l'eau diluviale commença de diminuer. Alors, les parties les plus élevées de la terre pointèrent à sa surface. Le Chimborazo, l'Immaüs et le mont Blanc apparurent tour à tour comme de faibles îles au milieu de l'océan universel. Leur contact avec l'air, la lumière et la chaleur les doua de fertilité ; et comme la couche d'air qui les enveloppait devait être à peu

---

21. Vallée du Rhône

près semblable à celle qui nous entoure, les plantes, les arbres, les animaux et les hommes y parurent. Les traditions antiques ne parlent que de hautes montagnes. C'est dans l'Eden que Dieu créa Adam et Ève ; c'est sur le Caucase que Prométhée forma le premier homme.

Cependant, par l'une ou l'autre des causes que nous avons dites, et peut-être même par leur combinaison, les eaux allaient toujours se retirant. Ce n'était plus seulement la cime des montagnes qu'elles laissaient à découvert, c'étaient leurs flancs. Au fur et à mesure que la couche d'air qui avait produit la fertilité s'abaissait, pesant à la surface de l'eau qui se retirait, le sommet des monts entrait dans une atmosphère plus subtile et plus froide qui en chassa les hommes, les força de redescendre vers des régions tempérées. La terre primitive que leurs aïeux avaient vue couverte de fleurs et de pâturages devint infertile, sèche et gercée ; les eaux du ciel, en venant rejoindre celles de la terre qui se retiraient incessamment, entraînèrent avec elle le sol végétal. Le roc primitif apparut dans sa roideur nue et aride. Puis, un jour, les hommes aperçurent avec étonnement la couche de neige temporaire qui blanchissait les cimes qui avaient été leurs berceaux. Enfin, lorsque l'eau eut laissé à sec le fond de la vallée, que les sommités eurent atteint la couche d'atmosphère raréfiée qui, par la faiblesse de sa densité, s'élève au-dessus des autres principes aériformes, cette neige temporaire devint éternelle, et la glace, envahissant à son tour les contrées qu'abandonnait l'eau fugitive, descendit, conquérante, de la montagne vers la vallée, qu'à son tour elle menaça d'engloutir.

Au reste, ici comme partout, la tradition populaire est d'accord, dans son ignorance ingénieuse, avec l'investigation de la science. Écoutez un paysan de la Furka, et il vous racontera que la montagne est le passage habituel du Juif errant lorsqu'il se rend de l'Italie en France. Seulement, la première fois qu'il la franchit, vous dira-t-il, il la trouva couverte de moissons, la seconde fois de sapins, et la troisième fois de neiges.

Lorsque j'eus contemplé à loisir cet immense tableau, nous redescendîmes vers Chamouny ; au milieu du chemin à peu près, je m'aperçus que j'avais perdu ma montre. Je voulus retourner sur mes pas, mais mon guide déclara que c'était son affaire, rien ne devant se perdre dans la vallée de Chamouny.

Je m'établis sur un plateau d'où la vue était presque aussi belle que celle de la croix de Flegère, et j'attendis patiemment son retour : au bout d'une demi-heure, je le vis sortir, joyeux et triomphant, d'un bois de sapins que nous venions de traverser. Il avait retrouvé la montre et me la montrait en l'agitant au bout de sa chaîne : il était certes plus content que moi. Je lui offris une récompense qu'il refusa. Cet incident nous fit perdre une quarantaine de minutes, et ce ne fut que vers les quatre heures que nous fûmes de retour au village.

En approchant de l'hôtel, j'aperçus, sur le banc placé devant la porte, un vieillard de soixante-dix ans, à peu près, qui se leva et vint à ma rencontre sur un signe que lui fit le garçon d'auberge qui causait avec lui. Je devinai que c'était mon convive, et j'allai au-devant de lui en lui tendant la main.

Je ne m'étais pas trompé : c'était Jacques Balmat, ce guide intrépide qui, au milieu de mille dangers, atteignant le premier la sommité la plus élevée du mont Blanc, avait frayé le chemin à de Saussure. Le courage avait précédé la science.

Je le remerciai de m'avoir fait l'honneur d'accepter mon invitation. Le brave homme crut que je me moquais de lui : il ne comprenait pas qu'il fût pour moi un être tout aussi extraordinaire que Colomb, qui trouva un monde ignoré, ou que Vasco, qui retrouva un monde perdu.

J'invitai mon guide à dîner avec son doyen ; il accepta avec autant de simplicité qu'il en avait mis à refuser mon argent ; nous prîmes place à table. J'avais commandé la carte au garçon : mes convives parurent contents.

Au dessert, je mis la conversation sur les exploits de Balmat. Le vieillard, que le vin de Montmeillan avait rendu gai et bavard, ne demandait pas mieux que de me les conter. Le surnom de Mont-Blanc, qu'il a conservé, prouve du reste qu'il est fier des souvenirs que j'invoquais. Il ne se fit donc pas prier lorsque je l'invitai à me raconter tous les détails de sa périlleuse entreprise. Seulement, il me tendit son verre, je le remplis, ainsi que celui de mon guide.

– Avec votre permission, mon maître, me dit-il en se levant.
– Certes, et à votre santé, Balmat !
Nous trinquâmes.
– Pardieu ! dit-il en se rasseyant, vous êtes un bon garçon.

Puis il vida son verre, fit clapper sa langue, cligna des yeux en se renversant sur le dossier de sa chaise, essayant de rappeler ses idées, que le dernier verre qu'il venait d'avaler ne rendait probablement pas plus claires.

Mon guide, de son côté, fit ses dispositions pour écouter le plus commodément possible un récit qu'il avait déjà probablement entendu plus d'une fois. Elles étaient aussi confortables que simples, ne consistant qu'en un demi-tour qu'il fit décrire en même temps à sa chaise et à sa personne ; de cette manière, il se trouva les pieds au feu, le coude sur la table, la tête sur la main gauche et le verre dans la main droite.

Quant à moi, je pris mon album et mon crayon, et je me préparai à écrire.

C'est donc le récit pur et simple de Balmat que je vais mettre sous les yeux du lecteur.

– Hum ! C'était, ma foi, en 1786 ; j'avais vingt-cinq ans, ce qui m'en fait aujourd'hui, tel que vous me voyez, soixante-douze bien comptés.

« J'étais bon là... Un jarret du diable et un estomac d'enfer ! J'aurais marché trois jours de suite sans manger. Ça m'est arrivé une fois que j'étais perdu dans le Buet. J'ai croqué un peu de neige, voilà tout. Je me disais de temps en temps, en regardant le mont Blanc de côté :

» – Oh ! farceur, tu as beau faire et beau dire, va, je te grimperai dessus quelque jour. Enfin, c'est bon...

» Voilà que ça me trottait toujours dans la tête, le jour comme la nuit. Le jour, je montais dans le Brévent, d'où l'on voit le mont Blanc comme je vous vois, et je passais des heures entières à chercher un chemin.

» – Bah ! j'en ferai un, s'il n'y en a pas, que je disais ; mais il faut que j'y monte.

» La nuit, c'était bien autre chose : je n'avais pas plus tôt les yeux fermés que j'étais en chemin. Je montais d'abord comme s'il y avait eu une route royale, et je me disais :

» – Pardieu ! j'étais bien bête de croire que c'était si difficile d'arriver au mont Blanc.

» Puis, petit à petit, le chemin se rétrécissait ; mais c'était encore un joli sentier comme celui de Flegère ; j'allais toujours. Enfin, j'arrivais à des endroits où le sentier s'effaçait, à des endroits inconnus, quoi ! la terre mouvait, j'enfonçais dedans

103

jusqu'aux genoux. C'est égal, je me donnais une peine ! Qu'on est bête quand on rêve !... C'est bien, j'en sortais à la longue ; mais ça devenait si roide, que j'étais obligé d'aller à quatre pattes : c'était bien autre chose alors ! Toujours de plus difficile en plus difficile. Je mettais mes pieds sur des bouts de rocher et je les sentais remuer comme des dents qui vont tomber ; la sueur me coulait à grosses gouttes ; j'étouffais, que c'était un cauchemar ! N'importe, j'allais toujours ; j'étais comme un lézard le long d'un mur ; je voyais la terre s'en aller sous moi : ça m'était égal, je ne regardais encore qu'en l'air, je voulais arriver ; mais c'étaient les jambes !... moi qui ai les jarrets solides, je ne pouvais plus les plier. Je me retournais les ongles sur les pierres, je sentais que j'allais tomber, et je disais :

» – Jacques Balmat, mon ami, si tu n'attrapes pas cette petite branche-là, qui est au-dessus de ta tête, ton compte est bon.

» La maudite branche, je la touchais du bout des doigts ; je me raclais les genoux comme un ramoneur. Ah ! la branche, ah ! je la pinçais. Allons !... Ah ! cette nuit-là, je me la rappellerai toujours : ma femme m'a réveillé par le plus vigoureux coup de poing !... Imaginez-vous que je m'étais accroché à son oreille et que je la tirais comme un morceau de gomme élastique... Ah ! pour cette fois, je me dis :

» – Jacques Balmat, il faut que tu en aies le cœur net.

» Je sautai donc à bas du lit et je mis mes guêtres.

» – Où vas-tu ? me dit ma femme.

» – Chercher du cristal, que je répondis.

» Je ne voulais pas lui conter mon affaire.

» – Et ne sois pas inquiète, continuai-je, si tu ne me vois pas revenir ce soir. Si je ne suis pas rentré à neuf heures, c'est que je coucherai dans la montagne.

» Je pris un bâton solide, bien ferré, double en grosseur d'un bâton ordinaire ; j'emplis ma gourde d'eau-de-vie, je mis un morceau de pain dans ma poche, et en route !

» J'avais bien essayé déjà de monter par la Mer de glace, mais le mont Maudit m'avait barré le passage. Alors je m'étais retourné par l'aiguille du Goûter ; mais, pour aller de là au Dôme, il y avait une espèce d'arête d'un quart de lieue de long sur un ou deux pieds de large, et puis, au-dessous, dix-huit cents pieds de profondeur. Merci !

» Cette fois donc, je résolus de changer de chemin : je pris celui de la montagne de la Côte ; au bout de trois heures, j'étais arrivé au glacier des Bossons. Je le traversai : ce n'était pas là le difficile. Quatre heures après, j'étais aux Grands-Mulets : c'était déjà quelque chose. J'avais gagné mon déjeuner ; je cassai une croûte, je bus un coup. C'est bon.

» À l'époque dont je vous parle, on n'avait point encore pratiqué aux Grands-Mulets le plateau qui y est aujourd'hui, si bien qu'on n'y était pas à son aise, je vous en réponds ; j'étais en outre assez inquiet de savoir si je trouverais plus haut un endroit où passer la nuit. J'avais beau chercher à droite et à gauche, je ne voyais rien. Enfin, je me remis en route à la grâce de Dieu !

» Au bout de deux heures et demie, je trouvai une belle place nue et sèche ; le rocher perçait la neige et m'offrait une surface de six ou sept pieds : c'était tout ce qu'il me fallait, non pas pour dormir, mais pour attendre le jour d'une manière un peu moins dure que dans la neige. Il était sept heures du soir : je cassai mon second morceau de pain, je bus une seconde goutte, et je m'installai sur le rocher où j'allais passer la nuit ; ça ne me prit pas grand temps, le lit n'était pas long à faire.

» Sur les neuf heures, je vis venir l'ombre qui montait de la vallée comme une fumée épaisse et s'avançait lentement vers midi. À neuf heures et demie, elle m'atteignit et m'enveloppa : cependant, je voyais encore au-dessus de moi les derniers rayons du soleil couchant, qui avaient peine à quitter la plus haute sommité du mont Blanc. Je les suivis des yeux tant qu'ils y restèrent. Enfin, ils disparurent, et le jour s'en alla. Tourné comme je l'étais vers Chamouny, j'avais, à ma gauche, l'immense plaine de neige qui monte au dôme du Goûter [22], et, à ma droite, à la portée de ma main, un précipice de huit cents pieds de profondeur. Je ne voulais pas m'endormir, de peur de rouler dans la ruelle en rêvant ; je m'assis sur mon sac, et je me mis à battre des pieds et des mains pour entretenir la chaleur. Bientôt la lune se leva, pâle et dans un cercle de nuages qui la voilèrent tout à fait sur les onze heures. En même temps, je voyais descendre de l'aiguille du Goûter un coquin de brouillard qui ne m'eut pas plus tôt atteint, qu'il se mit à me

---

22. Le dôme du Goûter, ainsi nommé parce que le soleil l'éclaire à l'heure où l'on fait ce repas.

cracher de la neige à la figure. Alors je m'enveloppai la tête avec mon mouchoir, et je lui dis :

» – C'est bon, va ton train.

» À chaque minute, j'entendais la chute des avalanches qui grondaient en roulant comme le tonnerre. Les glaciers craquaient, et à chaque craquement je sentais la montagne remuer. Je n'avais ni faim ni soif, et j'éprouvais un singulier mal de tête qui me prenait au haut du crâne, et qui descendait jusqu'aux sourcils. Pendant ce temps-là, le brouillard n'arrêtait pas. Mon haleine s'était gelée contre mon mouchoir, la neige avait mouillé mes habits ; il me sembla bientôt que j'étais tout nu. Je redoublai la rapidité de mes mouvements, et je me mis à chanter pour chasser un tas d'idées bêtes qui me venaient dans l'esprit. Ma voix se perdait sur cette neige, aucun écho ne me répondait : tout était mort au milieu de cette nature glacée ; ma voix me faisait à moi-même une drôle d'impression. Je me tus, j'avais peur.

» À deux heures, le ciel blanchit vers l'orient. Avec les premiers rayons du jour, je sentis le courage me revenir. Le soleil se leva, luttant avec les nuages qui couvraient le mont Blanc ; j'espérais toujours qu'il les chasserait ; mais, sur les quatre heures, les nuages s'épaissirent, le soleil s'affaiblit, et je reconnus que ce jour-là il me serait impossible d'aller plus loin. Alors, pour ne pas tout perdre, je me mis à explorer les environs, et je passai toute la journée à visiter les glaciers et à reconnaître les meilleurs passages. Comme le soir venait, et le brouillard à sa suite, je redescendis jusqu'au Bec-à-l'Oiseau, où la nuit me prit. Je passai celle-là mieux que l'autre, car je n'étais plus sur la glace, et je pus dormir un peu. Je me réveillai transi, et, aussitôt que le jour parut, je redescendis vers la vallée, ayant dit à ma femme que je ne serais pas parti plus de trois jours. Au village de la Côte seulement, mes habits dégelèrent.

» Je n'avais pas fait cent pas hors des dernières maisons, que je rencontrai François Paccard, Joseph Carier et Jean-Michel Tournier : c'étaient trois guides ; ils avaient leur sac, leur bâton et leur costume de voyage. Je leur demandai où ils allaient ; ils me répondirent qu'ils cherchaient des cabris qu'ils avaient donnés en garde à de petits paysans. Comme ces animaux ne valent pas plus de quarante sous la pièce, leur réponse me donna l'idée qu'ils voulaient me tromper, et je pensai qu'ils tentaient le voyage que je n'avais pu faire ; d'autant plus que M. de Saussure avait promis une récompense au premier qui atteindrait le haut du mont Blanc. Une ou deux questions que me fit Paccard sur l'endroit où l'on pourrait coucher au Bec-à-l'Oiseau me confirmèrent dans mon opinion. Je lui répondis que tout était plein de neige, et qu'une station m'y paraissait impossible ; je le vis alors échanger avec les autres un signe d'intelligence que je fis semblant de ne pas apercevoir. Ils se retirèrent à l'écart, se consultèrent entre eux, et finirent par me proposer de monter tous ensemble ; j'acceptai ; mais j'avais promis de rentrer, et je ne voulais pas manquer de parole à ma femme. Je revins donc chez moi pour lui dire de ne pas être inquiète, changer de bas et de guêtres, et prendre quelques provisions. À onze heures du soir, je partis de nouveau sans me coucher, et, à une heure, je rejoignis mes camarades au Bec-à-l'Oiseau, quatre lieues au-dessous de l'endroit où j'avais couché la veille ; ils dormaient comme des marmottes ; je les réveillai : en un instant, ils furent sur pied et nous nous mîmes tous les quatre en marche. Ce jour-là, nous traversâmes le glacier de Taconnaz, nous montâmes jusqu'aux Grands-Mulets, où, l'avant-veille, j'avais passé une si fameuse nuit ; puis, prenant à droite, nous arrivâmes vers les trois heures au dôme du Goûter. Déjà l'un de nous, Paccard, avait manqué d'air un peu au-dessous des Grands-Mulets, et il était resté couché sur l'habit de l'un de nos camarades.

» Parvenus au sommet du Dôme, nous vîmes, sur l'aiguille du Goûter, bouger quelque chose de noir que nous ne pouvions distinguer. Nous ne savions pas si c'était un chamois ou un homme. Nous criâmes et l'on nous répondit ; puis, au bout d'un instant, comme nous faisions silence pour entendre un second cri, ces paroles nous arrivèrent :

» – Ohé ! les autres ! attendez, nous voulons monter avec vous.

» Nous les attendîmes, en effet, et, en les attendant, nous vîmes arriver Paccard, qui avait repris force. Au bout d'une demi-heure, ils nous rejoignirent : c'était Pierre Balmat et Marie Coutet, qui avaient fait le pari, avec les autres, d'être parvenus avant eux au dôme du Goûter ; leur pari était perdu. Pendant ce temps, pour utiliser les moments, je m'étais aventuré à la découverte, et j'avais fait un quart de lieue, à peu près, à cheval sur l'arête en question, qui joint le dôme du Goûter au sommet du mont Blanc : c'était un chemin de danseur de corde ; mais c'est égal, je crois que j'aurais réussi à aller jusqu'au bout, si la pointe Rouge ne fût venue me barrer le chemin. Comme il était impossible d'avancer plus loin, je revins vers l'endroit où j'avais quitté les camarades ; mais il n'y avait plus que mon sac : désespérant de gravir le mont Blanc, ils étaient partis en disant :

» – Balmat est leste, il nous rattrapera.

» Je me trouvai donc seul, et un instant je balançai entre l'envie de les rejoindre et le désir de tenter seul l'ascension. Leur abandon m'avait piqué ; puis quelque chose me disait que, cette fois, je réussirais. Je me décidai donc pour ce dernier parti ; je chargeai mon sac et me mis en route : il était quatre heures du soir.

» Je traversai le grand plateau et je parvins jusqu'au glacier de la Brenva, d'où j'aperçus Courmayeur et la vallée d'Aoste, en Piémont. Le brouillard était sur le sommet du mont Blanc ; je ne tentai pas d'y monter, moins dans la crainte de me perdre que dans la certitude que les autres, ne pouvant m'y voir, ne voudraient pas croire que j'y étais parvenu. Je profitai du peu de jour qui me restait pour chercher un abri ; mais, au bout d'une heure, comme je n'avais rien trouvé et que je me rappelais l'autre nuit, vous savez, je résolus de revenir chez moi. Je me mis donc en marche ; mais, arrivé au grand plateau, comme je ne savais pas encore me garantir la vue avec un voile vert, ainsi que je l'ai fait depuis, la neige me fatigua tellement les yeux que je ne distinguais plus rien ; j'avais des éblouissements qui me faisaient voir de grandes taches de sang. Je m'assis pour me remettre ; je fermai les yeux et je laissai tomber ma tête entre mes mains. Au bout d'une demi-heure, ma vue s'était remise mais la nuit était venue ; il n'y avait pas de temps à perdre. Je me levai, et allez !

» Je n'avais pas fait deux cents pas, que je sentis, avec mon bâton, que la glace manquait sous mes pieds : j'étais au bord de la grande crevasse, tu sais, Pierre Payot (c'était le nom de mon guide), la grande crevasse où ils sont morts à trois et d'où l'on a tiré Marie Coutet. »

– Qu'est-ce que cette histoire ? interrompis-je.

– Je vous conterai ça demain, me dit Payot. Allez, mon ancien, allez, continua-t-il en s'adressant à Balmat, on vous écoute.

Balmat reprit :

– Ah ! je lui dis : Je te connais. Au fait, nous l'avions traversée le matin sur un pont de glace recouvert de neige. Je le cherchai ; mais la nuit allait toujours s'épaississant, ma vue se fatiguait de plus en plus, et je ne pus le retrouver : le mal de tête dont j'ai déjà parlé m'avait repris ; je ne me sentais aucun désir de boire ni de manger ; de violents maux de cœur me labouraient l'estomac. Cependant, il fallait se décider à demeurer jusqu'au jour près de la crevasse. Je posai mon sac sur la neige, je tirai mon mouchoir en rideau sur mon visage, et je me préparai de mon mieux à passer une nuit pareille à l'autre. Cependant, comme j'étais deux mille pieds plus haut, à peu près, le froid était bien plus vif ; une petite neige fine et aiguë me glaçait ; je sentais une pesanteur et une envie de dormir irrésistibles, des pensées tristes comme la mort me venaient dans l'esprit, et je savais très bien que ces pensées tristes et cette envie de dormir étaient un mauvais signe, et que, si j'avais le malheur de fermer les yeux, je pourrais bien ne plus les rouvrir. De l'endroit où j'étais, j'apercevais, à dix mille pieds au-dessous de moi, les lumières de Chamouny, où mes camarades étaient bien chaudement, bien tranquilles près de leur feu ou dans leur lit. Je me disais :

» – Peut-être n'y en a-t-il pas un parmi eux qui pense à moi, ou, s'il y en a un qui pense à Balmat, il dit en tisonnant ses braises ou en tirant sa couverture sur ses oreilles : "À l'heure qu'il est, cet imbécile de Jacques s'amuse probablement à battre la semelle. Bon courage, Balmat !"

» Ce n'était pas ce qui me manquait, le courage, mais la force ! L'homme n'est pas de fer, et je sentais bien que je n'étais pas à mon aise, enfin. Dans les courts intervalles de silence qui interrompaient, de minute en minute, la chute des avalanches et le craquement des glaciers, j'entendais aboyer un chien à Cormayeur, quoiqu'il y eût à peu près une lieue et demie de ce village à l'endroit où j'étais ; cela me distrayait. C'était le seul bruit de la terre qui arrivât jusqu'à moi. Vers minuit, le maudit chien se tut et je retombai dans ce diable de silence comme il en fait un dans les cimetières, car je ne compte pas le bruit des glaciers et des avalanches ; ce bruit-là, c'est la voix de la montagne qui se plaint, et, bien loin de rassurer l'homme, elle l'épouvante.

» Sur les deux heures, je vis reparaître à l'horizon la même ligne blanche dont je vous ai déjà parlé. Le soleil la suivait comme la première fois ; comme la première fois aussi, le mont Blanc avait mis sa perruque ; c'est ce qui lui arrive quand il est de mauvaise humeur, et, alors, il ne faut pas s'y frotter. Je connaissais son caractère ; aussi je me tins pour averti et je redescendis dans la vallée, attristé, mais non découragé par ces deux tentatives inutiles ; car maintenant j'étais bien certain que la troisième fois je serais plus heureux. Au bout de cinq heures, j'étais de retour au village ; il en était huit. Tout allait bien chez moi. Ma femme m'offrit à manger ; j'avais plus sommeil que je n'avais faim ; elle voulut aussi me faire coucher dans la chambre, mais je craignais d'y être tourmenté par les mouches ; j'allai m'enfermer dans la grange, je m'étendis sur le foin, et je dormis vingt-quatre heures sans me réveiller.

» Trois semaines se passèrent sans amener de changement favorable dans le temps et sans diminuer mon envie de faire une troisième tentative. Le docteur Paccard, parent du guide dont j'ai parlé, désirait m'accompagner dans celle-ci ; il fut convenu, en conséquence, qu'au premier beau jour, nous partirions ensemble. Enfin, le 8 août 1786, le temps me parut assez sûr pour risquer le voyage. J'allai trouver Paccard et je lui dis :

» – Voyons, docteur, êtes-vous bon ? N'avez-vous peur ni du froid, ni de la neige, ni des précipices ? Parlez comme un homme.

» – Je n'ai peur de rien avec toi, Balmat, répondit Paccard.

» – Eh bien, repris-je, le moment est venu de grimper sur la taupinière.

» Le docteur me dit qu'il était tout prêt ; mais, au moment de fermer sa porte, je crois que son grand courage lui manqua un peu, car la clef ne sortait pas de la serrure ; il tournait le double tour, le détournait, le retournait.

» – Tiens, Balmat, ajouta-t-il, si nous faisions bien, nous prendrions deux autres guides.

» – Non pas, lui répondis-je, je monterai seul avec vous ou vous y monterez avec d'autres ; je veux être le premier et pas le second.

» Il réfléchit un instant, tira sa clef, la mit dans sa poche, et me suivit machinalement et la tête baissée. Au bout d'un instant, il secoua les oreilles.

» – Eh bien, dit-il, je me fie à toi, Balmat.

» – En route, et à la grâce de Dieu !

» Puis il se mit à chanter, mais pas très juste. Ça le tracassait, le docteur.

» Alors je lui pris le bras.

» – Ce n'est pas tout, lui dis-je, il faut que personne ne sache notre projet, excepté nos femmes.

» Une troisième personne fut cependant mise dans la confidence ; c'est la marchande chez laquelle nous avions été obligés d'acheter du sirop pour mêler avec notre eau, le vin ou l'eau-de-vie étant trop forts pour un pareil voyage. Comme elle s'était doutée de quelque chose, nous lui dîmes tout, en l'invitant à regarder le lendemain, à neuf heures du matin, du côté du dôme du Goûter ; c'était l'heure à laquelle nous devions y être si rien ne dérangeait nos calculs.

» Toutes nos petites affaires arrangées et nos adieux faits à nos femmes, nous partîmes vers les cinq heures du soir, prenant l'un du côté gauche, et l'autre du côté droit de l'Arve, afin que nul ne se doutât de notre projet, et nous nous réunîmes au village de la Côte. Le même soir, nous allâmes coucher au sommet de la Côte, entre le glacier des Bossons et celui de Taconnaz. J'avais emporté une couverture, je m'en servis pour envelopper le docteur comme on emmaillote un enfant, et, grâce à cette précaution, il passa une assez bonne nuit ; quant à moi, je dormis tout d'un trait jusqu'à une heure et demie à peu près. À deux heures, la ligne blanche parut, et bientôt le soleil se leva sans nuage, sans brouillard, beau et brillant, enfin, nous promettant une fameuse journée ; je réveillai le docteur et nous nous mîmes en route.

» Au bout d'un quart d'heure, nous nous engageâmes dans le glacier de Taconnaz ; les premiers pas du docteur sur cette mer, au milieu de ces immenses gerçures dans les profondeurs desquelles l'œil se perd, sur ces ponts de glace que l'on sent craquer sous soi et qui, s'ils s'abîmaient, vous abîmeraient avec eux, furent un peu chancelants ; mais peu à peu il se rassura en me voyant faire, et nous nous en tirâmes sains et saufs. Nous nous mîmes aussitôt à gravir les Grands-Mulets, que nous laissâmes bientôt derrière nous. Je montrai au docteur la place où j'avais passé la première nuit. Il fit une grimace très significative, garda le silence dix minutes ; puis, s'arrêtant tout à coup :

» – Crois-tu, Balmat, me dit-il, que nous arriverons aujourd'hui au haut du mont Blanc ?

» Je vis bien de quoi il retournait et je le rassurai en riant, mais sans lui rien promettre. Nous montâmes encore ainsi l'espace de deux heures ; depuis le plateau, le vent nous avait pris et devenait de plus en plus vif ; enfin, arrivés à la saillie du rocher qu'on appelle le Petit-Mulet, un coup d'air plus violent enleva le chapeau du docteur. Au juron qu'il proféra, je me retournai et j'aperçus son feutre qui décampait du côté de Cormayeur. Il le regardait s'en aller, les bras tendus.

» – Oh ! il faut en faire votre deuil, docteur, que je lui dis, nous ne le reverrons jamais. Il s'en va dans le Piémont. Bon voyage !

» Il paraît que le vent avait pris goût à la plaisanterie car, à peine avais-je fermé la bouche, qu'il nous en arriva une bouffée si violente, que nous fûmes obligés de nous coucher à plat ventre pour ne pas aller rejoindre le chapeau ; de dix minutes nous ne pûmes nous relever ; le vent fouettait la montagne et passait en sifflant sur nos têtes, emportant des tourbillons de neige gros comme la maison. Le docteur était découragé. Moi, je ne pensais, pendant ce temps, qu'à la marchande qui, à cette heure, devait regarder le dôme du Goûter ; aussi, au premier répit que nous donna la bise, je me relevai ; mais le docteur ne consentit à me suivre qu'en marchant à quatre pattes. Nous parvînmes ainsi à une pointe d'où l'on pouvait découvrir le village ; arrivé là, je tirai ma lunette, et, à douze mille pieds au-dessous de nous, dans la vallée, je distinguai notre commère à la tête d'un rassemblement de cinquante personnes qui s'arrachaient les lunettes pour nous regarder. Une considération d'amour-propre détermina le docteur à se remettre sur ses jambes, et, à l'instant où il fut debout, nous nous aperçûmes que nous étions reconnus, lui à sa grande redingote, et moi à mon costume habituel ; ceux de la vallée nous firent des signes avec leurs chapeaux. J'y répondis avec le mien. Celui du docteur était absent par congé définitif.

» Cependant, Paccard avait usé toute son énergie à se remettre sur ses pieds, et ni les encouragements que nous recevions ni ceux que je lui donnais ne pouvaient le déterminer à continuer son ascension. Après que j'eus épuisé toute mon éloquence et que je vis que je perdais mon temps, je lui dis de se tenir le plus chaudement possible et de se donner du mouvement ; il m'écoutait sans m'entendre et répondait *oui, oui,* pour se débarrasser de moi. Je comprenais qu'il devait souffrir du froid. J'étais moi-même tout engourdi. Je lui laissai la bouteille, et je partis seul, en lui disant que je reviendrais le chercher.

» – Oui, oui, me répondit-il.

» Je lui recommandai de nouveau de ne pas se tenir en place, et je partis. Je n'avais pas fait trente pas, que je me retournai, et je vis que, au lieu de courir et de battre la semelle, il s'était assis le dos au vent ; c'était déjà une précaution.

» À compter de ce moment, la route ne présentait pas une grande difficulté ; mais, à mesure que je m'élevais, l'air devenait de moins en moins respirable. De dix pas en dix pas, j'étais obligé de m'arrêter comme un phtisique. Il me semblait que je n'avais plus de poumons et que ma poitrine était vide ; je pliai alors mon mouchoir comme une cravate, je le nouai sur ma bouche, et je respirai à travers, ce qui me soulagea un peu. Cependant, le froid me gagna de plus en plus. Je mis une heure à faire un petit quart de lieue ; je marchais le front baissé ; mais, voyant que j'étais sur une pointe que je ne connaissais pas, je relevai la tête et je m'aperçus que j'étais enfin arrivé sur la sommité du mont Blanc.

» Alors je retournai les yeux autour de moi, tremblant de me tromper et de trouver quelque aiguille, quelque pointe nouvelle, car je n'aurais pas eu la force de la gravir ; les articulations de mes jambes me semblaient ne tenir qu'à l'aide de mon pantalon. Mais non, non. J'étais au terme de mon voyage. J'étais arrivé là où personne n'était venu encore, pas même l'aigle et le chamois ; j'y étais arrivé seul, sans autre secours que celui de ma force et de ma volonté ; tout ce qui m'entourait semblait m'appartenir ; j'étais le roi du mont Blanc, j'étais la statue de cet immense piédestal. Ah !

» Alors je me tournai vers Chamouny, agitant mon chapeau au bout de mon bâton, et je vis, à l'aide de ma lunette, qu'on répondait à mes signes. Mes sujets de la vallée m'avaient aperçu. Tout le village était sur la place.

» Ce premier moment d'exaltation passé, je pensai à mon pauvre docteur. Je redescendis vers lui aussi vite que je le pus, l'appelant par son nom et tout effrayé de ne pas l'entendre me répondre ; au bout d'un quart d'heure, je l'aperçus de loin, rond comme une boule, mais ne faisant aucun mouvement, malgré les cris que je poussais et qui arrivaient certainement jusqu'à lui. Je le trouvai la tête entre les genoux et tout racorni sur lui-même, comme un chat qui fait le manchon. Je lui frappai sur l'épaule, il leva machinalement la tête. Je lui dis que j'étais parvenu au haut du mont Blanc ; cela parut médiocrement l'intéresser, car il ne répondit que pour me demander où il pourrait se coucher et dormir. Je lui dis qu'il était venu pour monter au plus haut de la montagne, et qu'il y monterait. Je le secouai, le pris sous les épaules et lui fis faire quelques pas ; il était comme abruti et il lui paraissait aussi égal d'aller d'un côté que de l'autre, de monter que de redescendre. Cependant, le mouvement que je le forçais de prendre rétablit un peu la circulation du sang ; alors il me demanda si je n'aurais point, par hasard, dans ma poche, des gants pareils à ceux que je portais à mes mains ; c'étaient des gants en poil de lièvre que je m'étais faits exprès pour mon excursion, sans séparation entre les doigts. Dans la situation où je me trouvais moi-même, je les eusse refusés tous les deux à mon frère ; je lui en donnai un.

» À six heures passées, nous étions sur le sommet du mont Blanc, et, quoique le soleil jetât un vif éclat, le ciel nous paraissait bleu foncé, et nous y voyions briller quelques étoiles. Lorsque nous reportions les yeux au-dessous de nous, nous n'apercevions que glaces, neiges, rocs, aiguilles, pics décharnés. L'immense chaîne de montagnes qui parcourt le Dauphiné et s'étend jusqu'au Tyrol nous étalait ses quatre cents glaciers resplendissants de lumière. À peine si la verdure nous paraissait occuper une place sur la terre. Les lacs de Genève et de Neufchâtel n'étaient que des points bleus presque imperceptibles. À notre gauche, s'étendait la Suisse des montagnes, toute moutonneuse, et, au-delà, la Suisse des prairies, qui semblait un riche tapis vert ; à notre droite, tout le Piémont et la Lombardie jusqu'à Gênes ; en face, l'Italie. Paccard ne voyait rien, je lui racontais tout ; quant à moi, je ne souffrais plus, je n'étais plus fatigué ; à peine si je sentais cette difficulté de respirer qui, une heure auparavant, avait failli me faire renoncer à mon entreprise. Nous restâmes ainsi trente-trois minutes.

» Il était sept heures du soir ; nous n'avions plus que deux heures et demie de jour ; il fallait partir. Je repris Paccard par-dessous le bras ; j'agitai de nouveau mon chapeau pour faire un dernier signe à ceux de la vallée, et nous commençâmes à redescendre. Aucun chemin tracé ne nous dirigeait ; le vent était si froid, que la neige n'était pas même dégelée à sa surface ; nous retrouvions seulement sur la glace les petits trous qu'y avait faits la pointe de nos bâtons ferrés. Paccard n'était plus qu'un enfant sans énergie et sans volonté que je guidais dans les bons chemins et que, dans les mauvais, je portais. La nuit commençait à tomber lorsque nous traversâmes la crevasse ; au bas du grand plateau, elle nous prit tout à fait ; à chaque instant, Paccard s'arrêtait, déclarant qu'il n'irait pas plus loin, et à chaque instant je le forçais de reprendre sa marche, non par la persuasion, il n'entendait rien, mais par la force.

» À onze heures, nous sortîmes enfin des régions des glaces et mîmes le pied sur la terre ferme ; il y avait déjà une heure que nous avions perdu toute réverbération de soleil ; alors je permis à Paccard de s'arrêter et je me préparai à l'envelopper de nouveau dans la couverture, lorsque je m'aperçus qu'il ne s'aidait plus de ses mains. Je lui en fis l'observation. Il me répondit que cela se pouvait bien, vu qu'il ne les sentait pas. Je tirai ses gants, ses mains étaient blanches et comme mortes ; moi-même, j'étais bête de la main où j'avais mis son petit gant de peau à la place du mien ; je lui dis que nous avions trois mains de gelées à nous deux ; cela paraissait lui être fort égal ; il ne demandait qu'à se coucher et à dormir. Quant à moi, il me dit de me frotter la partie malade avec de la neige. Le remède n'était pas loin. Je commençai l'opération par lui et je la terminai par moi. Bientôt le sang revint, et avec le sang la chaleur, mais avec des douleurs aussi aiguës que si on nous avait piqué chaque veine avec des aiguilles. Je roulai mon poupard dans sa couverture, je le couchai à l'abri d'un rocher, nous mangeâmes un morceau, bûmes un coup, nous nous serrâmes l'un contre l'autre le plus que nous pûmes, et nous nous endormîmes.

» Le lendemain, à six heures, je fus réveillé par Paccard.

» – C'est drôle, Balmat, me dit-il, j'entends chanter les oiseaux et je ne vois pas le jour ; probablement que je ne peux pas ouvrir les yeux.

» Notez qu'il les avait écarquillés comme ceux du grand-duc. Je lui répondis qu'il se trompait sans doute, et qu'il devait très bien y voir. Alors il me demanda un peu de neige, la fit fondre dans le creux de sa main avec de l'eau-de-vie, et s'en frotta les paupières. Cette opération finie, il n'en voyait pas davantage ; seulement, les yeux lui cuisaient beaucoup plus.

» – Allons, dit-il, il paraît que je suis aveugle, Balmat !... Comment vais-je faire pour descendre ? continua-t-il.

» – Prenez la bretelle de mon sac et marchez derrière moi, voilà un moyen.

» C'est ainsi que nous descendîmes et arrivâmes au village de la Côte.

» Là, comme je craignais que ma femme ne fût inquiète, je quittai le docteur, qui regagnait sa maison en tâtonnant avec son bâton, et je revins chez moi ; c'est alors seulement que je me vis.

» Je n'étais pas reconnaissable ; j'avais les yeux rouges, la figure noire et les lèvres bleues ; chaque fois que je riais ou bâillais, le sang me jaillissait des lèvres et des joues. Enfin, je n'y voyais plus qu'à l'ombre.

» Quatre jours après, je partis pour Genève afin de prévenir M. de Saussure que j'avais réussi à escalader le mont Blanc ; il l'avait déjà appris par les Anglais. Il vint aussitôt à Chamouny, et essaya avec moi la même ascension ; mais le temps ne nous permit pas d'aller plus haut que la montagne de la Côte, et ce ne fut que l'année suivante qu'il put accomplir son grand projet. »

– Et le docteur Paccard, dis-je, est-il resté aveugle ?

– Ah ! oui, aveugle ! il est mort il y a onze mois, à l'âge de soixante-dix-neuf ans, et il lisait encore sans ses lunettes. Seulement, il avait les yeux diablement rouges.

– Des suites de son ascension ?

– Oh ! que non !

– Et de quoi alors ?

– Le bonhomme levait un peu le coude...

En disant ces mots, Balmat vida sa troisième bouteille.

Chapitre 11

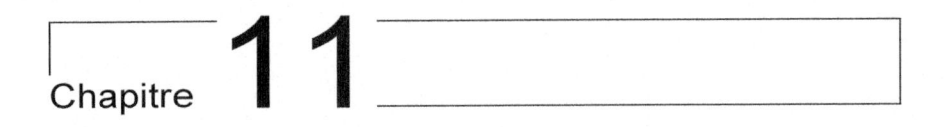

La Mer de glace

J'avais donné rendez-vous à Payot pour le lendemain à dix heures du matin seulement, la course que nous avions à faire n'étant que de six à sept lieues pour aller et revenir. Il vint nous chercher comme nous achevions de déjeuner. Il avait été la veille, en nous quittant, reconduire Balmat un bout de chemin et l'avait laissé enchanté de moi ; il me promettait sa visite pour le soir.

En sortant du village, Payot resta en arrière pour causer avec une femme qu'il rencontra. Comme le chemin se bifurquait cent pas plus loin, nous nous arrêtâmes, ignorant laquelle des deux routes il nous fallait prendre ; dès que Payot nous vit indécis, il accourut à nous et nous dit, pour s'excuser de l'embarras momentané où il nous avait mis.

– C'est que je causais avec Maria.

– Qu'est-ce que Maria ?...

– C'est la seule femme de la terre qui soit jamais montée sur le mont Blanc.

– Comment ! cette femme ?

Je me retournai pour la regarder.

– Oui, c'est une luronne, allez ; imaginez-vous qu'en 1811 les habitants de Chamouny se dirent un matin :

« – Ma foi ! c'est bel et bon de conduire toujours les étrangers au sommet du mont Blanc pour leur plaisir ; si nous y montions un jour pour le nôtre ?

» Qui fut dit fut fait. On convint que, le dimanche suivant, si le temps était beau, ceux qui voudraient faire partie de la caravane se réuniraient sur la place. À l'heure dite, Jacques Balmat, que nous avions fait notre capitaine, nous trouva rassemblés ; nous étions sept en tout, lui compris : c'étaient Victor Terraz, Michel Terraz, Marie Frasseron, Édouard Balmat,

Jacques Balmat et moi. Au moment de partir, nous ne sommes pas plus étonnés que de voir deux femmes qui arrivaient pour faire l'ascension avec les autres ; l'une d'elles, nommée Euphrosine Ducrocq, nourrissait un enfant de sept mois. Balmat ne voulut point la recevoir dans la compagnie ; l'autre, qui était celle que vous venez de voir, n'était pas encore mariée, et s'appelait Marie Paradis. Jacques Balmat alla à elle, lui prit les deux mains, et, la regardant dans le blanc des yeux :

» – Ah ça ! mon enfant, lui dit-il, êtes-vous bien décidée ?
» – Oui.
» – C'est qu'il ne nous faut pas de pleureuse, entendez-vous ?
» – Je rirai tout le long du chemin.
» – Je ne vous demande pas ça, vu que moi, qui suis un vieux loup de montagne, je ne m'engagerais pas à le faire : on vous demande seulement d'être brave fille et d'avoir bon courage ; si vous vous sentez vous en aller, adressez-vous à moi, et, quand je devrais vous porter sur mon dos, je vous réponds que vous irez où iront les autres ; est-ce dit ?
» – Tope ! répondit Maria en lui frappant dans la main.
» Cet arrangement fait, nous partîmes.
» Le soir, comme d'habitude, on coucha aux Grands-Mulets. Comme les jeunes filles ont le sommeil agité, et qu'en rêvant Maria aurait bien pu tomber dans le ravin dont vous a parlé Balmat, nous la mîmes au milieu de nous, nous la couvrîmes d'habits et de couvertures : elle passa donc une assez bonne nuit.
» Le lendemain, au petit jour, tout le monde était sur pied : chacun se secoua les oreilles, souffla dans ses doigts, et se remit en route. Nous arrivâmes bientôt à un endroit escarpé et nous nous trouvâmes devant une espèce de mur de douze à quinze cents pieds de hauteur, et quand je dis un mur, il suffira que je vous explique la manière dont nous le gravîmes pour que vous conveniez que je n'y mets pas d'exagération. Jacques Balmat, qui montait le premier, ne pouvait se plier assez pour donner la main au second de nous ; alors il lui tendait la jambe, se soutenant à son bâton enfoncé dans la glace, jusqu'à ce que le second guide, se cramponnant à sa jambe, fût arrivé à son bâton ; aussitôt Balmat prenait un autre bâton des mains du second guide, le plantait plus haut, et recommençait la même manœuvre, qui, cette fois, s'étendait du second au troisième,

et, au fur et à mesure que l'on montait, du troisième aux autres, jusqu'à ce qu'enfin chacun fût en route collé contre la glace comme une caravane de fourmis contre le mur d'un jardin. »

— Et Maria, interrompis-je, à qui tendait-elle la jambe ?

— Oh ! Maria montait la dernière, reprit Payot ; d'ailleurs, pas un de nous ne pensait beaucoup à la chose. Nous nous faisions seulement la réflexion que, si le premier bâton venait à casser, nous dégringolerions tous, et, au fur et à mesure que nous montions, la réflexion devenait de plus en plus inquiétante. Enfin, n'importe, tout le monde s'en tira bien, jusqu'à Maria ; mais, arrivée en haut, soit par fatigue de la montée, soit par peur de réflexion, elle sentit que ses jambes s'en allaient à tous les diables ; alors elle s'approcha en riant de Balmat, et lui dit tout bas, afin que les autres ne l'entendissent pas :

« — Allez plus doucement, Jacques, l'air me manque, faites comme si c'était vous qui soyez fatigué.

» Balmat ralentit sa marche ; Maria profita de cela pour manger de la neige à la poignée ; nous avions beau lui dire que les crudités ne valaient rien à l'estomac, c'était comme si nous chantions ; aussi, au bout de dix minutes, le mal de cœur s'en mêla. Balmat, qui s'en aperçut, vit que ce n'était pas le moment de faire de l'amour-propre ; il appela un autre guide, ils la prirent chacun sous un bras et l'aidèrent à marcher. Au même moment, Victor Terraz s'assit en déclarant qu'il en avait assez et qu'il n'irait pas plus loin. Alors Balmat me fit signe de venir prendre le bras de Maria à sa place, et, allant à Terraz, qui commençait déjà à s'endormir, il le secoua vigoureusement.

» — Qu'est-ce que vous me voulez ? dit Terraz.

» — Je veux que tu viennes.

» — Et moi, je veux rester ici, je suis bien libre.

» — C'est ce qui te trompe.

» — Pourquoi cela, s'il vous plaît ?

» — Parce que nous sommes partis à sept, qu'on sait que nous sommes partis à sept, et qu'en arrivant au grand plateau, d'où l'on peut nous distinguer de Chamouny, les gens du village verront que nous ne sommes plus que six ; ils croiront alors qu'il est arrivé malheur à l'un de nous, et comme ils ne sauront pas auquel, cela mettra sept familles dans la désolation.

» – Vous avez raison, père Balmat, dit Terraz.
» Et il se remit sur ses jambes.
» Ces deux retardataires ne nous rejoignirent que sur le dôme du mont Blanc ; Maria était presque évanouie ; cependant, elle se remit un peu et porta les yeux sur l'horizon immense qu'on découvre. Nous lui dîmes en riant que nous lui donnions pour sa dot tout le pays qu'elle pourrait apercevoir. Alors Balma ajouta :
» – Maintenant, puisqu'elle est dotée, il faut la marier ; messieurs, quel est le luron qui l'épouse ici ?
» Dame ! nous ne faisions pas de crânes prétendus : aussi personne ne se présenta, excepté Michel Terraz ; encore demanda-t-il une demi-heure.
» Comme nous ne pouvions rester que dix minutes, à peu près, la proposition n'était point acceptable ; aussi, lorsque nous eûmes bien regardé le coup d'œil, Balmat nous dit :
» – Ah ça ! mes enfants, c'est bel et bon, mais il est temps de défiler.
» En effet, le soleil s'en allait grand train, nous fîmes comme lui.
» Le lendemain, lorsque nous descendîmes à Chamouny, nous trouvâmes toutes les femmes du village qui attendaient Maria pour lui demander des détails sur son voyage. Elle leur répondit qu'elle avait vu tant de choses que ce serait trop long à raconter ; mais que si elles étaient bien curieuses de les connaître, elles n'avaient qu'à faire le voyage elles-mêmes ; pas une n'accepta.
» Depuis ce temps, Maria est restée l'héroïne de Chamouny, comme Jacques en est le héros, et elle se partage avec lui la curiosité des étrangers et le sobriquet de *Mont-Blanc*. À chaque nouvelle ascension, elle va s'établir un peu au-dessus du village de la Côte ; là, elle dresse un dîner que les voyageurs ne manquent jamais d'accepter en revenant, et, le verre à la main, hôtes et convives boivent aux dangers du voyage et à l'heureuse réussite des ascensions nouvelles. »
– Est-ce que quelques-unes ont amené des accidents graves ? repris-je.
– Dieu merci, me répondit Payot, il n'y a jamais eu que des guides de tués ; Dieu a toujours préservé les voyageurs.

— Effectivement, Balmat parlait hier d'une crevasse dans laquelle était tombé Coutet ; mais j'ai cru comprendre qu'on l'en avait retiré.

— Oui lui ; car, quoiqu'il ait vu la mort de bien près, il est aujourd'hui sain et sauf comme vous et moi ; mais trois autres y sont restés ensevelis avec deux cents pieds de neige sur le corps ; aussi, dans les belles nuits, vous voyez voltiger trois flammes au-dessus de la crevasse où ils sont enterrés : ce sont leurs âmes qui reviennent, car ce n'est pas une sépulture chrétienne qu'un cercueil de glace et un linceul de neige.

— Et quels sont les détails de cet événement ?

— Tenez, monsieur, me dit Payot avec une répugnance marquée, vous rencontrerez probablement Coutet avant de quitter Chamouny, et il vous les racontera lui-même ; quant à moi, je n'étais pas du voyage.

Je vis que l'impression laissée par le souvenir de cet accident était si profonde et si triste, que je n'eus pas le courage d'insister ; d'ailleurs, il s'empressa de distraire mon attention de ce sujet en me faisant remarquer une petite fontaine qui coule à droite du chemin.

— C'est la fontaine de Caillet, me dit-il.

Je la regardai avec attention, et, comme je n'y trouvais rien d'extraordinaire, j'y trempai la main, pensant que c'était une source thermale : elle était froide. Je la goûtai alors, la croyant ferrugineuse : elle avait le goût de l'eau ordinaire.

— Eh bien, dis-je en me relevant, qu'est-ce que la fontaine de Caillet ?

— C'est la fontaine que M. de Florian a *immortalisée* en faisant passer sur ses bords la première scène de son roman de *Claudine*.

— Ah ! ah ! diable ! et elle n'a pas d'autre titre à la curiosité des voyageurs ?

— Non, monsieur, si ce n'est qu'elle est située à mi-chemin de la montée de Chamouny à la Mer de glace.

— À mi-chemin ?

— Juste.

— Mon ami, voulez-vous que je vous donne un conseil ?

— Volontiers, monsieur.

— Eh bien, c'est de ne jamais oublier, dans l'intérêt de l'*immortalité* de votre fontaine, d'ajouter, comme vous venez de le faire, son second titre au premier ; vous verrez auquel des deux vos voyageurs seront le plus sensibles.

En effet, la route du Montenvers est une des plus exécrables que j'aie faites ; vers la fin de l'année surtout, lorsque les gens de pied et les mulets l'ont dégradée, les parties étroites du chemin s'éboulent, et alors la surface plane disparaît et fait place à un plan incliné ; or, c'est comme si l'on marchait à une hauteur de deux mille pieds sur un toit d'ardoises ; un faux pas, une distraction, un point d'appui qui manque, et vous roulez jusque dans la source de l'Arveyron que vous entendez gronder au fond de ce précipice, et où vous précèdent, comme pour vous en montrer le chemin, les pierres à qui un simple déplacement fait perdre leur équilibre, et que dès lors leur poids seul suffit pour entraîner.

C'est par cet aimable chemin qu'on grimpe, plutôt qu'on ne monte, pendant l'espace de trois heures à peu près ; puis l'on aperçoit une masure perdue dans les arbres : c'est l'auberge des Mulets. Vingt pas plus loin, une petite maison s'élève, dominant la Mer de glace : c'est l'auberge des voyageurs. Si je n'avais pas peur d'être taxé de partialité pour l'espèce humaine, j'ajouterais même que les quadrupèdes y sont beaucoup mieux traités que les bipèdes, attendu qu'ils trouvent dans leur écurie du son, de la paille, de l'avoine et du foin, ce qui équivaut pour eux à un dîner à quatre services, tandis que les bipèdes ne peuvent obtenir, dans leur hôtel, que du lait, du pain et du vin, ce qui n'équivaut pas même à un mauvais déjeuner.

D'ailleurs, le premier soin qu'on éprouve en arrivant sur le plateau n'est point celui de la faim ; c'est le désir d'embrasser d'un seul coup d'œil cette large nature qui vous environne. À votre droite et à votre gauche, le pic de Charmoz et l'aiguille du Dru, qui s'élancent vers le ciel comme des paratonnerres de la montagne ; devant vous, la Mer, un océan de glace, gelé au milieu du bouleversement d'une tempête, avec ses vagues aux mille formes qui s'élèvent à soixante ou quatre-vingt pieds de haut, et ses gerçures qui s'enfoncent à quatre ou cinq cents pieds de profondeur. Au bout d'un instant de cette vue, vous n'êtes plus en France, vous n'êtes plus en Europe, vous êtes dans l'océan Arctique, au-delà du Grœnland ou de la Nouvelle-Zélande, sur une mer polaire, aux environs de la baie de Baffin ou du détroit de Bering.

Lorsque Payot crut que nous avions assez considéré de loin le tableau qui s'étendait au-dessous de nous, il jugea qu'il était temps de nous faire mettre les pieds sur la toile ; en conséquence, il commença à descendre vers la Mer de glace, que nous dominions d'une soixantaine de pieds, par un chemin bien autrement exigu que celui du Montenvers ; c'est au point que j'eus un instant d'incertitude, pour savoir s'il ne valait pas mieux me servir de mon bâton ferré comme d'un balancier que comme d'un appui ; quant à Payot, il marchait là comme sur une grande route, et ne se retournait même pas pour savoir si je le suivais.

– Dites donc, mon brave, lui criai-je au bout d'une minute, lui donnant une épithète que, dans ce moment, je ne pouvais convenablement garder pour moi ; dites donc, est-ce qu'il n'y a pas un autre chemin ?

– Tiens, vous voilà assis, vous, me dit-il ; que diable faites-vous là ?

– Ah ! ce que je fais ! Je dis que la tête me tourne, pardieu ! Est-ce que vous croyez que je suis venu au monde sur le coq d'un clocher, vous ? Vous êtes encore un fameux farceur ; allons, allons, venez me donner la main ; je n'y mets pas d'amour-propre, moi.

Payot remonta aussitôt vers moi et me tendit le bout de son bâton ; grâce à ce secours, je fis heureusement ma descente jusqu'au rocher, situé à sept pieds à peu près au-dessus d'une espèce de bourrelet de sable fin qui environne la Mer de glace. Arrivé là, je poussai un *ah !* prolongé qui tenait autant au besoin de respirer qu'à la satisfaction que je pouvais avoir de me trouver sur une plate-forme ; puis, l'amour-propre me revenant, du moment où le danger s'était éloigné, je tins à prouver à Payot que, si je grimpais mal, je sautais bien, et, d'un air dégagé, sans rien dire à personne, et afin de jouir de l'effet que produirait sur lui mon agilité, je sautai du rocher sur le sable.

Nous poussâmes deux cris qui n'en firent qu'un : lui, parce qu'il me voyait enfoncer, et moi, parce que je me sentais enfoncer ; cependant, comme je n'avais pas lâché mon bâton, je le mis en travers, comme cela m'était arrivé en pareille circonstance avec mon fusil, en chassant au marais. Ce mouvement instinctif me sauva ; Payot eut le temps de me tendre son bâton, que j'empoignai d'une main, puis de l'autre ; et, me tirant comme un poisson au bout d'une ligne, il me réintégra sur mon rocher.

Lorsque je me trouvai sur mes pieds :

— Ah çà ! êtes-vous fou ? me dit Payot. Vous allez sauter dans les moraines, vous !

— Eh ! sacredieu ! allez-vous-en au diable, vous et votre brigand de pays, où l'on ne peut faire un pas sans risquer de se casser le cou ou de s'ensabler ; est-ce que je connais vos moraines, moi ?

— Eh bien, une autre fois vous les connaîtrez, me dit tranquillement Payot ; seulement, je suis bien aise de vous dire que si vous n'aviez pas mis votre bâton en travers, vous enfonciez sous le glacier, d'où vous ne seriez probablement sorti que l'été prochain par la source de l'Arveyron. Maintenant, voulez-vous venir au Jardin ?

— Qu'est-ce que le Jardin ?

— C'est une petite langue de terre végétale en forme de triangle qui est située dans le nord du glacier de Talètre, et qui forme la partie la plus basse de ces hautes pointes de montagnes appelées les Rouges... Les voyez-vous, là-bas ?

— Oui, très bien ; et que fait-on là ?

— Rien au monde.

— Pourquoi y va-t-on, alors ?

— Pour dire qu'on y a été.

— Eh bien, mon cher ami, je ne le dirai pas, et voilà tout.

— Vous viendrez au moins faire un petit tour sur la Mer de glace ?

— Oh ! pour cela, tout à vous, je sais patiner.

— N'importe, donnez-moi toujours le bras, vous n'auriez qu'à faire quelque nouvelle imprudence...

— Moi ? Vous ne me connaissez guère, allez ; j'en suis revenu et je vous réponds que je ne marcherai pas autre part que sur votre ombre.

Je lui tins, ou plutôt je me tins religieusement parole ; nous fîmes, lui marchant devant et moi derrière, à peu près un quart de lieue sur cette mer dont on ne peut mesurer la largeur que lorsqu'on se trouve au milieu de ses vagues, et dont les horribles craquements semblent des plaintes inconnues qui montent du centre de la terre jusqu'à sa surface ; je ne sais si cela tient à une organisation plus impressionnable et plus nerveuse que celle des autres ; mais, au milieu des grands bouleversements de la nature, quoiqu'il me soit démontré qu'aucun danger réel n'existe, j'éprouve une espèce d'épouvante physique en me voyant si petit et perdu au milieu de si grandes choses ; une sueur froide me monte au front ; je pâlis, ma voix s'altère, et, si je n'échappais à ce malaise en m'éloignant des localités qui le produisent, je finirais certes par m'évanouir. Ainsi je n'avais aucune crainte, puisqu'il n'y avait aucun danger, et cependant je ne pus rester au milieu de ces crevasses ouvertes sous mes pieds, de ces vagues suspendues sur ma tête ; je pris le bras de mon guide, et je lui dis :

– Allons-nous-en.

Payot me regarda.

– En effet, vous êtes pâle, me dit-il.

– Je ne me sens pas bien.

– Qu'avez-vous donc ?

– J'ai le mal de mer.

Payot se mit à rire, et moi aussi.

– Allons, ajouta-t-il, vous n'êtes pas bien malade, puisque vous riez ; buvez un coup, cela vous remettra.

En effet, à peine eus-je posé le pied sur la terre, que cette indisposition passa. Payot me proposa de suivre le bord de la Mer de glace jusqu'à la Pierre-aux-Anglais.

Je lui demandai ce que c'était que cette pierre.

– Ah ! me dit-il, nous l'avons appelée ainsi parce que les deux voyageurs qui sont parvenus les premiers jusqu'ici, surpris par la pluie, se sont réfugiés sous la voûte qu'elle forme et y ont dîné. Or, ces deux voyageurs étaient des Anglais qui, dans une excursion, avaient découvert Chamouny, dont on ignorait l'existence, ce village étant enfermé dans une vallée où l'on trouve, sans le secours du commerce extérieur, tout ce qui est nécessaire à la vie. Ils ignoraient tellement quels hommes habitaient ce pays inconnu, qu'ils y entrèrent, eux et leurs domestiques, armés jusqu'aux dents, et croyant probablement avoir affaire à des sauvages ; au lieu de cela, ils trouvèrent de braves gens qui les reçurent de tout leur cœur et qui, ignorants eux-mêmes des beautés qui les environnaient, n'avaient jamais cherché à explorer le cours solide de cette Mer de glace, dont l'extrémité descendait jusqu'à la vallée. La reconnaissance nous a fait leur consacrer cette pierre où ils ont trouvé un abri ; car, en venant ici et en disant les premiers au monde entier ce qu'ils avaient vu, ils ont fait la fortune du pays.

En achevant ces mots, Payot me montra un rocher formant voûte, sur lequel était gravée cette inscription rappelant les noms des deux voyageurs et l'année de leur voyage :

POCOX ET WINDHEM. – 1741.

Après avoir fait le tour de la pierre, nous prîmes le chemin de l'auberge. En entrant dans la seule chambre dont elle se compose, j'aperçus un homme à genoux soufflant le feu avec sa bouche. Payot s'arrêta sur la porte.

– Vous vouliez voir Marie Coutet ? me dit-il.

– Qu'est-ce que c'est que Marie Coutet ? repris-je cherchant à rappeler mes souvenirs.

– Le guide qui a été emporté par une avalanche.

– Oui, certainement, je voulais le voir.

– Eh bien, c'est lui qui souffle le feu ; depuis qu'il a manqué d'être gelé, il est devenu frileux comme une marmotte.

– Comment, c'est là l'homme qui est tombé dans la crevasse du grand plateau ?

– Lui-même.

– Croyez-vous qu'il veuille me raconter son accident ?

– Certainement ; quoique ce ne soit pas une chose gaie, c'est une chose curieuse, et nous sommes ici pour satisfaire la curiosité des voyageurs.

Je ne parus pas faire attention à l'espèce d'amertume avec laquelle il prononça ces mots. J'appelai le maître de l'auberge afin qu'il nous apportât une bouteille de son meilleur vin et trois verres. Je les emplis, et, en prenant deux de chaque main, j'allai à Coutet.

En m'entendant venir à lui, il se releva. Je lui présentai le verre, qu'il accepta avec un sourire que je n'ai jamais trouvé plus cordial que sur la figure des habitants de la Suisse.

– À votre santé, mon maître ! lui dis-je, et puisse-t-elle ne jamais se retrouver dans un danger pareil à celui qu'elle a couru !

– Ah ! monsieur veut parler de ma cabriole dans la crevasse ? répondit Coutet.

– Justement.

– Le fait est (Coutet interrompit sa phrase pour vider son verre) que j'ai passé un mauvais quart d'heure, continua-t-il en le posant sur la **table** et en s'essuyant la bouche du revers de la main.

– Auriez-vous la complaisance de me donner quelques détails sur cet événement ? repris-je.

– Tout ceux que vous voudrez, monsieur.

– Alors, asseyons-nous.

Je donnai l'exemple ; **il fut suivi**. Je remplis les verres des deux guides, et Coutet commença.

Chapitre 12

Marie Coutet

– En 1820, le colonel anglais Anderson et le docteur Hamel (ce dernier envoyé par l'empereur de Russie pour faire des expériences météorologiques sur les montagnes les plus élevées du globe) arrivèrent à Chamouny. À peine arrivés, ils manifestèrent leur intention de gravir le mont Blanc et ordonnèrent tous les préparatifs nécessaires à cette expédition. Déjà neuf ascensions pareilles à celle qu'ils allaient faire avaient eu lieu sans accident [23].

Au jour fixé, les dix guides se trouvèrent prêts. C'était mon tour d'être guide-chef ; je pris donc le commandement de la petite caravane ; ceux qui marchaient sous mes ordres étaient : Julien Devoissou, David Folliguet, les deux frères Pierre et Mathieu Balmat, Pierre Carriez, Auguste Terre, David Coutet, Joseph Folliguet, Jacques Coutet et Pierre Favret ; treize en tout, y compris les deux voyageurs.

Nous partîmes à huit heures du matin avec apparence de beau temps. Arrivés aux Grands-Mulets à trois heures de l'après-midi, nous nous y arrêtâmes, car nous savions qu'il ne nous restait pas assez de jour pour arriver au sommet du mont

---

23. [24]Ceux qui les avaient effectuées étaient : – 8 août 1786, le docteur Paccard, de Chamouny. – – – Jacques Balmat, id. – 2 août 1787, M. De Saussure, de Genève. – 9 août 1787, le colonel Beaufroy, Anglais. – 5 août 1788, M. Woodley, id. – 10 août 1802, M. Le baron de Doorthesen, de Courlande. – – – M. Forneret, de Lausanne. – 10 sept. 1812, M. Rhodas, de Hambourg. – 4 août 1818, M. Le comte Matezescki, Polonais. – 19 juin 1819, M. Le docteur Reusselaert, Américain. – – – M. Howard, id. – 13 août 1819, le capitaine Undrell, Anglais. Celles qui ont eu lieu depuis ont été faites le : – 18 août 1832, par M. Fred. Clissod, Anglais. – 4 sept. 1822, par M. Jackson, id. – 26 août 1825, le docteur Edmond Clarke, id. – – – – le capitaine Markham Sherville, id.

24.

Blanc, et que, plus haut, nous ne trouverions aucun endroit favorable à une halte de nuit. Nous nous assîmes, en conséquence, sur une espèce de plateau où nous retrouvâmes encore les débris de la cabane qu'y avait fait bâtir M. de Saussure, et nous procédâmes au dîner, en invitant les voyageurs à faire en un seul repas leurs provisions de vivres pour vingt-quatre heures, attendu qu'au fur et à mesure qu'ils monteraient, ils perdraient non seulement tout appétit, mais encore toute possibilité de manger. Après le dîner, on parla des ascensions précédentes, des difficultés heureusement surmontées. Ces antécédents nous donnaient de l'espoir et de la gaieté. Le temps s'écoula vite au milieu des récits de ceux de nous qui avaient déjà fait le voyage. Le soir vint sans qu'il y eût eu un instant de doute, de crainte ou d'ennui ; alors on se pressa les uns contre les autres, on étendit des couvertures sur de la paille, on dressa une tente avec des draps et chacun passa une nuit tant bonne que mauvaise.

Le lendemain, je me réveillai le premier, et, me levant aussitôt, je fis quelques pas hors de notre abri ; un coup d'œil me suffit pour voir que le temps était perdu pour tout le jour ; je rentrai aussitôt en secouant la tête.

– Qu'y a-t-il, Coutet ? me dit Devoissou.

– Il y a, répondis-je, que le vent a changé et qu'il vient du midi.

En effet, le vent venait de ce côté, chassant devant lui la neige comme une poussière. À cette vue, nous nous regardâmes, et, d'un commun accord, nous résolûmes de ne pas aller plus loin. Cette résolution fut maintenue malgré les instances du docteur Hamel, qui voulait essayer de continuer le voyage ; tout ce qu'il put obtenir de nous fut que nous attendrions au lendemain pour redescendre au village. La journée se passa tristement. La neige, qui ne tombait d'abord que sur la sommité du mont Blanc, descendit petit à petit vers l'endroit où nous étions, comme une amie qui croit devoir venir jusqu'à notre porte pour nous avertir du danger.

La nuit arriva. Les mêmes précautions furent prises, et nous la passâmes comme nous avions fait de la première. Le jour vint, il nous montra le temps aussi menaçant que la veille. Nous nous réunîmes en conseil, et, au bout de dix minutes de délibération, nous résolûmes de retourner à Chamouny ; nous fîmes part de notre décision au docteur Hamel, qui s'y opposa formellement. Nous étions à ses ordres ; notre temps et notre vie étaient à lui, puisqu'il les payait ; nous n'insistâmes donc point ; seulement, nous tirâmes au sort pour savoir lesquels d'entre nous retourneraient à Chamouny pour y chercher des vivres : le sort désigna Joseph Folliguet, Jacques Coutet et Pierre Favret, qui partirent immédiatement.

À huit heures du matin, le docteur Hamel, fatigué de l'opiniâtreté du temps, non seulement ne se contenta plus de rester où nous étions, mais encore voulut continuer le voyage. Si l'un de nous avait eu cette idée, nous l'aurions pris pour un fou et nous lui eussions lié les jambes afin qu'il ne pût faire un pas ; mais le docteur était étranger, il ignorait les dangereux caprices de la montagne ; nous nous contentâmes donc de lui répondre que faire seulement deux lieues, malgré les avertissements que le ciel donnait à la terre, c'était défier la Providence et tenter Dieu. Le docteur Hamel frappa du pied, se retourna vers le colonel Anderson, et murmura le mot *lâches*.

Dès lors, il n'y avait plus à hésiter ; chacun de nous fit silencieusement ses préparatifs de départ, et, au bout de cinq minutes, je demandai au docteur s'il était prêt à nous suivre. Il fit signe de la tête que oui, car il nous gardait rancune. Nous partîmes donc sans attendre nos camarades qui étaient descendus au village.

Contre toute probabilité, le commencement de notre route se fit sans accident ; nous arrivâmes ainsi au petit plateau, et, après avoir gravi le dôme du Goûter, nous redescendîmes vers le grand plateau. Arrivés là, nous avions à notre gauche la grande crevasse, qui a au moins soixante pieds de large et cent vingt pieds de long ; à notre droite, la côte du mont Blanc, s'élevant en talus rapide à la hauteur de mille pieds encore au-dessus de nos têtes ; sous nos pas, douze ou quinze pouces de neige nouvelle et fraîche, tombée pendant la nuit, et dans laquelle nous enfoncions jusqu'aux genoux. Nous venions d'entrer dans le vent, qui menaçait d'être toujours plus violent au fur et à mesure que nous monterions. Notre marche, sur une seule ligne, s'opérait ainsi : Auguste Terre marchait le premier, Pierre Carriez le second et Pierre Balmat le troisième ; puis venaient, après eux, Mathieu Balmat, Julien Devoissou et moi ; à six pas de distance, à peu près, nous étions suivis par David

131

Coutet et par David Folliguet ; puis, après eux, s'avançaient, les derniers, afin qu'ils profitassent du chemin que nous leur tracions, le colonel Anderson et le docteur Hamel [25].

La précaution prise pour nous sauver fut probablement celle qui nous perdit ; en marchant sur une seule ligne, nous tranchions, comme avec une charrue, cette neige molle et nouvelle qui n'avait point encore d'appui ; dès lors, le talus étant trop rapide pour la retenir en équilibre, elle dut glisser.

En effet, nous entendîmes tout à coup comme le bruissement sourd d'un torrent caché ; au même instant, depuis le haut de la côte jusqu'à l'endroit où nos pas avaient creusé une ornière de dix ou douze pouces de profondeur, la neige fit un mouvement ; aussitôt je vis quatre des cinq hommes qui me précédaient renversés les pieds en l'air ; l'un d'eux seul me parut rester debout ; puis je sentis que les jambes me manquaient à moi-même, et je tombai en criant de toute ma force :

– L'avalanche ! l'avalanche ! nous sommes tous perdus !...

Je me sentis entraîné avec une telle rapidité que, roulant comme un boulet, je dois avoir parcouru l'espace de quatre cents pieds dans l'intervalle d'une minute. Enfin, je sentis que le terrain manquait sous moi et que ma chute devenait perpendiculaire. Je me rappelle que je dis encore :

– Mon Dieu, ayez pitié de moi !

Et que je me trouvai au même instant au fond de la crevasse, couché sur un lit de neige où, sans le reconnaître, j'entendis presque aussitôt se précipiter un autre de nos compagnons.

Je restai un instant étourdi de la chute ; puis j'entendis, au-dessus de ma tête, une voix qui se lamentait, celle de David Coutet.

– Ô mon frère, mon pauvre frère ! disait-il ; mon frère est perdu !

– Non, lui criai-je, non, me voilà, David, et un autre avec moi ; Mathieu Balmat est-il mort ?

---

25. Cet ordre de marche n'avait point été inspiré par la circonstance, mais est habituel aux guides ; il est adopté pour préserver le plus possible les voyageurs du danger. De cette manière, on conçoit que, si une crevasse cachée s'ouvre sous la route, que si une couche de glace trop faible se brise sous les pieds, l'accident arrivera plutôt à l'un des onze guides qui précèdent les voyageurs qu'à ceux-ci qui, venant à leur suite, ne marchent que sur un terrain éprouvé.

– Non, mon brave, non, me répondit Balmat, je suis vivant, et me voilà pour t'aider à sortir.

Au même instant, il se laissa glisser le long des parois de la crevasse et tomba près de moi.

– Combien de perdus ? lui dis-je.

– Trois, puisqu'il y en a un avec toi.

– Lesquels ?

– Pierre Carriez, Auguste Terre et Pierre Balmat.

– Et ces messieurs ont-ils du mal ?

– Non, Dieu merci !

– Eh bien, essayons de tirer d'ici celui que j'y ai vu tomber avec moi et qui ne doit pas être loin.

En effet, en nous retournant, nous aperçûmes un bras qui passait seul hors de la neige ; c'était celui de notre pauvre camarade. Nous le tirâmes afin de dégager la tête qui se trouvait couverte ; il n'avait point encore perdu connaissance ; seulement, il ne pouvait plus parler et avait la figure bleue comme un asphyxié ; cependant, au bout de quelques secondes, il se remit sur ses jambes. Mon frère nous jeta une petite hache avec laquelle nous nous taillâmes des escaliers dans la glace ; puis, arrivés à une certaine hauteur, nos camarades nous tendirent leurs bâtons et nous tirèrent à eux.

À peine fûmes-nous hors de la crevasse, que nous aperçûmes le docteur Hamel et le colonel Anderson, qui nous prirent les mains en nous disant :

– Allons, courage, en voilà toujours deux de sauvés ; nous sauverons les autres de même.

– Les autres sont perdus, répondit Mathieu Balmat, car c'est ici que je les ai vus disparaître.

Il nous conduisit alors vers le milieu de la crevasse, et nous vîmes bien qu'il n'y avait aucun espoir de les sauver : nos pauvres amis devaient avoir plus de deux cents pieds de neige par-dessus la tête. Pendant que nous fouillions avec nos bâtons, chacun raconta ce qu'il avait éprouvé. Dans la chute commune, Mathieu Balmat seul était resté debout ; c'était un gros garçon d'une force prodigieuse, de sorte qu'au moment où il sentit la neige nouvelle se glisser sous lui, il enfonça son bâton dans la vieille neige, et, s'enlevant à la force des poignets, il vit passer sous ses pieds, en moins de deux minutes, cette avalanche d'une demi-lieue qui entraînait avec le bruit du tonnerre son frère et ses amis. Un instant, il se crut seul sauvé ; car, de dix que nous étions, lui seul demeura debout.

Ceux qui se relevèrent les premiers étaient les deux voyageurs. Balmat leur cria :

— Et les autres ?

Au même moment, David Coutet se remit sur ses pieds.

— Les autres, dit-il, je les ai vus rouler dans la crevasse.

En courant vers elle, il heurta du pied David Folliguet, qui était encore tout étourdi de sa chute.

— En voilà encore un, me dit-il ; ainsi cinq seulement sont perdus, et parmi eux est mon frère, mon pauvre frère !

C'est à ce moment que, l'ayant entendu, je lui répondis du fond de ma crevasse :

— Me voilà, me voilà !

Cependant, toutes nos recherches étaient inutiles, nous le sentions bien ; et cependant nous ne pouvions nous déterminer à abandonner nos pauvres camarades, quoiqu'il y eût déjà deux heures que nous les cherchions. À mesure que la journée s'avançait, le vent devenait plus glacial ; nos bâtons, qui nous avaient servi à sonder, étaient couverts de glace, et nos souliers aussi durs que du bois.

Alors Balmat, désespéré de voir que tous nos efforts n'aboutissaient à rien, se tourna vers le docteur Hamel :

— Eh bien, monsieur, lui dit-il, voyons, maintenant, sommes-nous des lâches, et voulez-vous aller plus loin ? Nous sommes prêts.

Le docteur répondit en donnant l'ordre de retourner à Chamouny. Quant au colonel Anderson, il se tordait les bras et pleurait comme un enfant.

— J'ai fait la guerre, disait-il, j'étais à Waterloo, j'ai vu les boulets enlever des rangs entiers d'hommes ; mais ces hommes étaient là pour mourir... tandis qu'ici !...

Les larmes lui coupaient la parole.

— Non, ajoutait ce brave militaire, non, je ne m'en irai pas avant qu'on ait du moins retrouvé leurs cadavres.

Nous l'entraînâmes de force, car la nuit s'approchait, et il était temps de descendre.

En arrivant aux Grands-Mulets, nous rencontrâmes les autres guides qui apportaient les provisions ; ils amenaient avec eux deux voyageurs qui comptaient se réunir au docteur

Hamel et au colonel Anderson ; nous leur racontâmes l'accident qui nous était arrivé ; puis nous nous remîmes tristement en chemin pour redescendre vers le village. Nous y arrivâmes à onze heures du soir.

Les trois hommes qui avaient péri n'étaient heureusement pas mariés ; mais Carriez soutenait toute une famille par son travail.

Quant à Pierre Balmat, il avait une mère ; mais la pauvre femme ne fut pas longtemps séparée de son fils ; trois mois après sa mort, elle mourut. »

Chapitre 13

Retour à Martigny

Lorsque ce récit fut fini, je cherchai des yeux le maître de l'auberge, afin de lui payer la bouteille de vin qu'il nous avait fournie. Ne le trouvant pas, je donnai dix francs à Marie Coutet, et le chargeai de régler mon compte. Cinq minutes après, nous étions en route pour revenir.

Au bout d'une demi-heure de marche, Payot s'arrêta.

– Tenez, me dit-il en me montrant une pente très rapide, c'est ici qu'on se laisse glisser à la *ramasse* lorsqu'il y a de la neige ; alors on est au bas du Montenvers en deux minutes et demie, tandis que par le chemin ordinaire on met près de trois heures.

– Et comment l'opération se pratique-t-elle ?

– Mon Dieu, c'est la chose du monde la plus facile ; on coupe quatre branches de sapin, on les pose en croix, on s'assied dessus, puis on se laisse aller tranquillement, maître que l'on est de se servir de son bâton comme d'un gouvernail pour éviter les arbres et les pierres.

– Ah diable ! ce doit être une manière de voyager fort agréable, pour les fonds de culotte surtout ?

– Dame ! ils restent quelquefois en route, ça c'est un fait.

– Et l'été, cette descente est-elle impraticable ?

– Non. Vous voyez ce petit chemin ?...

– Large comme une roue à la Marlborough ?

– Oui. Eh bien, il raccourcit la route d'une heure et demie.

– Et l'on peut le prendre ?

– Certainement.

– Prenons-le, alors.

Payot me regarda d'un air de doute.

– Ah ! çà ! mais il paraît que le vin de Montenvers vous donne du courage !

136

– Non, il me creuse l'estomac, et je meurs de faim.
– Voulez-vous que je vous donne la main ?
– Ce n'est point la peine ; marchez devant, cela me suffira.

Payot se mit en route, ne comprenant pas ma témérité ; elle était simple cependant. Un précipice n'a sur moi de prise vertigineuse que lorsqu'il est coupé à pic ; alors, et même lorsque je le regarde d'en bas, j'éprouve un malaise indéfinissable et dont je ne suis pas le maître ; mais le chemin fût-il beaucoup plus étroit, dès lors que ma vue se repose sur un talus, si rapide et si malaisé qu'il soit, j'échappe à son influence ; j'en vins donc à mon honneur, et, un quart d'heure après, nous étions arrivés aux sources de l'Arveyron.

L'eau sort du pied du glacier des Bois, qui forme l'extrémité inférieure de la Mer de glace, par une ouverture de quatre-vingts à cent pieds de haut ; cette caverne a, comme nous l'avons déjà dit, l'apparence d'une gueule de poisson ; les arcades de glace qui la soutiennent sont cambrées et ont la forme de plusieurs mâchoires qui, placées les unes à la suite des autres, s'enfoncent vers le gosier d'où sort la source, agile et agitée comme la langue farouche d'un serpent ; quelques-unes de ces arcades paraissent tenir à peine, et menacent d'écraser par leur chute ceux qui s'engageraient dans la caverne, chose possible, l'eau ne remplissant pas entièrement sa cavité.

Un accident de ce genre arriva en 1830 à l'endroit même où nous étions. Plusieurs voyageurs s'étaient arrêtés en face de la caverne, lorsque l'un d'eux, pour détacher de la voûte l'une de ces arcades de glace, tira un coup de pistolet. En effet, l'une d'elles tomba avec un bruit terrible, obstruant par sa chute et par ses débris l'entrée de la caverne et fermant le passage à l'eau. Les voyageurs voulurent alors examiner le réservoir qui devait naturellement se former derrière cette digue ; mais, au moment où ils la gravissaient, l'eau, qui avait doublé sa force en s'amassant, rompit le mur de glace qui la retenait, entraînant avec elle la digue et les voyageurs qui l'avaient élevée ; l'un d'eux fut repoussé violemment vers le bord, et en fut quitte pour une cuisse cassée ; l'autre, entraîné par le courant, se noya sans que les guides pussent lui porter aucun secours.

Payot me donnait tous ces détails en me ramenant à Chamouny par le chemin le plus court. Nous avions déjà fait un quart de lieue à peu près, depuis le lieu qui avait été témoin de cet accident, et nous nous trouvions dans une espèce d'île, entre l'Arve et l'Arveyron, lorsqu'il s'arrêta, cherchant des yeux avec inquiétude le pont qu'il avait l'habitude de trouver à l'endroit où nous étions. Dans les Alpes, ces sortes de passages sont en général fort mobiles, et surtout fort inconstants ; c'est le plus souvent un arbre jeté en travers d'un torrent ou d'un précipice, dont les deux bouts reposent sur les deux rives, sans y être autrement fixé que par son équilibre, ce qui, sur trois chances, en offre une pour arriver, et deux pour tomber en route. Cette fois, nous n'avions pas même les deux dernières : le pont avait probablement été précipité d'un coup de pied dans le torrent par quelque voyageur morose ou ingrat ; mais enfin, soit par cette cause, soit par toute autre, le fait est que le pont n'y était plus.

– Ah ! bon, nous voilà bien ! dit Payot.
– Qu'y a-t-il donc ? répondis-je.
– Il y a, il y a, pardi...

Il continuait de chercher des yeux, tandis que, de mon côté, ignorant l'objet de sa recherche, mes yeux suivaient les siens avec inquiétude.

– Quoi donc ? Voyons, qu'y a-t-il, enfin ?
– Il y a qu'il n'y a plus de pont !
– Bah ! et ça vous inquiète, vous ?
– Ça ne m'inquiète pas précisément, parce qu'en revenant sur nos pas... Mais c'est une demi-heure de perdue.
– Mon cher ami, quant à moi, je vous déclare que j'ai trop faim pour la perdre.
– Alors, comment ferez-vous ?
– Vous savez que, si je grimpe mal, je saute bien !
– Vous sauterez dix pieds ?
– La belle affaire !...
– Oh ! bah !
– Pas de moraines, n'est-ce pas ?
– Non, monsieur.
– Adieu, Payot !

En même temps, je pris mon élan et sautai par-dessus la petite rivière.

Je me retournai, et vis mon homme qui tenait son chapeau d'une main et se grattait l'oreille de l'autre.

— Vous savez que je vous attends à dîner, lui dis-je ; je vais devant et je ferai faire la carte ; au revoir, mon brave !

Payot se remit silencieusement en route, remontant les bords de l'Arveyron, que je descendais ; au pas dont nous marchions tous deux, il devait à peu près être arrivé au pont en même temps que j'arrivais à Chamouny.

En attendant le dîner, je jetai sur le papier les détails que m'avait donnés Marie Coutet sur l'accident arrivé lors de l'ascension du docteur Hamel ; mon hôte était l'oncle de Michel Terre, l'un des trois qui avaient péri dans la crevasse.

Comme j'achevais, Payot entra ; le pauvre diable était en nage. Le dîner était prêt, nous nous mîmes à table.

Je vis pendant le repas que, grâce à l'exploit que je venais de faire, j'avais considérablement grandi dans l'esprit de mon guide : en général, les hommes de la nature ne font cas que des dons de la nature ; peu leur importent les talents de nos villes, qui, dans un moment de danger, ne peuvent leur être d'aucun secours, et, dans la vie ordinaire, d'aucune utilité ! La force, l'adresse, l'agilité, voilà les trois déesses de leur culte, et ceux qui les possèdent sont pour eux des hommes de génie.

Aussi, à part mes vertiges, qu'ils ne comprenaient pas, étais-je l'homme de leur sympathie : dès que j'avais eu l'occasion de donner devant eux une preuve quelconque de force ou d'adresse, ils se rapprochaient aussitôt de moi, plus familiers et cependant plus respectueux ; certains dès lors que je pouvais les comprendre, ils me racontaient de ces choses intimes qu'ils n'avaient l'habitude de dire qu'aux hommes de leur nature. Moins envieux sur les qualités physiques, qu'ils possèdent à un si haut degré cependant, que nous ne le sommes sur les qualités morales, ma supériorité sur eux, et il m'arrivait quelquefois d'en avoir, ne les humiliait pas ; au contraire, elle faisait naître une espèce d'admiration naïve dont le murmure, je l'avouerai, a parfois plus flatté mon amour-propre que les applaudissements d'une salle entière.

Vers la fin du dîner, Balmat arriva, comme il me l'avait promis ; il m'apportait des cristaux trouvés par lui dans la montagne ; il m'en donna pour une valeur d'une dizaine de francs. Je voulus les lui payer, mais il s'y refusa avec tant d'obstination que je vis que je lui ferais peine en insistant.

Pendant la soirée, il me parla des voyageurs illustres qu'il avait tour à tour conduits, et me nomma MM. de Saussure, Dolomieu, Chateaubriand et Charles Nodier ; sa mémoire était très fidèle, autant que j'ai pu en juger par le portrait qu'il me fit des deux derniers.

À dix heures, je quittai ces braves gens, que je ne reverrai probablement jamais, mais qui, j'en suis sûr, gardent un bon souvenir de moi. Payot ne pouvait me servir de guide le lendemain, étant de noce. Il m'offrit à sa place son fils, que j'acceptai.

Le lendemain, l'enfant me réveilla vers les cinq heures. La journée était dure, nous devions revenir à Chamouny par la Tête-Noire ; c'étaient dix lieues de pays à faire. Le fils de Payot ne devait m'accompagner que jusqu'aux frontières de la Savoie ; mon guide valaisan, que j'avais gardé, mais qui avait perdu tous ses droits du moment où il avait mis le pied sur les États du roi de Sardaigne, reprenait son service en se retrouvant sur sa terre.

Le jeune garçon, trop faible pour une si longue course, m'amenait un mulet que je devais monter en allant, et lui en revenant ; de cette manière, nous ne faisions que cinq lieues chacun de notre côté. Nous enfourchâmes nos bêtes et nous partîmes, nos grands bâtons ferrés nous donnant l'air de ces bouviers romains qui conduisent leur troupeau à cheval.

Au bout d'un quart de lieue, un douanier sortit d'une petite baraque près de laquelle nous allions passer et nous attendit sur la route. Lorsque nous l'eûmes joint, il demanda les passeports. Nous allions obéir à cette injonction, lorsque le guide nous arrêta en nous disant que ce n'étaient pas les nôtres, mais ceux de nos mulets dont on demandait l'exhibition. Il tira de sa poche un certificat constantant que c'était le tour de *Dur-au-Trot* et de *la Grise* à marcher. J'étais monté sur le premier et j'avouai, dès que je connus son sobriquet, que jamais surnom de bataille n'avait été mieux mérité. Quant à *la Grise*, on devine que la couleur de sa robe lui avait valu ce gracieux nom de baptême.

Pendant trois quarts d'heure, à peu près, nous suivîmes la même route que nous avions déjà faite pour venir du col de Balme à Chamouny. Enfin, nous tournâmes à gauche et, après nous être retournés pour prendre congé de la magnifique vue

140

que nous allions perdre, nous nous enfonçâmes dans la gorge des Montets. Au fur et à mesure que nous y entrions, le caractère du pays changeait complètement. Une terre nue, grisâtre et pierreuse, sillonnée, de cent pas en cent pas, par des lits de ravins, s'étendait devant nous. Nous apercevions au loin, comme des groupes de pauvres déguenillés, les hameaux de Tréléchamp d'en bas et de Tréléchamp d'en haut ; du reste, ces misérables chaumières ne prêtent d'asile à leurs habitant que trois ou quatre mois de l'année, après lesquels ils vont chercher un asile sur un plateau à l'abri des avalanches. De place en place, et semées sur la route, s'élèvent des croix qui indiquent que, là où elles sont, un guide, un voyageur, quelquefois une famille tout entière ont péri. Ces symboles de la mort ne sont pas eux-mêmes à l'abri de la destruction ; la plupart sont brisés par des pierres qui roulent de la montagne.

Bientôt, nous entrâmes dans la gorge de Vallorcine (*val des Ours*), ainsi nommée par opposition du val de Chamouny (*val des Chamois*). Nous nous y arrêtâmes pour déjeuner, et nous vîmes que là aussi il devait y avoir de grandes craintes, aux grandes précautions qui sont prises : les couvertures des maisons, que le vent menace d'emporter, sont maintenues en place par d'énormes pierres posées sur leurs toits, comme des morceaux de marbre sur les papiers d'un bureau. L'église est entourée de contre-gardes, comme un château du seizième siècle, afin qu'elle puisse soutenir les assauts que les avalanches lui livrent chaque hiver. Enfin, plusieurs bâtiments, ainsi que certaines cases indiennes, sont supportés par des poteaux, de manière à ce que l'eau puisse monter jusqu'à la hauteur de plusieurs pieds sans les atteindre et passer sous eux sans les emporter.

La gorge de Vallorcine s'étend sur une lieue à peu près encore au-delà du village de ce nom. Le chemin passe au milieu d'une forêt de sapins plus pressés que ne le sont ordinairement les forêts des montagnes et côtoie un torrent que les paysans, dans leur langage toujours imagé, appellent l'Eau-Noire. Effectivement, quoique cette eau fût parfaitement incolore et la plus limpide peut-être de toutes les eaux que j'avais vues, la voûte de sapins qui l'ombrage lui donne une teinte foncée qui justifie le nom qu'elle a reçu. Trois fois, on passe sur des ponts différents ce torrent capricieux. Puis enfin, on enjambe d'une montagne à l'autre, et l'on se trouve à la base de la Tête-Noire.

Quelques pas avant d'y arriver, on trouve, sur la droite de la route, un monument de l'originalité anglaise : c'est une énorme pierre, de la forme d'un champignon, dont la calotte s'appuie, d'un côté, au talus de la montagne, et, de l'autre, forme une espèce de voûte. Cette pierre appartient en toute propriété à une jeune miss et à un jeune lord qui l'ont achetée au roi de Sardaigne. Une inscription constatant cette acquisition est gravée sur le bourrelet de pierre qui surmonte sa base. Les armes des deux acheteurs, réunies sur une plaque de cuivre et surmontées d'une couronne de comte, avaient même été apposées au-dessous de l'écriture, comme un sceau sur une lettre patente ; mais il paraît que ce métal a une certaine valeur en Savoie, car depuis longtemps la plaque a disparu. Notre guide nous dit que, du côté de Sierre, ces mêmes Anglais avaient encore acheté deux arbres jumeaux, sous l'ombrage desquels ils s'étaient *reposés*. J'ai recours aux lettres italiques pour exprimer le sens que le sourire de mon guide parut attacher à ce mot. Cette pierre s'appelle Balmarossa.

À mesure que l'on gravit la Tête-Noire, le chemin devient de plus en plus sauvage. Les sapins cessent d'être pressés en forêt et s'isolent comme des tirailleurs. On dirait une armée de géants qui, voulant escalader la montagne, a été arrêtée par les rocs qu'une main invisible a fait rouler de sa cime. La plupart des arbres ont été brisés par ces avalanches de pierres, et des blocs énormes de granit sont arrêtés tout court aux pieds de ceux qui ont offert à ces masses une résistance proportionnée à leur pesanteur, multipliée par l'impulsion.

Le chemin, de son côté, participe à cette nature sauvage ; il s'escarpe de plus en plus, et se rétrécit enfin pour passer sur un abîme, de manière à ne présenter, pendant cinq ou six pas, qu'une largeur d'un demi-pied. Cet endroit est appelé par les gens mêmes du pays le Maupas, ou mauvais pas.

Cette espèce de défilé une fois franchi, la route devient praticable, même pour les voitures, et descend par une pente assez douce vers le village du Trient. Nous nous y arrêtâmes pour dîner ; seulement, nous choisîmes une autre auberge que celle où nous avions stationné quatre jours auparavant. Ce fut, du reste, un changement de localités, et voilà tout ; quant au repas, il ne fut guère plus confortable que le premier.

Cent pas au-delà du village, nous nous retrouvâmes dans la même route que nous avions suivie en venant de Martigny ; nous la prîmes pour y retourner. À sept heures du soir, nous étions de retour dans la capitale du Valais.

Il paraît qu'il avait fait la veille à Martigny un orage épouvantable, dont nous n'avions pas même entendu le bruit à dix lieues de là. Cet accident atmosphérique parvint à ma connaissance pendant que je signais le registre de l'auberge, où chaque voyageur inscrit son nom et la cause de son voyage. Le dernier signataire avait constaté le déluge qui en avait été la suite par cette boutade, qui aurait fait honneur à l'humour d'un Anglais :

« M. Dumont, négociant, voyageant pour son plaisir, cinq filles, et une pluie battante !... »

Chapitre 14

Le Saint-Bernard

Au moment où je venais, à mon tour, d'inscrire sur le registre mon nom, ma profession et mes motifs de voyage, je tournai la tête, et j'aperçus derrière moi mon ancien ami, le maître d'hôtel, qui me salua d'un air si comiquement triste, que je vis bien que quelque malheur nous menaçait, l'un ou l'autre, ou peut-être tous les deux. En effet, le pauvre homme avait tant de monde chez lui, qu'il ne savait où me loger : lui-même avait cédé son lit aux voyageurs et comptait coucher dans la grange. Il essaya timidement de me prouver que l'odeur du foin était fort saine, et que je serais mieux chez lui sur la paille que chez un autre dans un lit. Mais je venais de faire douze lieues à pied, circonstance qui me rendait l'esprit fort peu accessible à ce genre de raisonnement, quelque logique qu'il lui parût être ; en conséquence, je dis à mon guide de me conduire à l'hôtel de la Tour.

Mon hôte tenta un dernier effort pour me retenir. Il lui restait une grande chambre où il avait empilé une société de cinq voyageurs : un de plus ne devait rien leur faire sur la quantité. Il me demanda donc si je me contenterais comme eux et avec eux d'un matelas posé à terre, et, sur ma réponse affirmative, il s'achemina, moi le suivant, vers leur chambre, d'où sortait un vacarme épouvantable. Nos voyageurs se battaient à coups de traversin pour conquérir les uns sur les autres chacun un emplacement de trois pieds de large sur six de long, la grandeur de la chambre n'ayant pas paru leur offrir au premier abord cinq fois cette mesure géométrique. Je jugeai à part moi que le moment était mal choisi pour la demande que nous venions faire ; mon hôte fit probablement la même réflexion, car il se retourna de mon côté avec un air d'embarras si marqué que je me décidai à faire ma commission moi-même. Je poussai doucement la porte, et je m'aperçus que provisoirement la bataille se passait dans la nuit, les projectiles ayant éteint les lumières ; dès lors ma résolution fut prise.

Je soufflai la chandelle de mon hôte, ce qui fit rentrer le corridor dans une obscurité aussi complète que celle où était la chambre ; je lui recommandai de ne retrouver sous aucun prétexte la deuxième clef de la porte, et je le priai de me laisser tirer d'affaire tout seul. Il ne demandait pas mieux.

La petite guerre continuait toujours, et les éclats de rire des combattants faisaient un tel bruit que j'entrai dans la chambre, refermai la porte à double tour, et mis la clef dans ma poche sans qu'aucun d'eux s'aperçut qu'il venait de se glisser dans la place un surcroît de garnison.

Je n'avais pas fait deux pas, que j'avais reçu sur la tête un coup de matelas qui m'avait enfoncé mon chapeau jusqu'à la cravate.

On juge bien que je n'étais pas venu là pour demeurer en reste de compte avec ceux qui s'y trouvaient ; je n'eus qu'à me baisser pour ramasser une arme, et je me mis à frapper à mon tour avec une vigueur qui aurait dû prouver à mes adversaires qu'il venait d'arriver un renfort de troupes fraîches. Bientôt je m'aperçus que j'étais appuyé contre un angle, position, comme tout le monde sait, très favorable en stratégie pour une défense individuelle. La mienne fit, à ce qu'il paraît, de si grandes merveilles que je compris, à la faiblesse des coups qu'on me portait, qu'on perdait l'espoir de me débusquer de la place, et le combat se transporta sur d'autres points. Je profitai de ce moment pour étendre mon matelas sur le carreau ; un manteau sans propriétaire apparent, et dans lequel je m'embarrassai les jambes, me parut devoir admirablement remplacer les couvertures que la servante n'avait point encore apportées et que, grâce à la précaution que j'avais prise de fermer la porte à double tour et de mettre la clef dans ma poche, il me paraissait bien difficile qu'elle introduisît désormais parmi nous. Je m'enveloppai donc le plus confortablement possible ; je me jetai sur mon lit de camp, et j'attendis, le nez tourné vers le mur, l'orage qui ne devait pas tarder à gronder lorsque l'un des combattants s'apercevrait qu'il y avait un matelas de déficit.

En effet, peu à peu le calme se rétablit. Les éclats de voix devinrent moins bruyants ; chacun songea à établir son bivouac sur le champ de bataille. Je sentis un matelas s'appuyer à mes pieds, un autre à ma droite. Chacun emboîta le sien comme il put dans ceux de ses compagnons, et se jeta dessus ; un seul rôdeur continua de chercher quelque temps encore dans les coins et recoins ; puis, impatienté de ne rien trouver, une idée lumineuse lui vint, et il s'écria tout à coup :

– Messieurs, il y a l'un de vous qui est couché sur deux matelas.

Cette accusation fut repoussée par un cri d'indignation unanime auquel je m'abstins cependant de prendre part.

Notre homme se remit à chercher, moitié riant, moitié jurant ; puis, ne trouvant rien, il finit par où il eût dû commencer : il sonna pour avoir de la lumière.

Nous entendîmes les pas de la servante d'auberge qui s'approchait ; je vis briller la chandelle à travers le trou de la serrure, et je mis instinctivement la main dans ma poche, pour m'assurer si la bienheureuse clef y était toujours.

Notre homme alla à la porte : elle était fermée.

– Ouvrez, dit-il, et donnez-nous de la lumière.

– Messieurs, la clef est en dedans.

– Ah !

La main du chercheur m'intercepta un instant la lumière qui me venait du corridor ; puis il se baissa, passa la main à terre, sur la cheminée.

– Qui diable a donc fermé la porte en dedans, messieurs ?

Ce n'était personne. La fille attendait toujours.

– Eh ! pardieu ! il y a une seconde clef de chaque chambre, dans votre auberge ?

– Oui, monsieur.

– Eh bien, allez chercher l'autre.

La fille obéit : c'était mon moment d'épreuve. Si le maître de l'hôtel n'avait pas suivi mes instructions, j'étais perdu. Le plus profond silence régnait, et n'était interrompu que par les coups de pied impatients de notre malheureux compagnon, qui murmurait entre ses dents :

– Cette péronnelle-là ne reviendra pas !... Je vous demande ce qu'elle peut faire... Vous verrez qu'elle ne trouvera pas la clef maintenant ! Ah ! c'est bien heureux !

Cette dernière exclamation lui était, comme on le devine bien, arrachée par le retour de la fille, qui était de nouveau arrêtée devant notre porte.

– Eh bien, allons donc !

– Monsieur, c'est comme un fait exprès, on ne peut pas mettre la main dessus.

– Ah ! Mais c'est donc le diable qui s'en mêle !... Oui, oui... riez, messieurs. Pardieu ! c'est bien amusant, pour moi surtout... D'abord, je vous préviens qu'il me faut un matelas, de gré ou de force.

Un hourra de propriétaires répondit à cette menace, et chacun se cramponna à son lit.

– Combien avez-vous apporté de matelas ?

– Cinq.

– Vous voyez, messieurs, bien certainement l'un de vous en a deux.

Une dénégation plus absolue et plus énergique encore que la première lui répondit.

– Très bien ; mais je vais le savoir. Allez me chercher une boîte d'allumettes.

Il y avait dans cette demande un projet dont je ne comprenais pas bien l'exécution, mais dont le résultat possible me fit frémir. La fille revint avec l'objet demandé.

– C'est bien ; glissez-moi une allumette par le trou de la serrure.

Elle obéit.

– Maintenant, allumez le bout qui passe de votre côté. Très bien, là !

Je suivais l'opération avec un intérêt que l'on peut comprendre ; je vis briller de l'autre côté de la serrure la petite flamme bleuâtre, qui disparut un instant dans l'intérieur de la porte, et reparut de notre côté brillante comme une étoile. C'est une stupide invention que celle des allumettes !

Au fait, je ne savais pas trop comment j'allais m'en tirer, et si mes nouveaux camarades goûteraient la plaisanterie ; je me tournai à tout hasard contre le mur afin d'avoir le temps de préparer un petit discours de réception.

Pendant ce temps, la flamme de l'allumette se fixa à la mèche de la bougie ; l'appartement s'illumina. J'entendis chacun s'asseoir sur son matelas pour passer la revue. Au même

147

instant, un cri de surprise s'échappa de toutes les bouches, et une voix éclatante comme celle du jugement dernier fit entendre ces mots terribles :
– Nous sommes six.
Une deuxième voix succéda à la première.
– Messieurs, l'appel nominal.
– Oui, l'appel nominal.
Celui que la perte de son lit rendait le plus intéressé à cette vérification y procéda sur-le-champ.
– D'abord moi, Jules de Lamark, présent.
– M. Caron, médecin, présent.
– M. Charles Soissons, propriétaire, présent.
– M. Auguste Reimonenq, créole, présent.
– M. Honoré de Sussy...
Je me retournai vivement.
– À propos, mon cher de Sussy, lui dis-je en lui tendant la main, je puis vous donner des nouvelles de votre sœur, madame la duchesse d'O... Je l'ai vue il y a huit jours à Genève ; elle y était belle à désespérer.
On peut juger du singulier effet que produisit mon interruption. Tous les yeux se fixèrent sur moi.
– Ah ! pardieu, c'est Dumas ! s'écria de Sussy.
– Moi-même, mon cher ami. Voulez-vous me présenter à ces messieurs ? Je serais enchanté de faire leur connaissance.
– Certainement.
De Sussy me prit par la main.
– Messieurs, j'ai l'honneur...
Chacun se leva sur son lit et salua.
– Maintenant, messieurs, dis-je en me tournant vers celui dont j'avais usurpé le matelas, permettez que je vous rende votre lit, mais à la condition cependant que vous m'autoriserez à m'en faire apporter un près des vôtres.
La réponse fut affirmative et unanime. J'ouvris la porte. Dix minutes après, j'avais un matelas dont j'étais le légitime locataire.
Ces messieurs allaient comme moi au grand Saint-Bernard. Ils avaient retenu deux voitures. Ils m'offrirent de prendre une place avec eux : j'acceptai. La fille reçut l'ordre de nous éveiller le lendemain à six heures du matin. L'étape était longue, il y a dix lieues de Martigny à l'hospice, et les sept

premières seulement peuvent se faire en char. Chacun de nous comprenait l'importance d'un bon sommeil : aussi dormîmes-nous tout d'une traite jusqu'à l'heure indiquée.

À sept heures, nous étions emballés à quatre dans un de ces chariots étroits sur lesquels on pose deux planches en travers, et qui, dès lors, prennent le titre pompeux de chars-à-bancs ; et à deux dans une de ces petites voitures suisses qui vont de côté comme des crabes. Je m'étais, pour mon malheur, placé sur le char-à-bancs.

Nous n'avions pas fait dix pas, que, d'après la manière dont il conduisait son cheval, je fis à notre cocher cette observation :

— Mon ami, je crois que vous êtes ivre ?

— C'est vrai ; mais a pas peur, notre maître.

— Très bien ; du moins nous savons à quoi nous en tenir.

Les choses allèrent à merveille tant que nous fûmes en plaine, et nous ne fîmes que rire des légères courbes que décrivaient cheval et voiture ; mais, après avoir dépassé Martigny-le-Bourg et Sembrancher, lorsque nous commençâmes à pénétrer dans le val d'Entremont et que nous vîmes le chemin s'escarper aux flancs de la montagne, ce chemin étroit, chemin des Alpes s'il en fut, avec son talus rapide comme un mur d'un côté et son précipice profond de l'autre, nos rires devinrent moins accentués, quoique les courbes fussent toujours aussi profondes ; et nous lui fîmes, mais d'une manière plus énergique, cette seconde observation :

— Mais, sacredié ! cocher, vous allez nous verser !

Il fouetta son cheval à lui enlever la peau, et nous répondit par sa locution favorite :

— A pas peur, notre maître.

Seulement, il ajouta, par forme d'encouragement sans doute :

— Napoléon a passé par ici.

— C'est une vérité historique que je n'ai pas l'intention de vous contester ; mais Napoléon était à mulet, et il avait un guide qui n'était pas ivre.

— À mulet !... Vous vous y connaissez !... Il était sur une mule.

Nous repartîmes comme le vent ; notre guide continua de parler la tête tournée de notre côté, et sans daigner même jeter les yeux sur la route.

149

– Oui, sur une mule, à preuve même que c'est Martin Grosseiller, de Saint-Pierre, qui le conduisait, et que sa fortune a été faite.
– Cocher !...
– A pas peur !... et que le premier consul lui a envoyé, de Paris, une maison et quatre arpents de terre. Haoh ! haoh !

C'était la roue de notre char qui pinçait le précipice de si près que Lamark et de Sussy, qui étaient du côté de la planche dont l'extrémité dépassait la largeur de la voiture, étaient littéralement suspendus sur un abîme de quinze cents pieds de profondeur.

Ceci rendait la plaisanterie de fort mauvais goût. Je sautai à bas de la voiture, au risque d'avoir les jambes brisées contre les roues, et j'arrêtai le cheval par la bride. Nos camarades, qui nous suivaient dans la seconde voiture et qui ne comprenaient rien au jeu que nous jouions depuis le commencement du voyage, avaient jeté un cri que nous avions entendu : ils nous croyaient perdus.

– A pas peur, Napoléon a passé par ici. A pas peur !

Et chaque mot de ce refrain éternel était accompagné d'une volée de coups de fouet dont une partie tombait sur le cheval et l'autre sur moi ; l'animal, furieux, se cabrait en reculant, et la voiture se trouva de nouveau suspendue au-dessus de l'épouvantable ravin. Ce moment était critique ; nos compagnons du chariot le jugeaient mieux que personne ; aussi prirent-ils une résolution violente et instinctive : le cocher, saisi à bras-le-corps, fut soulevé hors de son siège et jeté sur la route, où il tomba lourdement, embarrassé comme Hippolyte dans ses rênes qu'il n'avait point abandonnées. Le cheval, qui était d'un naturel fort pacifique, se calma aussitôt ; ces messieurs profitèrent d'un moment de repos pour sauter à terre, et chacun de nous, notre damné cocher excepté, se trouva sain et sauf et sur ses jambes au milieu de la route.

Nous laissâmes notre homme se relever, mener son cheval et sa voiture comme il l'entendait, et nous nous acheminâmes à pied ; c'était plus fatigant, mais plus sûr. À deux heures, nous dînâmes à Liddes, où, d'après notre marché, nous devions changer de cheval et de cocher ; nous étions trop intéressés à ce que cette clause fût scrupuleusement suivie pour ne pas donner tous nos soins à cette exécution. Cette mutation faite, nous nous remîmes en route complètement tranquillisés par l'allure honnête de notre quadrupède et la mine pacifique de son maître, qui, par parenthèse, était le notaire du lieu. En effet, nous arrivâmes sans accident à Saint-Pierre, où finit la route praticable pour les voitures.

Ce fut alentour de ce bourg que l'armée française fit sa dernière station, lorsqu'elle franchit le grand Saint-Bernard, au-delà duquel l'attendaient les plaines de Marengo. Des gens du pays nous montrèrent les différents emplacements qu'avaient occupés l'infanterie, la cavalerie et l'artillerie ; ils nous expliquèrent comment les canons, démontés de leurs affûts, avaient été assujettis dans des troncs de sapin creux et portés à bras par des hommes qui se relayaient de cent pas en cent pas. Quelques-uns de ces paysans avaient vu opérer cette œuvre de géant, et se vantaient avec orgueil d'y avoir pris part ; ils se rappelaient la figure du premier consul, la couleur de son habit, et jusqu'à quelques mots insignifiants qu'il avait laissé tomber devant eux. C'est ainsi que j'ai retrouvé chez l'étranger, vivant et dans toute sa puissance, le souvenir de cet homme qui, pour notre jeune génération qui ne l'a pas vu, semble être un héros fabuleux enfanté par quelque imagination homérique.

Cette visite de localité nous retint jusqu'à sept heures du soir. Lorsque nous revînmes à Saint-Pierre, le temps était couvert et promettait de l'eau pour la nuit. Nous renonçâmes donc à notre premier dessein d'aller coucher à l'hospice, et en rentrant nous dîmes à notre hôte de nous donner à souper et de nous préparer des chambres.

Ce n'était pas chose facile ; plusieurs sociétés de voyageurs étaient arrivées, et, retenues comme nous par la menace du temps et l'approche de la nuit, elles s'étaient emparées des chambres et avaient fait main basse sur les provisions ; il ne restait pour nous six qu'un grenier et une omelette.

L'omelette fut dévorée ; puis nous procédâmes à la visite de notre chambre à coucher.

Il n'y avait vraiment qu'un aubergiste suisse qui pût avoir l'idée de faire coucher des chrétiens dans un pareil bouge ; l'eau, qui commençait à tomber, filtrait à travers le toit de planches ; le vent sifflait dans les fentes de contrevents mal joints, seule clôture des fenêtres ; enfin, les rats, que notre présence avait fait fuir, constataient, par des grignotements dont le bruit ne pouvait échapper à des oreilles aussi exercées que les nôtres, leur droit de propriété sur le local que nous venions leur disputer, et leur intention de le reconquérir, malgré notre établissement, aussitôt que nous aurions soufflé les chandelles.

À l'aspect de cet infâme grenier, l'un de nous proposa de partir courageusement pour l'hospice le soir même. C'étaient trois heures de fatigue et de pluie, il est vrai, mais au bout du chemin, quelle perspective !... Un souper splendide, un beau feu, une cellule bien close et un bon lit.

La proposition fut reçue avec enthousiasme. Nous descendîmes et envoyâmes chercher un guide. Au bout de dix minutes, il arriva ; nous lui dîmes de recruter deux de ses camarades, et de se procurer six mulets, attendu que nous voulions le même soir aller coucher au grand Saint-Bernard.

– Au grand Saint-Bernard ! Diable ! dit-il.

Et il alla à la fenêtre, regarda le temps, s'assura qu'il était gâté pour toute la nuit, exposa sa main à l'action du vent afin de juger de la direction dans laquelle il soufflait, et revint à nous en secouant la tête.

– Vous dites donc qu'il vous faut trois hommes et six mulets ?
– Oui.
– Pour aller cette nuit au Saint-Bernard ?
– Oui.
– C'est bon ; vous allez les avoir.

Et il nous tourna le dos pour aller les chercher.

Cependant, les signes qu'il avait laissé échapper nous donnèrent quelque inquiétude ; nous le rappelâmes.

– Est-ce qu'il y aurait du danger ? lui dîmes-nous.
– Dame !... le temps n'est pas beau ; mais, puisque vous voulez aller au Saint-Bernard, on tâchera de vous y conduire.
– En répondez-vous ?
– L'homme ne peut promettre que ce que peut faire un homme ; on tâchera. Cependant, si j'ai un conseil à vous donner, avec votre permission, prenez plutôt six guides que trois.
– Eh bien, soit, six guides ; mais revenons au danger : quel est-il ? Il me semble que nous ne sommes point encore assez avancés en saison pour avoir à craindre les avalanches ?
– Non, si nous ne nous écartons pas de la route.
– Mais on ne s'écarte de la route que lorsqu'elle est couverte de neige, et, le 26 août, ce serait bien le diable !

– Oh ! quant à la neige, voyez-vous, que ça ne vous inquiète pas ; nous en aurons, et plus haut que vos guêtres... Voyez-vous cette petite pluie-là, qui est bien gentille ici ? Eh bien, à une lieue de Saint-Pierre, comme nous allons toujours en montant jusqu'à l'hospice, ça sera de la neige.

Il retourna à la fenêtre :

– Et elle tombera dru, ajouta-t-il en revenant.

– Ah ! bah ! bah ! au Saint-Bernard !

– Messieurs, cependant... repris-je.

– Au Saint-Bernard ! Que ceux qui sont de l'avis d'aller coucher au Saint-Bernard lèvent la main !

Quatre mains se levèrent sur six. Le départ fut adopté.

– Voyez-vous, continua notre guide, si vous étiez des gens de la montagne, je dirais : « C'est bon, en route ! » mais vous êtes des Parisiens, à ce que je peux voir, avec votre permission, et le Parisien, c'est délicat et ça craint le froid ; aussitôt qu'il a les pieds dans la neige, il grelotte.

– Eh bien, nous ne descendrons pas de mulet.

– Ça vous plaît à dire, vous y serez bien forcés.

– N'importe ! Allez prévenir vos camarades et chercher vos quadrupèdes.

– Avec votre permission, messieurs, vous savez que les courses de nuit se payent double.

– Très bien. Combien de temps vous faut-il ?

– Un quart d'heure.

– Allez.

Aussitôt que nous fûmes seuls, nous prîmes les dispositions les plus confortables pour la route ; chacun ajouta à ce qu'il avait sur le corps ce qu'il possédait en blouse, redingote ou manteau, et remplit sa gourde d'un excellent rhum dont Soissons était le dispensateur. Une distribution fraternelle de cigares fut faite, et un briquet phosphorique, qui se carrait dans son habit rouge, passa par acclamation du chambranle de la cheminée dans la poche de Sussy. Puis, chacun se rangeant autour du feu, l'augmenta de tout ce que nous pûmes rencontrer de bois, et fit une provision de chaleur pour le voyage.

Notre guide entra.

– Bon, chauffez-vous, dit-il, ça ne peut pas faire de mal.

– Êtes-vous prêts ?

– Oui, notre maître.

– Alors... à cheval !

Nous descendîmes et trouvâmes nos montures à la porte ; chacun enfourcha gaiement sa bête, et, mû d'un sentiment d'ambition, tenta de lui faire prendre la tête de la colonne. Or, chacun sait, pour peu qu'il ait monté une fois dans sa vie à mulet, que l'une des choses les plus difficiles de ce monde est de faire passer un mulet devant son camarade ; cette lutte nous tint près d'un quart d'heure en joie, tant nous sentions le besoin de réagir d'avance contre la fatigue à venir ; enfin Lamark se trouva notre chef de file, et, lâchant la bride de son mulet, il parvint, à l'aide de ses talents et de sa canne, à le mettre au trot en criant :

– A pas peur, Napoléon a passé par ici !...

Quand un mulet trotte, toute la caravane trotte, et, par contrecoup les guides, qui sont à pied, sont obligés de se mettre au galop. Cela leur inspire en général, pour cette sorte d'allure, une répugnance qu'ils sont parvenus à faire partager à leurs bêtes ; aussi la tête de la colonne, si emportée qu'elle paraisse être, ne tarde-t-elle pas à s'arrêter tout à coup et à imposer successivement son immobilité à chaque individu, soit homme, soit animal, qui se trouve à sa suite. Puis, toute la ligne se remet gravement en marche, s'allongeant au fur et à mesure que le mouvement se communique de sa tête à sa queue.

– Avec votre permission, dit le guide de Lamark, qui avait rejoint son mulet, et qui, de peur d'une nouvelle course, l'avait pris par la bride, sous prétexte que le chemin était mauvais, ce n'est point par ici qu'est passé Napoléon : la route que nous suivons n'était point encore pratiquée ; c'est au flanc opposé de la montagne ; et, s'il faisait jour, vous verriez que c'étaient de rudes gaillards, ceux qui passaient là avec des chevaux et des canons.

Tout le monde était de son avis, il n'y eut donc point de contestation.

– Messieurs, de la neige ! Notre guide est prophète, dit l'un de nous.

En effet, comme nous montions depuis une demi-heure, à peu près, le froid devenait de plus en plus vif, et ce qui, dans la plaine, tombait en pluie, ici, tombait en glace.

– Ah ! pardieu, de la neige le 26 août ! ce sera curieux à raconter à nos Parisiens. Messieurs, je suis d'avis que nous descendions et que nous nous battions avec des pelotes, en mémoire de Napoléon, qui a passé par ici...

Chacun se mit à rire du souvenir que lui rappelait cette parole sacramentelle ; quant au danger qu'elle pouvait rappeler en même temps, il était déjà complètement oublié.

– Avec votre permission, messieurs, je vous ai déjà dit que c'était sur l'autre route qu'avait passé Napoléon ; quant à ce qui est de vous battre avec des pelotes de neige, je ne vous le conseille pas. Cela vous ferait perdre du temps, et vous n'en avez pas de trop : songez que, dans un quart d'heure, vous n'y verrez plus même à conduire vos mulets.

– Eh bien, alors, mon brave, nos mulets nous conduiront.

– Et c'est ce que vous pouvez faire de mieux, de ne pas les contrarier ; Dieu a fait chaque chose l'une pour l'autre, voyez-vous : le Parisien pour Paris et le mulet pour la montagne. Voilà ce que je dis toujours à mes voyageurs. Laissez aller la bête, laissez-la aller. Ici, comme nous sommes encore dans la plaine de Prou, il n'y a pas grand mal ; mais une fois le pont de Hudri passé, vous vous trouverez dans un petit chemin de danseur de corde, et comme la neige ne vous le laissera probablement pas distinguer, abandonnez-vous à votre mulet, et soyez tranquille.

– Bravo ! le guide, bien parlé, et buvons la goutte !

– Halte !

Chacun porta sa bouteille à sa bouche, et la passa à son guide. Dans les montagnes, on boit dans le même verre et à la même gourde ; on n'est pas dégoûté de celui qui, six pas plus loin, peut vous sauver la vie.

La chaleur du rhum remit chacun en gaieté, et, quoique la nuit et la neige tombassent toujours plus épaisses, la caravane, riant et chantant, se remit bruyamment en route.

C'était une singulière impression que celle que me produisait, au milieu de ce pays désolé, de cette neige aiguë, de cette nuit toujours plus sombre, cette petite file de mulets, de cavaliers et de guides, qui s'enfonçait joyeusement dans la montagne sombre, silencieuse et terrible, qui n'avait pas même un écho pour lui renvoyer ses chants et ses cris. Il paraît que cette impression ne m'atteignit pas seul ; car peu à peu les chants devinrent moins bruyants, les éclats de rire plus rares ;

quelques jurons isolés leur succédèrent ; enfin « *un sac... D..., mes enfants, savez-vous qu'il ne fait pas chaud ?* vigoureusement prononcé, parut tellement être le résumé de l'opinion générale qu'aucune voix ne s'éleva pour combattre le préopinant.

– La goutte, et allumons le cigare !
– Bravo ! Qui est-ce qui a eu l'idée ?
– Moi, Jules-Thierry de Lamark.
– Arrivé à l'hospice, il lui sera voté des remerciements.
– Allons, de Sussy, le briquet phosphorique !
– Ah ! ma foi, messieurs, il faut que je tire mes mains de mes goussets, et elles y sont si chaudement, qu'elles désirent y rester. Venez prendre le briquet dans ma poche.

Un guide nous rendit ce service ; ses camarades allumèrent leurs pipes au briquet, nous nos cigares à leurs pipes, et nous nous remîmes en route, n'apercevant de chacun de nous, tant la nuit était noire, que le point lumineux que chacun portait à sa bouche, et qui devenait brillant à chaque aspiration.

Cette fois, il n'y avait plus ni chant ni cri ; le rhum avait perdu son influence ; le silence le plus profond régnait sur toute la ligne, et n'était interrompu que par le bruit des encouragements que nos guides donnaient à nos montures, tantôt avec la voix, tantôt avec le geste.

En effet, rien de tout ce qui nous entourait ne poussait à la gaieté : le froid devenait de plus en plus vif, et la neige tombait avec une prodigalité croissante ; la nuit n'était éclairée que par un reflet mat et blanchâtre ; le chemin se rétrécissait de plus en plus, et de place en place des quartiers de rochers l'obstruaient, tellement que nos mulets étaient forcés de l'abandonner et de prendre des petits sentiers sur le talus même du précipice dont nous ne pouvions mesurer la profondeur que par le bruit de la Drance qui roulait au fond ; encore ce bruit, qui à chaque pas allait s'affaiblissant, nous prouvait-il que l'abîme devenait de plus en plus profond et escarpé. Nous jugions, par la neige que nous voyions amassée sur le chapeau et les vêtements de celui qui marchait devant nous, que nous devions, chacun pour notre part, en supporter une égale quantité. D'ailleurs nous sentions, à travers nos habits, son contact moins pénétrant mais plus glacé que celui de la pluie ; enfin, notre chef de colonne s'arrêta.

– Ma foi, dit-il, je suis gelé, moi, et je vais à pied.

– Je vous l'avais bien dit que vous seriez obligé de descendre, reprit notre guide.

Effectivement, chacun de nous sentait le besoin de se réchauffer par le mouvement. Nous mîmes pied à terre, et, comme on y voyait à peine à se conduire, nos guides nous conseillèrent de nous accrocher à la queue de nos mulets, qui, de cette manière, nous offraient le double avantage de nous épargner moitié de la fatigue et de sonder le chemin. Cette manœuvre fut ponctuellement exécutée, car nous comprenions la nécessité de nous abandonner à l'instinct de nos bêtes et à la sagacité de leurs conducteurs.

C'est alors que je reconnus la vérité de la relation de Balmat ; je ressentais, pour mon compte, le mal de tête dont il m'avait parlé, ses éblouissements vertigineux, et cette irrésistible envie de dormir à laquelle j'eusse cédé sur mon mulet, et que la nécessité de marcher pouvait seule combattre. Il paraît que notre docteur lui-même l'éprouvait, car il proposa une halte.

– En avant ! en avant ! messieurs, dit vivement notre guide, car je vous préviens que celui de nous qui s'arrêtera ne repartira plus.

Il y avait, dans l'accent avec lequel il prononça ces paroles, une conviction si profonde que nous nous remîmes en marche sans aucune objection. L'un de nous, je ne sais lequel, tenta même de nous rappeler à notre ancienne gaieté avec ces mots consacrés qui, jusqu'alors, n'avaient jamais manqué leur effet : « A pas peur, Napoléon a passé par ici. » Mais, cette fois, la plaisanterie avait perdu son efficacité : aucun rire n'y répondit, et le silence inaccoutumé avec lequel elle était reçue lui donna un caractère plus triste que celui d'une plainte.

Nous marchâmes ainsi machinalement et tirés par nos mulets pendant une demi-heure environ, enfonçant dans la neige jusqu'aux genoux, tandis qu'une sueur glacée nous coulait sur le front.

– Une maison ! dit tout à coup de Sussy.
– Ah !

Chacun abandonna la queue de son mulet, s'étonnant que nos muletiers n'eussent rien dit de cette station.

– Avec votre permission, dit le guide-chef, vous ne savez donc pas ce que c'est que cette maison ?

– Fût-ce la maison du diable, pourvu que nous puissions y secouer cette maudite neige et poser nos pieds sur de la terre, entrons.

La chose n'était point difficile, il n'y avait à cette maison ni portes ni contrevents. Nous appelâmes, personne ne répondit.

– Oui, oui ! appelez, dit notre guide, et si vous réveillez ceux qui y dorment, vous aurez du bonheur !...

Effectivement, personne ne répondit, et la cabane paraissait déserte ; cependant, quelque ouverte qu'elle fût à tous les vents du ciel, elle nous offrait un abri contre la neige ; nous résolûmes donc de nous y arrêter un instant.

– S'il y avait une cheminée, nous ferions du feu, dit une voix.

– Et du bois ?

– Cherchons toujours la cheminée.

De Sussy étendit les mains.

– Messieurs, une table ! dit-il.

Ces mots furent suivis d'une espèce de cri, moitié de frayeur, moitié d'étonnement.

– Qu'y a-t-il donc, hein ?...

– Il y a qu'un homme est couché sur cette table. Je tiens sa jambe.

– Un homme !

– Alors secouez-le, il se réveillera.

– Hé ! l'ami, hé !

– Messieurs, dit un de nos guides, se détachant du groupe de ses camarades restés dehors et passant sa tête par la fenêtre ; messieurs, pas de plaisanteries pareilles, et en pareil lieu. Elles nous porteraient malheur à tous, à vous comme à nous.

– Où sommes-nous donc ?

– Dans une des morgues du Saint-Bernard.

Il retira sa tête de la fenêtre, et alla rejoindre ses camarades sans rien ajouter de plus ; mais peu d'orateurs peuvent se vanter d'avoir produit un aussi grand effet avec aussi peu de paroles. Chacun de nous était demeuré cloué à la place qu'il occupait.

– Ma foi, messieurs, il faut voir cela. C'est une des curiosités de la route, dit de Sassy.

Et il plongea une allumette dans le briquet phosphorique.

L'allumette pétilla, puis répandit un instant une faible lumière, à la lueur de laquelle nous aperçûmes trois cadavres, l'un effectivement couché sur la table, les deux autres accroupis aux deux angles du fond ; puis l'allumette s'éteignit, et tout rentra dans l'obscurité.

Nous recommençâmes l'opération. Seulement, cette fois, chacun approcha un bout de papier roulé du mince et éphémère foyer, et, lorsqu'il l'eut allumé, commença l'investigation de l'appartement, tenant de la main gauche d'autres mèches toutes prêtes.

Il faudrait s'être trouvé dans la position où nous étions nous-mêmes pour avoir une idée de l'impression que nous fit éprouver la vue de ces malheureux ; il faudrait avoir regardé ces figures noires et grimaçantes à la lumière tremblotante et douteuse de nos bougies improvisées, pour les garder dans sa mémoire comme elles resteront dans la nôtre. Il faudrait avoir eu pour soi-même, et dans un pareil moment, à craindre le sort terrible des devanciers que nous avions sous les yeux, pour comprendre que nos cheveux se dressèrent, que la sueur nous coula sur le front, et que, quelque besoin que nous eussions de repos et de feu, nous n'éprouvâmes plus qu'un désir, celui de quitter au plus vite cette hôtellerie mortuaire.

Nous nous remîmes donc en route, plus silencieux et plus sombres encore qu'avant cette halte, mais aussi pleins de l'énergie que nous avait donnée la vue d'un pareil spectacle ; pendant une heure, pas un mot ne fut échangé, même de la part des guides. La neige, le chemin, le froid même, je crois, avaient disparu, tant une seule idée s'était emparée de tout notre esprit, tant une seule crainte pressait notre cœur et hâtait notre marche.

Enfin, notre guide-chef poussa un de ces cris habituels aux montagnards, qui, par leur accent aigu, se font entendre à des distances extraordinaires, et qui désignent, par leur modulation, si celui qui appelle ainsi demande du secours ou prévient simplement de son arrivée.

Le cri s'éloigna comme si rien ne pouvait l'arrêter sur cette vaste nappe de neige, et comme nul écho ne le renvoya vers nous, la montagne rentra dans le silence.

Nous fîmes encore deux cents pas à peu près ; alors nous entendîmes les aboiements d'un chien.

— Ici, Drapeau, ici ! cria notre guide.

Au même instant, un énorme dogue de l'espèce unique connue sous le nom de race du Saint-Bernard accourut à nous, et, reconnaissant notre guide, se dressa contre lui, appuyant ses pattes sur sa poitrine.

– Bien, Drapeau, bien, bonne bête ! Avec votre permission, messieurs, c'est une vieille connaissance qui est bien aise de me revoir. N'est-ce pas, Drapeau, hein ? Le chien... le bon chien ! Oui, allons, allons, assez, et en route.

Heureusement, la route n'était plus longue. Dix minutes après, nous nous trouvâmes tout à coup devant l'hospice, que de ce côté on ne peut apercevoir, même pendant le jour, que lorsqu'on y est presque arrivé. Un marronnier nous attendait sur sa porte, porte ouverte nuit et jour gratuitement à quiconque vient y demander l'hospitalité, qui, dans ce lieu de désolation, est souvent la vie.

Nous fûmes reçus par le frère qui était de garde, et conduits dans une chambre où nous attendait un excellent feu. Pendant que nous nous réchauffions, on nous préparait nos cellules ; la fatigue avait fait disparaître la faim, aussi préférâmes-nous le sommeil au souper. On nous servit une tasse de lait chaud dans notre lit ; le frère qui m'apporta la mienne me dit que j'étais dans la chambre où Napoléon avait dîné ; quant à moi, je crois que c'est celle où j'ai le mieux dormi.

Le lendemain, à dix heures, nous étions tous sur pied et faisions l'inventaire de la chambre consulaire qui m'était échue en partage : rien ne la distinguait des autres cellules, aucune inscription n'y rappelait le passage du moderne Charlemagne.

Nous nous mîmes à la fenêtre : le ciel était bleu, le soleil brillant, et la terre couverte d'un pied de neige.

Il est difficile de se faire une idée de l'âpre tristesse du paysage que l'on découvre des fenêtres de l'hospice, situé à sept mille deux cents pieds au-dessus du niveau de la mer, et placé au milieu du triangle formé par la pointe de Dronaz, le mont Vélan et le grand Saint-Bernard. Un lac, entretenu par la fonte des glaces, et situé à quelques pas du couvent, loin d'égayer la vue, l'assombrit encore ; ses eaux, qui paraissent noires dans leur cadre de neige, sont trop froides pour nourrir aucune espèce de poisson, trop élevées pour attirer aucune espèce d'oiseau. C'est en petit une image de la mer Morte couchée aux pieds de Jérusalem détruite. Tout ce qui est doué d'une apparence de vie animale ou végétale s'est échelonné sur la route, selon que sa force lui a permis de monter : l'homme et le chien seuls sont arrivés au sommet.

C'est ce morne tableau sous les yeux, c'est là seulement où nous étions, qu'on peut prendre une idée du sacrifice de ces hommes qui ont abandonné les vallons ravissants du pays d'Aoste et de la Tarentaise, la maison paternelle qui se mirait peut-être aux flots bleus du petit lac d'Orta, qui brille, ardent, humide et profond comme l'œil d'une Espagnole amoureuse, la famille aimée, la fiancée bénie avec sa dot de bonheur et d'amour, pour venir, un bâton à la main, un chien pour ami, se placer sur la route neigeuse des voyageurs, comme des statues vivantes du dévouement. C'est là qu'on prend en pitié la charité fastueuse de l'homme des villes, qui croit avoir tout fait pour ses frères lorsqu'il a laissé ostensiblement tomber du bout de ses doigts, dans la bourse d'une belle quêteuse, la pièce d'or que lui payent une révérence et un sourire. Oh ! s'il pouvait arriver, au milieu de ces nuits voluptueuses de notre hiver parisien, quand le bal fait bondir les femmes comme un tourbillon de diamants et de fleurs, quand les beaux vers de Victor sur la charité ont attiré une larme juvénile au coin d'un œil brillant de plaisir ; s'il pouvait arriver que les lumières s'éteignissent, qu'un pan du mur s'écroulât, que les yeux pussent percer l'espace, et qu'on vît tout à coup, au milieu de la nuit, sur un étroit sentier, au bord d'un précipice, menacé par l'avalanche, enveloppé d'une tempête de neige, un de ces vieillards à cheveux blancs qui vont répétant à grands cris : « Par ici, frères ! » Oh ! certes, certes, le plus fier de son aumône essuierait son front humide de honte et tomberait à genoux en disant : « Ô mon Dieu ! »

On vint nous dire qu'on nous attendait au réfectoire.

Nous descendîmes le cœur serré. Le frère marchait devant nous pour nous montrer le chemin ; nous passâmes à côté de la chapelle, et nous entendîmes les chants de l'office. Nous continuâmes notre route, et, à mesure que ces chants s'éloignaient, des rires venaient à nous de l'extrémité du corridor : des rires ! cela nous semblait bizarre en pareil lieu. Nous ouvrîmes enfin la porte, et nous nous trouvâmes au milieu de jeunes gens et de jolies femmes qui prenaient du thé, et qui parlaient de mademoiselle Taglioni.

Nous nous regardâmes un instant stupéfaits, puis nous nous mîmes à rire comme eux. Nous avions rencontré ces dames dans notre monde parisien. Nous nous approchâmes d'elles avec les mêmes manières que dans un salon ; les compliments s'échangèrent avec le bon ton de la société la plus fashionable, nous prîmes à table les places qui nous étaient réservées, et la conversation devint générale, gagnant en gaieté ce qu'elle perdait en gêne. Au bout de dix minutes, nous avions complètement oublié où nous étions.

C'est que rien aussi ne pouvait nous en rappeler le souvenir. Le salon, qu'on appelait le réfectoire, était loin de répondre à l'idée austère que retrace ce nom. C'était une jolie salle à manger décorée avec plus de profusion que de goût ; un piano ornait un de ses angles, plusieurs gravures étaient accrochées à ses murs ; des vases, une pendule, quelques-uns de ces petits objets de luxe qu'on ne trouve que dans le boudoir des femmes surchargeaient la cheminée ; enfin, un certain caractère mondain régnait dans toutes ces choses et nous fut expliqué par un seul mot : chacun de ces meubles était un don fait aux religieux par quelque société reconnaissante qui avait voulu prouver aux bons pères que, de retour à Paris, elle n'avait point oublié l'hospitalité qu'elle avait reçue d'eux.

Pendant le déjeuner, le frère qui nous en faisait les honneurs nous donna, sur le mont Saint-Bernard, quelques renseignements historiques qu'on ne sera peut-être pas fâché de retrouver ici.

Avant la fondation de l'hospice, le grand Saint-Bernard s'appelait le mont Joux, par corruption de ces deux mots latins *mons Jovis,* montagne de Jupiter ; ce nom venait lui-même d'un temple élevé à ce dieu, sous l'invocation de Jupiter *Pœnin.* L'époque précise de l'érection de ce temple, dont les ruines sont encore visibles, est inconnue. Au premier abord, l'orthographe du mot *pœnin,* que Tite-Live écrit incorrectement *pennin,* pourrait faire croire qu'elle remonte au passage d'Annibal, et que ce général, parvenu heureusement au sommet des Alpes, y aurait posé la première pierre votive d'un temple à *Jupiter Carthaginois.* Cependant, les ex-voto qui ont été retrouvés en creusant ces ruines indiquent que les pèlerins qui venaient y accomplir des vœux étaient des Romains. Maintenant, des Romains seraient-ils venus prier au pied de la statue du dieu de leurs ennemis ? Cela est impossible. Le temple, au contraire, n'aurait-il pas été élevé par les Romains eux-mêmes lorsque les revers d'Asdrubal, en Sardaigne, forcèrent son frère, amolli par Capoue et battu par Marcellus, d'abandonner l'Italie aux trois quarts conquise, pour se réfugier près d'Antiochus ? Dans le premier cas, son érection remonterait à l'an 535, et, dans le second, à l'an 555 de la fondation de Rome. Quant à l'époque où son culte fut abandonné, on pourrait la fixer avec probabilité au règne de Théodose le Grand, aucune médaille postérieure au règne des enfants de cet empereur n'ayant été retrouvée dans les débris de ce temple.

Quant à la fondation de l'hospice, elle remonte certainement au commencement du IXe siècle, puisque l'hospice du mont Joux est nommé dans la cession des terres que Lod Her, roi de Lorraine, fit à Ludwig, son frère, en 859 ; il existait donc avant que l'archidiacre d'Aoste vînt y établir, en 970, des chanoines réguliers de Saint-Augustin pour le desservir, et changeât son nom païen de mont Joux en nom chrétien de Saint-Bernard. Depuis cette époque jusqu'à nous, quarante-trois prévôts se sont succédés.

Neuf siècles sont révolus, et le temps ni les hommes n'ont rien changé aux règles du monastère, ni aux devoirs hospitaliers des chanoines.

La chaîne des Alpes, sur laquelle est situé le Saint-Bernard, fut témoin des quatre passages d'Annibal, de Charlemagne, de François Ier et de Napoléon. Annibal et Charlemagne la franchirent au mont-Cenis ; François Ier et Napoléon à l'endroit même où est bâti l'hospice ; Charlemagne et Napoléon la traversèrent pour vaincre, Annibal et François Ier pour être vaincus.

Outre les dames dont j'ai déjà parlé, nous avions encore au déjeuner une Anglaise et sa mère. Depuis trois ans, ces deux dernières parcouraient l'Italie et les Alpes à pied, portant leur bagage dans un cabas, et faisant leurs huit ou dix lieues par jour. Nous voulûmes savoir le nom de ces intrépides voyageuses, et nous le cherchâmes sur le registre des étrangers : la plus jeune avait signé Louisa, ou la Fille des Montagnes.

Nous étions entrés, pour chercher ce registre, dans la salle attenante au réfectoire : elle est, comme la première, ornée de mille petits meubles envoyés en cadeaux aux bons pères. Elle renferme, de plus, deux cadres contenant divers objets antiques retrouvés dans les fouilles du temple de Jupiter ; les mieux conservés sont deux petites statues, l'une de Jupiter, et l'autre d'Hercule, une main malade entourée du serpent d'Esculape et portant sur les doigts, comme signe de maladie, une grenouille et un crapaud ; enfin, plusieurs plaques de bronze sur lesquelles sont les noms de ceux qui venaient implorer le secours du dieu.

Je copiai plusieurs de ces ex-voto, et je les reproduis ici sans rien changer à l'arrangement des lignes.

J. O. M. Pœnino : T. Macrinius demostratus. V. S. L.
iovi optimo maximo votum solvit libente.
Pœnino numinibus-aug
Pro itu et reditu Jovi Pœnino sabineius
C. Julius Primus censor ambianus
V. S. L. V. S. L.

Je fus interrompu dans cette occupation par le bruit que faisaient nos convives. Pendant que je copiais mes inscriptions, le frère qui nous avait fait, sans rien prendre lui-même, les honneurs du déjeuner, était allé dire sa messe. Notre docteur avait été placé en sentinelle à la porte du réfectoire, de Sussy s'était mis au piano, et nos dames, y compris la Fille des montagnes, dansaient le galop autour de la table.

Au moment où ce galop était le plus rapide, le docteur entr'ouvrit la porte, passa la tête :

— Mesdames, dit-il aux danseuses, c'est un des frères servants qui vient vous demander si vous voulez voir la Grande-Morgue.

Cette proposition arrêta le galop tout court. Ces dames se consultèrent un moment entre elles. Le dégoût combattit la curiosité. La curiosité l'emporta : nous partîmes.

Arrivées à la porte extérieure, elles déclarèrent qu'elles n'iraient pas plus loin : il y avait un pied et demi de neige, et la morgue est située à quarante pas environ du seuil de l'hospice. Nous établîmes deux fauteuils sur des brancards, et nous offrîmes à nos belles curieuses de les porter pendant le trajet : elles acceptèrent.

Ce ne fut point sans un bon nombre de cris et de rires, arrachés par les vacillations de leur siège et les faux pas de leurs porteurs, qu'elles arrivèrent à la fenêtre éternellement ouverte par laquelle l'œil plonge sous la vaste voûte de la morgue du Saint-Bernard. Il est impossible de voir quelque chose de plus curieux et de plus horrible à la fois que le spectacle qui s'offrit alors à nous.

Qu'on se figure une grande salle basse et cintrée, de trente-cinq pieds carrés à peu près, éclairée par une seule fenêtre, et dont le plancher est couvert d'une couche de poussière d'un pied et demi.

Poussière humaine !

Cette poussière, qui semble, comme les flots épais de la mer Morte, rejeter à sa surface les objets les plus lourds, est couverte d'une multitude d'ossements.

Ossements humains !

Et sur ces ossements, debout, adossés aux murs, groupés avec la bizarre intelligence du hasard, conservant chacun l'expression et l'attitude dans laquelle la mort les a surpris, les uns à genoux, les autres les bras étendus ; ceux-ci les poings fermés et la tête baissée, ceux-là le front et les mains au ciel ; cent cinquante cadavres, noircis par la gelée, aux yeux vides, aux dents blanches, et, au milieu d'eux, une femme, qui a cru sauver son enfant en lui donnant son sein, et qui semble, au milieu de cette réunion infernale, une statue de l'Amour maternel.

Tout cela renfermé dans cette chambre : poussière, ossements ou cadavres, selon l'époque dont ils datent ; et, à la fenêtre de cette chambre éclairée par un soleil joyeux, des têtes de femmes, jeunes et belles, la vie animée depuis vingt ans à peine, contemplant la vie éteinte depuis des siècles. Ah ! c'était un spectacle bien étrange, allez !...

Quant à moi, je verrai ce spectacle toute ma vie ; toute ma vie je verrai cette pauvre mère qui donne le sein à son enfant.

Que dire après cela du Saint-Bernard ? Il y a bien encore une église où est le tombeau de Desaix, une chapelle dédiée à sainte Faustine, une table de marbre noir où est gravée une inscription en l'honneur de Napoléon. Il y a bien mille autres choses encore. Mais, croyez-moi, faites-vous montrer ces choses avant d'aller voir cette pauvre mère qui donne le sein à son enfant.

165

Chapitre 15

Les eaux d'Aix

La cité d'Aoste est une jolie petite ville qui prétend n'appartenir ni à la Savoie ni au Piémont ; ses habitants soutiennent que leur terre faisait partie de cette portion de l'empire de Charlemagne dont avaient hérité les seigneurs de Stralingen. En effet, quoiqu'ils fournissent un contingent militaire, ils ne payent aucun impôt et ont conservé la franchise des chasses ; pour tout le reste, ils obéissent, tant bien que mal, au roi de Sardaigne.

À l'exception de l'abominable idiome qu'on y parle, et qui est, je crois, du savoyard corrompu, le caractère de la cité d'Aoste est tout italien ; partout, dans l'intérieur des maisons, les peintures à fresque remplacent les papiers ou les lambris, et les aubergistes ne manquent jamais de vous servir à dîner une espèce de pâte et une manière de crème qu'ils décorent pompeusement du titre de macaroni et de sambajone. Joignez à cela du vin d'Asti, des côtelettes à la milanaise, et vous aurez la carte d'une table valdôtaine.

La ville d'Aoste s'appelait d'abord Cordelles, du nom de Cordellus Latiellus, chef d'une colonie de Gaulois cisalpins, nommés Salasses, qui vinrent s'y établir. Une légion romaine commandée par Térentius Varron s'en empara sous Auguste, et construisit à l'entrée de la ville, en mémoire de cet événement, un arc de triomphe encore debout et entier sur lequel on lit ces deux inscriptions modernes :

>Le Salasse longtemps défendit ses foyers,
>Il succomba. Rome victorieuse
>Ici déposa ses lauriers.
>Au triomphe d'Octave-Auguste-César.
>Il défit complètement les Salasses,
>L'an de Rome DCCXXIV

(24 ans avant l'ère chrétienne.)

Au bout de la rue de la Trinité, trois autres arcades antiques, bâties en marbre gris, forment trois entrées, dont une est maintenant hors d'usage ; celle du milieu, comme la plus haute, était réservée pour le passage de l'empereur et du consul ; sur la colonne qui la soutient, on lit cette inscription :

L'empereur Octave-Auguste fonda ces murs,
Bâtit la ville en trois ans,
Et lui donna son nom, l'an de Rome
DCCVII.

À peu de distance de ce monument, on trouve encore quelques restes d'un amphithéâtre en marbre gris.

L'église offre les différents caractères des époques pendant lesquelles elle a été fondée et restaurée. Le porche est d'architecture romane, modifiée par le goût italien ; les fenêtres sont en ogive, et peuvent dater du commencement du XIVe siècle. Le chœur, pavé d'une mosaïque antique représentant la déesse Isis entourée des mois de l'année, renferme plusieurs beaux tombeaux de marbre, sur l'un desquels est couchée la statue de Thomas, comte de Savoie ; un petit bas-relief gothique, d'un merveilleux travail, est placé en face de l'autel. L'auteur y a sculpté, avec toute la naïveté de l'art au XV siècle, la vie du Christ, depuis sa naissance jusqu'à sa mort.

Tous ces édifices, y compris les ruines d'un couvent de l'ordre de Saint-François, patron de la ville, peuvent être visités en deux heures ; c'est, du moins, le temps que nous leur consacrâmes.

En revenant à l'auberge, nous y trouvâmes un voiturier que l'hôte avait fait prévenir en notre absence. Cet homme s'engageait à nous conduire, le même jour, à Pré-Saint-Didier, et nous empila tous les six dans une voiture où nous aurions été gênés à quatre, nous assurant que nous nous y trouverions très bien lorsque nous nous serions *tassés* ; il ferma ensuite la portière sur nous, et, esclave de sa parole, ne s'arrêta, malgré nos plaintes et nos cris, qu'à trois lieues d'Aoste, un peu au-delà de Villeneuve.

Nous devions ce moment de répit à un accident arrivé huit jours auparavant. Une portion de glace, en tombant dans un lac dont j'ai si bien écrit le nom sur mon album qu'il m'est aujourd'hui impossible de le déchiffrer, avait fait monter de douze ou quinze pieds la masse de l'eau, qui s'était précipitée tout à coup hors de son lit. Le torrent avait pris pour s'écouler une route inaccoutumée, et, rencontrant sur cette route un chalet, il l'avait entraîné avec lui ; cinquante-huit vaches, quatre-vingts chèvres et quatre hommes périrent dans l'inondation ; on retrouva leurs cadavres brisés le long des bords de cette rivière nouvelle qui avait traversé la grande route et était allée se précipiter dans la Dora. Des troncs d'arbres, des planches et des pierres avaient été jetés à la hâte pour former un pont, et c'est ce pont, que n'osait traverser notre conducteur avec sa voiture chargée, qui nous valait la faculté de sortir un instant de notre cage.

Je ne connais pas de moine, de chartreux, de trappiste, de derviche, de faquir, de phénomène vivant, d'animal curieux que l'on montre pour deux sous qui fasse une abnégation plus complète de son libre arbitre que le malheureux voyageur qui monte dans une voiture publique. Dès lors, ses désirs, ses besoins, ses volontés, sont subordonnés au caprice du conducteur dont il est devenu la chose. On ne lui donnera d'air que ce qui lui en sera strictement nécessaire pour qu'il ne meure pas asphyxié ; on ne lui laissera prendre de nourriture que juste ce qu'il lui en faudra pour l'amener vivant à sa destination. Quant aux sites de la route, quant aux points de vue près desquels il passe, quant aux objets curieux à visiter dans les villes où l'on relaye, il lui sera défendu même d'en parler, s'il ne veut pas se faire insulter par le conducteur ; décidément, les voitures publiques sont une admirable invention... pour les commis voyageurs et les porte-manteaux.

Nous déclarâmes au propriétaire de notre vetturino que quatre de nous seulement étaient disposés à rentrer dans sa machine ; quant aux deux autres, ils étaient bien décidés à achever à pied les huit lieues qui restaient à faire ; j'étais l'un de ces deux derniers.

Il était nuit noire lorsque nous arrivâmes à Pré-Saint-Didier. Nous y trouvâmes nos camarades de la voiture un peu plus fatigués que nous. Il fut convenu que, le lendemain, on passerait le petit Saint-Bernard à pied.

Le lendemain, celui qui ouvrit les yeux le premier poussa des cris d'admiration qui réveillèrent toute la troupe : nous étions arrivés de nuit, comme je l'ai dit, et nous n'avions aucune idée de la vue magnifique que l'on découvrait des fenêtres de l'auberge. Quant à l'aubergiste, habitué à cette vue, il n'avait pas même pensé à nous en parler.

Nous nous retrouvions au pied du mont Blanc, mais sur le revers opposé à Chamouny. Cinq glaciers descendaient de la crête neigeuse de notre vieil ami et fermaient l'horizon comme un mur. Ce point de vue inattendu, auquel rien ne nous avait préparés, était peut-être ce que nous avions trouvé de plus beau pendant tout notre voyage ; je n'en excepte pas Chamouny.

Nous descendîmes pour demander à notre hôte le nom de ces glaciers et de ces pics ; pendant qu'il nous les désignait, un chasseur passa près de nous, une carabine à la main et deux chamois sur ses épaules ; c'était une chevrette et son faon ; tous deux étaient tués à balle franche ; Bas-de-Cuir n'aurait pas fait mieux.

L'hôte, qui vit que nous étions des *curieux*, s'approcha, et nous proposa de nous faire voir les bains du roi ; nous apprîmes ainsi que Pré-Saint-Didier possédait une source d'eau thermale ; nous eûmes l'imprudence d'accepter.

Notre hôte nous conduisit alors vers une mauvaise baraque de plâtre qu'il nous fallut visiter des combles aux caveaux ; il ne nous fit pas grâce d'une casserole de la cuisine ni d'une éponge de la salle de bain. Nous pensions enfin être quittes de l'inventaire, lorsqu'en sortant, il nous fit remarquer, sous le péristyle, un clou auquel Sa Majesté daignait suspendre son chapeau.

Je me sauvai, donnant à tous les diables le roi de Sardaigne, de Chypre et de Jérusalem ; mon apostrophe fit naturellement tomber la conversation sur la politique, et, comme il y avait entre nous six des représentants de quatre opinions différentes, une discussion s'engagea ; en arrivant à Bourg-Saint-Maurice, nous discutions encore ; nous avions fait huit lieues sans nous en apercevoir. Le moins enroué de nous se chargea de demander le dîner.

Cette opération terminée, comme il nous restait encore quatre heures de jour, nous nous étendîmes dans deux charrettes qui se mirent gravement en route, et ne s'arrêtèrent qu'à onze heures sonnant à l'hôtel de la Croix-Rouge, à Moustier.

Cette petite ville n'a rien de remarquable que ses salines ; nous les visitâmes le lendemain matin.

L'établissement est situé à une demi-lieue à peu près de la source qu'il exploite ; cette source, en sortant de terre, contient une partie et demie de matières salines sur cent parties d'eau. Pendant le trajet, l'évaporation de l'eau rend la proportion de sels beaucoup plus considérable au moment où le liquide est soumis à l'action de la pompe. Cette pompe élève à une hauteur de trente pieds l'eau, qui se distribue en une multitude de petits canaux, d'où elle retombe sur des milliers de cordes. Cet état extrême de division rend l'évaporation de la partie aqueuse bien plus grande encore que celle qui a eu lieu précédemment ; et, comme les parties salines ne sont point enlevées par cette évaporation, il en résulte qu'on a enfin une eau très chargée de sels, que l'on soumet ensuite à l'ébullition dans les chaudières.

On pourrait obtenir directement le sel en faisant bouillir l'eau telle qu'elle sort de la source ; mais la dépense en combustible serait beaucoup plus grande.

La totalité du résultat de l'exploitation est de quinze mille kilogrammes, faisant partie des quarante mille qui se consomment en Savoie, et que le roi vend à ses sujets à raison de six sous la livre ; à Bex, le sel recueilli par le même mécanisme est vendu six liards par le gouvernement.

Le même jour, à quatre heures de l'après-midi, nous étions à Chambéry. Je ne dirai rien de l'intérieur des monuments publics de la capitale de la Savoie ; je ne pus entrer dans aucun, attendu que j'avais un chapeau gris. Il paraît qu'une dépêche du cabinet des Tuileries avait provoqué les mesures les plus sévères contre le feutre séditieux, et que le roi de Sardaigne n'avait pas voulu, pour une chose aussi futile, s'exposer à une guerre avec son frère bien-aimé, Louis-Philippe d'Orléans ; comme j'insistais, réclamant énergiquement contre l'injustice d'un pareil arrêté, les carabiniers royaux qui étaient de garde à la porte du palais me dirent facétieusement que, si j'y tenais absolument, il y avait à Chambéry un édifice dans l'intérieur duquel il leur était permis de me conduire : c'était la prison. Comme le roi de France, à son tour, n'aurait probablement pas voulu s'exposer à une guerre contre son frère chéri, Charles-Albert, pour un personnage aussi peu important que son exbibliothécaire, je répondis à mes interlocuteurs qu'ils étaient fort aimables pour des Savoyards, et très spirituels pour des carabiniers.

Nous partîmes aussitôt après le dîner, sur la carte duquel nous rabattîmes dix-huit francs sans que cela parût nuire aux intérêts matériels de notre hôte, nommé Chevalier, et nous arrivâmes une heure après à Aix-les-Bains. La première parole que nous entendîmes, en nous arrêtant sur la place, fut un *Vive Henri V !* prononcé avec une force de poumons et une netteté d'organe qui ne laissaient rien à désirer. Je mis aussitôt la tête à la portière, pensant que, dans un pays où le gouvernement est si susceptible, je ne pouvais manquer de voir appréhender au corps le légitimiste qui venait de manifester son opinion d'une manière aussi publique. Je me trompais : aucun des dix ou douze carabiniers qui se promenaient sur la place ne fit un seul mouvement hostile ; il est vrai que ce monsieur avait un chapeau noir.

Les trois auberges d'Aix étaient pleines à regorger ; le choléra y avait amené une foule de poltrons, et la situation politique de Paris, une multitude de mécontents ; de cette manière, Aix s'était trouvé le rendez-vous de l'aristocratie de noblesse et de l'aristocratie d'argent : l'une était représentée par madame la marquise de Castries ; l'autre par M. le baron de Rothschild ; madame de Castries est, comme on le sait, une des femmes les plus gracieuses et les plus spirituelles de Paris.

Du reste, cette foule n'avait fait augmenter ni le prix des logements ni celui de la nourriture. Je trouvai chez un épicier une assez jolie chambre pour trente sous par jour, et chez un aubergiste un excellent dîner pour trois francs. Ces menus détails, fort peu intéressants pour beaucoup de personnes, ne sont consignés ici que pour quelques prolétaires comme moi, qui y attachent de l'importance.

Je voulais dormir ; mais à Aix, c'est chose impossible avant minuit. Mes fenêtres donnaient sur la place, et la place était le rendez-vous d'une trentaine de ces bruyants dandys qui mesurent au bruit qu'ils font le plaisir qu'ils éprouvent. Je ne pus distinguer au milieu de leur vacarme qu'un seul nom ; il est vrai qu'il fut répété à peu près cent fois dans l'intervalle d'une demi-heure ; c'était le nom de *Jacotot*. Je pensai naturellement que celui qui le portait devait être un personnage éminent, et je descendis dans l'intention de faire sa connaissance.

Il y a deux cafés sur la place : l'un était vide, l'autre était encombré ; l'un se ruinait, l'autre faisait des affaires d'or. Je demandai à mon hôte d'où venait cette préférence ; il me répondit que c'était Jacotot qui attirait la foule. Je n'osai pas demander ce que c'était que Jacotot, de peur de paraître par trop provincial. Je m'acheminai vers le café encombré ; toutes les tables étaient occupées ; une place était vacante à l'une d'elles, je m'en emparai en appelant le garçon.

Mon appel resta sans réponse. Je pris alors ma voix du plus creux de ma poitrine, et je renouvelai mon interpellation, qui n'eut pas plus d'effet que la première fois.

– Fous chêtes arrivé à Aix il y avre peu de temps, me dit avec un accent allemand très prononcé un de mes voisins, qui avalait de la bière et qui rendait de la fumée.

– Ce soir, monsieur.

Il fit un signe, comme pour me dire : « Je comprends alors » ; et, tournant la tête du côté de la porte du café, il ne prononça que cette seule parole :

– Chacotot !

– Voilà, voilà, monsieur ! répondit une voix.

Jacotot parut à l'instant même ; ce n'était pas autre chose que le garçon limonadier.

Il s'arrêta en face de nous ; le sourire était stéréotypé sur cette bonne grosse figure stupide qu'il faut avoir vue pour s'en faire une idée. Pendant que je lui demandais une groseille, vingt cris partirent à la fois.

– Jacotot, un cigare !

– Jacotot, le journal !

– Jacotot, du feu !

Jacotot, au fur et à mesure que chaque chose lui était demandée, la tirait à l'instant même de son gousset ; je crus un instant qu'il possédait la bourse enchantée de Fortunatus.

Au même moment, une dernière voix partit d'une allée sombre attenante au café :

– Jacotot, vingt louis !

Jacotot porta sa main en abat-jour au-dessus de ses yeux, regarda quel était celui qui lui adressait cette dernière demande, et, l'ayant probablement reconnu pour solvable, fouilla au gousset merveilleux, en tira une poignée d'or qu'il lui donna sans rien ajouter à son refrain habituel : « Voilà, monsieur ! » et disparut pour aller chercher ma groseille.

– Tu perds donc, Paul ? dit un jeune homme qui était à une table à côté de la mienne.

– Trois mille francs...

– Chouez-vous ? me dit mon Allemand.

– Non, monsieur.

– Pourquoi ?

– Je ne suis ni assez pauvre pour désirer gagner, ni assez riche pour pouvoir perdre.

Il me regarda fixement, avala un verre de bière, poussa une bouffée de fumée, posa ses coudes sur la table, appuya sa tête sur ses mains, et me dit gravement :

– Fous avre raison, cheune homme. Chacotot...

– Voilà, voilà, monsieur !

– Eine autre bouteile et eine autre cigare.

Jacotot lui apporta son sixième cigare et sa quatrième bouteille, et alluma l'un et déboucha l'autre.

Pendant que, de mon côté, j'avalais ma groseille, deux de nos compagnons vinrent me frapper sur l'épaule ; ils avaient organisé pour le lendemain, avec une douzaine d'amis qu'ils avaient retrouvés à Aix, une partie de bain au lac du Bourget, situé à une demi-lieue de la ville, et venaient me demander si je voulais être des leurs. Cela allait sans dire. Je m'informai seulement des moyens de transport ; ils me répondirent de demeurer parfaitement tranquille, attendu qu'ils avaient pourvu à tout. J'allai me coucher sur cette assurance.

Le lendemain, je fus réveillé par le bruit que l'on faisait sous ma fenêtre. Mon nom avait pour le moment remplacé celui de Jacotot, et une trentaine de voix le poussaient à mon second étage de toute la force de leurs poumons. Je sautai à bas du lit, croyant le feu à la maison, et courus à la fenêtre. Trente ou quarante ânes enfourchés par autant de cavaliers tenaient sur deux lignes toute la largeur de la place. C'était un coup d'œil à ravir Sancho. On m'appelait afin que je vinsse prendre ma place dans les rangs.

Je demandai cinq minutes, qui me furent accordées, et je descendis. On m'avait réservé, avec une délicatesse d'attention qu'on appréciera, une superbe ânesse nommée *Christine*. Le marquis de Montaigu, qui montait un beau cheval noir à tous crins, avait été nommé général à l'unanimité, et commandait toute cette brigade ; il donna le signal du départ par cette allocution si familière aux colonels de cuirassiers :

– En avant ! quatre par quatre, au trot, si vous voulez, et au galop, si vous pouvez !

Nous partîmes en effet, suivis chacun d'un gamin qui piquait avec une épingle la croupe de nos ânes. Dix minutes après, nous étions au lac du Bourget. Seulement, nous étions partis au nombre de trente-cinq, et nous étions arrivés douze ; quinze étaient tombés en route ; les huit autres n'avaient jamais pu faire prendre à leurs bêtes une autre allure que le pas ; quant à Christine, elle allait comme le cheval de Persée.

C'est vraiment une merveille que les lacs de Suisse et de Savoie, avec leurs eaux bleues et transparentes qui laissent voir le fond à quatre-vingts pieds de profondeur. Il faut être arrivé sur leurs bords, encore tout pollués comme nous l'étions des bains de notre Seine bourbeuse, pour se faire une idée de la volupté avec laquelle nous nous y précipitâmes.

À l'extrémité opposée à celle où nous étions, s'élevait un bâtiment assez remarquable ; je donnai une passade à l'un de nos compagnons, et, au moment où il revenait sur l'eau, je lui demandai ce qu'était cet édifice. Il m'appuya à son tour les mains sur la tête et les pieds sur les épaules, m'envoya à quinze pieds de profondeur, et, saisissant l'instant où ma tête revenait à la surface du lac :

– C'est Hautecombe, me dit-il, la sépulture des ducs de Savoie et des rois de Sardaigne.

Je le remerciai.

On proposa d'y aller déjeuner et de visiter ensuite les tombes royales et la fontaine intermittente. Nos bateliers nous dirent que, quant à cette dernière curiosité, il fallait nous en priver, attendu que, depuis huit jours, la source ne coulait plus, sous prétexte qu'il faisait vingt-six degrés de chaleur. La proposition n'en fut pas moins acceptée à l'unanimité ; cependant, l'un de nous fit l'observation très sensée que trente-cinq gaillards comme nous ne seraient pas faciles à rassasier avec des œufs et du lait, seuls comestibles probables d'un pauvre village de Savoie. En conséquence, un gamin et deux ânes furent expédiés à Aix ; le gamin était porteur d'un mot pour Jacotot, afin qu'il nous envoyât le déjeuner le plus confortable possible ; il devait être payé par ceux qui tomberaient de leurs ânes en revenant.

Nous étions, comme on le pense bien, arrivés à Hautecombe avant nos pourvoyeurs ; en les attendant, nous nous acheminâmes vers la chapelle où sont les tombeaux.

C'est une charmante petite église qui, quoique moderne, est construite sur le plan et dans la forme gothiques. Si les murailles étaient brunies par ce vernis sombre que les siècles seuls déposent en passant, on la prendrait à l'extérieur pour une bâtisse de la fin du quinzième siècle.

En entrant, on heurte un tombeau : c'est celui du fondateur de la chapelle, du roi Charles-Félix ; il semble qu'après avoir confié à l'église les corps de ses ancêtres, lui, le dernier de sa race, ait voulu, comme un fils pieux, veiller à la porte sur le reste de ses pères, dont la chaîne remonte à plus de sept siècles.

De chaque côté du chemin qui conduit au chœur, sont rangés de superbes tombeaux de marbre, sur lesquels sont couchés les ducs et les duchesses de Savoie, les ducs avec un lion à leurs pieds, type du courage, les duchesses avec un lévrier, symbole de la fidélité. D'autres encore, qui ont marché par la voie sainte au lieu de suivre la voie sanglante, sont représentés avec un silice sur le corps et des sabots aux pieds, en signe de souffrance et d'humilité ; presque tous ces monuments sont d'un beau travail et d'une exécution puissante et naïve ; mais, au-dessus de chaque tombeau, et comme pour jurer avec eux et donner un démenti au caractère et au costume, un beau médaillon ovale ou carré représente, exécutée par des artistes modernes, une scène de guerre ou de pénitence tirée de la vie de celui qui dort sous la pierre qu'il surmonte. Là, vous pouvez voir le héros dépouillé de l'armure de *mauvais goût* qui le couvre sur son tombeau, combattant en costume grec, un glaive ou un javelot à la main, avec la pose académique de Romulus ou de Léonidas. Ces messieurs étaient trop fiers pour copier et avaient trop d'imagination pour faire du vrai. La paix du ciel soit avec eux !

Nous vîmes quelques religieux priant pour les âmes de leurs anciens seigneurs. Ce sont des moines d'une abbaye de Cîteaux attenant à la chapelle, et qui ont charge de la desservir ;

la date de la fondation de cette abbaye remonte au commencement du douzième siècle, et deux papes sont sortis de son sein, Geoffroi de Châtillon, élu en 1241 sous le nom de Célestin VI, et Jean Gaëtan des Ursins, élu sous celui de Nicolas III en 1277.

Pendant que nous visitions le couvent et que nous prenions ces renseignements, nos provisions étaient arrivées, et une collation splendide s'organisait sous des marronniers, à trois cents pas de l'abbaye. Aussitôt que cette bienheureuse nouvelle nous parvint, nous prîmes congé des révérends pères, et nous acheminâmes au pas de course vers le déjeuner. En nous y rendant, nous laissâmes à notre gauche la fontaine intermittente. J'eus la curiosité de visiter son emplacement ; j'y trouvai, immobile, avec son cigare à la bouche et les mains derrière le dos, mon Allemand de la veille ; il attendait depuis trois heures que la source coulât ; on avait oublié de lui dire que, depuis huit jours, elle était tarie.

Je rejoignis nos camarades, couchés comme des Romains autour du festin ; je n'eus qu'à jeter un coup d'œil dessus pour rendre justice entière à Jacotot : c'est un de ces hommes rares qui méritent leur réputation.

Lorsque le déjeuner fut mangé, le vin bu, les bouteilles cassées, l'on pensa au retour, et l'on rappela la convention arrêtée le matin, à savoir, que ceux qui se laisseraient choir payeraient la part de ceux qui ne tomberaient pas. Le relevé fait, le déjeuner se trouva être un pique-nique.

À notre retour, nous trouvâmes Aix en révolution. Ceux qui avaient des chevaux les faisaient atteler, ceux qui n'en avaient pas louaient des voitures, ceux qui n'en pouvaient plus trouver encombraient les bureaux des diligences ; quelques hommes mêmes se préparaient à partir à pied ; les dames nous entouraient à mains jointes pour avoir nos ânes, et, à toutes les questions que nous faisions, on ne répondait que par ces mots :

– Le choléra, monsieur, le choléra !

Voyant que nous ne pouvions obtenir aucun éclaircissement de cette population épouvantée, nous appelâmes Jacotot.

Il arriva les larmes aux yeux. Nous lui demandâmes ce qu'il y avait.

Voici le fait :

177

Un maître de forges arrivé de la veille, et qui s'était vanté en arrivant d'avoir escamoté au gouvernement sarde la quarantaine de six jours imposée à tous les étrangers, s'était trouvé pris, après le déjeuner, d'étourdissements et de coliques. Le malheureux avait eu l'imprudence de se plaindre ; son voisin, à l'instant même, reconnut les symptômes du choléra asiatique ; chacun alors se leva, poussant des clameurs affreuses, et plusieurs personnes, en se sauvant, crièrent sur la place : « Le choléra ! le choléra ! » comme on crie au feu.

Le malade, qui était habitué à de pareilles indispositions et qui les menait à guérison ordinairement avec du thé ou simplement de l'eau chaude, était celui qui s'était le moins inquiété de tous ces cris. Il allait tranquillement regagner son hôtel et se mettre à son régime, lorsqu'il trouva à la porte les cinq médecins de l'établissement des eaux. Malheureusement pour lui, au moment où il allait saluer la faculté savoyarde, une violente douleur lui arracha un cri, et la main qu'il portait à son chapeau descendit naturellement sur l'abdomen, siège de la douleur. Les cinq médecins se regardèrent et échangèrent un coup d'œil qui voulait dire : « Le cas est grave. » Deux d'entre eux saisirent le patient, chacun par un bras, lui tâtèrent le pouls, et le déclarèrent cholérique au premier degré.

Le maître de forges, qui se rappelait les aventures de M. de Pourceaugnac, leur remontra doucement que, malgré tout le respect qu'il devait à leur profession et à leur science, il croyait mieux connaître qu'eux une situation dans laquelle il s'était déjà trouvé vingt fois, et que les symptômes qu'ils prenaient pour ceux de l'épidémie étaient des symptômes d'indigestion, et pas autre chose ; en conséquence, il les pria de se ranger un peu pour le laisser passer, attendu qu'il allait commander du thé à son hôte. Mais les médecins déclarèrent qu'il n'était point en leur pouvoir de céder à cette demande, vu qu'ils étaient chargés par le gouvernement de l'état sanitaire de la ville ; qu'ainsi tout baigneur qui tombait malade à Aix leur appartenait de droit. Le pauvre maître de forges fit un dernier effort et demanda qu'on lui laissât quatre heures pour se traiter à sa manière ; passé ce temps, il consentait, s'il n'était pas guéri radicalement, à se livrer corps et âme entre les mains de la science. À ceci la science répondit que le choléra asiatique, celui-là même dont le malade était attaqué, faisait de tels progrès qu'en quatre heures il serait mort.

Pendant cette discussion, les médecins s'étaient dit quelques mots à l'oreille, et l'un d'entre eux, étant sorti, revint bientôt, accompagné de quatre carabiniers royaux et d'un brigadier qui demanda, en relevant sa moustache, où était l'infâme cholérique. On lui indiqua le malade ; deux carabiniers le prirent par les bras, deux autres par les jambes ; le brigadier tira son sabre et marcha en serre-file en marquant le pas. Les cinq médecins suivaient le cortège ; quant au maître de forges, il écumait de rage, criait à tue-tête, et mordait tout ce qui se trouvait à portée de sa bouche. C'étaient bien les symptômes du choléra asiatique au second degré : la maladie faisait des progrès effrayants.

Ceux qui le virent passer n'eurent donc plus aucun doute. On admira le dévouement de ces dignes médecins qui allaient braver la contagion ; mais chacun se disposa à la fuir le plus vivement possible. C'est dans cet état de panique que nous avions retrouvé la ville.

En ce moment, notre Allemand frappa sur l'épaule de Jacotot, et lui demanda si c'était parce que la source d'eau intermittente ne coulait plus, que tout le monde paraissait si effrayé. Jacotot reprit d'un bout à l'autre le récit qu'il venait de nous faire. L'Allemand l'écouta avec sa gravité habituelle ; puis, lorsqu'il eut fini, il se contenta de dire : « Ah ! » et il s'achemina vers l'établissement.

— Où allez-vous ? monsieur, où allez-vous ? lui cria-t-on de toutes parts.

— Ché fais foir la malatte, répondit notre homme.

Et il continua son chemin.

Dix minutes après, il revint du même pas dont il était parti. Tout le monde l'entoura en lui demandant ce qu'on faisait au cholérique.

— On l'oufre, répondit-il.

— Comment ! on l'oufre ?

— Oui, oui, on lui oufre le ventre.

Et il accompagna ces mots d'un geste qui ne laissa aucun doute sur le genre d'opération qu'il indiquait.

— Il est donc déjà mort ?

— Oh ! oui, sans toute, téchâ, dit l'Allemand.

– Et du choléra ?

– Non, t'eine intichestion : ce pauvre homme ! il afait peaucoup téchuené, et son técheuner lui faisait mal ; ils l'ont mis tans ein bain chaud, et alors son técheuner la étouffé : foilà tout.

C'était vrai. Le lendemain, on enterra le maître de forges, et, le surlendemain, personne ne pensait plus au choléra. Les médecins seuls soutinrent qu'il était mort de l'épidémie régnante.

Le jour suivant, je me dispensai de la partie de bain. J'avais peu de jours à passer à Aix, et je voulais visiter en détail les thermes romains et les bains modernes.

La ville d'Aix remonte à la plus haute antiquité. Ses habitants, connus sous le nom d'*Aquenses,* étaient sous la protection immédiate du proconsul Domitius, comme le prouve le premier nom que portèrent les eaux : *Aquæ Domitianæ* ; elles furent, sous Auguste, le rendez-vous des riches malades de Rome.

Après avoir été brûlée quatre fois, la première au troisième siècle, la deuxième et la troisième fois au treizième, enfin, la dernière fois au dix-septième ; après être passée en l'an 1000, le 5 des ides de mai, de la possession de Rodolphe, roi de la Bourgogne transjurane, en celle de Bérold de Saxe ; après avoir été longtemps un objet de contestation à cause de la guerre entre les maisons des ducs de Savoie et des comtes de Genève, Aix demeura enfin, par un traité conclu en 1293, sous la domination des premiers.

Les différentes révolutions survenues depuis le passage des Barbares, auxquels il faut attribuer la première destruction des thermes romains, jusqu'au dernier incendie de 1630, avaient fait oublier la vertu médicale des bains d'Aix. D'ailleurs, les eaux pluviales, en descendant des montagnes qui environnent la ville, et en entraînant avec elles des portions de terre végétale et des fragments de roche, avaient peu à peu recouvert d'une couche de sable de huit ou dix pieds les anciennes constructions romaines. Ce ne fut qu'au commencement du dix-septième siècle qu'un docteur d'une petite ville du Dauphiné, nommé Cabias, remarqua les sources thermales auxquelles les habitants ne faisaient aucune attention. Les expériences chimiques qu'il fit sur elles, tout incomplètes qu'elles étaient, lui découvrirent le secret de leur efficacité pour certaines maladies ; de retour chez lui, il en conseilla l'usage dès que l'occasion s'en présenta, et accompagna lui-même, pour en faire l'application, les premiers malades riches qui voulurent se soumettre à ce traitement. Leur guérison donna lieu à la publication d'une petite brochure intitulée *Des Cures merveilleuses et Propriétés des eaux d'Aix* ; cette publication eut lieu à Lyon, en 1624, et donna aux bains une célébrité qui, depuis, n'a fait que s'accroître.

Les monuments qui restent du temps des Romains sont un arc ou plutôt une arcade, les débris d'un temple de Diane et les restes des thermes.

On a de plus retrouvé, en creusant des tombes dans l'église du Bourget, un autel à Minerve, la pierre du sacrifice, l'urne dans laquelle on recueillait le sang de la victime, et, enfin, le couteau de pierre aiguisé avec lequel on l'égorgeait. Le curé a fait disparaître tous ces objets dans un moment de zèle religieux.

L'arc romain a été l'objet d'une longue controverse : les uns ont prétendu retrouver en lui l'entrée des thermes, située à peu de distance de l'endroit où il est élevé ; les autres en ont fait un monument funéraire ; d'autres, enfin, en ont fait un arc de triomphe.

Une inscription constate du moins le nom de celui qui a bâti le monument, si elle n'apprend pas dans quel but il a été élevé. La voici :

L. POMPEVS CAMPANVS
VIVUS FECIT

De là, il a pris le nom d'arc de Pompée.

Le temple de Diane est bien moins complet. Une partie de ses pierres ont fourni les dalles magnifiques qui forment les escaliers du Cercl [26] ; celles qui sont restées entières et debout ont disparu au milieu de la bâtisse d'un mauvais petit théâtre auquel elles ont servi de fondements. Une des quatre parois de la bibliothèque du Cercle est formée par le mur de cet ancien monument. On a eu le bon esprit de ne le recouvrir d'aucune tapisserie ; de cette manière, les curieux peuvent examiner à loisir les pierres colossales qui avaient servi à cette construction.

---

26. Le cercle est l'endroit où se réunissent le soir les baigneurs.

Les plus petites ont deux pieds de hauteur sur quatre et cinq pieds de large. Elles sont posées les unes sur les autres, sans aucun ciment, et paraissent se maintenir seulement par le poids de l'équilibre.

Quant aux restes des thermes romains, ils sont situés sous la maison d'un particulier nommé M. Perrier. Nous avons déjà dit comment les eaux, en charriant de la terre, avaient recouvert ces constructions antiques ; elles avaient donc complètement disparu et étaient restées ignorées de tous, lorsqu'en creusant les fondations de sa maison, M. Perrier les trouva.

Quatre marches d'un escalier antique, revêtues de marbre blanc, conduisent d'abord à une piscine octogone de vingt pieds de longueur entourée de tous côtés de gradins sur lesquels s'asseyaient les baigneurs ; ces gradins et le fond de la piscine sont aussi revêtus de marbre. Sous chacun des gradins passent des conduits de chaleur, et, derrière le plus élevé de ces gradins, on retrouve les bouches par lesquelles la vapeur se répandait dans l'appartement. Au fond de cette piscine était placé l'immense lavabo de marbre qui renfermait l'eau froide dans laquelle les anciens se plongeaient immédiatement après avoir pris leurs bains de vapeur. Le lavabo a été brisé en faisant la fouille ; mais le détritus amené par les alluvions, et dont il avait été rempli, a conservé la forme exacte de la cuve qui l'embrassait et dans laquelle il s'était séché.

Au-dessous de la piscine est situé le réservoir qui contenait l'eau chaude dont la vapeur montait dans l'appartement situé au-dessus. Il devait en renfermer un immense volume, puisque la muraille du conduit qui y communique est rongée à la hauteur de sept pieds.

La partie supérieure de ce réservoir a seule été mise à découvert ; mais, en examinant les chapiteaux carrés des colonnes qui sortent de terre, et en procédant du connu à l'inconnu, d'après les règles architecturales, ces colonnes doivent s'enfoncer de neuf pieds dans le sol ; elles sont bâties en brique, et chaque brique porte le nom du fabricant qui les a fournies : il s'appelait Glarianus.

En suivant le même chemin que devait suivre l'eau, on entre dans le corridor par lequel s'échappait la vapeur ; les bouches de chaleur qu'on aperçoit au plafond sont les mêmes dont on retrouve l'orifice opposé derrière le gradin le plus élevé de la piscine.

Au bout d'un autre corridor, on trouve une petite salle de bains particulière pour deux personnes ; elle a huit pieds de long sur quatre de large, et c'est la salle même qui forme la baignoire ; elle est partout revêtue de marbre blanc et soutenue par des colonnes de briques entre les chapiteaux desquelles circulait l'eau thermale. On y descendait de côté par des escaliers de même longueur et de même largeur que la baignoire. Sous chacun de ces escaliers passaient des conduits de chaleur afin que les pieds nus pussent s'y poser sans hésitation, et que la fraîcheur du marbre ne refroidît pas l'eau du bain.

Du reste, toutes ces fouilles, que l'on pourrait croire avoir été faites par le propriétaire du terrain dans un but scientifique, n'avaient pour objet que de creuser une cave ; les corridors que nous venons de décrire y conduisent en droite ligne.

En remontant, nous vîmes dans le jardin un méridien antique ; il diffère peu des nôtres.

Les édifices modernes sont le Cercle et les Bains.

Le Cercle est le bâtiment dans lequel se réunissent les baigneurs. Moyennant vingt francs, on vous remet une carte personnelle qui vous ouvre l'entrée des salons. Ces salons sont composés d'une chambre de réunion, où les dames travaillent ou font de la musique, d'une salle de bal et de concert, d'une salle de billard, et d'une bibliothèque dont nous avons déjà parlé à propos du temple de Diane.

Un grand jardin attenant à ces bâtiments offre une magnifique promenade. D'un côté, l'horizon se perd à cinq ou six lieues dans un lointain bleuâtre ; de l'autre, il se termine par la Dent du Chat, la sommité la plus élevée des environs d'Aix, ainsi nommée à cause de sa couleur blanche et de sa forme aiguë.

L'édifice où l'on prend les bains a été commencé en 1772 et terminé en 1784 par les ordres et aux frais de Victor-Amédée. Une inscription gravée sur la fontaine du monument constate cette libéralité du roi sarde. La voici :

VICTOR AMADÆUS III REX PIVS FELIX AUGUSTUS
PP. HASCE THERMALES AQVAS A ROMANIS OLIM
E MONTIBVS DERIVATAS AMPLITIS OPERIBVS IN
NOVAM

MELIOREMQUE FORMAM REDIGI
JVSSIT APTIS AD ÆGRORVM VSVM
ÆDIFICIS PVBLICE SALVTIS GRATIA
EXTRVCTIS ANNO MDCCLXXXIII.

Dans la première chambre, en entrant à droite, sont les deux robinets étiquetés auxquels les baigneurs viennent puiser trois fois par jour le verre d'eau qu'ils doivent boire. L'une de ces étiquettes porte le mot *soufre,* et l'autre le mot *alun.* L'un est à trente-cinq degrés de chaleur, l'autre à trente-six.

L'eau de soufre pèse un cinquième de moins que l'eau ordinaire : une pièce d'argent mise en contact avec elle s'oxyde en deux secondes.

Les eaux thermales, en les comparant à l'eau ordinaire, offrent ceci de remarquable, que l'eau ordinaire, portée par l'ébullition à quatre-vingts degrés de chaleur, perd en deux heures soixante degrés à peu près par son contact avec l'air atmosphérique, tandis que l'eau thermale, déposée à huit heures du soir dans une baignoire, n'a perdu, à huit heures du matin, c'est-à-dire douze heures après, que quatorze ou quinze degrés, ce qui laisse aux bains ordinaires une chaleur suffisante de dix-huit ou dix-neuf degrés.

Quant aux bains de traitement, les malades les prennent ordinairement à trente-cinq ou trente-six degrés : de cette manière, on voit qu'il n'y a rien à ajouter ni à ôter à la chaleur de l'eau, qui se trouve en harmonie avec celle du sang ; cela donne aux eaux d'Aix une supériorité marquée sur les autres, puisque partout ailleurs elles sont ou trop chaudes ou trop froides. Si elles sont trop froides, on est obligé de les soumettre au chauffage, et l'on comprend quelle quantité de gaz doit se dégager pendant cette opération. Si, au contraire, elles sont trop chaudes, elles ont besoin d'être refroidies par une combinaison avec l'eau froide ou par le contact de l'air, et, dans l'un ou l'autre cas, on conçoit encore ce que doit leur ôter de leur efficacité le mélange ou l'évaporation.

Ces eaux thermales possèdent encore sur celles des autres établissements un avantage naturel : c'est que les sources chaudes sourdent ordinairement dans les endroits bas ; celles-ci, au contraire, se trouvent à trente pieds au-dessus du niveau de l'établissement. Elles peuvent donc, par la faculté que leur donnent les lois de la pesanteur, s'élever sans moyen de pression à la hauteur nécessaire pour accroître ou diminuer leur action dans l'application des douches.

À certaines époques, et surtout lorsque la température atmosphérique descend de douze à neuf degrés au-dessus de zéro, chacune de ces eaux, dont la source paraît être cependant la même, présente un phénomène particulier. L'eau de soufre charrie une matière visqueuse qui, en se solidifiant, offre tous les caractères d'une gelée animale parfaitement faite : elle en a le goût et les qualités nutritives, tandis que, de son côté, l'eau d'alun charrie, en quantité à peu près pareille, une gelée purement végétale.

En 1822, le jour du mardi gras, un tremblement de terre se fit sentir dans toute la chaîne des Alpes ; trente-sept minutes après la secousse, une quantité considérable de gélatine animale et végétale sortit par les tuyaux de soufre et d'alun.

Il serait trop long de décrire les différents cabinets et les divers appareils des douches que l'on y administre. La chaleur des douches varie, mais celle des cabinets est toujours la même, c'est-à-dire de trente-trois degrés. L'un de ces cabinets seulement, nommé *l'Enfer,* est à une température beaucoup plus élevée ; cela tient à ce que la colonne d'eau chaude est plus forte, et qu'une fois les portes et les vasistas fermés, on ne peut plus respirer l'air extérieur, mais seulement celui qui se dégage par la vaporisation. Cette atmosphère, vraiment infernale, pousse la circulation du sang jusqu'à cent quarante-cinq pulsations à la minute ; le pouls d'un Anglais mort phtisique donna jusqu'à deux cent dix pulsations, c'est-à-dire trois et demie par seconde. C'est là qu'on avait conduit le maître des forges. Le chapeau de ce malheureux était encore accroché à une patère.

On peut descendre vers les sources par une entrée située dans la ville même : c'est une ouverture grillée, de trois pieds de large, appelée *le Trou aux serpents,* parce que sa situation au midi et la vapeur qui s'échappe de cette espèce de soupirail y attirent, de onze à deux heures, une multitude de couleuvres. On n'y passe jamais à ce moment de la journée sans voir plusieurs de ces reptiles se récréant à cette double chaleur : comme ils ne sont nullement venimeux, les enfants les apprivoisent et s'en servent, comme nos marchands de cire luisante ou de savon à dégraisser, pour arracher quelques pièces de monnaie aux voyageurs.

Pendant que j'étais en train de visiter les curiosités d'Aix, je pris ma course vers la cascade de Grésy, située à trois quarts de lieue à peu près de la ville. Un accident arrivé en 1813 à madame la baronne de Broc, l'une des dames d'honneur de la reine Hortense, a rendu cette chute d'eau tristement célèbre. Cette cascade n'offre, du reste, rien de remarquable que les entonnoirs qu'elle a creusés dans le roc, et dans l'un desquels cette belle jeune femme a péri. Au moment où je la visitais, l'eau était basse et laissait à sec l'orifice des trois entonnoirs, qui ont de quinze à dix-huit pieds de profondeur, et dans les parois intérieures desquels l'eau s'est creusé une communication en rongeant le rocher ; elle descend de cette manière jusqu'au lit d'un ruisseau qui fuit à trente pieds de profondeur à peu près entre des rives si rapprochées, qu'on peut facilement sauter d'un bord à l'autre. La reine Hortense visitait cette cascade, accompagnée de madame Parquin et de madame de Broc, lorsque cette dernière, en traversant sur une planche le plus grand de ces entonnoirs, crut appuyer son ombrelle sur la planche, et la posa à côté ; le défaut d'un point d'appui lui fit pencher le corps d'un côté, la planche tourna, madame de Broc jeta un cri et disparut dans le gouffre : elle avait vingt-cinq ans.

La reine lui a fait élever un tombeau sur l'emplacement même où a eu lieu cet accident. On y lit cette inscription :
ICI
MADAME LA BARONNE DE BROC
AGÉE DE 25 ANS, A PÉRI
SOUS LES YEUX DE SON AMIE
LE 10 JUIN 1813

Ô vous
Qui visitez ces lieux,
N'avancez qu'avec
Précaution sur ces
Abîmes :
Songez à ceux
Qui vous
Aiment !

On trouve, en revenant, sur l'un des côtés de la route, au bord du torrent de la Baie, la source ferrugineuse de Saint-Simon, découverte par M. Despine fils, l'un des médecins d'Aix. Il a fait bâtir au-dessus une petite fontaine classique, sur laquelle il a fait graver le nom plus classique encore de la déesse hygie ; au-dessous de ce mot, ceux-ci : fontaine de saint-simon. J'ignore si l'étymologie de ce nom a quelque rapport avec le prophète de nos jours.

On applique les eaux de cette fontaine au traitement des affections d'estomac et des maladies lymphatiques. Je la goûtai en passant, elle me parut d'un goût assez agréable.

Je revins juste pour l'heure du dîner. Lorsqu'il fut terminé, chacun se sépara, et je remarquai que personne ne se plaignait de la plus petite douleur de colique. Quant à moi, j'étais fatigué de mes courses de la journée : je me couchai.

À minuit, je fus réveillé par un grand bruit et une grande lueur. Ma chambre était pleine de baigneurs ; quatre tenaient à la main des torches allumées. On venait me chercher pour monter à la Dent du Chat.

Il y a des plaisanteries qui ne paraissent bonnes à ceux qui en sont l'objet que lorsqu'ils sont eux-mêmes montés à un certain degré de gaieté et d'entrain. Certes, ceux qui, à la suite d'un souper chaud de bavardage et de vin, les esprits bien animés par tous deux, craignant que le sommeil ne vînt éteindre l'orgie, proposèrent de passer le reste de la nuit ensemble et de l'employer à faire une ascension pour voir l'aurore se lever de la cime de la Dent du Chat ; ceux-là durent avoir près des autres un succès admirable. Mais moi, qui m'étais couché calme et fatigué avec l'espoir d'une nuit bien pacifique, et qui me trouvais réveillé en sursaut par une invitation aussi incongrue, je ne reçus pas, on le comprendra facilement, la proposition avec un grand enthousiasme. Cela parut fort extraordinaire à mes grimpeurs, qui en augurèrent que j'étais mal éveillé, et qui, pour porter mes esprits au complet, me prirent à quatre et me déposèrent au milieu de la chambre. Pendant ce temps, un autre, plus prévoyant encore, vidait dans mon lit toute l'eau que j'avais eu l'imprudence de laisser dans ma cuvette. Si ce moyen ne rendait pas la promenade proposée plus amusante, il la rendait au moins à peu près indispensable. Je pris donc mon parti, comme si la chose m'agréait beaucoup, et cinq minutes après je fus prêt à me mettre en route. Nous étions douze en tout, et deux guides, qui faisaient quatorze.

En passant sur la place, nous vîmes Jacotot qui fermait son café, et l'Allemand qui fumait son dernier cigare et vidait sa dernière bouteille. Jacotot nous souhaita bien du plaisir, et l'Allemand nous cria : « Pon foyage !... »

– Merci !

Nous traversâmes le petit lac du Bourget pour arriver au pied de la montagne que nous allions escalader ; il était bleu, transparent et tranquille, et semblait avoir au fond de son lit autant d'étoiles qu'on en comptait au ciel. À son extrémité occidentale, on apercevait la tour d'Hautecombe, debout comme un fantôme blanc, tandis qu'entre elle et nous, des barques de pêcheurs glissaient en silence, ayant à leur poupe une torche allumée dont la lueur se reflétait dans l'eau.

Si j'avais pu rester là seul des heures entières, rêvant dans une barque abandonnée, je n'aurais certes regretté ni mon sommeil ni mon lit. Mais je n'étais point parti pour cela, j'étais parti pour *m'amuser* ; ainsi *je m'amusais !...* La singulière chose que ce monde où l'on passe toujours à côté d'un bonheur en cherchant un plaisir !...

Nous commençâmes à gravir à minuit et demi : c'était une chose assez curieuse que de voir cette marche aux flambeaux. À deux heures, nous étions aux trois quarts du chemin ; mais ce qui nous en restait à faire était si difficile et si dangereux que nos guides nous firent faire halte pour attendre les premiers rayons du jour.

Lorsqu'ils parurent, nous continuâmes notre route, qui devint bientôt si escarpée que notre poitrine touchait presque le talus sur lequel nous marchions à la file les uns des autres. Chacun alors déploya son adresse et sa force, se cramponnant des mains aux bruyères et aux petits arbres, et des pieds aux aspérités du rocher et aux inégalités du terrain. Nous entendions les pierres que nous détachions rouler sur la pente de la montagne, rapide comme celle d'un toit ; et lorsque nous les suivions des yeux, nous les voyions descendre jusqu'au lac dont la nappe bleue s'étendait à un quart de lieue au-dessous de nous ; nos guides eux-mêmes ne pouvaient nous prêter aucun secours, occupés qu'ils étaient à nous découvrir le meilleur chemin ; seulement, de temps en temps, ils nous recommandaient de ne pas regarder derrière nous, de peur des éblouissements et des vertiges, et ces recommandations, faites d'une voix brève et serrée, nous prouvaient que le danger était bien réel.

Tout à coup, celui de nos camarades qui les suivait immédiatement jeta un cri qui nous fit passer à tous un frisson dans les chairs. Il avait voulu poser le pied sur une pierre déjà ébranlée par le poids de ceux qui le précédaient et qui s'en étaient servis comme d'un point d'appui : la pierre s'était détachée ; en même temps, les branches auxquelles il s'accrochait, n'étant point assez fortes pour soutenir seules le poids de son corps, s'étaient brisées entre ses mains.

– Retenez-le, retenez-le donc ! s'écrièrent les guides.

Mais c'était chose plus facile à dire qu'à faire. Chacun avait déjà grand'peine à se retenir soi-même ; aussi passa-t-il, en roulant, près de nous tous sans qu'un seul pût l'arrêter. Nous le croyions perdu, et, la sueur de l'effroi au front, nous le suivions des yeux en haletant, lorsqu'il se trouva assez près de Montagu, le dernier de nous tous, pour que celui-ci pût, en étendant la main, le saisir aux cheveux. Un moment, il y eut doute si tous deux ne tomberaient pas. Ce moment fut court, mais il fut terrible, et je réponds qu'aucun de ceux qui se trouvaient là n'oubliera de longtemps la seconde où il vit ces deux hommes oscillant sur un précipice de deux mille pieds de profondeur, ne sachant pas s'ils allaient être précipités ou s'ils parviendraient à se rattacher à la terre.

Nous gagnâmes enfin une petite forêt de sapins qui, sans rendre le chemin moins rapide, le rendit plus commode, par la facilité que ces arbres nous offraient de nous accrocher à leurs branches ou de nous appuyer à leurs troncs. La lisière opposée de cette petite forêt touchait presque la base du rocher nu dont la forme a fait donner à la montagne le singulier nom qu'elle porte ; des trous creusés irrégulièrement dans la pierre offrent une espèce d'escalier qui conduit au sommet.

Deux d'entre nous seulement tentèrent cette dernière escalade, non que ce trajet fût plus difficile que celui que nous venions d'accomplir, mais il ne nous promettait pas une vue plus étendue, et celle que nous avions sous les yeux était loin de nous dédommager de notre fatigue et de nos meurtrissures : nous les laissâmes donc grimper à leur clocher, et nous nous assîmes pour procéder à l'extraction des pierres et des épines. Pendant ce temps, ils étaient arrivés au sommet de la montagne, et, comme preuve de prise de possession, ils y avaient allumé un feu et y fumaient leurs cigares.

Au bout d'un quart d'heure, ils descendirent, se gardant bien d'éteindre le feu qu'ils avaient allumé, curieux qu'ils étaient de savoir si d'en bas on apercevrait la fumée.

Nous mangeâmes un morceau, après quoi nos guides nous demandèrent si nous voulions revenir par la même route ou bien en prendre une autre beaucoup plus longue, mais aussi plus facile. Nous choisîmes unanimement cette dernière. À trois heures, nous étions de retour à Aix, et, du milieu de la place, ces messieurs eurent l'orgueilleux plaisir d'apercevoir encore la fumée de leur fanal. Je leur demandai s'il m'était permis, maintenant que je m'étais bien *amusé*, d'aller me mettre au lit. Comme chacun éprouvait probablement le besoin d'en faire autant, on me répondit qu'on n'y voyait pas d'objection.

Je crois que j'aurais dormi trente-six heures de suite comme Balmat si je n'avais pas été réveillé par une grande rumeur. J'ouvris les yeux, il faisait nuit ; j'allai à la fenêtre et je vis toute la ville d'Aix sur la place publique : tout le monde parlait à la fois, on s'arrachait les lorgnettes, chacun regardait en l'air à se démonter la colonne vertébrale. Je crus qu'il y avait une éclipse de lune !

Je me rhabillai vivement pour avoir ma part du phénomène, et je descendis, armé de ma longue-vue. Toute l'atmosphère était colorée d'un reflet rougeâtre, le ciel paraissait embrasé : la Dent du Chat était en feu.

Au même instant, je sentis qu'on me prenait la main ; je me retournai, et j'aperçus nos deux camarades du fanal : ils me firent de la tête un signe en s'éloignant. Je leur demandai où ils allaient ; l'un d'eux rapprocha les deux mains de sa bouche pour s'en faire un porte-voix et me cria : « À Genève. » Je compris leur affaire : c'étaient mes gaillards qui avaient incendié la Dent du Chat, et Jacotot les avait prévenus tout bas que le roi de Sardaigne tenait beaucoup à ses forêts.

Je reportai la vue sur la sœur cadette du Vésuve : c'était un fort joli volcan de second ordre.

Un incendie nocturne dans les montagnes est une des plus magnifiques choses que l'on puisse voir. Le feu lâché librement dans une forêt, allongeant de tous côtés, comme un serpent, sa tête flamboyante, se prenant à ramper tout à coup autour du tronc d'un arbre qu'il rencontre sur sa route, se dressant contre lui, dardant ses langues comme pour lécher les feuilles, s'élançant à son sommet qu'il dépasse ainsi qu'une aigrette, redescendant le long de ses branches, et finissant par les illuminer toutes comme celles d'un if préparé pour une réjouissance publique : voilà ce que nos rois ne peuvent pas faire pour leurs fêtes, voilà qui est beau ! Puis, quand cet arbre brûlé secoue ses feuilles ardentes, quand passe sur lui un coup de vent qui les emporte comme une pluie de feu, quand chacune de ces étincelles allume en tombant un foyer, que tous ces foyers, en s'élargissant, marchent au-devant les uns des autres, et finissent enfin par se réunir et se confondre dans une immense fournaise ; quand une lieue de terrain brûle ainsi, et quand chaque arbre qui brûle nuance la couleur de la flamme selon son essence, la varie selon sa forme ; quand les pierres calcinées se détachent et roulent, brisant tout sous leur route, quand le feu siffle comme le vent, et quand le vent mugit comme la tempête : oh ! alors, voilà qui est splendide, voilà qui est merveilleux ! Néron s'entendait en plaisirs lorsqu'il brûla Rome.

Je fus tiré de mon extase par une voiture qui traversait la place, escortée de quatre carabiniers royaux. Je reconnus celle de nos Ruggieri qui, vendus par les guides, dénoncés par le maître de poste, avaient été rejoints avant de pouvoir gagner la frontière de la Savoie par les gendarmes de Charles-Albert. On voulait les conduire en prison, nous répondîmes tous d'eux ; enfin, sur la caution générale et leur parole d'honneur de ne point quitter la ville, ils furent libres de jouir du spectacle qu'ils devaient payer.

Le feu dura ainsi trois jours.

Le quatrième, on leur apporta une note de trente-sept mille cinq cents et quelques francs.

Ils trouvèrent la somme un peu forte pour quelques mauvais arpents de bois dont la situation rendait l'exploitation impossible ; en conséquence, ils écrivirent à notre ambassadeur à Turin de tâcher de faire rogner quelque chose sur le mémoire. Celui-ci s'escrima si bien que la carte à payer leur revint, au bout de huit jours, réduite à sept cent quatre-vingts francs.

Moyennant le solde de cette somme, ils étaient libres de quitter Aix. Ils ne se le firent pas dire deux fois : ils payèrent, se firent donner leur reçu, et partirent immédiatement, de peur qu'on ne leur représentât le lendemain un reliquat de compte.

Je n'ai pas voulu nommer les deux coupables, qui jouissent à Paris d'une trop haute considération pour que j'essaye d'y porter atteinte.

Les huit jours qui s'écoulèrent après leur départ n'amenèrent que deux accidents : le premier fut un concert exécrable que nous donnèrent une soi-disant première basse de l'Opéra-Comique et un soi-disant premier baryton de l'ex-garde royale. Le second fut le déménagement de l'Allemand, qui vint prendre une chambre près de la mienne ; il logeait auparavant dans la maison Roissard, située juste en face du Trou aux serpents, et un beau matin, il avait trouvé une couleuvre dans sa botte.

Comme on se lasse des parties d'âne, même lorsqu'on ne tombe que deux ou trois fois ; comme le jeu est chose fort peu amusante lorsqu'on ne comprend ni le plaisir de gagner ni le chagrin de perdre ; comme j'avais visité tout ce qu'Aix et ses environs avaient de curieux ; comme, enfin, madame la première basse et monsieur le premier baryton nous menaçaient d'un second concert, je résolus de faire quelque diversion à cette stupide existence en allant visiter la grande Chartreuse, qui n'est située, je crois, qu'à dix ou douze lieues d'Aix. Je comptais de là retourner à Genève, d'où je voulais continuer mes courses dans les Alpes, en commençant par l'Oberland. En conséquence, je fis mes préparatifs de départ, je louai une voiture moyennant le prix habituel de dix francs par jour, et, le 10 septembre au matin, j'allai prendre congé de mon voisin l'Allemand ; il m'offrit de fumer un cigare et de boire un verre de bière avec lui : c'est une avance qu'il n'avait encore faite, je crois, à personne.

Pendant que nous trinquions ensemble et que, les coudes appuyés en face l'un de l'autre sur une petite table, nous nous poussions réciproquement des bouffées de fumée au visage, on vint m'annoncer que la voiture m'attendait : il se leva et me conduisit jusqu'au seuil de la porte. Arrivé là, il me demanda :

– Où allez-fous ?

Je le lui dis.

— Ah ! ah ! continua-t-il ; fous allez foir les Chartreux ; ce sont tes trôles de corps.
— Pourquoi ?
— Oui, oui, ils manchent tant tes encriers, et ils couchent tans tes armoires.
— Que diable est-ce que cela veut dire ?
— Fous ferrez.

Alors il me donna une poignée de main, me souhaita un *pon foyage,* et me ferma sa porte. Je n'en pus pas tirer autre chose.

J'allai faire mes adieux à Jacotot en prenant une tasse de chocolat. Quoique je ne fisse pas une grande consommation, Jacotot m'avait pris en respect parce qu'on lui avait dit que j'étais un auteur ; lorsqu'il apprit que je partais, il me demanda si je n'écrirais pas quelque chose sur les eaux d'Aix. Je lui répondis que cela n'était pas probable, mais que, cependant, c'était possible. Alors il me pria de ne point oublier, dans ce cas, de parler du café dont il était le premier garçon, ce qui ne pourrait manquer de faire grand bien à son maître. Non seulement je m'y engageai, mais encore je lui promis de le rendre, lui, Jacotot, personnellement aussi célèbre que cela me serait possible. Le pauvre garçon devint tout pâle en apprenant que peut-être son nom serait un jour imprimé dans un livre.

La société que je quittais, en m'éloignant d'Aix, était un singulier mélange de toutes les positions sociales et de toutes les opinions politiques. Cependant, l'aristocratie de naissance, traquée partout, repoussée pied à pied par l'aristocratie d'argent qui lui succède, comme dans un champ fauché pousse une seconde moisson, était là en majorité. C'est dire que le parti carliste était le plus fort.

Après lui venait immédiatement le parti de la propriété, représenté par de riches marchands de Paris, des négociants de Lyon et des maîtres de forges du Dauphiné : tous ces braves gens étaient très malheureux, *le Constitutionnel* n'arrivant pas en Savoie [27].

Le parti bonapartiste avait aussi quelques représentants à cette diète égrotante. On les reconnaissait vite au mécontentement qui fait le fond de leur caractère et à ces mots sacramentels qu'ils jettent au travers de toutes les conversations : « Ah ! si Napoléon n'avait pas été trahi ! » Honnêtes gens, qui ne

---

27. Les seuls journaux qui y soient reçus la Gazette et la Quotidienne.

voient pas plus loin que la pointe de leur épée, qui rêvent pour Joseph ou pour Lucien un nouveau retour de l'île d'Elbe, et qui ne savent pas que Napoléon est un de ces hommes qui laissent une famille et pas d'héritier.

Le parti républicain était évidemment le plus faible ; il se composait, si je m'en souviens bien, de moi tout seul. Encore, comme je n'acceptais ni tous les principes révolutionnaires de *la Tribune,* ni toutes les théories américaines du *National* ; que je disais que Voltaire avait fait de mauvaises tragédies, et que j'ôtais mon chapeau en passant devant le Christ, on me prenait pour un utopiste, et voilà tout.

La ligne de démarcation était surtout sensible chez les femmes. Le faubourg Saint-Germain et le faubourg Saint-Honoré frayaient seuls ensemble : l'aristocratie de naissance et l'aristocratie de gloire sont sœurs : l'aristocratie d'argent n'est qu'une bâtarde. Quant aux hommes, le jeu les rapprochait ; il n'y a pas de castes alentour du tapis vert, et c'est celui qui ponte le plus haut qui est le plus noble. Rothschild a succédé aux Montmorency, et, si demain il abjure, après-demain personne ne lui contestera le titre de premier baron chrétien.

Tandis que je faisais à part moi toutes ces distinctions, je roulais vers Chambéry, et, comme j'avais encore mon chapeau gris, je n'osai m'y arrêter. Je remarquai seulement en passant qu'un aubergiste, qui avait pris pour exergue de son enseigne ces mots : « Aux armes de France », avait conservé les trois fleurs de lis de la branche aînée, que la main du peuple a grattées si brutalement sur l'écusson de la branche cadette.

À trois lieues de Chambéry, nous passâmes sous une voûte qui traverse une montagne : elle peut avoir cent cinquante pas de longueur. Ce chemin, commencé par Napoléon, a été achevé par le gouvernement actuel de la Savoie.

Ce passage franchi, on rencontre bientôt le village des Échelles ; puis, à un quart de lieue de là, une petite ville moitié française, moitié savoyarde. Une rivière trace les frontières des deux royaumes ; un pont jeté sur cette rivière est gardé à l'une des extrémités par une sentinelle sarde, et à l'autre par une sentinelle française. Ni l'une ni l'autre n'ayant le droit d'empiéter sur le territoire de son voisin, chacune d'elles s'avance gravement de chaque côté jusqu'au milieu du pont ; puis, arrivées à la ligne des pavés qui en forment l'arête, elles se tournent le dos réciproquement, et recommencent ce manège tout le temps que dure la faction. Je revis, au reste, avec plaisir le pantalon garance et la cocarde tricolore qui me dénonçaient un compatriote.

Nous arrivâmes à Saint-Laurent ; c'est à ce village qu'on quitte la voiture et qu'on prend des montures pour gagner la Chartreuse, distante encore de quatre lieues du pays. Nous n'y trouvâmes pas un seul mulet ; ils étaient tous à je ne sais quelle foire. Cela nous importait assez peu, à Lamark et à moi, qui sommes d'assez bons marcheurs ; mais cela devenait beaucoup moins indifférent à une dame qui nous accompagnait ; cependant, elle prit son parti. Nous fîmes venir un guide qui se chargea de nos trois paquets, qu'il réunit en un seul. Il était sept heures et demie : nous n'avions plus guère que deux heures de jour, et quatre de marche.

Le val du Dauphiné, où s'enfonce la Chartreuse, est digne d'être comparé aux plus sombres gorges de la Suisse ; c'est la même richesse de nature, la même ardeur de végétation, le même aspect grandiose ; seulement, le chemin, tout en s'escarpant de même aux flancs des montagnes, est plus praticable que les chemins des Alpes, et conserve toujours près de quatre pieds de largeur. Il n'est donc point dangereux pendant le jour, et, tant que la nuit ne vint pas, tout alla merveilleusement. Mais enfin, la nuit s'avança, hâtée encore par un orage terrible. Nous demandâmes à notre guide où nous pourrions nous réfugier : il n'y a pas une seule maison sur la route, il fallut continuer notre voyage ; nous étions à moitié chemin de la Chartreuse.

Le reste de la montée fut horrible. La pluie arriva bientôt et avec elle l'obscurité la plus profonde. Notre compagne s'attacha au bras du guide, Lamark prit le mien, et nous marchâmes sur deux rangs ; la route n'était pas assez large pour nous laisser passer de front ; à droite, nous avions un précipice dont nous ne connaissions pas la profondeur, et au fond duquel nous entendions mugir un torrent. La nuit était si sombre que nous ne distinguions plus le chemin sur lequel nous posions le pied, et que nous n'apercevions la robe blanche de la dame qui nous servait de guide qu'à la lueur des éclairs qui, heureusement, étaient assez rapprochés pour qu'il y eût à peu près autant de jour que de nuit. Joignez à cela un accompagnement de tonnerre dont chaque écho multipliait les coups et quadruplait le bruit ; on eût dit le prologue du jugement dernier.

La cloche du couvent, que nous entendîmes, nous annonça enfin que nous en approchions. Une demi-heure après, un éclair nous montra le corps gigantesque de la vieille Chartreuse, couché à vingt pas de nous ; pas le moindre bruit ne se faisait entendre dans l'intérieur que celui des tintements de la cloche ; pas une lumière ne brillait à ses cinquante fenêtres : on eût dit un vieux cloître abandonné où jouaient de mauvais esprits.

Nous sonnâmes. Un frère vint nous ouvrir. Nous allions entrer, lorsqu'il aperçut la dame qui était avec nous. Aussitôt il referma la porte, comme si Satan en personne fût venu visiter le couvent. Il est défendu aux chartreux de recevoir aucune femme ; une seule s'est introduite dans leurs murs en habits d'homme, et, après son départ, lorsqu'ils surent que leur règle avait été enfreinte, ils accomplirent dans les appartements et les cellules où elle avait mis le pied toutes les cérémonies de l'exorcisme. La permission seule du pape peut ouvrir les portes du couvent à l'ennemi femelle du genre humain. La duchesse de Berri elle-même avait été, en 1829, obligée de recouvrir à ce moyen pour visiter la Chartreuse.

Nous étions fort embarrassés, lorsque la porte se rouvrit. Un frère en sortit avec une lanterne, et nous conduisit dans un pavillon situé à cinquante pas du cloître. C'est là que couche toute voyageuse qui, comme la nôtre, vient frapper à la porte de la Chartreuse, ignorant les règles sévères des disciples de saint Bruno.

Le pauvre moine qui nous servit de guide, et qui s'appelait le frère Jean-Marie, me parut bien la créature la plus douce et la plus obligeante que j'aie vue de ma vie. Sa charge était de recevoir les voyageurs, de les servir et de leur faire visiter le couvent. Il commença par nous offrir quelques cuillerées d'une liqueur faite par les moines et destinée à réchauffer les voyageurs engourdis par le froid ou la pluie : c'était bien le cas où nous nous trouvions, et jamais l'occasion ne s'était présentée de faire un meilleur usage du saint élixir. En effet, à peine eûmes-nous bu quelques gouttes, qu'il nous sembla que nous avions avalé du feu, et que nous nous mîmes à courir par la chambre comme des possédés en demandant de l'eau : si le frère Jean-Marie avait eu l'idée de nous approcher en ce moment une lumière de la bouche, je crois que nous aurions craché des flammes comme Cacus.

Pendant ce temps, l'âtre immense s'éclairait et la table se couvrait de lait, de pain et de beurre ; les chartreux, non seulement font toujours maigre, mais encore le font faire à leurs visiteurs.

Au moment où nous achevions ce repas plus que frugal, la cloche du couvent sonna matines. Je demandai au frère Jean-Marie s'il m'était permis d'y assister. Il me répondit que le pain et la parole de Dieu appartenaient à tous les chrétiens. J'entrai donc dans le couvent.

Je suis peut-être un des hommes sur lesquels la vue des objets extérieurs a le plus d'influence, et, parmi ces objets, ceux qui m'impressionnent davantage sont, je crois, les monuments religieux. La grande Chartreuse, surtout, a un caractère sombre qu'on ne retrouve nulle part. Ses habitants forment de plus le seul ordre monastique que les révolutions aient laissé vivant en France : c'est tout ce qui reste debout des croyances de nos pères ; c'est la dernière forteresse qu'ait conservée la religion sur la terre de l'incrédulité. Encore, chaque jour, l'indifférence la mine-t-elle au dedans, comme le temps au dehors : de quatre cents qu'ils étaient au XVe siècle, les chartreux, au XIXe, ne sont plus que vingt-sept ; et comme, depuis six ans, ils ne se sont recrutés d'aucun frère, que les deux novices qui y sont entrés depuis cette époque n'ont pu supporter la rigueur du noviciat, il est probable que l'ordre ira toujours se détruisant au fur et à mesure que la mort frappera à la porte des cellules ; que nul ne viendra les remplir lorsqu'elles seront vides, et que le plus jeune de ces hommes, leur survivant à tous, sentant à son tour qu'il va succomber, fermera la porte du cloître en dedans, et ira se coucher lui-même vivant dans la tombe qu'il aura creusée, car, le lendemain, il ne resterait plus de bras pour l'y porter mort.

On a dû voir, par les choses que j'ai écrites précédemment, que je ne suis pas un de ces voyageurs qui s'enthousiasment à froid, qui admirent là où leur guide leur dit d'admirer, ou qui feignent d'avoir eu, devant des hommes et des localités, recommandés d'avance à leur admiration, des sentiments absents de leur cœur ; non, j'ai dépouillé mes sensations, je les ai mises à nu pour les présenter à ceux qui me lisent ; ce que j'ai éprouvé, je l'ai raconté, faiblement peut-être, mais je n'ai pas raconté autre chose que ce que j'avais éprouvé. Eh bien, on me croira donc si je dis que jamais sensation pareille à celle que j'éprouvai ne m'avait pris au cœur, lorsque je vis, au bout d'un immense corridor gothique de huit cents pieds de long, s'ouvrir la porte d'une cellule, sortir de cette porte et paraître, sous les arcades brunies par le temps, un chartreux à barbe blanche vêtu de cette robe portée par saint Bruno et sur laquelle huit siècles sont passés sans en changer un pli. Le saint homme s'avança, grave et calme, au milieu du cercle de lumière tremblotante projetée par la lampe qu'il tenait à la main, tandis que, devant et derrière lui, tout était sombre. Lorsqu'il se dirigea vers moi, je sentis mes jambes fléchir, et je tombai à genoux ; il m'aperçut dans cette posture, s'approcha avec un air de bonté, et, levant sa main sur ma tête inclinée, me dit :

– Je vous bénis, mon fils, si vous croyez ; je vous bénis encore si vous ne croyez pas.

Qu'on rie si l'on veut, mais, dans ce moment, je n'aurais pas donné cette bénédiction pour un trône.

Lorsqu'il fut passé, je me relevai. Il se rendait à l'église ; je l'y suivis. Là, un nouveau spectacle m'attendait.

Toute la pauvre communauté, qui n'était plus composée que de seize pères et de onze frères, était réunie dans une petite église éclairée par une lampe qu'entourait un voile noir. Un chartreux disait la messe, et tous les autres l'entendaient, non point assis, non point à genoux, mais prosternés, mais les mains et le front sur le marbre ; les capuchons relevés laissaient voir leurs crânes nus et rasés. Il y avait là des jeunes gens et des vieillards. Chacun d'eux y était venu poussé par des sentiments différents, les uns par la foi, les autres par le malheur ; ceux-ci par des passions, ceux-là par le crime peut-être. Il y en avait là dont les artères des tempes battaient comme s'ils avaient eu du feu dans leurs veines : ceux-là pleuraient ; il y en avait d'autres qui sentaient à peine circuler leur sang refroidi : ceux-là priaient. Oh ! c'eût été, j'en suis sûr, une belle histoire à écrire que l'histoire de tous ces hommes.

Lorsque les matines furent finies, je demandai à parcourir le couvent pendant la nuit ; je craignais que le jour ne vînt m'apporter d'autres idées, et je voulais le voir dans la disposition d'esprit où je me trouvais. Le frère Jean-Marie prit une lampe, m'en donna une autre, et nous commençâmes notre visite par les corridors. Je l'ai déjà dit, ces corridors sont immenses ; ils ont la même longueur que l'église de Saint-Pierre de Rome ; ils renferment quatre cents cellules qui, autrefois, ont été toutes habitées ensemble, et dont maintenant trois cent soixante-treize sont vides. Chaque moine a gravé sur sa porte sa pensée favorite, soit qu'elle fût de lui, soit qu'il l'eût tirée de quelque auteur sacré. Voici celles qui me parurent les plus remarquables :

AMOR, QUI SEMPER ARDES ET NUNQUAM EXTINGUERIS, ASCENDE ME TOTUM IGNE TUO.

DANS LA SOLITUDE, DIEU PARLE AU CŒUR DE L'HOMME, ET, DANS LE SILENCE, L'HOMME PARLE AU CŒUR DE DIEU

FUGE, LATE, TACE

À TA FAIBLE RAISON, GARDE-TOI DE TE RENDRE DIEU T'A FAIT POUR L'AIMER ET NON POUR LE COMPRENDRE

UNE HEURE SONNE, ELLE EST DÉJA PASSÉE.

Nous entrâmes dans une de ces cellules vides ; le moine qui l'habitait était mort depuis cinq jours. Toutes sont pareilles, toutes ont deux escaliers, l'un pour monter un étage, l'autre pour en descendre un. L'étage supérieur se compose d'un petit grenier, l'étage intermédiaire d'une chambre à feu près de laquelle est un cabinet de travail. Un livre y était encore ouvert à la même place où le mourant y avait jeté les yeux pour la dernière fois : c'étaient les *Confessions de saint Augustin*. La chambre à coucher est attenante à cette première chambre ; son ameublement ne se compose que d'un prie-Dieu, d'un lit avec une paillasse et des draps de laine ; ce lit a des portes battantes qui peuvent se fermer sur celui qui y dort ; cela me fit comprendre quelle était la pensée de l'Allemand lorsqu'il m'avait dit que les chartreux couchaient dans une armoire.

L'étage inférieur ne contient qu'un atelier avec des outils de tour ou de menuiserie ; chaque chartreux peut donner deux heures par jour à quelque travail manuel et une heure à la culture d'un petit jardin qui touche à l'atelier : c'est la seule distraction qui lui soit permise.

En remontant, nous visitâmes la salle du chapitre général ; nous y vîmes tous les portraits des généraux de l'ordre, depuis saint Bruno, son fondateur [28], mort en 1101, jusqu'à celui d'Innocent le Maçon, mort en 1703 ; depuis ce dernier jusqu'au père Jean-Baptiste Mortès, général actuel de l'ordre, la suite des portraits est interrompue. En 92, au moment de la dévastation des couvents, les chartreux abandonnèrent la France, emportant chacun avec soi un des portraits. Depuis, chacun est revenu reprendre sa place et rapporter le sien ; ceux qui moururent pendant l'émigration avaient pris leurs précautions pour que le dépôt dont ils s'étaient chargés ne s'égarât pas. Aujourd'hui, aucune ne manque à la collection.

Nous passâmes de là au réfectoire. Il est double : la première salle est celle des frères, la seconde, celle des pères. Ils boivent dans des vases de terre et mangent dans des assiettes de bois ; ces vases ont deux anses, afin qu'il puissent les soulever à deux mains ; ainsi faisaient les premiers chrétiens. Les assiettes ont la forme d'une écritoire ; le récipient du milieu contient la sauce, et les légumes ou le poisson, seule nourriture qui leur soit permise, sont déposés autour. Je pensai encore à mon Allemand, et l'assiette m'expliqua par sa forme ce qu'il m'avait dit encore, que les chartreux mangeaient dans un encrier.

Le frère Jean-Marie me demanda si je voulais voir le cimetière, quoiqu'il fît nuit. Ce qu'il regardait comme un empêchement était un motif de plus pour me décider à cette visite. J'acceptai donc. Mais, au moment où il ouvrait la porte par laquelle on y entrait, il m'arrêta en me saisissant le bras d'une main et en me montrant de l'autre un chartreux qui creusait sa tombe. Je restai un instant immobile à cette vue ; puis je demandai à mon guide si je pouvais parler à cet homme. Il me répondit que rien ne s'y opposait ; je le priai de se retirer si cela était permis. Ma demande, loin de lui sembler indiscrète, parut lui faire grand plaisir ; il tombait de fatigue. Je restai seul.

Je ne savais comment aborder mon fossoyeur. Je fis quelques pas vers lui ; il m'aperçut, et, se retournant de mon côté, il

---

28. La fondation de l'ordre remonte à 1084

s'appuya sur sa bêche et attendit que je lui adressasse la parole. Mon embarras redoubla ; cependant, un plus long silence eût été ridicule.

– Vous faites bien tard une bien triste besogne, mon père, lui dis-je ; il me semble qu'après les mortifications et les fatigues de vos journées, vous devriez éprouver le besoin de consacrer au repos le peu d'heures que la prière vous laisse ; d'autant plus, mon père, ajoutai-je en souriant, car je voyais qu'il était jeune encore, que le travail que vous faites ne me paraît pas pressé.

– Ici, mon fils, me dit le moine avec un accent paternel et triste, ce ne sont pas les plus vieux qui meurent les premiers, et l'on ne va pas à la tombe par rang d'âge ; d'ailleurs, lorsque la mienne sera creusée, Dieu permettra peut-être que j'y descende.

– Pardon, mon père, repris-je ; quoique j'aie le cœur religieux, je connais peu les règles et les pratiques saintes ; ainsi donc, je puis me tromper dans ce que je vais vous dire ; mais il me semble que l'abnégation que votre ordre fait des choses de ce monde ne doit pas aller jusqu'à l'envie de le quitter.

– L'homme est le maître de ses actions, répondit le chartreux, mais il ne l'est pas de ses désirs.

– Votre désir à vous est bien sombre, mon père.

– Il est selon mon cœur.

– Vous avez donc bien souffert ?

– Je souffre toujours.

– Je croyais que le calme seul habitait cette demeure ?

– Le remords entre partout.

Je regardai plus fixement cet homme, et je reconnus celui que j'avais vu cette nuit à l'église, prosterné et sanglotant. Lui me reconnut aussi.

– Vous étiez cette nuit à matines ? me dit-il.

– Près de vous, je crois, n'est-ce pas ?

– Vous m'avez entendu gémir ?

– Je vous ai vu pleurer.

– Qu'avez-vous pensé de moi, alors ?

– Que Dieu vous avait pris en pitié, puisqu'il vous accordait les larmes.

– Oui, oui, depuis qu'il me les a rendues, j'espère aussi que sa vengeance se lasse.

– N'avez-vous point essayé d'adoucir vos chagrins en les confiant à quelqu'un de vos frères ?

– Chacun ici porte un fardeau mesuré pour sa force ; ce qu'un autre y ajouterait le ferait succomber.

– Cela vous aurait fait du bien.

– Je le crois comme vous.

– C'est quelque chose, continuai-je, qu'un cœur qui nous plaint et qu'une main qui serre la nôtre !

Je pris sa main et la serrai. Il la dégagea de la mienne, croisa ses bras sur sa poitrine, me regarda en face comme pour lire par mes yeux dans le plus profond de mon cœur.

– Est-ce de l'intérêt ou de l'indiscrétion ? me dit-il... Êtes-vous bon ou simplement curieux ?

Ma poitrine se serra.

– Votre main une dernière fois, mon père, et adieu !...

Je m'éloignai.

– Écoutez, reprit-il.

Je m'arrêtai. Il vint à moi.

– Il ne sera point dit qu'un moyen de consolation m'aura été offert et que je l'aurai repoussé ; que Dieu vous aura conduit près de moi et que je vous aurai éloigné. Vous avez fait pour un misérable ce que personne n'avait fait depuis six ans ; vous lui avez serré la main. Merci !... Vous lui avez dit que raconter ses malheurs, ce serait les adoucir ; et, par ces mots, vous avez pris l'engagement de les entendre. Maintenant, n'allez pas m'interrompre au milieu de mon récit et me dire : « Assez !... » Écoutez-le jusqu'au bout, car tout ce que j'ai dans le cœur depuis si longtemps a besoin d'en sortir. Puis, quand j'aurai fini, partez aussitôt sans que vous sachiez mon nom, sans que je sache le vôtre ; voilà tout ce que je vous demande.

Je le lui promis. Nous nous assîmes sur le tombeau brisé de l'un des généraux de l'ordre. Il appuya un instant son front entre ses deux mains ; ce mouvement fit retomber son capuchon en arrière, de sorte que, lorsqu'il releva la tête, je pus l'examiner à loisir. Je vis alors un jeune homme à la barbe et aux yeux noirs ; la vie ascétique l'avait rendu maigre et pâle ; mais, en ôtant à sa beauté, elle avait ajouté à sa physionomie. C'était la tête du giaour telle que je l'avais rêvée d'après les vers de Byron.

– Il est inutile que vous sachiez, me dit-il, le pays où je suis né et le lieu que j'habitais. Il y a sept ans que les événements que je vais raconter son arrivés ; j'en avais vingt-quatre alors.

« J'étais riche et d'une famille distinguée ; je fus jeté dans le monde au sortir du collège ; j'y entrai avec un caractère résolu, une tête ardente, un cœur plein de passions et la conviction que rien ne devait longtemps résister à un homme qui avait de la persévérance et de l'or. Mes premières aventures ne firent que me confirmer dans cette opinion.

» Au commencement du printemps de 1825, une campagne voisine de celle de ma mère se trouva à vendre ; elle fut achetée par le général M... J'avais rencontré le général dans le monde, à l'époque où il était garçon. C'était un homme grave et sévère que la vue des champs de bataille avait habitué à compter les hommes comme des unités, et les femmes comme des zéros. Je crus qu'il avait épousé quelque veuve de maréchal avec laquelle il pût parler des batailles de Marengo et d'Austerlitz, et je fus récréé par l'espoir que nous promettait un tel voisinage.

» Il vint nous faire sa visite d'installation et présenter sa femme à ma mère ; c'était une des plus divines créatures que le ciel eût formées.

» Vous connaissez le monde, monsieur, sa morale bizarre, ses principes d'honneur, qui consistent à respecter la fortune de son voisin, qui ne fait que son plaisir, et qui permet de prendre sa femme, qui fait son bonheur. Dès le moment où j'eus vu madame M..., j'oubliai le caractère de son mari, ses cinquante ans, la gloire dont il s'était couvert quand nous n'étions qu'au berceau, les vingt blessures qu'il avait reçues pendant que nous tétions nos nourrices ; j'oubliai le désespoir de ses vieux jours, le ridicule que j'attacherais aux débris d'une vie si belle ; j'oubliai tout pour ne penser qu'à une chose : posséder Caroline.

» Les propriétés de ma mère et celles du général étaient, comme je l'ai dit, presque contiguës ; cette position était un prétexte à nos visites fréquentes ; le général m'avait pris en amitié, et, ingrat que j'étais, je ne voyais dans l'amitié de ce vieillard qu'un moyen de lui enlever le cœur de sa femme.

» Caroline était enceinte, et le général se montrait plus fier de son héritier futur que des batailles qu'il avait gagnées. Son amour pour sa femme en avait acquis quelque chose de plus paternel et de meilleur. Quant à Caroline, elle était avec son mari exactement ce qu'il faut qu'une femme soit pour que, sans le rendre heureux, il n'ait aucun reproche à lui faire. J'avais remarqué cette disposition de sentiments avec le coup d'œil sûr d'un homme intéressé à en saisir toutes les nuances, et j'étais bien convaincu que madame M... n'aimait pas son mari.

» Cependant, chose qui me semblait bizarre, elle recevait mes soins avec politesse, mais avec froideur. Elle ne recherchait pas ma présence, preuve qu'elle ne lui causait aucun plaisir ; elle ne la fuyait pas non plus, preuve qu'elle ne lui inspirait aucune crainte. Mes yeux, constamment fixés sur elle, rencontraient les siens lorsque le hasard les lui faisait lever de sa broderie ou des touches de son piano ; mais il paraît que mes regards avaient perdu la puissance fascinatrice qu'avant Caroline quelques femmes leur avaient reconnue.

» L'été se passa ainsi. Mes désirs étaient devenus un amour véritable. La froideur de Caroline était un défi ; je l'acceptai avec toute la violence de mon caractère. Comme il m'était impossible de lui parler d'amour à cause du sourire d'incrédulité avec lequel elle accueillait mes premières paroles, je résolus de lui écrire ; je roulai un soir sa broderie autour de ma lettre, et lorsqu'elle la déploya le lendemain matin pour travailler, je la suivis des yeux tout en causant avec le général. Je la vis regarder l'adresse sans rougir et mettre mon billet dans sa poche sans émotion. Seulement, un sourire imperceptible passa sur ses lèvres.

» Toute la journée, je vis qu'elle avait l'intention de me parler, mais je m'éloignai d'elle. Le soir, elle travaillait avec plusieurs dames placées comme elle autour d'une table. Le général lisait le journal ; j'étais assis dans un coin sombre d'où je pouvais la regarder sans qu'on s'en aperçût. Elle me chercha des yeux dans le salon et m'appela.

» – Auriez-vous la bonté, monsieur, me dit-elle, de me dessiner deux lettres gothiques pour un coin de mon mouchoir, un C et un M ?

» – Oui, madame, j'aurai ce plaisir.

» – Mais il me les faut ce soir, il me les faut de suite. Venez là.

» Elle écartait d'auprès d'elle une dame de ses amies et me montrait la place vide. Je pris une chaise et j'allai m'y asseoir.

» Elle m'offrit une plume.

» – Il me manque du papier, madame.

» – En voilà, me dit-elle.

» Elle me présenta une lettre pliée dans une enveloppe anglaise. Je crus que c'était une réponse à la mienne ; j'ouvris aussi froidement que je pus l'enveloppe qui me cachait l'écriture ; je reconnus mon billet. Pendant ce temps, elle s'était levée et allait sortir. Je la rappelai :

» – Madame, lui dis-je, en étendant ostensiblement la main vers elle, vous m'avez donné, sans y faire attention, une lettre à votre adresse. L'enveloppe me suffira pour tracer les chiffres que vous m'avez demandés.

» Elle vit son mari lever les yeux de dessus son journal ; elle s'avança précipitamment vers moi, me reprit le billet des mains, regarda l'adresse, et me dit avec indifférence :

» – Oh ! oui, c'est une lettre de ma mère.

» Le général reporta les yeux sur le Courrier français ; je me mis à dessiner le chiffre demandé. Madame M... sortit.

» Tous ces détails vous ennuient peut-être ? monsieur, me dit le chartreux en s'interrompant, et vous êtes étonné de les entendre sortir de la bouche d'un homme qui porte cette robe et qui creuse une tombe ; c'est que le cœur est la dernière chose qui se détache de la terre et que la mémoire est la dernière chose qui se détache du cœur. »

– Ces détails sont vrais, lui dis-je, et, par conséquent, intéressants. Continuez.

– Le lendemain, je fus réveillé à six heures du matin par le général ; il était en attirail de chasseur, et venait me proposer une course dans la plaine.

« Au premier abord, son aspect inattendu m'avait un peu troublé ; mais son air était si calme, sa voix avait si bien conservé le ton de franche bonhomie qui lui était habituel que je me remis bientôt. J'acceptai sa proposition, nous partîmes.

» Nous causâmes de choses indifférentes jusqu'au moment où, près d'entrer en chasse, nous nous arrêtâmes pour charger nos fusils.

» Pendant que nous exécutions cette opération, il me regarda fixement. Ce regard m'intimida.

» – À quoi pensez-vous, général ? lui dis-je.

» – Pardieu ! me répondit-il, je pense que vous êtes bien fou d'être devenu amoureux de ma femme.

» On devine l'effet que produisit sur moi une pareille apostrophe.

» – Moi général ? répondis-je stupéfait...

» – Oui, vous, n'allez-vous pas nier ?

» – Général, je vous jure...

» – Ne mentez pas, monsieur ; le mensonge est indigne d'un homme d'honneur, et vous êtes homme d'honneur, je l'espère.

» – Mais, qui vous a dit cela ?...

» – Qui, pardieu ! qui ?... Ma femme...

» – Madame M... !

» – N'allez-vous pas dire qu'elle se trompe ? Tenez, voilà une lettre que vous lui avez écrite hier.

» Il me tendit un papier que je n'eus pas de peine à reconnaître. La sueur me coulait sur le front. Voyant que j'hésitais à le prendre, il le roula entre ses mains, lui fit prendre la forme d'une bourre, et en chargea son fusil.

» Lorsqu'il eut fini, il posa la main sur mon bras.

» – Est-ce que tout ce que vous avez écrit là est vrai ? me dit-il. Est-ce que vos souffrances sont telles que vous les dépeignez ? Est-ce que vos jours et vos nuits sont devenus un pareil enfer ? Dites-moi vrai, cette-fois ci...

» – Serais-je excusable sans cela, général ?

» – Eh bien, mon enfant, reprit-il avec son ton de voix habituel, alors il faut partir, nous quitter, voyager en Italie ou en Allemagne, et ne revenir que guéri.

» Je lui tendis la main ; il la serra cordialement.

» – Ainsi, c'est entendu ? me dit-il.

» – Oui, général, je pars demain.

» – Je n'ai pas besoin de vous dire que, si vous avez besoin d'argent, de lettres de recommandation...

» – Merci !

» – Écoutez, je vous offre cela comme le ferait un père ; ne vous en fâchez point. Vous ne voulez pas, décidément ? Eh bien, mettons-nous en chasse, et n'en parlons plus.

» Au bout de dix pas, une perdrix partit ; le général lui envoya son coup de fusil, et je vis ma lettre fumer dans la luzerne.

» À cinq heures, nous revînmes au château ; j'avais voulu quitter le général avant d'y entrer, mais il avait insisté pour que je l'accompagnasse.

» – Voici, mesdames, dit-il en entrant dans le salon, un beau jeune homme qui vient vous faire ses adieux ; il part demain pour l'Italie.

» – Ah ! vraiment, monsieur nous quitte ? dit Caroline en levant ses yeux de dessus sa broderie.

» Elle rencontra les miens, soutint tranquillement mon regard deux ou trois secondes, et se remit à travailler.

» Chacun parla à son tour de ce voyage si brusque dont je n'avais pas dit un seul mot les jours précédents ; mais nul n'en devina la cause.

» Madame M... me fit les honneurs du dîner avec une grâce parfaite.

» Le soir, je pris congé de tout le monde ; le général me reconduisit jusqu'à la porte du parc. Je ne sais si, en le quittant, je n'avais pas pour sa femme plus de haine que d'amour.

» Je voyageai un an. Je vis Naples, Rome, Venise, et je m'étonnai chaque jour de sentir cette passion que je croyais éternelle se détacher de mon cœur. J'arrivai enfin à ne plus la considérer que comme une des mille aventures dont est parsemée la vie d'un jeune homme, dont on ne se souvient plus que de temps en temps, et qu'un jour on finira par oublier tout à fait.

» Je rentrai en France par le mont Cenis. Arrivé à Grenoble, nous fîmes la partie, avec un jeune homme que j'avais rencontré à Florence, de venir visiter la Chartreuse. Je vis ainsi cette maison, que j'habite depuis six ans, et je dis en riant à Emmanuel (c'était le nom de baptême de mon compagnon) que, si j'avais connu ce cloître lorsque j'étais amoureux, je m'y serais fait moine.

» Je revins à Paris. J'y retrouvai mes anciennes connaissances. Ma vie se renoua au même fil qui s'était cassé lorsque j'avais connu madame M... Il me semblait que tout ce que je viens de vous raconter n'était qu'un rêve. Seulement, ma mère, s'ennuyant à la campagne du moment où je n'y pouvais plus rester avec elle, avait vendu la nôtre et acheté un hôtel à Paris.

» J'y avais revu le général, et il avait été content de moi. Il m'avait offert de présenter mes hommages à sa femme ; j'avais accepté, certain que j'étais de mon indifférence. En entrant dans sa chambre, je ressentis cependant une légère oppression. Madame M... était sortie. L'émotion que j'avais éprouvée était si peu de chose que je n'en pris aucune inquiétude.

» Quelques jours après, j'allai au bois et je rencontrai, au détour d'une allée, le général et sa femme. Les éviter eût été affecté ; d'ailleurs, pourquoi aurais-je craint de voir madame M... ?

» J'allai donc à eux. Je trouvai Caroline plus belle encore que je ne l'avais quittée ; lorsque je l'avais connue, les commencements de sa grossesse la fatiguaient, tandis qu'alors, avec sa santé, sa fraîcheur était revenue.

» Elle m'adressa la parole avec un son de voix plus affectueux qu'elle n'avait l'habitude de le faire. Elle me tendit la main, et, lorsque je la pris, je la sentis frémir dans la mienne ; je frissonnai par tout le corps. Je la regardai et elle baissa les yeux. Je mis mon cheval au pas et je marchai près d'elle.

» Le général m'invita à retourner à sa campagne, pour laquelle sa femme et lui partaient dans quelques jours ; il insista d'autant plus que nous ne possédions plus la nôtre. Je refusai. Caroline se retourna de mon côté :

» – Venez donc ! me dit-elle.

» Jusque-là, je ne connaissais pas sa voix ; je ne répondis rien, et je tombai dans une rêverie profonde ; ce n'était pas la même femme que j'avais vue il y avait un an.

» Elle se retourna vers son mari.

» – Monsieur craint de s'ennuyer chez nous, dit-elle ; autorisez-le donc à amener un ou deux amis, cela le décidera peut-être.

» – Pardieu ! répondit le général, il est bien libre. Vous entendez ? me dit-il.

» – Merci, général, répondis-je sans trop savoir ce que je disais ; mais j'ai des engagements...

» – Que vous préférez aux nôtres, dit Caroline. C'est aimable.

» Elle accompagna ces mots de l'un de ces regards pour lesquels, il y avait un an, j'aurais donné ma vie.

» J'acceptai.

» J'avais continué de voir à Paris ce jeune homme que j'avais connu à Florence. Il vint chez moi la veille de mon départ, et me demanda où j'allais. Je n'avais aucune raison de le lui cacher.

» – Ah ! me dit-il, c'est bizarre : peu s'en est fallu que je ne sois des vôtres.

» – Vous connaissez le général ?

» – Non ; un de mes amis devait me présenter à lui ; mais il est au fond de la Normandie pour recueillir l'héritage de je ne sais quel oncle qui lui est mort : cela me contrarie d'autant plus que, vous allant à la campagne, c'était une véritable partie de plaisir pour moi de vous y trouver.

» Je me rappelai alors l'offre que m'avait faite le général de me faire accompagner par un ami.

» – Voulez-vous que je vous y conduise ? dis-je à Emmanuel.

» – Êtes-vous assez libre dans la maison pour cela ?

» – Oh ! tout à fait.

» – J'accepte, alors.

» – C'est bien ! Soyez prêt demain à huit heures, j'irai vous prendre.

» Nous arrivâmes vers une heure au château du général ; ces dames étaient dans le parc. On nous indiqua le côté où elles se promenaient : nous le rejoignîmes bientôt.

» En nous apercevant, il me sembla que madame M... pâlissait. Elle m'adressa la parole avec une émotion à laquelle je ne pouvais me tromper. Le général accueillit Emmanuel avec cordialité, mais sa femme mit dans la réception qu'elle lui fit une froideur visible.

» – Vous voyez, dit-elle à son mari en lui indiquant, par un froncement de sourcils imperceptible, Emmanuel, qui avait le dos tourné, que monsieur avait besoin pour nous venir voir de la permission que nous lui avons donnée ; du reste, je le remercie deux fois.

» Avant que j'eusse trouvé quelque chose à lui répondre, elle me tourna le dos et parla à une autre personne.

» Cependant, cette mauvaise humeur ne tint que le temps strictement nécessaire pour que j'eusse à m'en louer bien plutôt qu'à m'en plaindre. Au dîner, je fus placé près d'elle, et je ne m'aperçus pas qu'elle en eût conservé la moindre trace. Elle fut charmante.

» Après le café, le général proposa une promenade dans le parc. J'offris mon bras à Caroline : elle l'accepta. Il y avait dans toute sa personne cette langueur et cet abandon que les Italiens appellent *morbidezza,* et que notre langue n'a pas de mot pour exprimer.

» Quant à moi, j'étais fou de bonheur. Cette passion à laquelle il avait fallu un an pour s'en aller, il lui avait suffi d'un jour pour me reprendre toute l'âme : je n'avais jamais aimé Caroline comme je l'aimais.

» Les jours suivants ne changèrent rien aux manières de madame M... avec moi ; seulement, elle évitait un tête-à-tête. Je vis dans cette précaution une nouvelle preuve de sa faiblesse, et mon amour s'en accrut encore, s'il était possible.

» Une affaire appela le général à Paris. Je crus m'apercevoir que, lorsqu'il annonça cette nouvelle à sa femme, un éclair de joie passa dans ses yeux, et je me dis à moi-même :

» – Oh ! merci, Caroline, merci ; car cette absence ne te rend joyeuse qu'à cause de la liberté qu'elle te donne. Oh ! à nous deux toutes les heures, tous les instants, toutes les secondes de cette absence.

» Le général partit après le dîner. Nous allâmes le reconduire jusqu'au bout de l'avenue. Caroline s'appuya comme de coutume sur mon bras pour revenir ; à peine si elle pouvait se soutenir : sa poitrine était haletante, son haleine embrasée. Je lui parlais de mon amour, et elle ne s'offensait point. Puis, quand sa bouche m'eut fait la défense de continuer, ses yeux étaient noyés dans une telle langueur qu'il lui eût été impossible de leur donner une expression en harmonie avec ses paroles.

» La soirée se passa comme un rêve. Je ne sais à quel jeu on joua ; mais je sais que je restai près d'elle, que ses cheveux touchaient mon visage à chaque mouvement qu'elle faisait, et que ma main rencontra vingt fois la sienne ; ce fut une ardente soirée : j'avais du feu dans les veines.

» L'heure de nous retirer arriva ; il ne manquait rien à mon bonheur que d'avoir entendu, de la bouche de Caroline, ces mots que je lui avais répétés vingt fois tout bas : Je t'aime, je t'aime !... Je rentrai dans ma chambre, joyeux et fier comme si j'étais le roi du monde ; car demain, demain peut-être, la plus belle fleur de la création, le plus beau diamant des mines humaines, Caroline, allait être à moi ! à moi !... Toutes les joies du ciel et de la terre étaient dans ces deux mots.

» Je les répétais comme un insensé en marchant dans ma chambre. J'étouffais.

» Je me couchai, et je ne pus dormir. Je me levai, j'allai à la fenêtre et je l'ouvris. Le temps était superbe, le ciel flamboyait d'étoiles, l'air semblait embaumé : tout était beau et heureux comme moi ; car on est beau lorsqu'on est heureux.

» Je pensai que cette nature tranquille, cette nuit, ce silence me calmeraient peut-être ; ce parc où nous nous étions promenés toute la journée était là... Je pouvais retrouver dans les allées la trace de ses petits pieds qu'accompagnaient les miens ; je pouvais baiser les places où elle s'était assise. Je me précipitai dehors.

» Deux fenêtres seules étaient illuminées sur toute la large façade du château : c'étaient celles de sa chambre. Je m'appuyai contre un arbre et je collai mes yeux contre les rideaux.

» Je vis son ombre ; elle n'était point encore couchée, elle veillait, brûlée comme moi, peut-être, de pensées et de désirs d'amour... Caroline ! Caroline !

» Elle était immobile et semblait écouter. Tout à coup, elle s'élança vers la porte qui touchait presque à la fenêtre. Une autre ombre parut près de la sienne, leurs deux têtes se touchèrent, la lumière s'éteignit ; je jetai un cri et je restai haletant.

» Je crus n'avoir pas bien vu, je crus que c'était un rêve... Je restai les yeux fixés sur ces rideaux sombres que ma vue ne pouvait percer !... »

Le moine prit ma main et la broya dans les siennes.

– Ah ! monsieur, monsieur, me dit-il, avez-vous été jaloux ?

– Vous les avez tués ? lui dis-je.

Il se mit à rire d'une manière convulsive, entrecoupant ce rire de sanglots ; puis, tout à coup, il se leva, croisant ses mains sur sa tête et se cambrant en arrière en poussant des cris inarticulés.

Je me levai et le pris à bras-le-corps.

– Voyons, voyons, lui dis-je, du courage !...

– Je l'aimais tant, cette femme ! je lui aurais donné ma vie jusqu'au dernier souffle, mon sang jusqu'à la dernière goutte, mon âme jusqu'à sa dernière pensée ! Cette femme m'aura perdu dans ce monde et dans l'autre, monsieur ! car je mourrai en songeant à elle au lieu de songer à Dieu.

– Mon père !

– Eh ! ne voyez-vous pas que je suis toujours ainsi ; que, depuis six ans que je suis enfermé vivant dans ce sépulcre, espérant que la mort qui l'habite tuerait mon amour, il ne s'est point passé de journées sans que je ne me roulasse dans ma cellule, de nuits sans que le cloître ne retentît de mes cris ; que les douleurs du corps n'ont rien fait à cette rage de l'âme ?

Il ouvrit sa robe et me montra sa poitrine déchirée sous le cilice qu'il portait sur sa peau.

– Voyez plutôt, me dit-il...

– Alors, vous les avez donc tués ? repris-je.

– Oh ! j'ai fait bien pis, me répondit-il... Il n'y avait qu'un moyen d'éclaircir mes doutes : c'était d'attendre jusqu'au jour, s'il le fallait, dans le corridor où donnait la porte de sa chambre, et de voir qui en sortirait.

« Je ne sais combien d'heures je passai là : le désespoir et la joie calculent mal le temps. Une ligne blanche commençait à paraître à l'horizon lorsque la porte s'entr'ouvrit ; j'entendis la voix de Caroline, et, quoiqu'elle parlât bas, voici ce qu'elle dit :

» – Adieu, mon Emmanuel chéri ! à demain !

» Puis la porte se ferma ; Emmanuel passa près de moi. Je ne sais comment il se fit qu'il n'entendît pas les battements de mon cœur... Emmanuel !...

» Je rentrai dans ma chambre et je tombai sur le parquet, roulant dans ma pensée tous les moyens de vengeance et appelant Satan à mon aide pour qu'il m'en choisît un ; je crois bien qu'il m'entendit et qu'il m'exauça. Je m'arrêtai à un projet. Dès lors, je fus plus calme. Je descendis à l'heure du déjeuner. Caroline était devant une glace, entrelaçant du chèvrefeuille dans ses cheveux. Je m'avançai derrière elle, et elle aperçut tout à coup dans la psyché ma tête au-dessus de la sienne ; il paraît que j'étais fort pâle, car elle tressaillit et se retourna.

» – Qu'avez-vous donc ? me dit-elle.

» – Rien, madame, j'ai mal dormi.

» – Et qui a causé votre insomnie ? ajouta-t-elle en souriant.

» – Une lettre que j'ai reçue hier soir en vous quittant, et qui me rappelle à Paris.

» – Pour longtemps ?

» – Pour un jour.

» – Un jour est bientôt passé.

» – C'est une année ou une heure.

» – Et dans laquelle de ces deux classes rangez-vous celui d'hier ?

» – Parmi les jours heureux : on en a un comme cela dans toute une vie, madame ; car, arrivé à ce degré, le bonheur, ne pouvant plus augmenter, ne fait que décroître. Quand les anciens en étaient là, ils jetaient quelque objet précieux à la mer afin de conjurer les divinités mauvaises. Je crois que j'aurais bien fait hier soir d'agir comme eux.

» – Vous êtes un enfant, me dit-elle en me donnant le bras pour passer dans la salle à manger.

» Je cherchai des yeux Emmanuel ; il était parti dès le matin pour la chasse. Oh ! leurs mesures étaient bien arrêtées pour qu'on ne surprît pas même un coup d'œil.

» Après le déjeuner, je demandai à Caroline l'adresse de son marchand de musique : j'avais, lui dis-je, quelques romances à acheter. Elle prit un morceau de papier, écrivit cette adresse et me la donna. Je n'avais pas besoin d'autre chose.

» Je fis seller mon cheval au lieu de prendre mon tilbury ; il me fallait aller vite.

» Caroline vint sur le perron pour me voir partir ; tant qu'elle put m'apercevoir, j'allai au pas ; puis, arrivé au premier détour, je lançai mon cheval ventre à terre ; je fis dix lieues en deux heures.

» En arrivant à Paris, je passai chez le banquier de ma mère ; j'y pris trente mille francs. De là, je me rendis chez Emmanuel. Je demandai son valet de chambre ; on le fit venir. Je fermai la porte sur nous deux, et je lui dis :

» – Tom, veux-tu gagner vingt mille francs ?

» Tom ouvrit de grands yeux.

» – Vingt mille francs ? dit-il.

» – Oui, vingt mille francs.

» – Si je veux les gagner, moi ?... Certainement que je le veux !...

» – Ou je me trompe, repris-je, ou tu ferais pour moitié de cette somme une action une fois plus mauvaise que celle que je vais te proposer.

» Tom sourit.

» – Monsieur ne me flatte pas, dit-il.

» – Non, car je te connais.

» – Parlez donc, alors.
» – Écoute.
» Je tirai de ma poche l'adresse que m'avait donnée Caroline, et je la lui montrai.
» – Ton maître reçoit des lettres de cette écriture ? lui dis-je.
» – Oui, monsieur.
» – Où les met-il ?
» – Dans son secrétaire.
» – Il me faut toutes ces lettres. Voilà cinq mille francs d'avance. Je te donnerai les quinze mille autres lorsque tu m'apporteras la correspondance.
» – Et où monsieur va-t-il m'attendre ?
» – Chez moi.
» Une heure après, Tom entra.
» – Voilà, monsieur, me dit-il en me présentant un paquet de lettres.
» Je comparai les écritures, elles étaient pareilles... Je lui remis les quinze mille francs. Il sortit. Alors je m'enfermai. Je venais de donner de l'or pour ces lettres ; maintenant, j'aurais donné du sang pour que ce fût à moi qu'elles eussent été écrites.
» Emmanuel était l'amant de Caroline depuis deux ans. Il l'avait connue jeune fille. Lorsqu'elle se maria, il partit, et l'enfant dont M. M... était si fier, il l'appelait le sien. Depuis cette époque, la difficulté de se faire présenter chez le général les avait empêchés de se revoir. Mais un jour, comme je l'ai dit, je le rencontrai au bois avec sa femme, et je fus choisi par elle et son amant pour masquer leur amour. Je fus chargé de ramener Emmanuel près de Caroline, et ces attentions, ces soins, cette tendresse même que l'on affectait pour moi, c'était pour détourner les soupçons du général, qui, après l'aveu que sa femme lui avait fait autrefois, ne devait plus, ne pouvait plus me craindre. Vous voyez que l'intrigue était habile, et que j'avais été bien dupe et bien stupide, moi !... Mais maintenant, c'était à mon tour !
» J'écrivis à Caroline :
» "Madame, j'étais hier à onze heures du soir dans le jardin quand Emmanuel est entré chez vous, et je l'ai vu y entrer. J'étais ce matin, à quatre heures, dans le corridor lorsqu'il est sorti de votre chambre, et je l'en ai vu sortir. Il y a une heure

que j'ai acheté vingt mille francs à Tom votre correspondance avec son maître."

» Le général ne devait être de retour au château que dans deux ou trois jours ; j'étais donc sûr que cette lettre ne tomberait pas entre ses mains.

» Le lendemain, à onze heures, je vis entrer Emmanuel dans ma chambre ; il était pâle et couvert de poussière. Il me trouva sur mon lit comme je m'y étais jeté la veille. Je n'avais pas dormi un instant de la nuit. Il vint à moi.

» – Vous savez sans doute ce qui m'amène ? me dit-il.

» – Je le présume, monsieur.

» – Vous avez des lettres à moi ?

» – Oui, monsieur.

» – Vous allez me les rendre ?

» – Non, monsieur.

» – Que comptez-vous en faire ?

» – C'est mon secret.

» – Vous refusez ?

» – Je refuse.

» – Ne me forcez pas de vous dire ce que vous êtes.

» – Hier, j'étais un espion ; aujourd'hui, je suis un voleur ; je me suis dit ces choses avant vous.

» – Et si je vous les répétais ?

» – Vous êtes de trop bon goût pour le faire.

» – Alors vous me rendrez raison sans cela ?

» – Sans doute.

» – À l'instant même ?

» – À l'instant même.

» – Mais c'est un duel implacable, un duel à mort, je vous en préviens.

» – Aussi vous me permettrez de faire mes dispositions testamentaires, elles ne seront pas longues.

» Je sonnai. Mon valet de chambre entra ; c'était un homme éprouvé, sur lequel je pouvais compter.

» – Joseph, lui dis-je, je vais me battre avec monsieur, et il est possible qu'il me tue.

» J'allai à mon secrétaire, que j'ouvris.

» – Aussitôt que vous me saurez mort, continuai-je, vous prendrez ces lettres, et vous les porterez au général M... Ces dix mille francs, qui sont dans le même tiroir, seront pour vous. Voici la clef.

» Je refermai le secrétaire, et j'en donnai la clef à Joseph. Il s'inclina et sortit. Je me retournai vers Emmanuel.

» – Maintenant, je suis à vous, lui dis-je.

» Emmanuel était pâle comme la mort, et chacun de ses cheveux avait une goutte de sueur.

» – Ce que vous faites là est bien infâme ! me dit-il.

» – Je le sais.

» Il se rapprocha de moi.

» – Si vous me tuez, rendrez-vous ces lettres à Caroline, au moins ?

» – Cela dépendra d'elle.

» – Que faut-il donc qu'elle fasse pour les ravoir ? Voyons...

» – Il faut qu'elle vienne les chercher.

» – Ici ?

» – Ici.

» – Avec moi, alors ?

» – Seule.

» – Jamais.

» – Ne vous engagez point pour elle.

» – Elle n'y consentira pas.

» – Peut-être. Retournez au château et consultez-vous ensemble ; je vous donne trois jours.

» Il réfléchit un instant, et se précipita hors de la chambre.

» Le troisième jour, Joseph m'annonça qu'une femme voilée voulait me parler en secret. Je lui dis de la faire entrer : c'était Caroline. Je lui fis signe de s'asseoir ; elle s'assit. Je me tins debout devant elle.

» – Vous voyez, monsieur, me dit-elle, je suis venue.

» – Il eût été imprudent à vous de ne pas le faire, madame.

» – Je suis venue, espérant dans votre délicatesse.

» – Vous avez eu tort, madame.

» – Vous ne me rendrez donc pas ces malheureuses lettres ?

» – Si fait, madame, mais à une condition...

» – Laquelle ?

» – Oh ! vous la devinez.

» Elle s'enveloppa la tête dans les rideaux de ma fenêtre en se renversant comme une femme désespérée ; car elle avait compris au son de ma voix que je serais inflexible.

216

» – Écoutez, madame, continuai-je, nous avons tous les deux joué un jeu bizarre : vous, au plus fin ; moi, au plus fort. Voilà que c'est moi qui ai gagné la partie, c'est à vous de savoir la perdre.

» Elle se tordit et sanglota.

» – Oh ! votre désespoir et vos larmes n'y feront rien, madame ; vous vous êtes chargée de dessécher mon cœur, et vous y avez réussi.

» – Mais, dit-elle, si je m'engageais par serment, en face de l'autel, à ne plus revoir Emmanuel ?

» – Ne vous étiez-vous pas engagée par serment et en face de l'autel à rester fidèle au général ?

» – Comment ! rien, rien autre chose que cela pour ces lettres !... ni or, ni sang !... dites ?...

» – Rien.

» Elle déroula le rideau qui enveloppait sa tête, et me regarda en face. Cette tête pâle, avec des yeux brillants de colère et ses cheveux épars, était superbe, se détachant sur la draperie rouge.

» – Oh ! dit-elle les dents serrées, oh ! monsieur, votre conduite est bien atroce.

» – Et que direz-vous de la vôtre, madame ?... J'avais été un an à éteindre mon amour, et j'y étais parvenu, et j'étais rentré en France avec de la vénération pour vous. Mes tortures passées, je ne m'en souvenais pas ; je ne demandais qu'à me reprendre à un autre amour ; et voilà que je vous rencontre : alors ce n'est plus moi qui vais à vous, c'est vous qui marchez à moi ; c'est vous qui venez du doigt remuer la cendre de mon cœur, et, avec votre souffle, chercher les étincelles de cet ancien feu. Puis, lorsqu'il est rallumé, quand vous le voyez dans ma voix, dans mes yeux, dans mes veines, partout... à quoi vais-je vous être bon ? à quoi puis-je vous servir ? à conduire dans vos bras l'homme que vous aimez, et à cacher derrière mon manteau vos baisers adultères. Je l'ai fait, cela, aveugle que j'étais ! Mais aveugle aussi que vous étiez, vous n'avez pas pensé que je n'avais qu'à soulever le manteau, et que le monde entier vous verrait !... Allons, madame, c'est à vous de décider si je le ferai.

» – Mais, monsieur, je ne vous aime pas, moi !

» – Ce n'est pas votre amour que je vous demande...

» – Ce serait un viol, songez-y...
» – Appelez la chose comme vous le voudrez !...
» – Oh ! vous n'êtes pas si cruel que vous feignez de l'être ; vous aurez pitié d'une femme qui est à vos genoux.
» Elle se jeta à mes pieds.
» – Avez-vous eu pitié de moi lorsque j'étais aux vôtres ?
» – Mais je suis une femme, et vous êtes un homme...
» – En souffrais-je moins ?
» – Je vous en supplie, monsieur, rendez-moi ces lettres, au nom de Dieu...
» – Je n'y crois plus...
» – Au nom de l'amour que vous aviez pour moi.
» – Il est éteint.
» – Au nom de ce que vous avez de plus cher au monde...
» – Je n'aime plus rien.
» – Eh bien, faites ce que vous voudrez de ces lettres, me dit-elle en se relevant ; mais ce que vous exigez ne sera pas.
» Et elle s'élança hors de la chambre.
» – Vous avez jusqu'à demain dix heures, madame, lui criai-je de la porte ; cinq minutes plus tard, il ne sera plus temps.
» Le lendemain, à neuf heures et demie, Caroline entra dans ma chambre et s'approcha de mon lit.
» – Me voilà, dit-elle.
» – Eh bien ?
» – Faites ce que voudrez, monsieur.

» Un quart d'heure après, je me levai, j'allai au secrétaire, et, prenant au hasard une lettre dans le tiroir où elles étaient enfermées toutes, je la lui présentai.
» – Comment ! me dit-elle en pâlissant, une seule ?...
» – Les autres vous seront remises de la même manière, madame ; lorsque vous les voudrez, vous pouvez les venir prendre. »
– Et elle revint ? m'écriai-je, interrompant le moine.
– Deux jours de suite...
– Et le troisième jour ?
– On la trouva asphyxiée avec Emmanuel.

Chapitre 16

Aventicum

Le lendemain, à la pointe du jour, nous allâmes visiter la chapelle de Saint-Bruno. Elle est située à une demi-lieue au-dessus de la Chartreuse, sur la pointe d'un rocher à pic ; elle n'offre de remarquable que le pittoresque des localités et la hardiesse de sa situation. À l'intérieur, de mauvaises peintures à fresque représentent six généraux de l'ordre et, à l'extérieur, au-dessus de la porte, est gravée cette inscription dont la dernière phrase ne m'a point paru parfaitement intelligible. Je la rapporte ici telle qu'elle est :

SACELLUM
SANCTI BRUNONIS

HIC EST LOCUS IN QUO
GRATIANOPOLIS EPISCOPUS
VIDIT DEUM
SIBI DIGNUM CONSTRUENTEM
HABITACULUM

En descendant de la chapelle, nous entrâmes dans une petite grotte où coulent, près l'une de l'autre, deux sources : l'une est presque tiède, l'autre est glacée.

Le chemin par lequel nous revînmes est d'un caractère grand et sauvage. Je m'arrêtai pour admirer un de ces sites et faire remarquer à mon compagnon de voyage combien cet endroit semblait disposé par la nature pour qu'un peintre en fît, sans y rien changer, un admirable paysage. Mon guide se mit à rire. Comme il n'y avait rien de bien comique dans ce que je disais, et que ce n'était pas même à lui que j'adressais la parole, je me retournai pour lui demander quels étaient les motifs de son hilarité.

– Ah ! me dit-il, c'est que votre réflexion me rappelle une drôle d'aventure.
– Qui s'est passée ici ?
– À l'endroit même.
– Peut-on la connaître ?
– Certainement, il n'y a pas de mystère. Elle est arrivée à un paysagiste de Grenoble qui était venu ici pour faire des peintures, garçon de talent, ma foi ! Il avait trouvé cet endroit-ci à son goût, il y avait établi sa petite baraque ; c'était drôle, on ne peut pas plus. Imaginez-vous une tente fermée, avec une ouverture seulement par en haut. Il établissait une mécanique qui bouchait le trou, de sorte que le jour entrait par des miroirs, si bien que je ne sais pas comment ça se faisait, mais tout le pays, à cinq cents pas environnant, se réfléchissait tout seul et en petit sur son papier. Il appelait cela une chambre, une chambre...
– Obscure ?
– C'est cela. En effet, une fois dans la petite baraque, on ne voyait plus ni ciel ni terre, on ne distinguait plus que le paysage représenté au naturel sur le papier, avec les arbres, les pierres, la cascade, enfin tout ; si bien que, quand il ne faisait pas de vent, j'aurais pu dessiner les arbres aussi bien que lui, quoi. Voilà donc qu'un jour qu'il était dans sa machine, piochant d'ardeur, il voit dans un coin de son paysage quelque chose qui remue. Bon, qu'il dit, ça animera le tableau. Alors, comme il voulait dessiner la chose qui remuait, le voilà qui regarde, qui regarde, et puis qui se frotte les yeux. Savez-vous ce que c'était qui remuait dans un coin du paysage ?
– Non.
– Eh bien ! c'était un ours, pas plus gros qu'une noisette, c'est vrai, parce que la diable de glace, ça rapetisse tout, mais d'une belle taille tout de même, considéré du dehors. L'ours venait de son côté, et il grossissait sur le papier au fur et à mesure qu'il s'avançait vers lui ; il était déjà gros comme une noix. Ma foi la peur lui prit, il jeta là papier, palette, pinceaux, prit ses deux jambes à son cou et arriva à la Chartreuse à moitié mort. Depuis cette époque, il est revenu plusieurs fois ; mais on n'a jamais pu le déterminer à s'éloigner de plus de cinq cents pas des bâtiments, et encore, avant de commencer,

il regarde bien dans tous les coins de son paysage pour voir s'il n'y a pas quelque quadrupède.

Je promis de faire part de l'aventure à mes camarades d'atelier ; en effet, je n'y manquai point à mon retour et l'anecdote eu un prodigieux succès parmi les rapins.

Bientôt, nous repassâmes près de la Grande Chartreuse. Je ne voulus rien voir pendant le jour de cet intérieur qui m'avait tant impressionné pendant la nuit, et nous descendîmes sans nous arrêter jusqu'à Saint-Laurent-du-Pont, où nous retrouvâmes notre voiture. Le même soir, nous étions à Aix, et le lendemain sur la route de Genève.

Pendant qu'on dînait à Annecy, je courus jusqu'à l'église de la Visitation, dans laquelle sont déposées les reliques de saint François de Sales. En attendant que la grille du chœur fût ouverte, j'examinai à chacun de ses côtés deux petits bustes, l'un de saint François, l'autre de sainte Chantal, dont les piédestaux, creusés et fermés par un verre, laissaient voir des fragments d'os adorés comme reliques.

Au bout de cinq minutes, le sacristain arriva, tout essoufflé, et m'ouvrit le chœur. En y entrant, la première chose qui me frappa fut une vaste et double grille par laquelle on pouvait pénétrer dans une grande chambre voûtée et sombre. Cette grille est la porte de communication de l'église avec le couvent de la Visitation, et comme, ainsi que je l'ai dit, elle donne dans le chœur, les religieuses peuvent assister au sacrifice de la messe séparées des autres fidèles, et sans être exposées aux regards des laïcs.

Une châsse de bronze et d'argent, placée sur l'autel, renferme les ossements de saint François. Le corps est revêtu de ses habits d'évêque ; les mains modelées en cire sont couvertes de gants, et l'une de ces mains est ornée de l'anneau épiscopal ; la figure est cachée sous un masque d'argent. La châsse, qui vaut dix-huit mille francs, a été donnée en 1820 par le comte François de Sales et la comtesse Sophie, sa femme. Plusieurs parents du saint existent encore dans les environs d'Annecy, sa mort ne remontant qu'à l'année 1625.

Dans une chapelle latérale, une autre châsse sert de tombeau à sainte Chantal, qu'on appelle généralement, avec plus de familiarité que de vénération, la mère Chantal. Sa châsse est un peu moins riche et moins pesante que celle de son voisin ; aussi ne vaut-elle que quinze mille francs. Elle a été donnée à l'église par la reine Marie-Christine, épouse de Charles-Félix de Savoie.

Le soir, nous étions à Genève où nous ne nous arrêtâmes qu'une nuit. Le lendemain, à sept heures, nous nous embarquâmes sur notre beau lac bleu ; à midi, j'embrassais à Lausanne notre bon ami M. Pellis et, à une heure, je roulais vers Moudon dans l'une de ces petites calèches à un cheval, si commodes et si élégantes, comparées à nos fiacres et à nos remises.

Ce mode de voyager, le plus agréable de tous, n'est cependant praticable que sur les grandes routes ; la fragilité de la caisse qui vous renferme ne résisterait pas aux cahots d'un chemin de traverse. Le prix journalier de l'homme, du cheval et de la voiture est de dix francs. Mais comme cette somme est la même pour les jours de retour à vide, il faut calculer vingt francs, plus la *trinkgeld* [29] du conducteur, laquelle est à la générosité du voyageur et qu'il augmente ou diminue ordinairement, selon la manière dont le cocher a fait son service. Cette *trinkgeld* est communément de quarante sous par jour. Ainsi, ajoutez à cela trois francs pour le déjeuner, quatre pour le dîner et deux pour le lit, vous aurez à dépenser par vingt-quatre heures une somme totale de trente et un francs, que les frais inattendus porteront à trente-cinq.

Maintenant que j'ai donné ces détails, qu'il est très important de connaître dans un pays où les habitants vivent la moitié de l'année de ce qu'ils ont gagné l'autre, et où les aubergistes considèrent les voyageurs comme des oiseaux de passage dont il faut que chacun d'eux arrache une plume, revenons à la petite calèche qui trotte sur le grand chemin de Lausanne à Morat, et à travers les rideaux de cuir de laquelle je commence à apercevoir Moudon.

Moudon, le *Musdonium* des Romains, n'offre rien de remarquable qu'un bâtiment carré du treizième siècle et une fontaine du seizième ; elle représente Moïse tenant les tables de la loi.

Nous nous arrêtâmes à Payerne pour y dîner. C'est dans cette ville que se trouve le tombeau de la reine Berthe. Il a été découvert dans une fouille faite sous la voûte de la tour Saint-

---

29. Argent pour boire.

Michel, qui appartenait à l'ancienne église abbatiale où on l'avait ensevelie, d'après une tradition populaire qui indiquait ce lieu pour celui de sa sépulture. Le sarcophage était taillé dans un bloc de grès qui avait parfaitement conservé les ossements de la veuve de Rodolphe. Le Conseil d'État du canton de Vaud, après avoir examiné le procès-verbal de cette fouille, convaincu que ces ossements étaient bien ceux de la reine, morte en 970, les fit transporter dans l'église paroissiale et fit recouvrir le monument d'une table de marbre noir sur laquelle on lit cette inscription :

PIÆ MEMORIÆ
BERTÆ,
RUD. II BURGUND. MIN. REG. CONJUG. OPT.
CUJUS IN EXEMPLUM ECCLESIAS
FUNDAVIT, CASTRA MUNIIT, VIAS
APERIIT, AGROS COLUIT, PAUPERES
ALUIT.
TRANSJURANÆ PATRIAÆ
MATER ET DELICIÆ
EJUS SEPUL. UT TRADICTUR DETECTUM
A. R. S. MDCCCXVIII
BENEFICIOR. ERGA PATRES MEMORES,
FILII RITE RESTAURAVERE
S. P. Q. VAUDENSIS

———

À la pieuse mémoire
De Berthe,
Très excellente épouse de Rodolphe II,
Roi de la petite Bourgogne,
Dont la mémoire est en bénédiction
et la quenouille en exemple.
Elle fonda des églises, fortifia des châteaux,
Ouvrit des routes, cultiva des champs,
Nourrit les pauvres.
De la patrie transjurane
Mère et délice, Après IX
siècles,
Son sépulcre, ainsi qu'on nous l'a dit, ayant été retrouvé,
L'an de grâce MDCCCXVIII,
Reconnaissants de ses bienfaits envers leurs aïeux,

Les fils le restaurèrent religieusement.
Le Sénat et le peuple vaudois.

Un autre monument, non moins visité que celui-ci, est de son côté exposé par l'aubergiste à la curiosité des voyageurs : c'est la selle de la reine. On y voit encore le trou dans lequel elle plantait la quenouille citée dans son épitaphe quand elle parcourait son royaume. Du reste, les traditions de cette époque sont restées dans tous les esprits comme un souvenir de l'âge d'or, et chaque fois qu'on veut parler d'un siècle heureux, on dit : *« C'était du temps où la reine Berthe filait. »*

Deux heures après avoir quitté Payerne, nous entrions à Avenches, qui, sous le nom d'*Aventicum*, était la capitale de l'Helvétie sous les Romains ; elle couvrait alors un espace de terrain deux fois plus considérable que celui qu'elle occupe aujourd'hui. Les barques du lac de Morat abordaient au pied de ses murs ; elle avait un cirque où rugissaient les lions et où combattaient des esclaves ; des bains, où des femmes du Niger et de l'Indus tressaient les cheveux parfumés des dames romaines en les entremêlant de bandelettes blanches ou rouges, et un capitole où les vaincus rendaient grâces aux dieux des triomphes de leurs vainqueurs. Atteinte par l'une de ces révolutions romaines pareilles aux tremblements de terre qui vont du Vésuve, et par des conduits souterrains, renverser Foligno, les démêlés mortels de Galba et de Vitellius l'atteignirent. Ignorant la mort du premier, elle voulut lui rester attachée ; alors Albanus Cecina, gouverneur général de l'Helvétie, marcha contre elle à la tête d'une légion qui portait le nom de *Terrible*. Maître d'Aventicum, il crut atteindre, dans un riche Romain nommé Julius Alpinus, le chef du parti vaincu et, malgré les témoins qui attestèrent l'innocence du vieillard, malgré les pleurs de Julia sa fille, consacrée à Vesta et qu'on appelait la Belle Prêtresse, Alpinus fut mis à mort. Julia ne put survivre à son père. Un tombeau lui fut élevé, portant l'épitaphe suivante qui consacrait cet amour filial :

JULIA ALPINULA HIC JACET, INFELICIS
PATRIS INFELIX PROLES. EXORARE
PATRIS NECEM NON POTUI ; MALE
MORI IN FATIS ILLI ERAT
VIXI ANNOS XXII [30]

Alors Aventicum fut ruiné. *Vindonissa*, la Windisch moderne [31], lui succéda et l'ancienne capitale resta sans importance jusqu'au moment où Titus Flavius Sabinus, qui s'y était retiré après avoir exercé en Asie la charge de receveur des Impôts, y étant mort et y ayant laissé une veuve et deux fils, le cadet de ces deux fils parvint à l'Empire. C'était Vespasien.

À peine fut-il assis sur le trône romain que, fils pieux, il se souvint de l'humble ville maternelle qu'il avait laissée dans les montagnes de l'Helvétie. Il y revint un jour sans couronne et sans licteurs, descendit de son char à quelques stades de la ville et, par un de ces chemins connus à son enfance, se rendit à la maison où il était né, se fit reconnaître des gens qui l'habitaient et demanda la chambre qui, durant quinze ans, avait été la sienne. C'est de cette chambre, qui l'avait vu si ignorant d'un si grand avenir, qu'il décréta la splendeur d'Aventicum. Tout s'anima soudain à cette parole puissante. Le cirque se releva et retentit de nouveau des rugissements et des plaintes qu'il avait oubliés ; de nouveaux bains plus somptueux encore que les anciens sortirent des carrières de marbre de Crevola ; un temple à Neptune s'éleva majestueusement et, sur ses colonnes toscanes surmontées d'une architrave, les chevaux marins d'Amphitrite et les fabuleuses sirènes d'Ulysse furent sculptés. Puis enfin, lorsque la ville se retrouva belle et parée, et que la coquette se mira de nouveau dans les eaux bleues du lac de Morat, l'empereur lui donna, pour achever sa toilette féminine, une ceinture de murailles qu'il tira à grands frais des carrières de Narde Nolez [32] et, pour la seconde fois, *Aventicum* devint la capitale du pays, *gentis caput*, titre qu'elle conserva jusqu'au règne de Constance Chlore.

L'an 307 de Jésus-Christ, les Germains se jetèrent dans l'Helvétie et pénétrèrent dans *Aventicum* où ils firent un immense butin. Aux cris des habitants qu'ils emmenaient en esclavage, l'empereur accourut avec son armée, repoussa les Germains au-delà du Rhin, bâtit sur les bords de ce fleuve et d'un lac la

---

30. Ici repose Julie Alpinula, malheureuse fille d'un malheureux père. Je ne pus détourner le trépas de lui. Il était dans ses destins de mourir d'une mort funeste. J'ai vécu vingt-deux ans. La pierre sur laquelle cette inscription était gravée a été achetée par un Anglais.
31. Petit bourg de l'Argovie.
32. Neufchâtel. (Neuchâtel)

ville de Constance, hérissa la chaîne de montagnes qui longe l'Argovie de forts et de soldats pour prévenir une seconde irruption. Mais le secours était arrivé trop tard pour *Aventicum* : la ville était ruinée pour la seconde fois, et Ammien Marcellin, qui y passa vers l'an 355, c'est-à-dire quarante-huit ans après, la trouva déserte ; les monuments étaient à peu près détruits et les murailles renversées. Elle resta ainsi mutilée et solitaire jusqu'en 607, époque à laquelle le comte Wilhelm [33] de Bourgogne bâtit son château roman sur les fondements du Capitole de l'empereur Galba.

Peu de temps après, en 616, pendant la guerre entre Théode-Rik [34] et Théode-Bert [35], *Aventicum* fut prise de nouveau ; le château, qu'on venait d'achever à peine, démoli, et la ville ruinée si complètement que la contrée prit le nom d'*Æchtland*, ou *pays désert*, et le conserva jusqu'en 1676, époque à laquelle Bonnard, évêque de Lausanne, fit bâtir la nouvelle ville avec les ruines de l'ancienne et, du nom d'*Aventicum*, l'appela Avenches.

La ville moderne conserve encore, pour le voyageur qui l'interroge, son histoire passée et gravée sur des livres de pierre et de marbre. À l'aide d'une investigation un peu sérieuse, on reconnaît à ses débris celui de ses deux âges auquel ils appartiennent. L'amphithéâtre, qui est bâti sur un point élevé, à l'extrémité de la ville, conserve encore, creusé dans ses fondations, le souterrain où l'on enfermait les lions ; il est évidemment de la première époque, c'est-à-dire qu'il remonte au règne d'Auguste. Un Helvétien et un Romain, sculptés sur le mur d'enceinte, prouvent, en se donnant la main, qu'il a été bâti peu de temps après la pacification de l'Helvétie.

Les deux colonnes du temple à Neptune, qui restent encore debout, sont de marbre blanc et datent du règne de Vespasien. C'est tout ce qui reste d'une espèce de Bourse élevée par la compagnie des Nautes [36] et à ses frais, ainsi que le prouve cette inscription gravée sur son fronton brisé :

IN HONOREM DOMUS DIVINÆ
NAUTÆ AVRANII ARAMICI

---

33. Qui protège volontiers.
34. Noble et brave.
35. Noble et brillant.
36. Bateliers

SCOLAM DE SUO INSTRUXERUNT.

L. D. D. D.

À l'époque où je visitai ces colonnes, une cigogne avait établi son nid sur la plus haute des deux et y élevait ses petits sous la protection du gouvernement vaudois. L'amende de soixante-dix francs infligée à quiconque tue l'un de ces animaux lui donnait une telle confiance que notre approche ne parut nullement la déranger dans les soins de son ménage et qu'elle continua gravement de partager en deux, à l'aide de son bec et de ses pattes, une pauvre grenouille dont elle donna, avec une équité toute maternelle, un morceau à chacun de ses enfants.

Les autres débris antiques dignes de quelque attention sont une tête colossale d'Apollon, une tête de Jupiter et un lion de marbre. Ces débris sont renfermés dans l'amphithéâtre.

Quant aux amphores, aux urnes funéraires, aux petites statues de bronze et aux médailles découvertes dans les fouilles, le voyageur les trouvera étiquetées avec assez d'ordre et de goût chez le syndic Toller. J'engage de plus les amateurs à regarder avec attention une petite statue que le naïf magistrat leur montrera sous le nom de *Pâris donnant la pomme*. Si c'est véritablement un Pâris, et si toutes les proportions de cette figurine sont exactes, l'amour obstiné d'Hélène s'explique parfaitement. Une belle figure n'étant pas le seul don que Vénus, dans sa reconnaissance, eût fait au berger phrygien.

À quelques centaines de pas hors des murs et au bord de la route, à gauche, une petite maison bâtie aux frais de la ville conserve une assez belle mosaïque, qui paraît avoir été un fond de bain.

Une heure et demie ou deux heures nous suffirent pour visiter toutes ces curiosités, puis nous partîmes pour Morat.

Chapitre 17

Charles le Téméraire

Morat est célèbre, dans les fastes de la nation suisse, par la défaite du duc de Bourgogne, Charles le Téméraire. Un ossuaire, bâti avec les crânes et les ossements de huit mille Bourguignons, était le trophée que la ville avait élevé devant l'une de ses portes, en commémoration de sa victoire. Trois siècles, ce temple de la mort resta debout, montrant sur ces ossements blanchis la trace des grands coups d'épée qu'avaient frappés les vainqueurs et portant au front cette inscription triomphale :
>   DEO OPT. MAX.
> CAROLI INCLYTI ET FORTISSIMI
> BURGUNDIÆ DUCIS EXERCITUS
> MURATUM OBSIDIENS AB HELVETIS
> CÆSUS HOC SUI MONUMENTUM RELIQUIT [37]
>   ANNO MCCCCLXXVI

Un régiment bourguignon le détruisit en 1798, lors de l'invasion des Français en Suisse ; et, pour effacer toute trace de la honte paternelle, il en jeta les ossements dans le lac, qui en vomit quelques-uns sur ses bords à chaque nouvelle tempête qui l'agite.

En 1822, la République fribourgeoise fit élever, à la place où avait été l'ossuaire, une simple colonne de pierre taillée à quatre pans. Cette colonne est haute de trente pieds, à peu près, et porte, gravée sur la face qui regarde la route, cette inscription nouvelle :
>   VICTORIAM
> XXII JUN. MCCCCLXXVI
>   PATRUM CONCORDIA

---

[37]. À dieu très bon et très grand, l'armée du très vaillant duc de Bourgogne, assiégeant Morat, détruite par les Suisses, a laissé ici ce monument de sa défaite.

PARTAM
NOVO SIGNAT LAPIDE
REPUBLICA FRIBURG.
MDCCXXII [38]

Si l'on veut embrasser d'un coup d'œil le champ de bataille de Morat, il faudra s'arrêter à cent pas environ de cet ossuaire. Alors, on aura en face de soi la ville bâtie en amphithéâtre sur les bords du lac, où elle baigne ses pieds ; à droite, les hauteurs de Gurmels [39], derrière lesquelles coule la Sarine ; à gauche, le lac, que domine, en le séparant du lac de Neufchâtel, le mont Vully, tout couvert de vignes ; derrière soi, le petit Village de Faoug ; enfin, sous ses pieds, le terrain même où se passa l'acte le plus sanglant de la trilogie funèbre du duc Charles, qui commença à Granson et finit à Nancy.

Une première défaite avait prouvé au duc que, s'il avait conservé le surnom de Téméraire, il avait perdu celui d'Invincible : il y avait dès lors à son blason ducal une tache qui ne pouvait se laver que dans le sang. Une seule pensée, pensée de vengeance, remplaçait chez lui la conviction de sa force ; son courage était toujours pareil, mais sa confiance n'était plus la même. On ne se fie à son armure que tant qu'elle n'a point été faussée. Néanmoins, il était poussé à sa destruction par la voix de son orgueil, et il allait dans la tempête comme un vaisseau perdu qui se brise à tous les rochers. Il avait, dans l'espace de trois mois, rassemblé une armée aussi nombreuse que celle qui avait été détruite, mais les nouveaux soldats qui la composaient, tirés les uns de la Picardie, les autres de la Bourgogne, ceux-ci de la Flandre, ceux-là de l'Artois, étaient étrangers les uns aux autres et divisés entre eux. Dans un autre temps, la fortune constante du duc les eût réunis par une confiance commune, mais les jours mauvais commençaient à luire et ces hommes marchaient au combat avec indiscipline et murmure.

De leur côté, les Suisses s'étaient dispersés, selon leur habitude, aussitôt après la victoire de Granson. Chacun avait suivi sa bannière dans son canton, car la saison de l'*alpage* était

---

38. La République fribourgeoise consacre, par cette nouvelle pierre, la victoire remportée le 22 juin 1476 par les efforts réunis de ses pères.
39. Cormondes (note des éd. Bourlapapey)

arrivée, et les neiges qui fondaient au soleil de mai appelaient sur la montagne les soldats bergers et leurs troupeaux.

Lorsque le duc de Bourgogne vint asseoir son camp, le 10 juin 1476, au petit village de Faoug, situé vers l'extrémité occidentale du lac, la Suisse n'avait donc à lui opposer, pour toute force, qu'une garnison de douze cents hommes et pour tout rempart, que la petite ville de Morat. Aussi, dès que Berne, sa sœur, apprit que le duc de Bourgogne s'avançait avec toutes ses forces, des messagers partirent pour tous les cantons, des signaux de guerre s'allumèrent sur toutes les montagnes, et le cri *Aux armes !* retentit dans toutes les vallées.

Adrien de Bubemberg, qui commandait la garnison de Morat, voyait s'avancer cette armée trente fois plus nombreuse que la sienne sans donner aucune marque de crainte. Il rassembla les soldats et les habitants, leur exposa le besoin qu'ils allaient avoir les uns des autres, la nécessité où ils étaient de ne plus faire qu'une famille armée, afin qu'ils se prêtassent aide comme frères ; et lorsqu'il les vit dans ces dispositions, il leur dicta le serment de s'ensevelir jusqu'au dernier sous les ruines de la ville. Trois mille voix jurèrent en même temps. Puis une seule voix jura à son tour de mettre à mort quiconque parlerait de se rendre : cette voix était celle d'Adrien de Bubenberg. Ces précautions prises, il écrivit aux Bernois :

Le duc de Bourgogne est ici avec toute sa puissance, ses soudoyés italiens et quelques traîtres d'Allemands. Mais Messieurs les avoyers, conseillers et bourgeois peuvent être sans crainte, ne point se presser et mettre l'esprit en repos à tous nos confédérés. Je défendrai Morat.

Pendant ce temps, le duc enveloppait la ville avec les ailes de son armée, commandées par le Grand Bâtard de Bourgogne et le comte de Romont. Le premier s'étendait sur la route d'Avenches et d'Estavayer ; le second, sur le chemin d'Arberg. Le duc formait le centre et, du superbe logis de bois qu'il avait fait bâtir sur les hauteurs de Courgevaux, il pouvait presser ou ralentir leurs mouvements, comme un homme qui ouvre ou ferme les bras. La ville était donc libre d'un seul côté ; c'était celui du lac, dont les flots venaient baigner ses murs et sur la surface duquel glissaient silencieusement, chaque nuit, des barques chargées d'hommes, de secours et de munitions de guerre.

De l'autre côté de la Sarine, et sur les derrières du duc, les Suisses organisaient non seulement la défense, mais encore l'attaque. Les petites villes de Laupen et de Gümmenen avaient été mises en état de résister à un coup de main et, protégée par elles, Berne s'était fait le point de réunion des Confédérés.

Le duc vit bien qu'il n'y avait pas de temps à perdre. Il fit sommer la ville de se rendre et, sur le refus de son commandant, le comte de Romont fit démasquer soixante-dix grosses bombardes qui, au bout de deux heures, avaient abattu un pan de mur assez large pour donner l'assaut. Les Bourguignons, voyant crouler la muraille, marchèrent vers la ville en criant : « *Ville gagnée !* » Mais ils trouvèrent sur la brèche une seconde muraille plus difficile à abattre que la première, muraille vivante, muraille de fer, contre laquelle les onze mille hommes du comte de Romont revinrent cinq fois se briser dans l'espace de huit heures. Sept cents soldats périrent dans ce premier assaut, et le chef de l'artillerie fut tué d'un coup d'arquebuse.

Le duc de Bourgogne se retourna comme un sanglier blessé et se rua sur Laupen et Gümmenen. Le choc retentit jusqu'à Berne, qui fut un instant en grande crainte, se voyant menacée de si près. Elle envoya ses bannières avec six mille hommes au secours des deux villes : ce renfort arriva pour voir battre en retraite le duc Charles.

La colère du Bourguignon était à son comble. Assiégé lui-même en quelque sorte entre les trois villes qu'il assiégeait, il semblait un lion se débattant dans un triangle de feu. Personne n'osait lui donner conseil. Ses chefs, lorsqu'ils les appelait, s'approchaient de lui en hésitant et, la nuit, ceux qui veillaient à la porte de sa tente l'entendaient avec terreur pousser des cris et briser ses armes.

Pendant dix jours, l'artillerie tonna sans interruption, trouant les remparts et ruinant la ville, sans lasser un instant la constance des habitants. Deux assauts, conduits par le duc lui-même, furent repoussés. Deux fois, le Téméraire atteignit le sommet de la brèche, et deux fois il en redescendit. Adrien de Bubenberg était partout et semblait avoir fait passer son âme dans le corps de chacun de ses soldats. Puis, lorsqu'il avait employé toute la journée à repousser les attaques furieuses de son ennemi, il écrivait le soir à ses alliés :

Ne vous pressez point et soyez tranquilles, Messieurs, Tant qu'il nous restera une goutte de sang dans les veines, nous défendrons Morat.

Cependant, les canons s'étaient mis en route et se réunissaient. Déjà, les hommes de l'Oberland, de Brienz, de l'Argovie, d'Uri et de l'Entlebuch étaient arrivés. Le comte Oswald de Thierstein les avait rejoints, amenant ceux du pays de l'archiduc Sigismond ; le comte Louis d'Eptingen était campé sous les murs de Berne avec le contingent que Strasbourg s'était engagée à fournir, et qu'elle envoyait en alliée de parole. Enfin, le duc René de Lorraine avait fait son entrée dans la ville à la tête de trois cents chevaux, ayant près de son cheval un ours monstrueux, merveilleusement apprivoisé et auquel il donnait sa main à lécher comme il l'aurait fait à un chien. On n'attendait plus que ceux de Zurich ; ils arrivèrent le 21 juin au soir. Ils étaient accompagnés des hommes de Thurgovie, de Baden et des bailliages libres.

C'était plus que n'espéraient les Confédérés. Aussi, la ville de Berne fut illuminée, et l'on dressa des tables devant les portes des maisons en l'honneur des arrivants. On leur donna deux heures de repos. Puis, le soir, toute l'armée confédérée, pleine d'espoir et de courage, se mit en marche, chaque canton chantant sa chanson de guerre. Le matin, elle entendit les matines à Gumenen ; puis elle étendit son ordre de bataille sur le revers de la montagne opposé à celui où le duc avait placé ses logis.

Hans de Hallewyl commandait l'avant-garde. C'était un noble et brave chevalier de l'Argovie, que Berne avait reçu au rang de ses bourgeois pour le récompenser des hauts faits d'armes qu'il avait accomplis dans les armées du roi de Bohême et dans la dernière guerre de Hongrie contre les Turcs. Il avait sous ses ordres les montagnards de l'Oberland, de l'Entlebuch, des anciennes ligues, et quatre-vingts volontaires de Fribourg qui, pour se reconnaître dans la mêlée, avaient coupé des branches de tilleul et les avaient mises en guise de panaches sur leurs casques et leurs chapeaux. Après eux venaient, commandant le corps de bataille, Hans Waldman de Zurich et Guillaume Herter, capitaine des gens de Strasbourg, auquel on avait donné cette part de commandement pour honorer en son nom les fidèles alliés qu'il avait amenés au secours de la Confédération.

Ils avaient sous leurs ordres tous les cantons rangés autour de leurs bannières, dont chacune était spécialement défendue par quatre-vingts hommes choisis parmi les vaillants et armés de cuirasses, de piques et de haches d'armes. Enfin, l'arrière-garde était conduite par Gaspard Hertenstein de Lucerne. Mille hommes, jetés de chaque côté, à mille pas, sur les flancs de cette armée éclairaient sa marche dans les bois qui couvraient la pente du coteau qu'elle suivait en s'étendant de Gumenen à Laupen. Toute l'armée des Confédérés réunie pouvait être de trente à trente-quatre mille hommes. Le duc de Bourgogne commandait à peu près un pareil nombre de soldats ; mais son camp paraissait beaucoup plus considérable à cause de la quantité de marchands et de femmes de mauvaise vie qu'il traînait à sa suite.

La veille, il y avait eu alerte parmi cette multitude : le bruit s'était répandu que les Suisses avaient passé la Sarine. Le duc l'avait appris avec une grande joie. Toute son armée s'était mise soudain en mouvement, et il avait marché jusqu'à la crête de la montagne au-devant de l'ennemi. Mais la pluie était survenue, et chacun était rentré dans ses quartiers.

Le lendemain, le duc fit exécuter la même manœuvre. Cette fois, il put apercevoir sur l'autre côté de la colline ses ennemis retranchés dans la forêt. Le ciel était sombre et la pluie épaisse. Les Suisses, qui armaient en ce moment des chevaliers, ne faisaient aucun mouvement. Le duc, après deux ou trois heures d'attente, crut que c'était encore une journée perdue et se retira dans sa tente. De leur côté, ses généraux, voyant la poudre mouillée, les cordes des arcs détendues et les hommes pliant de fatigue, donnèrent le signal de la retraite. C'était le moment qu'attendaient les Confédérés. À peine virent-ils le mouvement que faisait l'armée du duc, que Hans de Hallewyl cria à son avant-garde :

– À genoux, enfants, et faisons notre prière !

Chacun lui obéit. Ce mouvement fut imité par le corps d'armée et l'arrière-garde, et la voix de trente-quatre mille hommes priant pour leur liberté et la patrie monta vers Dieu.

En ce moment, soit hasard, soit protection céleste, le rideau de nuages tendu sur le ciel se déchira pour laisser passer un rayon de soleil qui alla se réfléchir sur les armes de toute cette multitude agenouillée. Alors Hans de Hallewyl se leva, tira son épée et, tournant la tête du côté d'où venait la lumière, il s'écria :

– Braves gens, Dieu nous envoie la clarté de son soleil. Pensez à vos femmes et à vos enfants !

Toute cette armée se leva d'un seul mouvement en criant d'une seule voix :

– Granson ! Granson !

Et, se mettant en marche, elle parvint en assez bon ordre sur la crête de la colline occupée un instant auparavant par les soldat du duc. Là, une troupe de chiens de montagne qui marchaient devant l'armée rencontra une troupe de chiens de chasse qui appartenaient aux chevaliers bourguignons et, comme si ces animaux eussent partagé la haine de leurs maîtres, ils se jetèrent les uns sur les autres. Les chiens des Confédérés, habitués à tenir tête aux taureaux et aux ours, n'eurent point de peine à vaincre leurs ennemis, qui prirent la fuite vers le camp ; cela fut regardé par les Confédérés comme chose de bon présage. Les Suisses se divisèrent en deux troupes pour tenter deux attaques. Dès la veille, mille ou douze cents hommes avaient été détachés du corps d'armée et, traversant la Sarine un peu au-dessus de sa jonction avec l'Aar, s'étaient avancés en vue du comte de Romont, qu'ils devaient inquiéter et empêcher par ce moyen de porter secours au duc Charles. Hallewyl, qui commandait une de ces troupes réunies à son avant-garde, et Waldman, qui commandait l'autre, combinèrent leurs mouvements de manière à attaquer tous les deux en même temps ; et, partant du même point, ils s'ouvrirent comme un V et allèrent attaquer, Hallewyl la droite, et Waldman la gauche du camp, défendu dans toute sa circonvallation par des fossés et des retranchements dans l'embrasure desquels on apercevait les bouches noircies d'une multitude de bombardes et de grosses couleuvrines. Cette ligne resta muette et sombre jusqu'au moment où les Confédérés se trouvèrent à demi-portée de canon. Alors, une raie enflammée sembla faire une ceinture au camp, et de grands cris poussés par les Suisses annoncèrent que des messagers de mort avaient sillonné leurs rangs.

Ce fut surtout la troupe de Hallewyl qui souffrit le plus de cette première décharge. René de Lorraine et ses trois cents chevaux accoururent à son secours. Au même moment, une porte du camp s'ouvrit et une troupe de cavaliers bourguignons sortit et fondit sur eux, la lance en arrêt. Comme ils n'étaient plus qu'à quatre longueurs de lance les uns des autres, un boulet tua le cheval de René de Lorraine. Le cavalier démonté roula dans la boue ; on le crut mort. Ce fut Hallewyl, à son tour, qui lui vint en aide et qui le sauva. Waldman, de son côté, s'était avancé jusqu'au bord du fossé, mais il avait été forcé de reculer devant le feu de l'artillerie bourguignonne. Il alla reformer sa troupe derrière un monticule et marcha de nouveau à l'ennemi.

Ce fut alors que l'on courut dire au duc Charles que les Suisses attaquaient. Il croyait si peu à une telle audace que les premières décharges ne l'avaient point fait sortir de son logis : il pensait que l'on continuait de tirer sur la ville. Le messager le trouva dans sa chambre, à moitié désarmé, sans épée au côté, la tête et les mains nues. Il ne voulut pas croire d'abord à la nouvelle qu'on lui annonçait, et, lorsque le messager lui eut dit qu'il avait vu les Suisses de ses propres yeux attaquer le camp, il s'emporta en paroles furieuses et le frappa du poing. Au même instant, un chevalier entra avec une blessure au front et son armure tout ensanglantée. Il fallut bien que le duc se rendît à l'évidence : il mit vivement son casque et ses gantelets, sauta sur son cheval de bataille qui était resté tout sellé et, lorsqu'on lui eut fait observer qu'il ne prenait pas son épée, il montra la lourde masse de fer qui pendait à l'arçon de sa selle en disant qu'une telle arme était tout ce qu'il fallait pour frapper sur de pareils animaux. À ces mots, il mit son cheval au galop, gagna le point le plus élevé du camp et, de là, se dressant sur ses arçons, il embrassa d'un coup d'œil tout le champ de bataille. À peine eut-on reconnu, à la bannière ducale qui le suivait, le point où l'on pouvait le trouver, que le duc de Somerset, capitaine des Anglais, et le comte de Marle, fils aîné du connétable de Saint-Pol, accoururent près de lui et lui demandèrent ce qu'il fallait qu'ils fissent.

– Ce que vous allez me voir faire, répondit le duc en poussant son cheval vers un endroit du camp qui venait d'être forcé.

C'était encore Hallewyl avec son avant-garde : repoussé d'un côté, il avait continué de tourner les retranchements. Trouvant enfin un point plus faible, il l'avait enfoncé et, dirigeant aussitôt les canons de l'ennemi contre l'ennemi lui-même, il foudroyait presque à bout portant les Bourguignons avec leur propre artillerie. C'était donc vers ce point que se dirigeait le duc, et cette action avait lieu sur l'emplacement même où passe aujourd'hui la route de Fribourg.

Charles tomba comme la foudre au milieu de cette mêlée ; son arme était bien une arme de boucher, et tous ceux qu'il en frappait roulaient à ses pieds comme des taureaux sous une masse. Le combat venait donc de se rétablir avec quelque apparence de fortune pour le duc, lorsqu'il entendit à son extrême droite de grands cris et un grand tumulte. Hertenstein et son arrière-garde, ayant continué le mouvement circulaire indiqué à l'armée suisse par son plan de bataille, étaient parvenus à tourner le camp et l'attaquaient à l'endroit où il se réunissait au lac. C'était le point que défendait le Grand Bâtard : il fit courageusement face à l'assaut, et peut-être l'eût-il repoussé si un grand désordre ne s'était mis parmi ses gens d'armes. Adrien de Bubenberg était sorti de la ville avec deux mille hommes et venait de le prendre entre deux feux.

Cependant, le duc Charles n'avait pu reprendre son artillerie, qui était aux mains des Suisses ; chaque décharge lui enlevait des rangs entiers. Mais comme l'élite de ses troupes était avec lui, nul ne pensait à reculer. C'étaient les archers à cheval, les gens de son hôtel et les Anglais ; peut-être eussent-ils tenu ainsi longtemps si le duc René, qui s'était remonté, ne fût venu, escorté des comtes d'Eptingen, de Thierstein et de Gruyère, se jeter avec ses trois cents chevaux au milieu de cette boucherie. Le duc de Somerset et le comte de Marle tombèrent sous le premier choc. C'était surtout à la bannière du duc qu'en voulait René, son ennemi mortel ; trois fois il poussa son cheval si près d'elle, qu'il n'avait qu'à étendre la main pour la saisir et, trois fois, il trouva entre elle et lui un chevalier nouveau qu'il lui fallut abattre. Enfin, il parvint à joindre Jacques de Maes, qui la portait, tua son cheval et, tandis que le cavalier était pris sous l'animal mourant et que, au lieu de se défendre, il serrait contre sa poitrine la bannière de son maître, René parvint à trouver, avec son épée, à deux mains, le défaut de son armure et, se laissant peser de toute sa force sur la poignée, cloua son ennemi contre terre. Pendant ce temps, un homme de sa suite, se glissant entre les jambes des chevaux, arrachait des mains de Jacques de Maes la bannière, que le loyal chevalier ne lâcha qu'en expirant.

Dès lors, ce fut, comme à Granson, non plus une retraite, mais une déroute : car Waldman, vainqueur aussi sur le point qu'il avait attaqué, vint encore augmenter le désordre. Le duc Charles et ce qui lui restait de soldats étaient entourés de tous côtés ; le comte de Romont, inquiété par ceux qu'on avait détachés contre lui, ignorant d'ailleurs ce qui se passait sur ses derrières, ne pouvait venir le dégager. Il n'y avait donc plus qu'un espoir : faire une trouée à travers ce mur vivant, dont on ne pouvait calculer l'épaisseur, et, arrivé de l'autre côté, fuir à grande course de chevaux vers Lausanne. Seize chevaliers entourèrent leur duc et, mettant leurs lances en arrêt, traversèrent avec lui l'armée confédérée dans toute sa profondeur. Quatre tombèrent en route : ce furent les sires de Grimberges, de Rosimbos, de Mailly et de Montaigu. Les douze qui demeurèrent en selle gagnèrent Morges avec leur maître, faisant en deux heures une course de douze lieues. C'était tout ce qui restait au Téméraire de sa riche et puissante armée.

Du moment où le duc cessa de résister, rien ne résista plus. Les Confédérés parcoururent le champ de bataille, frappant tout ce qui était debout, achevant tout ce qui était tombé. Aucune grâce ne fut faite, excepté aux femmes. On poursuivit avec des barques les Bourguignons qui tentaient de fuir par le lac. L'eau était chargée de corps morts et rouges de sang et, pendant longtemps, les pêcheurs, en tirant leurs filets, amenèrent des fragments d'armure et des tronçons d'épée.

Le camp du duc de Bourgogne, et tout ce qu'il contenait, tomba au pouvoir des Suisses. Le logis du duc, avec ses étoffes, ses fourrures, les armes précieuses qu'il renfermait, fut donné par les vainqueurs au duc René de Lorraine comme un témoignage d'admiration pour son courage pendant cette journée. Les Confédérés se partagèrent l'artillerie ; chaque canton qui avait envoyé des combattants en obtint quelques pièces comme trophée de la bataille. Morat en eut douze. J'allai voir, dans l'endroit où on les conserve, ces vieux souvenirs de cette grande défaite. Ces canons ne sont point coulés tout d'une pièce mais se composent d'anneaux, alternativement saillants et rentrants, soudés les uns aux autres, mode de fabrication qui devait leur ôter beaucoup de leur solidité.

En 1828 et 1829, Morat demanda des canons à Fribourg afin de célébrer bruyamment la fête de la Confédération : cette demande ne fut point accueillie par la métropole du canton, je ne sais pour quelle cause. Les jeunes gens se rappelèrent les canons du duc Charles et les tirèrent de l'arsenal où ils dormaient depuis quatre siècles ; il leur paraissait digne d'eux de célébrer l'anniversaire de leur nouveau pacte de liberté avec les trophées de la victoire qu'ils devaient à leur vieille fédération. Ils les traînèrent donc avec de grands cris sur l'esplanade que le voyageur laisse à sa gauche en entrant dans la ville. Mais, aux premiers coups, une couleuvrine et une bombarde éclatèrent, et cinq ou six des jeunes gens qui servaient ces deux pièces furent tués ou blessés.

Chapitre 18

Fribourg

Nous ne nous arrêtâmes à Morat que deux heures : ce temps suffisait, du reste, pour visiter ce que la ville offre de curieux. Vers les trois heures de l'après-midi, nous remontâmes dans notre petite calèche et nous nous mîmes en route pour Fribourg. Au bout d'une demi-heure de marche en pays plat, nous arrivâmes au pied d'une colline que notre cocher nous invita à monter à pied, sous prétexte de nous faire admirer le point de vue ; mais, de fait, je crois, par déférence pour son cheval. Je me laissais ordinairement prendre à ces supercheries sans paraître le moins du monde les deviner, car, n'eussent été mes compagnons de voyage, j'aurais fait toute la route à pied. Cette fois, au moins, l'invitation du guide n'était point dénuée de motifs plausibles. La vue, qui embrasse tout le champ de bataille, la ville, les deux lacs de Morat et de Neufchâtel, est magnifique ; c'est à l'endroit même où nous étions que le duc de Bourgogne avait fait bâtir ses logis. Une demi-heure de marche nous conduisit ensuite à la crête de la montagne et, à peine l'eûmes-nous dépassée, que, sur le versant opposé à celui que nous venions de gravir, je reconnus l'endroit où avait fait sa halte pieuse toute l'armée des Confédérés. Le reste de la route n'offre rien de remarquable que la jolie vallée de Gottéron, qui vient se réunir à la route une lieue avant Fribourg, et qui s'étend jusqu'aux portes de la ville. Sur le sommet opposé à celui que nous suivions, notre guide nous fit remarquer l'ermitage de Sainte-Madeleine, qu'il nous invita à visiter le lendemain, et, au fond de la vallée, un aqueduc romain qui sert aujourd'hui à conduire une partie des eaux de la Sarine jusqu'aux forges de Gottéron.

La porte par laquelle on entre dans Fribourg, en arrivant de Morat, est une des constructions les plus hardies que l'on puisse voir. Suspendue comme elle l'est au-dessus d'un précipice de deux cents pieds de profondeur, on n'aurait qu'à la détruire pour rendre la ville imprenable de ce côté : Fribourg tout entier, du reste, semble le résultat d'une gageure faite par un architecte fantasque à la suite d'un dîner copieux. C'est la ville la plus bossue que je connaisse : le terrain a été pris tel que Dieu l'avait fait ; les hommes ont bâti dessus, voilà tout. À peine a-t-on dépassé la porte, qu'on descend, non pas une rue, mais un escalier de vingt-cinq ou trente marches ; on se trouve alors dans un petit vallon pavé et bordé de maisons des deux côtés. Avant de monter vers la cathédrale, qui se trouve en face, il y a deux choses à voir : à gauche, une fontaine ; à droite, un tilleul. La fontaine est un monument du quinzième siècle, curieux de naïveté : elle représente Samson terrassant un lion. L'Hercule juif porte à son côté, passée dans un ceinturon, sa mâchoire d'âne en guise d'épée. Le tilleul est à la fois un souvenir et un monument du même siècle ; voici à quelle tradition se rattache son existence.

Nous avons dit que les quatre-vingts jeunes gens que Fribourg avait envoyés à la bataille de Morat avaient, pour se reconnaître entre eux pendant la mêlée, orné leurs casques et leurs chapeaux de branches de tilleul. Aussitôt que celui qui commandait ce petit corps de frères eut vu la bataille gagnée, il dépêcha un de ses soldats vers Fribourg pour y porter cette nouvelle. Le jeune Suisse, comme le Grec de Marathon, fit la course tout d'une traite et, comme lui, arriva mourant sur la place publique où il tomba en criant : « Victoire ! » et en agitant de sa main mourante la branche de tilleul qui lui avait servi de panache. Ce fut cette branche qui, plantée religieusement par les Fribourgeois à la place où leur compatriote était tombé, produisit l'arbre colossal qu'on y voit aujourd'hui.

Le clocher de l'église est un des plus élevés de la Suisse ; il a trois cent quatre-vingt-six pieds de hauteur. En général, il y a peu de ces monuments dans les Alpes ; depuis Babel, les hommes ont renoncé à lutter contre Dieu. Les montagnes tuent les temples : quel est l'insensé qui oserait bâtir un clocher au pied du mont Blanc ou de la Jungfrau ? Le porche est l'un des plus ouvragés qu'il y ait en Suisse. Il représente le Jugement dernier dans tous ses détails : Dieu punissant ou récompensant les hommes, que la trompette du Jugement réveille, que les anges séparent en deux troupes, et qui entrent, séance tenante, la troupe des élus dans un château qui représente le paradis, la troupe des damnés dans la gueule d'un serpent qui simule l'enfer. Parmi les damnés, il y a trois papes que l'on reconnaît à leur tiare. Au-dessous du bas-relief, on lit une inscription qui indique que l'église est sous l'invocation de saint Nicolas, et témoigne de la foi que les Fribourgeois ont dans l'intercession du saint qu'ils ont choisi et du crédit dont ils pensent que leur patron jouit près du Père éternel. La voici :

PROTEGAM HANC URBEM ET SALVABO EAM PROPTER NICOLAUM SERVUM MEUM [40]

L'intérieur de l'église n'offre de remarquable qu'une chaire gothique d'un assez beau travail. Quant au maître-autel, il est dans le goût de la statuaire de Louis XV et ressemble considérablement au Parnasse de M. Titon du Tillet.

Comme il commençait à se faire tard, nous remîmes au lendemain la visite que nous comptions faire aux autres curiosités de la ville.

Fribourg est la cité catholique par excellence : croyante et haineuse comme au seizième siècle. Cela donne à ses habitants une couleur de Moyen Âge pleine de caractère. Pour eux, point de différence intelligente entre la papauté de Grégoire VII ou celle de Boniface VIII, point de distinction entre l'Église démocratique ou l'Église aristocratique. Le cas échéant, ils décrochaient demain l'arquebuse de Charles IX ou rallumaient le bûcher de Jean Huss.

Le lendemain matin, j'envoyai le cocher et la voiture nous attendre sur la route de Berne, et je priai notre hôte de nous procurer un jeune homme qui nous conduisît à l'ermitage de Sainte-Madeleine, les chemins qui y mènent étant impraticables pour une voiture. Il nous donna son neveu, gros joufflu, sacristain de profession et guide à ses moments perdus. Il nous restait à visiter à Fribourg la porte Bourguillon, ancienne construction romaine. Nous nous mîmes en route sous la conduite de notre nouveau cicérone. Nous passâmes, pour nous y rendre, près du tilleul de Morat, dont j'appris alors l'histoire. Puis nous descendîmes une rue de cent vingt marches qui nous conduisit à un pont jeté sur la Sarine. C'est du milieu de ce pont qu'il faut se retourner, regarder Fribourg s'élevant

---

40. Je protégerai et sauverai cette ville à cause de mon serviteur Nicolas.

en amphithéâtre comme une ville fantastique : on reconnaîtra bien alors la cité gothique, bâtie pour la guerre et posée à la cime d'une montagne escarpée comme l'aire d'un oiseau de proie. On verra quel parti le génie militaire a tiré d'une localité qui semblait bien plutôt destinée à servir de retraite à des chamois que de demeure à des hommes, et comment une ceinture de rochers a formé une enceinte de remparts.

À gauche de la ville, et comme une chevelure rejetée en arrière, s'élève une forêt de vieux sapins noirs poussant dans les fentes des rochers, d'où sort, comme un large ruban chargé de la maintenir, la Sarine aux eaux grises, qui serpente un instant dans la vallée et disparaît au premier détour. Au-delà de la petite rivière et sur la montagne opposée à la ville, on découvre, au-dessus d'une espèce de faubourg bâti en amphithéâtre, la porte Bourguillon, à laquelle on arrive par un chemin creusé dans la montagne. Cette vue récompense mal de la fatigue qu'on a prise pour arriver jusque là : c'est une construction romaine comme toutes celles qui restent de cette époque, lourde, massive et carrée. Près d'elle, à la gauche du chemin qui y conduit, est une assez jolie petite chapelle bâtie en 1700, dans les niches de laquelle on a placé extérieurement quatorze statues de saints qui portent la date de 1650 ; deux ou trois d'entre elles sont assez remarquables. L'intérieur n'offre rien de curieux, si ce n'est les nombreux témoignages de la foi des habitants : les murs sont tapissés d'ex-voto qui tous attestent les miracles opérés par la Vierge Marie, sous l'invocation de laquelle est placé ce petit temple. Des peintures naïves et des inscriptions plus naïves encore constatent le cas où la puissance de la protectrice divine s'est révélée. L'une représente un vieillard au lit de mort, qu'une apparition guérit ; l'autre, une femme près d'être écrasée par une voiture et un cheval emporté, qu'une main invisible arrête tout à coup ; une troisième, un homme près de se noyer, que l'eau obéissante porte au bord sur un ordre de la Vierge ; enfin, une dernière, un enfant qui tombe dans un précipice et dont les ailes d'un ange amortissent la chute. J'ai copié l'inscription écrite au-dessous de ce dernier dessin. La voici dans toute sa pureté :

LE 26 JULLY 1799 EST TOMBÉ DEPUIS LE HEAU DU ROCH
DE LA MAISON DES FRÈRES BOURGER, EN MONTANT
À MONTFORGE JUSQUE DANS LA SARINE, JOSEPH

FILS DE JEAO VEINSANT KOLLY BOURGEOIT DE FRIBOURG, ÂGÉ DE CINQ ANS, PRÉSERVÉ DE DIEU ET DE LA SAINTE VIERGE ; SANS AUQU'UN MAL.

Je me fis montrer l'endroit où cette chute avait eu lieu. L'enfant est tombé d'une hauteur de cent quatre-vingts pieds, à peu près.

En regagnant la route de Berne, notre sacristain nous montra l'endroit que les ingénieurs viennent de choisir pour y jeter un pont suspendu qui joindra la ville à la montagne située en face d'elle. Ce pont aura huit cent cinquante pieds de longueur sur une élévation de cent cinquante ; il passera à quatre-vingt-dix pieds au-dessus des toits des plus hautes maisons bâties au fond de la vallée. L'idée qu'on allait embellir Fribourg d'un monument dont la façon serait si moderne m'affligea autant qu'elle paraissait réjouir ses habitants. Cette espèce de balançoire en fil de fer qu'on appelle un pont suspendu jurera d'une manière bien étrange, ce me semble, avec la ville gothique et sévère qui vous reporte, à travers les siècles, à des temps de croyance et de féodalité. La vue de quelques forçats aux habits rayés de noir et de blanc, qui travaillaient sous la surveillance d'un garde-chiourme, ne contribua point à éclaircir ce tableau qui, dans mes idées d'art et de nationalité, m'attrista autant que pourrait le faire l'aspect d'un habit marron à Constantinople ou d'une culotte courte sur les bords du Gange.

À trois heures, nous rejoignîmes notre voiture qui nous attendait, caisse, cheval et cocher, avec une immobilité et une patience qui auraient fait honneur à un fiacre. Nous nous établîmes dans le fond, avec notre sacristain sur le devant, et nous nous mîmes en route pour l'ermitage de la Madeleine. Après une demi-heure de marche à peu près, la voiture s'arrêta et nous prîmes un chemin de traverse.

Nous étions partis de Fribourg par un temps magnifique, ce qui n'avait point empêché notre desservant de Saint-Nicolas de se munir d'un énorme parapluie qui paraissait, à la prédilection qu'il manifestait pour ce meuble, le compagnon ordinaire de ses courses. C'était du reste un vieux serviteur vêtu de calicot bleu, raccommodé avec des carrés de drap gris et qui, lorsqu'il était déployé dans toute sa largeur, avait une envergure de sept ou huit pieds ; vénérable parapluie ancêtre, dont on ne retrouverait l'espèce chez nous qu'en s'enfonçant dans la

243

Bretagne ou la Basse-Normandie. Nous avions ri d'abord de la précaution de notre guide qui, vif et jovial comme un Suisse allemand, nous avait regardés longtemps avec inquiétude avant de savoir ce qui provoquait notre hilarité, et qui, enfin, au bout d'un quart d'heure, ayant fini par en deviner la cause, s'était dit tout haut à lui-même :

— Ah ! foui, c'être ma parapluie, ché comprends.

Au bout de dix minutes de marche, et comme nous commencions à gravir, par une chaleur de vingt-cinq degrés, la rampe presque à pic qui conduit à la porte Bourguillon, et recevant d'aplomb sur la tête les rayons du soleil, nous vîmes notre guide qui avait déployé sa mécanique et qui grimpait tranquillement par un petit sentier latéral, à l'ombre de cette espèce de machine de guerre et abrité sous son toit comme un saint-sacrement sous un dais. Nous commençâmes à reconnaître que l'affection qu'il portait à son compagnon de voyage n'était pas aussi désintéressée que nous ne le pensions d'abord. Nous nous arrêtâmes, suivant d'un œil d'envie son ascension dans l'ombre mobile qui l'enveloppait comme l'atmosphère la terre. En arrivant à la hauteur où nous étions, il s'était arrêté à son tour, nous avait regardés un instant avec étonnement, comme pour s'interroger sur la cause de notre halte ; puis, nous ayant vu nous passer mutuellement une bouteille de kirschenwasser et nous essuyer le front avec nos mouchoirs, il s'était dit, toujours parlant à lui-même, comme s'il répondait à une question intérieure : « Ah ! foui, ché comprends, fous avre chaud, c'est la soleil. », puis il avait continué son ascension, qu'il avait achevée avec autant de calme qu'il l'avait commencée.

En arrivant à la voiture, comme un cavalier qui s'occupe de son cheval avant de penser à lui-même, il avait soigneusement plié son cher riflard, pour lequel je commençais à avoir une vénération presque aussi profonde que la sienne. Il en avait abaissé symétriquement les plis les uns sur les autres, puis, faisant glisser dessus, de toute la longueur de son lacet vert, le cercle de laiton qui les maintenait, il avait solidement établi le précieux meuble dans l'angle en retour formé par la banquette de devant de la calèche et avait conservé, en s'asseyant sur l'extrême bord du coussin dont son ami occupait le fond, toutes les marques de déférence qu'il croyait devoir simultanément à

244

lui et à nous. On devine donc que, lorsque nous descendîmes pour faire à pied, et par le chemin de traverse où ne pouvait s'engager la voiture, les trois quarts de lieue qui nous séparaient encore de l'ermitage, le parapluie fut le premier descendu, comme il avait été le premier monté, et que nous ne dûmes nous mettre en route qu'après qu'un scrupuleux examen eût convaincu son propriétaire qu'il ne lui était arrivé aucun accident. L'inventaire n'était pas dénué de raison. Pendant notre course en voiture, le ciel s'était couvert de nuages et un tonnerre lointain, qui se faisait entendre dans la vallée, se rapprocha à chaque coup. Bientôt, de larges gouttes tombèrent ; mais, comme nous étions à moitié chemin à peu près, et que nous avions par conséquent aussi loin pour retourner à notre voiture que pour atteindre le but de notre excursion, nous nous élançâmes à toutes jambes vers le bouquet de bois derrière lequel nous présumions qu'était situé l'ermitage. Au bout de cinquante pas, la pluie tombait par torrents, et, au bout de cent, nous n'avions plus un fil de sec sur toute notre personne. Nous ne nous arrêtâmes néanmoins que sous l'abri des arbres qui entourent l'ermitage. Alors, nous nous retournâmes et nous aperçûmes notre sacristain tranquillement à couvert sous son parapluie, comme sous un vaste hangar. Il venait à nous, posant proprement la pointe de ses pieds sur l'extrémité des pierres dont était parsemé le chemin et qui formaient un archipel de petites îles au milieu de la nappe d'eau qui couvrait littéralement la plaine ; de sorte que, lorsqu'il nous rejoignit, il ne nous fallut qu'un coup d'œil pour nous convaincre que la personne de notre guide s'était conservée intacte depuis les extrémités supérieures jusqu'aux extrémités inférieures : pas une goutte d'eau ne coulait de sa chevelure, pas une tache de boue ne souillait ses souliers cirés à l'œuf. Arrivé à quatre pas de nous, il s'arrêta, fixa ses grands yeux étonnés sur notre groupe tout ruisselant et tout transi, et, comme s'il lui eût fallu autre chose que l'aspect du temps pour lui donner l'explication de notre détresse, il dit, après quelques secondes de réflexion, et toujours se parlant à lui-même :

— Ah ! foui, ché comprends, fous êtes mouillés, c'est l'orache.

Le gredin ! Nous l'aurions étranglé de bon cœur ; je crois même que l'un de nous en fit la proposition. Heureusement que nous fûmes détournés de cette mauvaise pensée par les sons d'une cloche qui retentit à quelques pas de nous, et dont le bruit semblait sortir de terre : c'était celle de l'ermitage, dont nous n'étions plus qu'à quelques pas. L'orage avait été rapide et violent comme un orage de montagne ; la pluie avait cessé, le ciel était redevenu pur. Nous secouâmes nos vêtements et, quittant notre abri, nous nous acheminâmes vers la grotte, laissant notre sacristain occupé à chercher une place bien exposée où il pût faire sécher son parapluie. Bientôt nous nous trouvâmes en face de l'ouvrage le plus merveilleux qu'ait accompli, peut-être depuis le commencement des siècles, la patience d'un homme.

En 1760, un paysan de Gruyère, nommé Jean Dupré, prit la résolution de se faire ermite et de se creuser lui-même un ermitage comme jamais les Pères du désert n'avaient soupçonné qu'il en pût exister. Après avoir cherché longtemps dans le pays environnant une place convenable, il crut avoir trouvé, à l'endroit même où nous étions, une masse de rochers à la fois assez solide et assez friable pour qu'il pût mettre à exécution son projet. Cette masse, recouverte à son sommet d'une terre végétale sur laquelle s'élèvent des arbres magnifiques, présente au midi l'une de ses faces coupées à pic et domine, à la hauteur de deux cents pieds à peu près, la vallée de Gotteron. Dupré attaqua cette masse, non pas pour s'y creuser une simple grotte, mais pour s'y tailler une habitation complète avec toutes ses dépendances, s'imposant en outre pour pénitence de ne manger que du pain et de ne boire que de l'eau tout le temps que durerait ce travail. Son œuvre n'était point encore achevée au bout de vingt ans, lorsqu'elle fut interrompue par la mort tragique du pauvre anachorète. Voici comment.

La singularité du vœu, la persistance avec laquelle Dupré l'accomplissait, la hardiesse de cette fouille à l'intérieur de la montagne attiraient à la Madeleine nombre de visiteurs ; et, comme, des deux chemins qui y conduisaient, celui de la vallée de Gotteron était le plus court et le plus pittoresque, c'était celui que préféraient les curieux. Il y avait bien un petit inconvénient. Arrivé au pied de l'ermitage, il fallait traverser la Sarine ; mais Dupré lui-même se chargea de lever cette difficulté en faisant faire une barque et en quittant la pioche pour la rame chaque fois qu'une nouvelle société désirait visiter son

246

ermitage. Un jour, une bande de jeunes étudiants vint à son tour réclamer l'office du pieux batelier. Et, comme ils étaient avec lui au milieu de la rivière, l'un d'eux, riant de la terreur d'un de ses camarades, posa, malgré les remontrances de l'ermite, ses pieds sur les deux bords de la barque et lui imprima, en se laissant peser tantôt à bâbord, tantôt à tribord, un mouvement si brusque qu'il la fit chavirer. Les étudiants, qui étaient jeunes et vigoureux, gagnèrent la rive malgré le courant rapide de la rivière. Le vieillard se noya, et l'ermitage resta inachevé.

Nous parvînmes à cette grotte en descendant quatre ou cinq marches, par une espèce de poterne qui traverse un roc de huit pieds d'épaisseur. Cette poterne nous conduisit sur une terrasse taillée dans la pierre même qui surplombe au-dessus d'elle, à peu près comme le font certaines maisons gothiques dont les différents étages avancent successivement sur la rue. Une porte s'offrait à notre droite, nous entrâmes. Nous nous trouvâmes dans la chapelle de l'ermitage, longue de quarante pieds, large de trente, haute de vingt. Deux fois par an, un prêtre de Fribourg vient y dire la messe, et alors cette église souterraine, qui rappelle les catacombes où les chrétiens célébrèrent leurs premiers mystères, se remplit de la population des villages voisins. Quelques bancs de bois, quelques images saintes en forment la seule richesse. Aux deux côtés de l'autel sont deux portes aussi creusées dans le roc ; l'une conduit dans la sacristie, petite chambre carrée d'une dizaine de pieds de large et de haut ; l'autre, au clocher. Ce clocher bizarre, dont la modeste prétention, tout opposée à celle de ses confrères, n'a jamais été de s'élever au-dessus du niveau de la terre, mais seulement d'arriver jusqu'à sa surface, ressemble d'en haut à un puits et d'en bas à une cheminée ; sa cloche est suspendue, au milieu des arbres qui couronnent le sommet de la montagne, à quatre ou cinq pieds au-dessus du sol, et le tuyau du clocher par lequel on la met en branle a soixante-dix pieds de long.

En rentrant dans la chapelle, et presque en face de l'autel, on trouve une porte qui conduit à une chambre : dans cette chambre, est un escalier de dix-huit marches qui mène à un petit jardin. De cette chambre, on passe dans un bûcher, et du bûcher dans la cuisine.

Malgré la chétive nourriture à laquelle s'était condamné le digne anachorète, il n'avait point négligé cette partie des bâtiments si importante dans la demeure des autres individus de l'espèce à laquelle il appartenait. C'est même la portion de son ermitage à laquelle, par une prédilection bien désintéressée, il paraît avoir donné le plus de soin. Lorsque nous y entrâmes, nous pûmes un instant nous croire dans une de ces grottes que le génie de Walter Scott creuse dans les montagnes d'Écosse et qu'il peuple avec une sorcière échevelée et son fils idiot. En effet, une vieille femme était assise sous le manteau de la vaste cheminée, dont la fumée s'échappait par un conduit de quatre-vingt-huit pieds de haut, creusé perpendiculairement dans le roc. Elle grattait quelques légumes qu'attendait une marmite bouillottante, tandis qu'en face d'elle, un grand gaillard de vingt-six ans, assis sur une pierre, étendait ses pieds, sans faire attention qu'il les baignait dans une mare d'eau que l'orage avait versée par la cheminée, préoccupé seulement du désir de trouver quelque chose de mangeable dans les épluchures que jetait sa mère et qu'il examinait les unes après les autres avec la méticuleuse gourmandise d'un singe. Nous nous arrêtâmes un instant à la porte pour contempler cette scène, éclairée seulement par le reflet rougeâtre d'un foyer ardent dans lequel pétillait, dressé tout debout dans la cheminée, un sapin coupé vert, avec ses branches et ses feuilles, et qui brûlait ainsi depuis sa racine jusqu'à son extrémité. Il aurait fallu Rembrandt pour fixer sur la toile, avec sa couleur ardente et son expression pittoresque, ce tableau bizarre dont lui seul pourrait faire comprendre la poésie ; lui seul aurait pu saisir cette lumière vive et résineuse se reflétant tout entière sur la figure ridée de la vieille femme et jouant dans les boucles d'argent de ses cheveux, tandis que, frappant de profil seulement sur la tête du jeune homme, elle laissait l'une de ses faces dans l'ombre et noyait l'autre dans la lumière.

Nous étions entrés sans être entendus. Mais, à un mouvement que nous fîmes, la mère leva les yeux sur nous et, isolant son regard ébloui par le centre de lumière près duquel elle se trouvait, à l'aide d'une main, elle nous aperçut debout et pressés contre la porte. Elle allongea le pied vers son fils et, le poussant brusquement, elle le tira de l'occupation qui l'absorbait tout entier. Je présume qu'elle lui dit en mauvais allemand de nous montrer l'ermitage, car le jeune homme prit au foyer une branche de sapin tout enflammée, se leva avec une langueur maladive, resta un instant debout au milieu de la mare, devenue presque compacte par la réunion de la suie et des cendres que l'eau, en tombant, avait entraînées avec elle ; puis, nous regardant d'un air hébété, bâilla, étendit les bras et vint à nous. Il nous adressa quelques sons gutturaux et inintelligibles qui n'appartenaient à aucun idiome humain. Mais, comme il étendait le bras dont il tenait la torche du côté des autres chambres, nous comprîmes qu'il nous invitait à les visiter ; nous le suivîmes. Il nous conduisit vers un corridor long de quatre-vingt-sept pieds et large de quatorze, dont nous ne pûmes comprendre la destination. Ce corridor était éclairé par quatre fenêtres, percées comme des meurtrières, dans une plus ou moins grande épaisseur, selon les saillies extérieures que faisait le rocher. L'idiot approcha sa torche de la porte et nous montra du bout du doigt, et sans autre explication que cette syllabe : « Heu ! heu ! » qu'il répétait chaque fois qu'il voulait indiquer quelque chose, des traits de crayon presque effacés. Nous retrouvâmes avec peine la forme des lettres. Cependant, nous pûmes lire le nom de Marie-Louise, la fille des Césars d'Allemagne qui, à cette époque femme d'empereur et mère de roi, avait visité cet ermitage en 1813 et y avait écrit son nom, presque effacé aujourd'hui dans l'histoire comme il l'est sur cette porte.

Nous passâmes de ce corridor dans la chambre de l'ermite, qui forme la dernière pièce de ce bizarre appartement. Son lit de bois, sur lequel étaient posés un matelas et une couverture, sert aujourd'hui de couche à la vieille femme et, en face de cette couche, quelques brins de paille étendus sur le plancher humide, insuffisants pour un cheval dans une écurie, pour un chien dans une niche, servent de litière à l'idiot. C'est là que ces malheureux passent leurs jours, vivant des aumônes des curieux qui viennent visiter leur étrange demeure.

La longueur de la trouée faite dans le roc par l'ermite est de trois cent soixante-cinq pieds ; il s'est arrêté à ce chiffre en mémoire des jours de l'année. La voûte a partout quatorze pieds de hauteur.

En revenant par la chambre contiguë à la chapelle, nous descendîmes les dix-huit marches de l'escalier, qui nous conduisit

249

au jardin où poussent quelques misérables légumes qu'entretient le jeune homme qui nous servait de guide. Un geste démonstratif, accompagné de sa syllabe habituelle, Heu ! heu ! nous fit tourner la tête vers une excavation du rocher : c'est l'entrée d'une fontaine d'eau excellente. On l'appelle la Cave de l'ermite.

Nous avions vu dans tous ses détails cette singulière construction. Le temps s'était éclairci pendant que nous la visitions ; ce que nous avions de mieux à faire était de remonter en voiture et de nous mettre en route pour Berne. Nous traversâmes la poterne et nous nous mîmes en quête de notre guide, très préoccupés des premiers symptômes d'une faim qui promettait de devenir dévorante. Nous trouvâmes notre clerc de Saint-Nicolas assis à l'ombre d'un arbre et ayant devant lui une pierre sur laquelle on voyait les débris d'un repas. Le drôle venait de déjeuner merveilleusement, autant que nous en pûmes juger par les os de son poulet qui jonchaient la terre autour de lui et par une gourde qui, posée sans bouchon à côté du parapluie, témoignait assez qu'elle venait de se vider dans un vase plus élastique et d'une plus large capacité. Quant à notre homme, il avait les yeux levés au ciel et disait ses grâces, en créature qui sent tout le prix des dons du Créateur.

Cette vue nous creusa horriblement l'estomac. Nous lui demandâmes s'il n'y aurait pas moyen de se procurer dans les environs quelques articles de consommation dans le genre de ceux qu'il venait d'absorber. Il nous fit répéter plusieurs fois notre phrase. Puis enfin, après avoir réfléchi un instant, il nous dit, avec la tranquille perspicacité qui faisait le fond de son caractère :

– Ah ! foui, fous avre faim, ché comprends. C'est l'exercice.

Puis il se leva sans répondre autrement à notre question, ferma son couteau, mit sa gourde dans sa poche, ramassa son parapluie, et s'achemina vers l'endroit où nous attendait notre voiture, aussi flegmatiquement que s'il n'avait pas, à la suite de son estomac plein, deux estomacs vides.

Lorsque nous eûmes rejoint notre cocher, nous nous consultâmes pour régler nos comptes avec notre guide. Il fut décidé que nous lui donnerions un thaler (six francs de notre monnaie, je crois) pour la demi-journée qu'il nous avait consacrée. Je tirai donc de ma poche un thaler, que je lui mis dans la main.

Notre sacristain prit la pièce, la retourna attentivement sur les deux faces, en examina l'épaisseur afin de bien s'assurer qu'elle n'était ni effacée ni rognée, la mit dans sa poche et tendit de nouveau la main. Cette fois, je la lui pris avec beaucoup de cordialité et, la lui serrant de toutes mes forces, je lui dis dans le meilleur allemand que je pus : Gut reis mein freund. Le pauvre diable fit une grimace de possédé et, pendant qu'il décollait à l'aide de sa main gauche les doigts de sa main droite, en murmurant quelques mots que nous ne pûmes comprendre, nous remontâmes en voiture. Au bout d'un quart de lieue, il nous vint une pensée, ce fut de demander à notre cocher s'il avait entendu ce qu'avait dit notre guide.

– Oui, Messieurs, nous répondit-il.

– Eh bien ?

– Il a dit qu'un thaler était bien peu de chose pour un homme qui, comme lui, avait supporté dans un seul jour la chaleur, la pluie et la faim.

On devine quelle impression dut faire un pareil reproche sur des hommes rôtis par le soleil, mouillés jusqu'aux os et mourants d'inanition. Aussi demeurâmes-nous dans l'insensibilité la plus complète. Seulement, la traduction de ces paroles nous amena tout naturellement à demander à notre cocher s'il n'y avait pas une auberge sur la route que nous avions à parcourir pour arriver à Berne. Sa réponse fut désespérante.

Deux heures après, il s'arrêta et nous demanda si nous voulions visiter le champ de bataille de Laupen.

– Y a-t-il une auberge sur le champ de bataille de Laupen ?

– Non, Monsieur. C'est une grande plaine où Rodolphe d'Erlach, à la tête du peuple, a vaincu la noblesse, l'an 1339...

– Très bien. Et combien de lieues encore d'ici à Berne ?

– Cinq.

– Un thaler de trinkgeld si nous y sommes dans les deux heures.

Le cocher mit son cheval au galop avec une ardeur que la nuit ne put ralentir et, une heure et demie après, du haut de la montagne de Bümpliz, nous vîmes, éparpillées dans la plaine et brillantes comme des vers luisants sur une pelouse, les lumières de la capitale du canton bernois. Au bout de dix minutes, notre voiture s'arrêta dans la cour de l'hôtel du Faucon.

Chapitre 19

Les ours de Berne

Un caquetage produit par plusieurs centaines de voix nous réveilla le lendemain avec le jour. Nous mîmes le nez à la fenêtre, le marché se tenait devant l'hôtel.

La mauvaise humeur que nous avait causée ce réveil matinal se dissipa bien vite à l'aspect du tableau pittoresque de cette place publique encombrée de paysans et de paysannes en costumes nationaux.

Une des choses qui m'avaient le plus désappointé, en Suisse, était l'envahissement de nos modes, non seulement dans les hautes classes de la société, les premières toujours à abandonner les mœurs de leurs ancêtres, mais encore parmi le peuple, conservateur plus religieux des traditions paternelles. Je me trouvai certes bien dédommagé de ma longue attente par le hasard qui réunissait sous mes yeux, et dans toute leur coquetterie, les plus jolies paysannes des cantons voisins de Berne. C'était la Vaudoise aux cheveux courts abritant ses joues roses sous son large chapeau de paille pointu ; la femme de Fribourg qui tourne trois fois autour de sa tête nue les nattes de ses cheveux dont elle forme sa seule coiffure ; la Valaisanne qui vient par le mont Gemmi avec son chignon de marquise et son petit chapeau bordé de velours noir d'où pend, jusque sur son épaule, un large ruban brodé d'or ; enfin, au milieu d'elles, est la plus gracieuse de toutes, la Bernoise elle-même, avec sa petite calotte de paille jaune chargée de fleurs comme une corbeille, posée coquettement sur le côté de la tête, et d'où s'échappent par derrière deux longues tresses de cheveux blonds ; son nœud de velours noir au cou, sa chemise aux larges manches plissées et son corsage brodé d'argent.

Berne si grave, Berne si triste, Berne la vieille ville semblait, elle aussi, avoir mis ce jour-là son habit et ses bijoux de fête ;

elle avait semé ses femmes dans les rues comme une coquette des fleurs naturelles sur une robe de bal. Ses arcades sombres et voûtées qui avancent sur le rez-de-chaussée de ses maisons étaient animées par cette foule qui passait, leste et joyeuse, se détachant par les tons vifs de ses vêtements sur la demi-teinte de ses pierres grises ; puis, de place en place, rendant plus sensible encore la légèreté des ombres bariolées qui se croisaient en tous sens, des groupes de jeunes gens avec leurs grosses têtes blondes, leurs petites casquettes de cuir, leurs cheveux longs, leurs cols rabattus, leurs redingotes bleues plissées sur la hanche ; véritables étudiants d'Allemagne qu'on croirait à vingt pas des universités de Leipzig ou d'Iéna, causant immobiles ou se promenant gravement deux par deux, la pipe d'écume de mer à la bouche et le sac à tabac, orné de la croix fédérale, pendu à la ceinture. Nous criâmes bravo de nos fenêtres en battant des mains comme nous l'aurions fait au lever de la toile d'un théâtre sur un tableau admirablement mis en scène ; puis, allumant nos cigares en preuve de fraternité, nous allâmes droit à deux de ces jeunes gens pour leur demander le chemin de la cathédrale.

Au lieu de nous l'indiquer de la main comme l'aurait fait un Parisien affairé, l'un des deux nous répondit en français largement accentué de tudesque : « Par ici ; » et, faisant doubler le pas à son camarade, il se mit à marcher devant nous.

Au bout de cinquante pas, nous nous arrêtâmes devant une de ces vieilles horloges compliquées, à l'ornement desquelles un mécanicien du quinzième siècle consacrait quelquefois toute sa vie... Notre guide sourit.

– Voulez-vous attendre ? nous dit-il, huit heures vont sonner.

En effet, au même instant, le coq qui surmontait ce petit clocher battit des ailes et chanta trois fois avec sa voix automatique. À cet appel, les quatre évangélistes sortirent, chacun à son tour, de leur niche, et vinrent frapper chacun un quart d'heure sur une cloche avec le marteau qu'ils tenaient à la main ; puis, pendant que l'heure tintait, et en même temps que le premier coup se faisait entendre, une petite porte placée au-dessous du cadran s'ouvrit, et une procession étrange commença à défiler, tournant en demi-cercle autour de la base du monument, et rentra par une porte parallèle qui se ferma en même temps que la dernière heure sonnait sur le dernier personnage qui terminait le cortège.

Nous avions déjà remarqué l'espèce de vénération que les Bernois professent pour les ours ; en entrant la veille au soir par la porte de Fribourg, nous avions vu se découper dans l'ombre les statues colossales de deux de ces animaux, placées comme le sont à l'entrée des Tuileries les chevaux domptés par des esclaves. Pendant les cinquante pas que nous avions faits pour arriver à l'horloge, nous avions laissé à notre gauche une fontaine surmontée d'un ours portant une bannière à la main, couvert d'une armure de chevalier, et ayant à ses pieds un oursin vêtu en page, marchant sur ses pattes de derrière et mangeant une grappe de raisin à l'aide de ses pattes de devant. Nous étions passés sur la place des Greniers, et nous avions remarqué, sur le fronton sculpté du monument, deux ours soutenant les armes de la ville comme deux licornes un blason féodal ; de plus, l'un d'eux versait avec une corne d'abondance les trésors du commerce à un groupe de jeunes filles qui s'empressaient de les recueillir, tandis que l'autre tendait gracieusement, et en signe d'alliance, la patte à un guerrier vêtu en Romain du temps de Louis XV. Cette fois, nous venions de voir sortir d'une horloge une procession d'ours, les uns jouant de la clarinette, les autres du violon, celui-ci de la basse, celui-là de la cornemuse ; puis, à leur suite, d'autres ours portant l'épée au côté, la carabine sur l'épaule, marchant gravement, bannière déployée et caporaux en serre-file. Il y avait, on l'avouera, de quoi éveiller notre gaîté ; aussi étions-nous dans la joie de notre âme. Nos Bernois, habitués à ce spectacle, riaient de nous voir rire, et, loin de s'en formaliser, paraissaient enchantés de notre bonne humeur. Enfin, dans un moment de répit, nous leur demandâmes à quoi tenait cette reproduction continuelle d'animaux qui, par leur espèce et par leur forme, n'avaient pas jusque-là passé pour des modèles de grâce ou de politesse, et si la ville avait quelque motif particulier de les affectionner autrement que pour leur peau et pour leur chair.

Ils nous répondirent que les ours étaient les patrons de la ville.

Je me rappelai alors qu'il y avait effectivement un saint Ours sur le calendrier suisse ; mais je l'avais toujours connu pour

254

appartenir par sa forme à l'espèce des bipèdes, quoique par son nom il parût se rapprocher de celle des quadrupèdes ; d'ailleurs, il était patron de Soleure et non de Berne. J'en fis poliment l'observation à nos guides.

Ils nous répondirent que c'était par le peu d'habitude qu'ils avaient de la langue française qu'ils nous avaient répondu que les ours étaient les patrons de la ville ; qu'ils n'en étaient que les parrains ; mais que, quant à ce dernier titre, ils y avaient un droit incontestable, puisque c'étaient eux qui avaient donné leur nom à Berne. En effet, *bær,* qui en allemand se prononce *berr,* veut dire *ours.* La plaisanterie, comme on le voit, devenait de plus en plus compliquée. Celui des deux qui parlait le mieux français, voyant que nous en désirions l'explication, nous offrit de nous la donner en nous conduisant à l'église. On devine qu'à l'affût comme je l'étais de traditions et de légendes, j'acceptai avec reconnaissance. Voici ce que nous raconta notre cicérone :

La cité de Berne fut fondée en 1191 par Berthold V, duc de Zähringen. À peine fut-elle achevée, ceinte de murailles et fermée de portes, qu'il s'occupa de chercher un nom pour la ville qu'il venait de bâtir avec la même sollicitude qu'une mère en cherche un pour l'enfant qu'elle vient de mettre au monde. Malheureusement, il paraît que l'imagination n'était pas la partie brillante de l'esprit du noble seigneur, car, ne pouvant venir à bout de trouver ce qu'il cherchait, il rassembla dans un grand dîner toute la noblesse des environs. Le dîner dura trois jours, au bout desquels rien de positif n'était encore arrêté pour le baptême de l'enfant, lorsqu'un des convives proposa, pour en finir, de faire le lendemain une grande chasse dans les montagnes environnantes, et de donner à la ville le nom du premier animal que l'on tuerait. Cette proposition fut reçue par acclamation.

Le lendemain, on se mit en route au point du jour. Au bout d'une heure de chasse, de grands cris de victoire se firent entendre ; les chasseurs coururent vers l'endroit d'où ils partaient : un archer du duc venait d'abattre un cerf.

Berthold parut très désappointé que l'adresse de l'un de ses gens se fût exercée sur un animal de cette espèce. Il déclara en conséquence qu'il ne donnerait pas à sa bonne et forte ville de guerre le nom d'une bête qui était le symbole de la timidité. De

255

mauvais plaisants prétendirent que le nom de la victime offrait encore un autre symbole, que leur seigneur oubliait à dessein de relater, quoique ce fût peut-être celui qui lui inspirât le plus de répugnance : le duc Berthold était vieux et avait une jeune et jolie femme.

Le coup de l'archer fut donc déclaré non avenu, et l'on se remit en chasse.

Vers le soir, les chasseurs rencontrèrent un ours.

Vive Dieu ! c'était là une bête dont le nom ne pouvait compromettre ni l'honneur d'un homme ni celui d'une ville. Le malheureux animal fut tué sans miséricorde, et donna à la capitale naissante le baptême avec son sang. Aujourd'hui encore, une pierre élevée à un quart de lieue de Berne, près de la porte du cimetière de Muri-Stalden, constate l'authenticité de cette étymologie par une courte mais précise inscription. La voici en vieux allemand :

ERST BÆR HIER FAM [41]

Il n'y avait rien à dire contre le témoignage de pareilles autorités. J'ajoutai sur parole la foi la plus entière à l'histoire de notre étudiant, qui n'est que la préface d'une autre plus originale encore et qui viendra en son lieu.

Pendant ce temps, nous avions traversé un passage, puis une grande place, et nous nous trouvions enfin en face de la cathédrale. C'est un bâtiment gothique d'un style assez remarquable, quoique contraire aux règles architecturales du temps, puisqu'il n'offre, malgré sa qualité d'église métropolitaine, qu'un clocher et pas de tour ; encore le clocher est-il tronqué à la hauteur de cent quatre-vingt-onze pieds, ce qui lui donne l'aspect d'un vaste pain de sucre dont on aurait enlevé la partie supérieure. L'édifice fut commencé en 1421 sur les plans de Mathias Heins, qui avaient obtenu la préférence sur ceux de son compétiteur, dont on ignore le nom. Ce dernier dissimula le ressentiment qu'il éprouvait de cette humiliation ; et, comme le bâtiment était déjà parvenu à une certaine hauteur, il demanda un jour à Mathias la permission de l'accompagner sur la plate-forme. Mathias, sans défiance, lui accorda cette demande avec une facilité qui faisait plus d'honneur à son amour-propre qu'à sa prudence, passa le premier, et commença à lui montrer dans tous leurs détails les travaux que son rival avait eu un

---

41. C'est ici que le premier ours a été pris.

instant l'espoir de diriger. Celui-ci se répandit en éloges pompeux sur le talent de son confrère, qui, jaloux de lui prouver qu'il les méritait, l'invita à le suivre dans les autres parties du monument, et lui montra le chemin le plus court en s'aventurant, à soixante pieds du sol, sur une planche portant, par ses deux extrémités, sur deux murs en retour et formant un angle. Au même instant, on entendit un grand cri : le malheureux architecte avait été précipité.

Nul ne fut témoin du malheur de Mathias, si ce n'est son rival. Celui-ci raconta que le poids du corps avait fait tourner la planche, mal d'aplomb sur deux murs qui n'étaient pas de niveau, et qu'il avait eu la douleur de voir tomber Mathias sans pouvoir lui porter secours. Huit jour après, il obtint la survivance du défunt, auquel il fit élever, à la place même de sa chute, une magnifique statue, ce qui lui acquit dans toute la ville de Berne une grande réputation de modestie.

Nous entrâmes dans l'église, qui n'offre à l'intérieur, comme tous les temples protestants, rien de remarquable ; deux tombeaux seulement s'élèvent de chaque côté du chœur : l'un est celui du duc de Zähringen, fondateur de la ville ; l'autre, celui de Frédéric Steiger, qui était avoyer de Berne lorsque les Français s'en emparèrent en 1798.

En sortant de la cathédrale, nous allâmes visiter la promenade intérieure : on la nomme, je crois, la Terrasse. Elle est élevée de cent huit pieds au-dessus de la ville basse ; une muraille de cette hauteur, coupée à pic comme un rempart, maintient les terres et les préserve d'un éboulement.

C'est de cette terrasse que l'on découvre une des plus belles vues du monde. Au pied, s'étendent, comme un tapis bariolé, les toits des maisons au milieu desquelles serpente l'Aar, rivière capricieuse et rapide dont les eaux bleues prennent leur source dans les glaces du Finsteraarhorn, et qui enceint de tous côtés Berne, ce vaste château fort dont les montagnes environnantes sont les ouvrages avancés. Au second plan, s'élève le Gurten, colline de trois ou quatre mille pieds de haut, et qui sert de passage à la vue pour arriver à la grande chaîne de glaciers qui ferme l'horizon comme un mur de diamants, espèce de ceinture resplendissante au-delà de laquelle il semble que doit exister le monde des *Mille et une Nuits* ; écharpe aux mille couleurs qui, le matin, sous les rayons du soleil, prend toutes les nuances de l'arc-en-ciel, depuis le bleu foncé jusqu'au rose tendre ; palais fantastique qui, le soir, lorsque la ville et la plaine sont déjà plongées dans la nuit, reste illuminé quelque temps encore par les dernières heures du jour expirant lentement au sommet.

Cette magnifique plate-forme, toute plantée de beaux arbres, est la promenade intérieure de la ville. Deux cafés, placés aux deux angles de la terrasse, fournissent des glaces excellentes aux promeneurs. Entre ces deux cafés, et au milieu du parapet de la terrasse, une inscription allemande, gravée sur une pierre, constate un événement presque miraculeux. Un cheval fougueux qui emportait un jeune étudiant se précipita, avec son cavalier, du haut de la plate-forme ; le cheval se tua sur le pavé, mais le jeune homme en fut quitte pour quelques contusions. La bête et l'homme avaient fait un saut perpendiculaire de cent huit pieds. Voici la traduction littérale de cette inscription :

« Cette pierre fut érigée en l'honneur de la toute-puissance de Dieu, et pour en transmettre le souvenir à la postérité. – D'ici, le sieur Théobald Weinzöpfli, le 25 mai 1654, sauta en bas avec son cheval. Après cet accident, il desservit trente ans l'église en qualité de pasteur, et mourut très vieux et en odeur de sainteté, le 25 novembre 1694. »

Une pauvre femme condamnée aux galères, séduite par cet antécédent, tenta depuis le même saut pour échapper aux soldats qui la poursuivaient ; mais, moins heureuse que Weinzöpfli, elle se brisa sur le pavé.

Après avoir jeté un denier coup d'œil sur cette vue magnifique, nous nous acheminâmes vers la porte d'en bas afin de faire le tour de Berne par l'Altenberg, jolie colline chargée de vignes qui s'élève de l'autre côté de l'Aar, un peu au-dessus du niveau de la ville. Chemin faisant, on nous montra une petite auberge gothique qui a pour enseigne une botte. Voici à quelle tradition se rattache cette enseigne, que l'on peut s'étonner à juste titre de trouver à la porte d'un marchand de vin.

Henri IV avait envoyé, en 1602, Bassompierre à Berne en qualité d'ambassadeur près des treize cantons pour renouveler avec eux l'alliance déjà jurée en 1582 entre Henri III et la fédération. Bassompierre, par la franchise de son caractère et la loyauté de ses relations, réussit à aplanir les difficultés de cette négociation, et à faire des Suisses des alliés et des amis fidèles de la France. Au moment de son départ, et comme il venait de monter à cheval à la porte de l'auberge, il vit s'avancer de son côté les treize députés des treize cantons, tenant chacun un énorme *widercome* à la main, et venant lui offrir le coup de l'étrier. Arrivés près de lui, ils l'entourèrent, levèrent ensemble les treize coupes, qui contenaient chacune la valeur d'une bouteille, et, portant unanimement un toast à la France, ils avalèrent la liqueur d'un seul trait. Bassompierre, étourdi d'une telle politesse, ne vit qu'un moyen de la leur rendre. Il appela son domestique, lui fit mettre pied à terre, lui ordonna de tirer sa botte, la prit par l'éperon, fit vider treize bouteilles de vin dans ce vase improvisé ; puis, la levant à son tour pour rendre le toast qu'il venait de recevoir : « Aux treize cantons ! » dit-il ; et il avala les treize bouteilles.

Les Suisses trouvèrent que la France était dignement représentée.

Cent pas plus loin, nous étions à la porte d'en-bas. Nous traversâmes l'Aar sur un assez beau pont de pierre ; puis une course d'une demi-heure nous conduisit au sommet de l'Altenberg. Là, on retrouve la même vue à peu près que celle qu'on a de la terrasse de la cathédrale, excepté que, de ce second belvédère, la ville de Berne forme le premier plan du tableau.

Nous abandonnâmes bientôt cette promenade, toute magnifique qu'elle était. Comme aucun arbre n'y tempérait l'ardeur des rayons du soleil, la chaleur y était étouffante. De l'autre côté de l'Aar, au contraire, nous apercevions un bois magnifique dont les allées étaient couvertes de promeneurs. Nous craignîmes un instant d'être réduits à retourner sur nos pas pour retrouver le pont que nous avions déjà traversé ; mais nous aperçûmes au-dessous de nous un bac à l'aide duquel s'opérait le passage, au grand bénéfice du batelier, car nous fûmes obligés d'attendre un quart d'heure notre tour d'inscription. Ce batelier est un vieux serviteur de la république à qui la ville a donné pour récompense de ses services le privilège exclusif du transport des passagers qui veulent traverser l'Aar. Ce transport s'opère moyennant une rétribution de deux sous à laquelle échappent les membres de deux classes de la société qui n'ont cependant, dans l'exercice de leurs fonctions, aucun rapport probable, les sages-femmes et les soldats. Comme j'avais fait

quelques questions à mon *passeur,* il se crut en devoir, à son tour, en me reconnaissant pour Français, de m'en adresser une : il me demanda si j'étais pour l'ancien ou pour le nouveau roi. Ma réponse fut aussi catégorique que sa demande :
— Ni pour l'un ni pour l'autre.

Les Suisses sont en général très questionneurs et très indiscrets dans leurs questions ; mais ils y mettent une bonhomie qui en fait disparaître l'impertinence ; puis, lorsque vous leur avez dit vos affaires, ils vous racontent à leur tour les leurs avec ces détails intimes que l'on réserve ordinairement pour les amis de la maison. À table d'hôte, et au bout d'un quart d'heure, on connaît son voisin comme si l'on avait vécu vingt ans avec lui. Du reste, vous êtes parfaitement libre de répondre ou de ne pas répondre à ces questions, qui sont ordinairement celles que vous font les registres des maîtres d'auberge
— Votre nom, votre profession, d'où venez-vous, où allez-vous ?
— et qui remplacent avantageusement l'exhibition du passeport, en indiquant aux amis qui vous suivent ou que vous suivez l'époque à laquelle on est passé et la route qu'on a prise.

Comme il nous était absolument égal d'aller d'un côté ou d'un autre, pourvu que nous vissions quelque chose de nouveau, nous suivîmes la foule ; elle se rendait à la promenade de l'Enge, qui est la plus fréquentée des environs de la ville. Un grand rassemblement était formé devant la porte d'Aarberg ; nous en demandâmes la cause ; on nous répondit laconiquement : *Les ours.* Nous parvînmes en effet jusqu'à un parapet autour duquel étaient appuyées, comme sur une galerie de spectacle, deux ou trois cents personnes occupées à regarder les gentillesses de quatre ours monstrueux séparés par couples et habitant deux grandes et magnifiques fosses tenues avec la plus grande propreté et dallées comme des salles à manger.

L'amusement des spectateurs consistait, comme à Paris, à jeter des pommes, des poires et des gâteaux aux habitants de ces deux fosses ; seulement, leur plaisir se compliquait d'une combinaison que j'indiquerai à M. le directeur du Jardin des Plantes, et que je l'invite à naturaliser pour la plus grande joie des amateurs.

La première poire que je vis jeter aux Martins bernois fut avalée par l'un d'eux sans aucune opposition extérieure ; mais il n'en fut pas de même de la seconde. Au moment où, alléché

260

par ce premier succès, il se levait nonchalamment pour aller chercher son dessert à l'endroit où il était tombé, un autre convive, dont je ne pus reconnaître la forme, tant son action fut agile, sortit d'un trou pratiqué dans le mur, s'empara de la poire au nez de l'ours stupéfait, et rentra dans son terrier, aux grands applaudissements de la multitude. Une minute après, la tête fine d'un renard montra ses yeux vifs et son museau noir et pointu à l'orifice de sa retraite, attendant l'occasion de faire une nouvelle curée aux dépens du maître du château dont il avait l'air d'habiter un pavillon.

Cette vue me donna l'envie de renouveler l'expérience, et j'achetai des gâteaux comme l'appât le plus propre à réveiller l'appétit individuel des deux antagonistes. Le renard, qui devina sans doute mon intention en me voyant appeler la marchande, fixa ses yeux sur moi et ne me perdit plus de vue. Lorsque j'eus fait provision de vivres et que je les eus emmagasinés dans ma main gauche, je pris une tartelette de la main droite et la montrai au renard ; le sournois fit un petit mouvement de tête, comme pour me dire : « Sois tranquille, je comprends parfaitement ; » puis il passa sa langue sur ses lèvres avec l'assurance d'un gaillard qui est assez certain de son affaire pour se pourlécher d'avance. Je comptais cependant lui donner une occupation plus difficile que la première. L'ours, de son côté, avait vu mes préparatifs avec une certaine manifestation d'intelligence, et se balançait gracieusement assis sur son derrière, les yeux fixes, la gueule ouverte et les pattes tendues vers moi. Pendant ce temps, le renard, rampant comme un chat, était sorti tout à fait de son terrier, et je m'aperçus que c'était une cause accidentelle plutôt encore que la vélocité de sa course qui m'avait empêché de reconnaître à quelle espèce il appartenait lors de sa première apparition : la malheureuse bête n'avait pas de queue.

Je jetai le gâteau. L'ours le suivit des yeux, se laissa retomber sur ses quatre pattes pour venir le chercher ; mais, au premier pas qu'il fit, le renard s'élança par-dessus son dos d'un bond dont il avait pris la mesure si juste qu'il tomba le nez sur la tartelette ; puis, faisant un grand détour, il décrivit une courbe pour rentrer à son terrier. L'ours, furieux, appliquant à l'instant à sa vengeance ce qu'il savait de géométrie, prit la ligne droite avec une vivacité dont je l'aurais cru incapable. Le renard et lui arrivèrent presque en même temps au trou ; mais le renard avait l'avance, et les dents de l'ours claquèrent en se rejoignant à l'entrée du terrier au moment même où le larron venait d'y disparaître. Je compris alors pourquoi le pauvre diable n'avait plus de queue.

Je renouvelai plusieurs fois cette expérience, à la grande satisfaction des curieux et du renard, qui, sur quatre gâteaux, en attrapait toujours deux.

Les ours qui habitent la seconde fosse sont beaucoup plus jeunes et plus petits. J'en demandai la cause, et j'appris qu'ils étaient les successeurs des autres, et qu'à leur mort, ils devaient hériter de leur place et de leur fortune. Ceci exige une explication.

Nous avons dit comment, après sa fondation par le duc de Zæringen, Berne avait reçu son nom et la part que le genre animal avait prise à son baptême. Depuis ce temps, les ours devinrent les armes de la ville, et l'on résolut non seulement de placer leur effigie dans le blason, sur les fontaines, dans les horloges et sur les monuments, mais encore de s'en procurer de vivants qui seraient nourris et logés aux frais des habitants. Ce n'était pas chose difficile : on n'avait qu'à étendre la main vers la montagne et à choisir. Deux jeunes oursins furent pris et amenés à Berne, où bientôt ils devinrent, par leur grâce et leur gentillesse, un objet d'idolâtrie pour les bourgeois de la ville.

Sur ces entrefaites, une vieille fille fort riche et qui, vers les dernières années de sa vie, avait manifesté pour ces aimables animaux une affection toute particulière, mourut, ne laissant d'autres héritiers que des parents assez éloignés. Son testament fut ouvert avec les formalités d'usage en présence de tous les intéressés. Elle laissait soixante mille livres de rente aux ours, et mille écus une fois donnés à l'hôpital de Berne pour y fonder un lit en faveur des membres de sa famille. Les ayants-droit attaquèrent le testament sous prétexte de captation ; un avocat d'office fut nommé aux défendeurs, et, comme c'était un homme de grand talent, l'innocence des malheureux quadrupèdes, que l'on voulait spolier de leur héritage, fut publiquement reconnue, le testament déclaré bon et valable, et les légataires furent autorisés à entrer immédiatement en jouissance.

La chose était facile ; la fortune de la donatrice consistait en argent comptant. Les douze cent mille francs de capital qui la composaient furent versés au trésor de Berne, que le gouvernement déclara responsable de ce dépôt, avec charge d'en compter les intérêts aux fondés de pouvoir des héritiers, considérés comme mineurs. On devine qu'un grand changement s'opéra dans le train de maison de ces derniers. Leurs tuteurs eurent une voiture et un hôtel, ils donnèrent en leur nom des dîners parfaitement servis et des bals du meilleur goût. Quant à eux personnellement, leur gardien prit le titre de valet de chambre, et ne les battit plus qu'avec un jonc à pomme d'or.

Malheureusement, rien n'est stable dans les choses humaines ! Quelques générations d'ours avaient joui à peine de ce bien-être inconnu jusqu'alors à leur espèce, quand la révolution française éclata. L'histoire de nos héros ne se trouve pas liée d'une manière assez intime à cette grande catastrophe pour que nous remontions ici à toutes ses causes, ou que nous la suivions dans tous ses résultats ; nous ne nous occuperons que des événements dans lesquels ils ont joué un rôle.

La Suisse était trop près de la France pour ne pas éprouver quelque atteinte du grand tremblement de terre dont le volcan révolutionnaire secouait le monde ; elle voulut résister cependant à cette lave militaire qui sillonna l'Europe. Le canton de Vaud se déclara indépendant. Berne rassembla ses troupes ; victorieuse d'abord dans la rencontre de Neueneck, elle fut vaincue dans les combats de Fraubrunnen et de Grauholz, et les vainqueurs, commandés par les généraux Brune et Schauenbourg, firent leur entrée dans la capitale. Trois jours après, le trésor bernois fit sa sortie.

Onze mulets chargés d'or prirent la route de Paris ; deux d'entre eux portaient la fortune des malheureux ours, qui, tout modérés qu'ils étaient dans leurs opinions, se trouvaient compris sur la liste des aristocrates et traités en conséquence. Il leur restait bien l'hôtel de leurs fondés de pouvoirs, que les Français n'avaient pu emporter ; mais ceux-ci justifiaient du titre de propriété, de sorte que ce dernier débris de leur splendeur passée fut entraîné dans le naufrage de leur fortune.

Un grand exemple de philosophie fut alors donné aux hommes par ces nobles animaux : ils se montrèrent aussi dignes dans le malheur qu'ils s'étaient montrés humbles dans la prospérité, et ils traversèrent, respectés de tous les partis, les cinq années de révolution qui agitèrent la Suisse depuis 1798 jusqu'en 1803.

Cependant, la Suisse avait abaissé ses montagnes sous la main de Bonaparte, comme l'Océan ses vagues à la voix de Dieu. Le premier consul la récompensa en proclamant l'acte de médiation, et les dix-neuf cantons respirèrent, abrités sous l'aile que la France étendait sur eux.

À peine Berne fut-elle tranquille qu'elle s'empressa de réparer les pertes faites par ses citoyens. Alors ce fut à qui solliciterait un emploi du gouvernement, réclamerait une indemnité au trésor, demanderait une récompense à la nation. Ceux-là seuls qui avaient le plus de droit pour tout obtenir dédaignèrent toute démarche et attendirent, dans le silence du bon droit, que la république pensât à eux.

La république justifia sa devise sublime : *Un pour tous, tous pour un.* Une souscription fut ouverte en faveur des ours ; elle produisit soixante mille francs. Avec cette somme, si modique en comparaison de celle qu'ils avaient possédée, le conseil de la ville acheta un lot de terre qui rapportait deux mille livres de rente. Les malheureuses bêtes, après avoir été millionnaires, n'étaient plus qu'éligibles [42].

Encore cette petite fortune se trouva-t-elle bientôt réduite de moitié par un nouvel accident, mais qui était cette fois en dehors de toute commotion politique. La fosse qu'habitaient les ours était autrefois enfermée dans la ville et touchait aux murs de la prison. Une nuit, un détenu condamné à mort, étant parvenu à se procurer un poinçon de fer, se mit à percer un trou dans la muraille ; après deux ou trois heures de travail, il crut entendre que, du côté opposé du mur, on travaillait aussi à quelque chose de pareil ; cela lui donna un nouveau courage. Il pensa qu'un malheureux prisonnier comme lui habitait le cachot contigu, et il espéra que, une fois réuni à lui, leur fuite commune deviendrait plus facile, le travail étant partagé. Cet espoir ne faisait que croître à mesure que la besogne avançait ; le travailleur caché opérait avec une énergie qui paraissait lui faire négliger toute précaution ; les pierres détachées par lui roulaient bruyamment ; son souffle se faisait entendre avec

---

42. Le droit d'éligibilité est fixé, à Genève, à neuf francs ; je crois qu'il en est de même à Berne

force. Le condamné n'en sentit que mieux la nécessité de redoubler d'efforts, puisque l'imprudence de son compagnon pouvait, d'un moment à l'autre, trahir leur évasion. Heureusement, il restait peu de chose à faire pour que le mur fût mis à jour. Une grosse pierre seulement résistait encore à toutes ses attaques, lorsqu'il la sentit s'ébranler ; cinq minutes après, elle roula du côté opposé. La fraîcheur de l'air extérieur pénétra jusqu'à lui ; il vit que ce secours inespéré qu'il avait reçu venait du dehors, et, ne voulant pas perdre de temps, il se mit en devoir de passer par l'étroite ouverture qui lui était offerte d'une manière si inattendue. À moitié chemin, il rencontra un des ours qui faisait, de son côté, tous ses efforts pour pénétrer dans le cachot. Il avait entendu le bruit que faisait le détenu à l'intérieur de la prison, et, par l'instinct de destruction naturel aux animaux, il s'était mis à le seconder de son mieux.

Le condamné se trouvait entre deux chances : être pendu ou dévoré. La première était sûre, la seconde était probable ; il choisit la seconde, qui lui réussit. L'ours, intimidé par la puissance qu'exerce toujours l'homme, même sur l'animal le plus féroce, le laissa fuir sans lui faire de mal.

Le lendemain, le geôlier, en entrant dans la prison, trouva une étrange substitution de personne : l'ours était couché sur la paille du prisonnier.

Le geôlier s'enfuit sans prendre le temps de refermer la porte. L'ours le suivit gravement, et, trouvant toutes les issues ouvertes, arriva jusqu'à la rue, et s'achemina tranquillement vers la place du marché aux herbes. On devine l'effet que produisit sur la foule marchande l'aspect de ce nouvel amateur. En un instant, la place se trouva vide, et bientôt l'arrivant put choisir, parmi les fruits et les légumes étalés, ceux qui étaient le plus à sa convenance. Il ne s'en fit pas faute, et, au lieu d'employer son temps à regagner la montagne, où personne ne l'aurait probablement empêché d'arriver, il se mit à faire fête de son mieux aux poires et aux pommes, fruits pour lesquels, comme chacun sait, cet animal a la plus grande prédilection. Sa gourmandise le perdit.

Deux maréchaux dont la boutique donnait sur la place avisèrent un moyen de reconduire le fugitif à sa fosse. Ils firent chauffer presque rouges deux grandes tenailles, et, s'approchant de chaque côté du maraudeur au moment où il était le plus absorbé par l'attention qu'il portait à son repas, ils le pincèrent vigoureusement chacun par une oreille.

L'ours sentit du premier abord qu'il était pris ; aussi ne tenta-t-il aucune résistance, et suivit-il humblement ses conducteurs sans protester autrement que par quelques cris plaintifs contre l'illégalité des moyens qu'on avait employés pour opérer son arrestation.

Cependant, comme on pensa qu'un pareil accident pourrait se renouveler, et ne finirait peut-être pas une seconde fois d'une manière aussi pacifique, le conseil de Berne décréta qu'on transporterait les ours hors de la ville, et qu'on leur bâtirait deux fosses dans les remparts.

Ce sont ces deux fosses qu'ils habitent aujourd'hui, et dont la construction est venue réduire de moitié leur capital, car elle coûta trente mille francs ; et, pour se procurer cette somme, il fallut qu'ils laissassent prendre une inscription de première hypothèque sur leur propriété.

Aussitôt que j'eus consigné tous ces détails sur mon album, nous nous remîmes en route pour achever nos courses à l'entour de Berne. Une magnifique allée d'arbres s'offrait à nous ; nous la suivîmes comme le faisait tout le monde. Au bout d'une heure de marche, nous passâmes l'eau sur un bateau, et nous nous trouvâmes au Reichenbach, entre une joyeuse et bruyante guinguette suisse et le vieux et morne château de Rodolphe d'Erlach ; l'une nous offrait un bon déjeuner, l'autre un grand souvenir. La faim prit le pas sur la poésie : nous entrâmes à la guinguette.

C'est une admirable chose qu'une guinguette allemande pour quiconque aime la valse et la choucroute. Malheureusement, je ne pouvais jouir que de l'un de ces plaisirs.

Aussi, à peine eus-je déjeuné tant bien que mal que je me jetai au milieu de la salle de danse, offrant à la première paysanne qui se trouva près de moi ma main, qu'elle accepta sans trop de façon, bien que j'eusse des gants, luxe tout à fait inconnu dans cette joyeuse assemblée. Je partis aussitôt, saisissant du premier coup la mesure de cette valse balancée et rapide, comme si toutes mes études avaient été dirigées du côté de cet art. Il est vrai de dire que l'orchestre nous secondait merveilleusement, quoique composé entièrement de musiciens de village, qui jouaient de je ne sais quels instruments ; et je dois dire qu'aucun de nos orchestres parisiens ne m'a jamais paru mieux approprié à cette danse.

La valse finie, je demandai à ma danseuse en allemand très intelligible la permission de l'embrasser ; c'est l'une des phrases de cette langue dont la construction et l'accent sont le mieux restés dans ma mémoire : elle me l'accorda de fort bonne grâce.

Le château de Reichenbach eut ensuite notre visite. Une tradition moitié historique, moitié poétique, comme toutes les traditions suisses, s'y rattache. C'est là que le vieux Rodolphe d'Erlach se reposait de ses travaux guerriers, et passait les derniers jours d'une vie si utile à sa patrie et si honorée de ses concitoyens. Un jour, son gendre Rudenz vint le voir, comme il avait l'habitude de le faire. Une discussion s'engage entre le vieillard et le jeune homme sur la dot que le premier devait payer au second. Rudenz s'emporte, saisit à la cheminée l'épée du vainqueur de Laupen, frappe le vieillard, qui expire sur le coup, et se sauve. Mais les deux chiens de Rodolphe, qui étaient à l'attache de chaque côté de la porte, brisent leur chaîne, poursuivent le fugitif dans la montagne, et reviennent deux heures après couverts de sang ; on ne revit jamais Rudenz.

Le jeune homme qui nous raconta cette anecdote revenait à Berne ; il nous proposa de faire route avec lui ; nous acceptâmes. Chemin faisant, nous lui dîmes ce que nous avions déjà vu, et nous nous informâmes près de lui s'il ne nous restait pas quelque chose à voir. Il se trouva que nous avions déjà exploré à peu près toute la partie pittoresque de la ville ; cependant, il nous proposa de faire un petit circuit et de rentrer à Berne par la tour de Goliath.

La tour de Goliath est ainsi nommée parce qu'elle sert de niche à une statue colossale de saint Christophe.

Comme cette dénomination ne doit pas paraître au lecteur beaucoup plus conséquente qu'elle ne me parut à moi-même, je vais lui expliquer incontinent quelle analogie exista entre le guerrier philistin et le pacifique Israélite.

Vers la fin du quinzième siècle, un riche et religieux seigneur fit don à la cathédrale de Berne d'une somme considérable qui devait être employée à l'achat de vases sacrés. Cette disposition testamentaire s'exécuta religieusement, et un magnifique saint-sacrement fut acheté et renfermé dans le tabernacle. Possesseurs de cette nouvelle richesse, les desservants de l'église pensèrent aussitôt aux moyens de la mettre à l'abri de tout accident. On ne pouvait placer une garde humaine dans le sanctuaire ; on chercha parmi la milice céleste quel était le saint qui donnait le plus de garantie de vigilance et de dévouement. Saint Christophe, qui avait porté Notre-Seigneur sur ses épaules, et dont la taille gigantesque constatait la force, obtint, après une légère discussion, la préférence sur saint Michel, que l'on regardait comme trop jeune pour avoir la prudence nécessaire à l'emploi dont on voulait l'honorer. On chargea le plus habile sculpteur de Berne de modeler la statue que l'on devait placer près de l'autel pour épouvanter les voleurs, comme on place un mannequin dans un champ de chènevis pour effrayer les oiseaux. Sous ce rapport, lorsque l'œuvre fut achevée, elle dut certainement réunir tous les suffrages, et saint Christophe lui-même, si Dieu lui accorda la jouissance de voir du ciel le portrait qu'on avait fait de lui sur la terre, dut être fort émerveillé du caractère guerroyant qu'avait pris, sous le ciseau créateur de l'artiste, sa tranquille et pacifique personne.

En effet, l'image sainte était haute de vingt-deux pieds, portant à la main une hallebarde, au côté une épée, et était peinte, de la tête aux pieds, en rouge et en bleu, ce qui lui donnait une apparence tout à fait formidable.

Ce fut donc avec toutes ces chances de remplir fidèlement sa mission, et après avoir entendu un long discours sur l'honneur qui lui était accordé, et sur les devoirs que cet honneur lui imposait, que le saint fut installé en grande pompe derrière le maître-autel, qu'il dépassait de toute la longueur du torse.

Deux mois après, le saint-sacrement était volé.

On devine quelle rumeur cet accident causa dans la paroisse et la déconsidération qui en rejaillit tout naturellement sur le pauvre saint. Les plus exaspérés disaient qu'il s'était laissé corrompre ; les plus modérés, qu'il s'était laissé intimider ; un troisième parti, plus fanatique que les deux autres, déblatérait aussi contre lui sans ménagement aucun ; c'était le parti des michélistes, qui, en minorité lors de la discussion, avait conservé sa rancune religieuse avec toute la fidélité d'une haine politique. Bref, à peine si une ou deux voix osèrent prendre la

268

défense du gardien fidèle. Il fut donc ignominieusement exilé du sanctuaire qu'il avait si mal défendu, et, comme on était en guerre avec les Fribourgeois, on le chargea de protéger la tour de Lombach qui s'élevait hors de la ville, en avant de la porte de Fribourg. On lui tailla dans cette porte la niche qu'il habite encore de nos jours, on l'y plaça comme un soldat dans une guérite, avec l'injonction d'être plus vigilant cette fois qu'il ne l'avait été la première.

Huit jours après, la tour de Lombach était prise.

Cette conduite inouïe changea la déconsidération en mépris ; le malheureux saint fut dès lors regardé par les hommes les plus raisonnables, non seulement comme un lâche, mais encore comme un traître, et débaptisé d'un commun accord. On le dépouilla du nom respecté qu'il avait compromis pour le flétrir d'un nom abominable : on l'appela Goliath.

En face de lui, et dans l'attitude de la menace, est une jolie petite statue de David tenant une fronde à la main.

Chapitre 20

Première course dans l'Oberland : Le lac de Thun

La seconde journée que nous passâmes à Berne fut consacrée à visiter la ville, matériellement parlant. Notre excursion investigatrice de la veille en avait écrémé tout le pittoresque et toute la poésie.

Après la cathédrale, dont nous avons parlé, il nous restait encore à voir, en fait de monuments, l'église du Saint-Esprit, l'Arsenal, la Monnaie, les greniers publics, l'hôpital et l'hôtel de l'État, où résident les avoyers et les trésoriers. Toutes ces bâtisses datent de 1718 et 1740 ; c'est dire que tous les itinéraires les recommandent aux voyageurs comme de magnifiques constructions, et que tous les artistes les regardent comme d'assez pauvres baraques.

Nous partîmes de Berne à sept heures et demie du soir. La route jusqu'à Thun est une des moins montueuses et des plus faciles de toute la Suisse. En général, les chemins des cantons de Vaud, de Fribourg et de Berne sont admirablement tenus. Et, comme le gouvernement de ces cantons a eu le premier, je crois, entre tous les gouvernements du monde, cette pensée que les grandes routes étaient faites non seulement pour les gens en voiture, mais encore pour les piétons, il a fait placer de distance en distance des bancs, comme sur une promenade, et près de ces bancs une colonne tronquée sur laquelle les colporteurs peuvent déposer et recharger leur fardeau.

Deux heures après notre départ, la nuit nous enveloppa, mais de cette ombre transparente qui indique le lever de la lune ; elle était cependant encore invisible pour nous. La grande famille des glaciers, spectres immobiles et mélancoliques qui fermaient l'horizon et regardaient dormir la plaine, s'élevait entre elle et nous ; bientôt cependant, leurs cimes se colorèrent d'un léger reflet d'argent mat qui devint de plus en plus vif. Alors, et directement derrière la tête neigeuse de l'Eiger, apparut, échancré par la montagne, un globe de feu qu'on aurait pu croire un de ces fanaux de guerre qui appelaient la vieille Suisse aux armes. Bientôt après, il reprit sa forme sphérique, parut reposer légèrement sur l'extrémité de la pointe aiguë, comme le feu Saint-Elme au bout d'un mât ; puis enfin, se balançant ainsi qu'un aérostat qui fuit la terre, il prit son vol lent et silencieux vers le ciel.

Nous continuâmes ainsi notre route au milieu de tous les fantastiques enchantements de la nuit, sans perdre de vue un instant la muraille de neige vers laquelle nous avancions et de laquelle nous arrivaient, quoique nous en fussions éloignés encore de près de six lieues, des rumeurs inconnues et plaintives produites par la chute des avalanches et le craquement des glaciers. De temps en temps, à droite ou à gauche, un bruissement plus rapproché nous faisait tourner la tête ; c'était quelque cascade jetant à une montagne son écharpe de gaze, ou quelque bois de sapins dans la cime desquels passait la brise et qui se plaignent les uns aux autres dans une langue que doivent comprendre ceux qui l'habitent. Les choses en apparence les plus inanimées ont reçu comme nous de Dieu des voix pour se réjouir ou pour pleurer, des accents pour louer ou pour maudire. Écoutez la terre pendant une belle nuit d'été ; écoutez l'océan pendant une tempête.

Nous arrivâmes à dix heures et demie à Thun, désespérés de n'avoir pas encore cinq ou six lieues à faire par une si belle nuit.

Ici, la nature de notre voyage allait changer, et les grandes routes allaient faire place aux lacs et aux montagnes. Nous réglâmes nos comptes avec notre cocher ; il était désespéré de nous quitter, disait-il. Nous comprîmes que c'était une manière honnête de nous prier d'ajouter quelque chose à son pourboire ; comme c'était un très brave garçon, cela ne fit point difficulté. Un quart d'heure après, il revint nous dire, tout consolé, qu'il avait trouvé une dame et un monsieur à reconduire à Lausanne.

Comme Thun n'offre rien de remarquable que son école d'artillerie, et que nous n'étions pas venus en Suisse pour voir tirer le canon, je retins ma place pour Interlaken dans le bateau de poste, non que ce moyen de transport fût le plus commode, mais parce que j'espérais accrocher, chemin faisant, quelque tradition aux passagers. Le lendemain, à neuf heures et demie, nous partîmes.

On s'embarque à la porte même de l'auberge. Pendant dix minutes à peu près, on remonte l'Aar, qui descend des glaciers du Finsteraarhorn, se précipite aux rochers de Handek, d'une hauteur de trois cents pieds, et vient alimenter, en les traversant dans toute leur largeur, les deux lacs de Brienz et de Thun, séparés l'un de l'autre par le charmant village d'Interlaken, dont le nom seul indique la position. Après ces dix minutes de marche, on entre dans le lac.

Aussitôt, l'horizon s'élargit sur tous les points, demeurant cependant plus borné à gauche qu'à droite. Car, à gauche, une colline [43] couverte de bois borde le lac dans toute sa longueur, et, de la distance où on la voit, semble un mur tapissé de lierre ; tandis qu'à droite, le paysage s'étend en présentant deux étages de montagnes dont les secondes ont l'air de regarder par-dessus les premières. De temps en temps, ce premier plan s'ouvre et présente la gorge bleuâtre d'une vallée qui, des bords du lac, paraît large comme un fossé de citadelle et qui, à son entrée, présente une ouverture d'une lieue.

La première ruine qui frappe les yeux en entrant dans le lac est celle du manoir de Schadau, qui fut élevé au commencement du dix-septième siècle par un membre de la famille d'Erlach. Sa vue ne rappelle aux habitants aucune tradition historique. D'ailleurs, celui de Stratlingen, situé une demi-lieue plus loin, l'écrase de ses souvenirs.

Le chef de cette maison, si l'on en croit la chronique d'Einigen, n'est autre qu'un Ptolémée issu par sa mère du sang royal d'Alexandrie et par son père d'une famille patricienne de Rome. Converti au christianisme par un miracle (il avait aperçu une croix entre les bois d'un cerf qu'il chassait), il prit à son baptême le nom de Théode-Rik, et, fuyant les persécutions de l'empereur Hadrien, se présenta à la cour du duc de Bourgogne, alors en guerre avec le roi de France [44]. Lorsque les deux armées se trouvèrent en présence, il fut convenu entre

---

43. Il faut toujours entendre par colline une élévation de terrain de trois à quatre mille pieds, et par montagne une masse de six mille à douze mille pieds de hauteur.

les chefs qu'un combat singulier déciderait de la querelle ; le duc de Bourgogne nomma Théode-Rik son champion, et le jour du combat fut fixé. Mais, dans la nuit, le tenant du roi de France vit en rêve l'archange Michel combattant pour son adversaire. Cette vision lui inspira une telle épouvante qu'en se réveillant, il se déclara vaincu. Le duc de Bourgogne, reconnaissant envers Théode-Rik d'une victoire où l'intervention divine s'était manifestée d'une manière si visible, lui donna en récompense sa fille Demut et le Hüsbland, dot qui se composait de la Bourgogne et du lac Vandalique [45]. C'est au bord de ce lac, et dans la partie la plus pittoresque de la contrée, que le nouveau maître de ce beau pays fit bâtir le château de Stratlingen.

Deux cents ans après ces événements, sire Arnold de Stratlingen, descendant de Théode-Rik, fonda, en l'honneur de l'assistance miraculeuse que saint Michel avait prêtée à son ancêtre, l'église de Paradis, qu'il dédia à ce saint. Au moment où les ouvriers venaient d'en poser la dernière pierre, une voix se fit entendre :

– Ici se trouve un trésor si grand que personne n'en pourrait payer la valeur.

On se mit aussitôt en quête de ce trésor et l'on trouva dans le maître-autel une roue du char du prophète Élie et soixante-sept cheveux de la Vierge. La cavité avait été pratiquée dans l'autel pour y introduire les malades et les possédés qui, les jours de grande fête, y obtinrent maintes fois leur entière guérison.

Après bien des révolutions successives dans les autres parties du monde, la Petite-Bourgogne, qui était toujours soumise aux seigneurs de la même race, fut érigée en royaume. Le roi Rodolphe et la reine Berthe, dont nous avons vu à Payerne la selle et le tombeau, y régnaient vers le dixième siècle, mais les mœurs simples et religieuses qui les avaient immortalisés firent bientôt place au luxe et à l'impiété. La contrée qui leur était soumise prit sous leurs successeurs le nom de *Zur*

---

44. On sent que nous laissons ici parler la chronique et que le roi de France et le duc de Bourgogne du deuxième siècle appartiennent entièrement à son auteur. Nous n'avons pas assez d'imagination pour nous permettre de pareilles hardiesses historiques.
45. Le lac de Thun est nommé par les historiens du huitième siècle lacus Vandalicus.

Goldenen Lust (Séjour d'or de plaisir), et le château de Spiez, qu'ils firent bâtir sur les rives du lac, celui de *Goldenen Hof (Cour dorée).* Enfin, la licence et l'impiété furent portées à un tel degré, dans ce petit royaume, que la miséricorde céleste se lassa et que sa perte fut résolue. En conséquence, Ulrich, le dernier seigneur de cette race, ayant, le jour de son mariage, invité sa cour à une promenade sur le lac, Dieu suscita une tempête, et, d'un seul coup de vent, fit chavirer toute cette petite flottille. Un instant, le lac fut couvert de fleurs et de diamants, puis tout s'engloutit aussitôt, sans qu'une seule des personnes conviées à cette fête mortuaire obtînt grâce devant son juge.

Le même jour, la roue du char et les soixante-sept cheveux de la Vierge disparurent. Oncques n'en entendit reparler depuis. Une inscription gravée sur le roc indique l'endroit du lac qui fut témoin de cet événement.

Pendant que l'un des passagers nous racontait cette histoire tragique, le ciel paraissait se préparer à faire un miracle du même genre que celui qui avait éteint la famille royale de Stratlingen. Le jour s'était obscurci, les nuages s'abaissaient graduellement et nous dérobaient les cimes blanches de la Blümlisalp et de la Jungfrau ; ils s'étendaient ensuite sur la chaîne de montagnes moins élevée qui formait le second plan du tableau, tronquant leurs formes pour leur donner les aspects les plus bizarres et les plus inconnus. Le Niesen surtout, magnifique pyramide qui s'élève dans des proportions parfaites à la hauteur de cinq mille pieds, paraissait se prêter avec une complaisance parfaite aux jeux les plus fantasques de ces capricieux enfants de l'air. Ce fut d'abord une nuée qui, arrêtée par son sommet aigu, s'y fixa, et, s'étendant sur ses larges épaules, prit la forme onduleuse d'une perruque à la Louis XIV ; puis, s'élargissant en cercle à son extrémité inférieure, vint se rejoindre sur sa poitrine et s'y nouer comme une cravate. Enfin, cette masse transparente, s'épaississant et s'abaissant peu à peu, trancha complètement la tête du géant et fit de sa base puissante une table sur laquelle la nappe paraissait mise pour un dîner auquel Micromégas aurait invité Gargantua.

J'étais très occupé à faire toutes ces remarques lorsqu'une espèce de bise visible qui semblait raser la terre accourut de la vallée à nous, plus rapide mille fois qu'un cheval de course. Ce qui la rendait ainsi visible n'était autre chose que la poussière neigeuse qu'elle avait enlevée aux cimes des montagnes dont elle descendait. Je la fis remarquer à notre pilote, qui me répondit d'une voix brève et sans même se retourner vers elle, tant il était occupé du gouvernail !

– Oui, oui, je la vois bien, et je vous réponds qu'elle va nous donner une chasse sévère si nous n'avons pas le temps de nous mettre à l'abri derrière ces rochers. Allons, mes enfants, cria-t-il aux bateliers, quatre bras à chaque rame, et nageons vivement !

Les bateliers obéirent à l'instant, et notre petite embarcation rasa la surface du lac comme une hirondelle qui trempe le bout de ses ailes dans l'eau. En même temps, un premier coup de vent, messager de l'orage qui s'avançait, passa sur nous, emportant le chapeau du pilote. Celui-ci parut si indifférent à cet accident que je crus qu'il ne s'en était pas aperçu.

– Dites donc, maître, lui dis-je en tendant la main vers l'endroit où le feutre nageait sur le lac comme un petit bateau perdu, est-ce que vous ne voyez pas ?

– Si, si, me répondit-il, toujours sans regarder.

– Eh bien, mais votre chapeau ?

– L'administration m'en donnera un autre, c'est un cas prévu par mon marché avec elle. Sans cela, mes appointements n'y suffiraient pas : c'est le cinquième de l'année.

– Très bien. Alors, bon voyage !

Au même moment, le chapeau, qui faisait eau par la cale, à ce qu'il paraît, sombra sous voile et disparut. Pendant que je regardais le naufrage du pauvre feutre, je sentis le mouvement de la barque se ralentir. Je me retournai pour en voir la cause : deux de nos bateliers avaient abandonné leurs rames et roulaient vivement la toile qui couvrait notre bateau. Cette manœuvre fit pousser de grands cris à nos dames, qui voyaient la pluie s'avancer rapidement et qui avaient compté sur cet abri pour les en garantir. Le pilote se retourna vers elles :

– Voulez-vous en faire autant que mon chapeau ? leur dit-il. Non. Eh bien ! laissez-nous faire et tenez-vous tranquilles.

En effet, il était bien visible que nous n'aurions pas le temps de joindre l'abri que les rochers nous offraient, quoique nous n'en fussions plus éloignés que de cinquante pas. Le vent nous gagnait de vitesse et il nous annonça son approche par les sifflements aigus de ses premières bouffées chargées de neige. Au même moment, notre petit bateau bondit sur l'eau comme une pierre à laquelle un enfant fait faire des ricochets ; nous étions au milieu de l'ouragan, notre petit océan se donnait des airs d'avoir une tempête.

Cependant, la chose était plus sérieuse qu'on ne pouvait le croire au premier abord. À l'endroit même où nous étions, et pendant le dernier hiver, un bateau chargé de bois s'était englouti et les bateliers ne s'étaient sauvés qu'en montant sur la pyramide que formait leur cargaison ; ils avaient passé la nuit sur cette éminence qui, le matin, entourée de glaçons que la gelée de la nuit avait consolidés autour d'elle, s'était trouvée le centre d'une petite île polaire. Ce ne fut qu'après être restés vingt-quatre heures dans cette situation que d'autres bateliers vinrent les secourir. Quant à nous, nous n'avions pas même cette chance de salut. C'est ce que le pilote nous fit parfaitement comprendre en me demandant à mi-voix :

– Savez-vous nager ?

Je compris parfaitement, et, sous prétexte que, n'ayant que ma blouse, je ne voulais pas l'exposer à être mouillée, je me débarrassai de l'espèce de fourreau dans lequel elle m'emboîtait, et je me tins prêt à tout événement.

Nous en fûmes cependant quittes pour la peur. Notre bateau, toujours emporté par le vent qui, le prenant en travers, avait l'air de vouloir le retourner, traversa ainsi le lac dans toute sa largeur, et aborda sans accident à la pointe de la Nase, au-dessous de la grotte de Saint-Béat.

En mettant pied à terre, je remerciai la tempête au lieu de lui garder rancune ; grâce à elle, je pouvais faire un pèlerinage au *Saint-Beaten Hohle*, que je n'aurais pas eu l'occasion de visiter. Je payai donc mon passage à notre pilote, et lui déclarai que, n'ayant plus qu'une lieue et demie à parcourir pour arriver à Neuhaus, où l'on trouve des voitures pour Interlaken, je ferais le reste du chemin à pied.

L'orage dura encore une demi-heure à peu près, pendant laquelle nous trouvâmes un abri dans une cabane bâtie à la base de la côte. Ce temps écoulé, le ciel s'éclaircit, le lac cessa de bouillonner et notre embarcation se remit en route, tandis que je commençais mon ascension, accompagné d'un gamin qui s'était offert pour me servir de guide.

J'appris de lui, chemin faisant, que la grotte que nous allions visiter avait servi de demeure à saint Béat, qui vint s'y établir au troisième siècle. Il l'avait conquise lui-même sur un dragon qui y faisait sa résidence, et auquel il ordonna de laisser la place libre, ce que l'animal docile fit aussitôt. La légende dit qu'il était originaire d'Angleterre et d'une illustre naissance. Avant d'être converti et baptisé à Rome sous l'empereur Claude, il se nommait Suétone ; c'est de cette ville qu'il partit avec son compagnon, qui avait changé aussi son nom d'Achates en celui de Just, afin de venir prêcher le christianisme à l'Helvétie. Il y fit promptement de nombreux néophytes, dont un miracle doubla encore le nombre. Un jour que des bateliers refusaient de conduire saint Béat de l'autre côté du lac, au village d'Einigen où il était attendu par une grande foule de peuple, il étendit son manteau sur le lac et, montant dessus, il fit sur cette frêle embarcation les deux lieues qui le séparaient du village où il était attendu. Dès lors, toute la contrée fut soumise à la parole de l'homme dont la mission céleste s'était manifestée par une telle merveille.

Le chemin de la grotte, comme si le saint l'eût choisie par allusion à celui du ciel, n'est rien moins que facile ; il est entrecoupé par de nombreux ravins. Mon petit bonhomme de guide me montra l'un d'eux, que les habitants nomment le Flocksgraben, et me raconta qu'un homme, voyageant de nuit, y était tombé, il y a quelques années, avec son cheval. Le malheureux se cassa les deux jambes dans cette chute et poussa de tels cris qu'on l'entendit de l'autre côté du lac, quoique les rives fussent distantes d'une lieue. Dans l'attente du secours, mourant de soif, comme il arrive presque toujours dans les cas de fracture, et ne pouvant bouger de la place où il était tombé, il avait trempé le bout de son manteau dans le ruisseau qui coulait au-dessous de lui et l'avait ensuite sucé pour se désaltérer.

Nous parvînmes cependant, sans que rien de pareil nous arrivât, jusqu'à l'ouverture de la grotte, ou plutôt des grottes, car la caverne a deux orifices. De la plus basse de ces deux voûtes sort la source du Beatenbach (ruisseau de saint Béat), qui se précipite en grondant entre les rochers. C'est au bord de ce ruisseau que le saint expira, âgé de quatre-vingt-dix-huit ans.

Son crâne fut conservé dans la caverne voisine et offert, jusqu'en 1528, à la vénération des fidèles. À cette époque seulement, deux députés du Grand Conseil de la ville de Berne, qui venait d'adopter la réformation, vinrent enlever cette relique et la firent enterrer à Interlaken. Les catholiques n'en ayant pas moins continué leurs pèlerinages à la grotte, on en mura l'entrée en 1566 ; elle a été rouverte depuis. Cette voûte peut avoir trente pieds à peu près de profondeur sur quarante à quarante-cinq de large.

La grotte du ruisseau, quoique moins vénérée, est plus curieuse. Les arcades par lesquelles le torrent arrive, quoiqu'en s'abaissant graduellement, offrent un chemin praticable pendant l'espace de six cents à six cent cinquante pieds. Nous n'avions fait aucun des préparatifs nécessaires pour nous aventurer dans ce gouffre ; d'ailleurs, les eussions-nous faits, la chose fut bientôt impossible. En effet, à peine avions-nous eu le temps de visiter l'orifice de la grotte qu'il me sembla que le bruit qu'on entendait dans les profondeurs augmentait graduellement. J'en fis la remarque à mon petit guide, qui écouta avec attention puis qui, sans me dire autre chose que ces mots : « C'est la revue de *Seefeld*, sauvons-nous ! », prit ses jambes à son cou. Je ne savais pas ce que c'était que la revue de Seefeld, mais il courait de si bon cœur que je me mis à courir derrière lui, sans savoir où j'allais ni ce que je fuyais. Il s'arrêta, je m'arrêtai. Nous nous regardâmes, il se mit à rire.

Je crus que le drôle s'était moqué de moi, et je venais de le prendre par l'oreille pour lui témoigner le peu de goût que je prenais à ces sortes de plaisanteries lorsque, étendant la main vers la caverne, il me dit :

– Regardez !

Je jetai les yeux dans la direction qu'il m'indiquait et je fus témoin d'un phénomène dont l'explication me parut facile : la gueule de la grotte était presque entièrement remplie par le torrent, dont le volume avait plus que triplé. C'était le bruit de cette eau qui accourait que nous avions entendu, et son augmentation était due à l'eau de l'orage, qui avait filtré à travers les fentes du rocher et grossi celle de la source. Si nous avions été avancés de cent pas seulement dans la caverne, nous n'aurions pas eu le temps de fuir. Quant au nom de *revue de Seefeld*, par lequel on désigne cet accident qui se renouvelle à chaque orage nouveau, mon guide m'expliqua qu'il venait à la fois du nom du pâturage qui forme le sommet de la montagne, qu'on appelle Seefeld, et de la ressemblance du bruit qu'il produit avec celui que feraient des décharges de mousqueterie entremêlées de coups de canon. Il m'assura que ces espèces de détonations s'entendaient de deux lieues.

Ces explications données, nous prîmes congé du Beaten Hohle et nous nous mîmes en route pour Neuhaus, où nous arrivâmes sains et saufs, et où je trouvai une petite voiture qui, moyennant la somme d'un franc cinquante centimes, me conduisit à Interlaken. J'y trouvai nos passagers encore très peu remis de leur frayeur, et qui allaient se mettre à table. Un des voyageurs cependant manquait à l'appel ; ce pauvre diable avait pris une telle peur, qu'en mettant le pied à terre, il fut atteint d'une fièvre qui ne l'avait pas encore quitté quand je revins, cinq jours après, de mon excursion dans la montagne.

Chapitre 21

Deuxième course dans l'Oberland : La vallée de Lauterbrunnen

En arrivant à Thun, j'ai dit, je crois, sans m'étendre davantage sur ce sujet, que c'était là que commençait l'Oberland. Quelques lignes maintenant sur la signification du mot et sur le pays qu'il désigne.

Ober land signifie la Terre d'en haut. C'est pour Berne ce que Dieppe est pour Paris, le pèlerinage des bourgeois. On se promet, un ou deux ans d'avance, dans les familles, d'aller voir les glaciers, comme un ou deux ans d'avance on se réjouit, rue Saint-Martin ou rue Saint-Denis, d'aller visiter la mer. La réputation de ce magnifique pays s'étend, au reste, bien au-delà de la Suisse. Il y a des Anglais qui arrivent de Londres, et des Français de Paris, pour voir l'Oberland, et pas autre chose, et qui, après avoir fait une course de sept ou huit jours dans les montagnes qui l'environnent, reviennent chez eux convaincus qu'ils ont vu de la Suisse tout ce qui mérite d'en être vu. Il est vrai que c'en est, sinon la partie la plus curieuse, du moins la plus brillante.

Interlaken se trouve, par sa position, le point de réunion des voyageurs qui arrivent pour voir ou qui reviennent après avoir vu. Il n'est pas rare de s'y trouver à table avec les représentants de huit ou dix nations différentes ; aussi la conversation des dîneurs est-elle une espèce de baragouinage auquel le philologue le plus exercé a bien de la peine à comprendre quelques mots : c'est à désapprendre, au bout de quinze jours, sa langue maternelle [46].

Là aussi, la difficulté de communication avec les guides commence à devenir plus grande ; bien peu parlent français d'une

---

46. Voir la note à la fin du volume.

manière intelligible. Celui que l'aubergiste me donna m'a fait faire, pendant les cinq jours que je l'ai gardé, un véritable cours de patois.

Les préparatifs de départ nous avaient retenus toute la matinée. Nous ne pûmes donc nous mettre en route pour Lauterbrunnen qu'à une heure après midi.

On nous avait recommandé de ne pas oublier, en passant à Matten, petit village situé à un quart d'heure de marche d'Interlaken, de visiter les vitraux peints qui ornent les fenêtres d'une maison particulière et qui datent de trois siècles. L'un d'eux me parut assez original pour que j'en demandasse l'explication au propriétaire ; il représentait un ours armé d'une massue et portant deux raves dans son ceinturon et une à sa patte. Voici à quelle tradition cette peinture bizarre se rapporte.

En 1250, l'empereur d'Allemagne fit un appel de guerre à ses peuples de l'Oberland, leur ordonnant d'envoyer à son armée le plus d'hommes qu'ils pourraient en mettre sous les armes. Trois géants forts et puissants habitaient alors à Iseltwald, sur les rives du lac de Brienz ; ils passaient leur journées à la chasse et s'habillaient avec les peaux des ours qu'ils étouffaient entre leurs bras. Les peuples de l'Oberland crurent avoir dignement fourni leur contingent en envoyant ces trois hommes.

Lorsque l'empereur les vit arriver, il se mit dans une grande colère, car il avait compté sur un secours plus efficace. Les trois hommes qu'on lui envoyait n'étaient pas même armés. Les trois géants dirent à l'empereur de ne point s'inquiéter de leur petit nombre, qu'ils lui promettaient de lui rendre à eux trois autant de services qu'une troupe entière ; que, quant à leurs armes, la première forêt venue leur en fournirait.

En effet, une heure avant le combat, ils entrèrent dans un bois qui s'élevait près du champ de bataille et coupèrent chacun un hêtre, dont ils élaguèrent les branches ; ils s'en firent des massues avec lesquelles ils revinrent se placer, l'un à l'aile droite, l'autre à l'aile gauche et le troisième au centre du corps d'armée. L'issue de la bataille prouva qu'ils n'avaient point trop présumé de leur mérite : leurs énormes massues firent dans les rangs ennemis un ravage qui eut bientôt décidé la victoire. L'empereur, reconnaissant, dit alors :

– Demandez ce que vous voudrez, et vous l'aurez.

Les trois géants se consultèrent entre eux, puis l'aîné, se retournant, dit :

– Nous demandons qu'il plaise à Votre Gracieuse Majesté de nous octroyer le droit d'arracher, dans les plantages de Böningen, sur le territoire de l'Empire, toutes les fois que nous nous promènerons sur les bords du lac et que nous aurons soif, trois raves dont nous emporterons l'une à la main et les deux autres dans notre ceinturon.

Sa Majesté daigna leur accorder leur demande. Les trois géants, enchantés, revinrent à Iseltwald, où ils jouirent du privilège de manger des raves impériales tout le reste de leur vie.

Un quart de lieue après Matten, et à droite de la route, les ruines du château d'Unspunnen achèvent de s'écrouler. Il appartenait autrefois au seigneur de ce nom, qui était très considéré par le Conseil de Berne. Il avait plusieurs fois tenté, en faisant des démarches près du vieux Walter de Waldeuschwyl, de joindre la vallée d'Oberhasli, dont ce dernier était seigneur indépendant, au territoire de la ville. Pendant que le seigneur d'Unspunnen s'occupait de ce soin, le jeune Walter vit sa fille, en devint amoureux et tenta à son tour près de son père une dernière démarche, qui n'eut pas plus de succès que les autres. Le seigneur d'Unspunnen, furieux, défendit aux jeunes gens de se revoir. Mais les jeunes gens, qui s'occupaient peu des affaires de leurs parents, disparurent un jour ensemble, laissant les vieillards démêler leurs intérêts et ceux de la ville de Berne. Au bout d'un an, le vieux Walter mourut.

Un soir que le châtelain d'Unspunnen pleurait, solitaire et triste, la perte de sa fille unique, deux pèlerins venant de Rome demandèrent l'hospitalité à la porte de son château ; il les fit entrer. Tous deux alors vinrent à lui, s'agenouillèrent à ses pieds, et, relevant leur capuce, lui demandèrent la bénédiction paternelle, seule formalité qui manquât encore à leur mariage. Le vieillard voulut la leur refuser d'abord, mais alors ils tirèrent de leur sein deux papiers qu'ils lui présentèrent : l'un était un pardon du pape, l'autre une donation au canton de Berne de la vallée d'Oberhasli. Le vieillard ne put tenir contre cette double attaque : les fugitifs, d'ailleurs, l'avaient trop fait souffrir pour qu'il ne leur pardonnât point.

Au bout d'une demi-lieue, nous traversâmes le ruisseau de Saxeten sur les débris de son pont, que l'orage de la veille avait fracassé, puis nous entrâmes dans la vallée de Lauterbrunnen, remontant le cours de la Lutchine.

La petite vallée de Lauterbrunnen est certes une des plus délicieuses vallées de la Suisse ; nulle part cette ardeur de végétation, si développée à la base des montagnes, ne se fait mieux remarquer qu'en la traversant. Partout où s'étend un coin de terre, quelque graine d'arbre dit aussitôt : cette terre est à moi, et la couvre. Un rocher nu et aride roule-t-il du sommet de la montagne : il s'est à peine arrêté dans la vallée, que le vent le couvre de poussière ; une pluie arrive et la fixe sur sa surface. Bientôt un peu de mousse y verdit ; un glaïeul y tombe, le petit arbrisseau pousse, étend ses mille racines rampantes, qui suivent en s'arrondissant les contours capricieux du roc, jusqu'à ce qu'enfin elles touchent à la terre. Alors la masse de pierre est prisonnière pour des siècles : le chêne, qui reçoit désormais sa nourriture de la mère commune, se pose impérieusement sur elle, comme la serre d'un aigle sur un caillou, se développe de jour en jour, grandit d'année en année, si bien qu'il ne faudra un jour rien moins que la colère de Dieu pour déraciner le géant.

Après avoir fait une demi-lieue à peu près dans ce paysage, dont les tons primitifs, déjà si accentués naturellement, prennent une nouvelle vigueur par les accidents d'ombre et de lumière que versent sur ses différentes parties les nuages et le soleil, on arrive auprès du Rocher-des-Frères, qui est dominé par la Rothenfluh. Ce pic rougeâtre, comme l'indique son nom, était autrefois couronné par un château fort appartenant à deux frères, Ulrich et Rodolphe. L'amour d'une femme les désunit. Rodolphe, qui avait été méprisé, cacha sa douleur et renferma quelque temps sa haine. La veille du jour où le mariage devait se faire, il proposa au fiancé une chasse dans la montagne ; celui-ci, sans défiance, accepta l'offre de son frère, et partit avec lui. Arrivés au pied du rocher que nous avons désigné, et voyant quelle solitude régnait autour d'eux, Rodolphe frappa son frère d'un coup de poignard. Ulrich tomba.

Alors, tirant des broussailles une bêche qu'il y avait cachée la veille, le meurtrier creusa une fosse, y déposa sa victime, la recouvrit de terre, et, s'apercevant qu'il était souillé de sang, il alla vers la Lutchine, qui coule à quelques pas du rocher.

Lorsque les taches dont son pourpoint était couvert eurent disparu, il se releva et jeta un dernier regard vers le théâtre du meurtre pour voir si rien ne le dénonçait. Le cadavre d'Ulrich, qu'il venait d'enterrer, était couché sur le sable.

Rodolphe creusa une nouvelle fosse, y jeta une seconde fois son frère ; mais il s'aperçut qu'au fur et à mesure qu'il le couvrait de terre, les traces de sang reparaissaient sur son pourpoint. La fosse comblée, l'assassin se retrouva tout sanglant.

Doutant de lui-même, Rodolphe redescendit une seconde fois vers la rivière, dont les eaux limpides eurent bientôt fait disparaître de nouveau l'épouvantable prodige ; puis, se retournant presque en délire vers le rocher, il jeta un cri affreux et s'enfuit. Le tombeau avait une deuxième fois rejeté le cadavre.

Le soir, les gens d'Ulrich retrouvèrent le corps de leur maître et le rapportèrent au château.

Rodolphe, n'osant demander l'hospitalité à personne, mourut de faim dans la montagne.

Une inscription creusée dans le rocher constate la vérité du fait, mais sans entrer dans les détails que nous venons de raconter, et qui sans doute auront paru trop puérils à l'historien sévère qui l'a fait graver. La voici :

ICI LE BARON DE ROTHENFLUH FUT OCCIS PAR SON FRÈRE. OBLIGÉ DE FUIR, LE MEURTRIER TERMINA SA VIE DANS L'EXIL ET LE DÉSESPOIR, ET FUT LE DERNIER DE SA RACE, JADIS SI RICHE ET SI PUISSANTE.

Presque en face des ruines du château de Rothenfluh, de l'autre côté de la vallée, et comme un pendant colossal, s'élève le Schynige-Platte ; c'est une montagne dont le sommet rouge et arrondi porte la trace des eaux primitives. C'est de la cime de ce roc, qui domine la vallée à la hauteur de trois mille pieds à peu près, que fut précipité par le génie de la montagne un chasseur de chamois dont mon guide me raconta l'histoire avec un accent qui offrait un singulier mélange de doute et de crédulité. Ce chasseur, qui se livrait à sa profession avec toute l'ardeur qu'ont pour elle les hommes de la montagne, était un pauvre diable que la misère avait forcé d'abord de faire ce métier, devenu désormais pour lui un besoin. Son adresse était reconnue, et sa réputation s'étendait d'une limite à l'autre de l'Oberland. Un jour qu'il poursuivait une chamelle pleine, la pauvre bête, ne pouvant traverser un précipice que, dans tout autre temps, elle eût franchi d'un bond, voyant la mort devant et derrière elle, se coucha au bord de l'abîme, et, comme un cerf aux abois, se mit à pleurer. La vue des angoisses de la pauvre mère n'attendrit pas le chasseur, qui banda son arbalète, prit une flèche dans sa trousse, et s'apprêta à la percer ; mais, en reportant les yeux vers l'endroit où il venait de la voir seule un instant auparavant, il aperçut un vieillard assis, ayant à ses pieds la chamelle haletante qui lui léchait la main : ce vieillard était le génie de la montagne. À cette vue, le chasseur baissa son arbalète, et le génie lui dit :

– Homme de la vallée, à qui Dieu a donné tous les dons qui enrichissent la plaine, pourquoi venez-vous tourmenter ainsi les habitants de la montagne ? Je ne descends pas vers vous, moi, pour enlever les poules de vos basses-cours et les bœufs de vos étables. Pourquoi donc alors montez-vous vers moi pour tuer les chamois de mes rocs et les aigles de mes nuages ?

– Parce que Dieu m'a fait pauvre, répondit le chasseur, et qu'il ne m'a rien donné de ce qu'il a donné aux autres hommes, excepté la faim. Alors, comme je n'avais ni poules ni vaches, je suis venu chercher l'œuf de l'aigle dans son aire et surprendre le chamois dans sa retraite. L'aigle et le chamois trouvent leur nourriture dans la montagne ; moi, je ne puis trouver la mienne dans la vallée.

Alors le vieillard réfléchit, puis, ayant fait signe au chasseur de s'approcher, il se mit à traire la chamelle dans une petite coupe de bois ; le lait y prit aussitôt la consistance et la forme d'un fromage ; le vieillard le donna au chasseur.

– Voilà, lui dit-il, de quoi apaiser à l'avenir ta faim ; quant à ta soif, ma sueur fournit assez d'eau à la vallée pour que tu en prennes ta part. Ce fromage se retrouvera toujours dans ton sac ou ton armoire, pourvu que tu ne le consommes jamais entièrement ; je te le donne à la condition que tu laisseras tranquilles désormais mes chamois et mes aigles.

Le chasseur promit de renoncer à son état, redescendit dans la plaine, accrocha son arbalète à sa cheminée, et vécut un an du fromage miraculeux qu'il retrouvait intact à chaque nouveau repas.

De leur côté, les chamois joyeux avaient repris confiance dans les hommes, ils descendaient jusque dans la vallée ; on les voyait gracieusement bondir en venant à la rencontre des chèvres qui grimpaient dans la montagne.

Un soir que le chasseur était à sa fenêtre, un chamois vint si près de sa maison qu'il pouvait le tuer sans sortir de chez lui ; la tentation était trop forte : il décrocha son arbalète, et, oubliant la promesse qu'il avait faite au génie, il ajusta avec son adresse ordinaire l'animal qui passait sans défiance, et le tua.

Il courut aussitôt vers l'endroit où la pauvre bête était tombée, la chargea sur ses épaules, et, l'ayant rapportée chez lui, il en prépara un morceau pour son souper.

Lorsque ce morceau fut mangé, il songea à son fromage, qui cette fois allait lui servir non de repas, mais de dessert. Il alla donc vers son armoire et l'ouvrit : il en sortit un gros chat noir, qui avait les yeux et les mains d'un homme ; il tenait le fromage à sa gueule, et, sautant par la fenêtre qui était restée ouverte, il disparut avec lui.

Le chasseur s'inquiéta peu de cet accident ; les chamois étaient redevenus si communs dans la vallée, que, pendant un an, il n'eut pas besoin de les aller chercher dans la montagne ; cependant, peu à peu, ils s'effarouchèrent, devinrent de plus en plus rares, puis enfin disparurent tout à fait. Le chasseur, qui avait oublié l'apparition du vieillard, reprit ses anciennes courses dans les rocs et dans les glaciers.

Un jour, il se trouva au même endroit où, trois ans auparavant, il avait lancé une chamelle pleine. Il frappa sur le buisson d'où elle était partie ; un chamois en sortit en bondissant. Le chasseur l'ajusta, et l'animal, blessé, alla tomber sur le bord du précipice où était apparu le vieillard.

Le chasseur l'y suivit ; mais il n'arriva pas assez à temps pour empêcher que, dans les mouvements de son agonie, l'animal qu'il poursuivait ne glissât sur la pente inclinée, et ne se précipitât du haut en bas du rocher.

Il se pencha sur le bord pour regarder où il était tombé. Le génie de la montagne était au fond du gouffre ; leurs yeux se rencontrèrent, et le chasseur ne put plus détacher les siens de ceux du vieillard.

Alors il sentit un incroyable vertige s'emparer de tous ses sens ; il voulut fuir et ne le put. Le vieillard l'appela trois fois par son nom, et, à la troisième fois, le chasseur jeta un cri de détresse qui fut entendu dans toute la vallée, et se précipita dans l'abîme.

J'ai désigné sous le nom de Lutchine la petite rivière qui côtoie le chemin de Lauterbrunnen. C'est une erreur que j'ai commise ; j'aurais dû dire les deux Lutchines (zwey Lutchinen) ; car, mille pas environ au-dessus des deux montagnes dont nous venons de parler, on rencontre l'endroit où elles se réunissent au pied du Hunnenfluh : la Lutchine noire [47] venant du glacier de Grindelwald, la Lutchine blanche de celui du Tschingel. Quelque temps elles coulent l'une à côté de l'autre dans le même lit sans mêler leurs eaux, qui conservent de chaque côté de la rive la nuance qui leur est propre : l'une une teinte de plâtre, l'autre une couleur cendrée. Là, le chemin bifurque le torrent, chaque route suit la rive, l'une conduisant à Lauterbrunnen, l'autre au Grindelwald.

Nous continuâmes de côtoyer la Lutchine blanche, et, une heure après, nous étions arrivés à l'auberge de Lauterbrunnen.

Nous profitâmes aussitôt de la demi-heure que l'aubergiste nous déclara lui être nécessaire à la confection de notre dîner pour aller visiter le Staubbach, l'une des cascades les plus vantées de la Suisse.

Nous avions vu de loin cette immense colonne, semblable à une trombe, qui se précipite de neuf cents pieds de haut, par une chute perpendiculaire, quoique légèrement arquée par l'impulsion que lui donnent les chutes supérieures. Nous nous approchâmes d'elle aussi près que nous le pûmes, c'est-à-dire jusqu'au bord du bassin qu'elle s'est creusé dans le roc, non par la force, mais par la continuité de sa chute ; car cette colonne, compacte au moment où elle s'élance du rocher, en arrivant au bas n'est plus que poussière. Il est impossible de se figurer quelque chose d'aussi gracieux que les mouvements ondulés de cette magnifique cascade ; un palmier qui plie, une jeune fille qui se cambre, un serpent qui se déroule, n'ont pas plus de souplesse qu'elle. Chaque souffle du vent la fait onduler comme la queue d'un cheval gigantesque, si bien que, de ce volume immense d'eau qui se précipite, puis se divise, puis s'éparpille, quelques gouttes à peine tombent quelquefois dans

---

[47]. La Lutchine noire est ainsi nommée parce qu'en passant au pied du Wetterhorn, elle délaye et entraîne avec elle des particules d'ardoise qui donnent à ses eaux une couleur foncée.

le bassin destiné à la recevoir. La brise emporte le reste, et va le secouer, à la distance d'un quart de lieue, sur les arbres et sur les fleurs, comme une rosée de diamants [48].

C'est grâce aux accidents auxquels est soumise cette belle cascade que deux voyageurs, à dix minutes d'intervalle l'un de l'autre, ont rarement pu la voir sous la même forme, tant les caprices de l'air ont d'influence sur elle, et tant elle met de coquetterie à les suivre. Ce n'est pas seulement dans sa forme, mais encore dans sa couleur, qu'elle varie ; à chaque heure du jour, elle semble changer l'étoffe de sa robe, tant les rayons du soleil se réfractent en nuances différentes dans sa poussière liquide et dans ses étincelles d'eau. Parfois arrivent tout à coup des courants d'un vent du sud (*fonwind* [49]) qui saisissent la

---

48. Deux grands poètes allemands ont consacré quelques vers à la description de cette merveilleuse cascade : Haller, la trente-sixième strophe de son poème sur les Alpes, et Baggesen, l'introduction de son cinquième chant de La Parthénéide. Voici la traduction de ces deux morceaux, dont presque tous les paysans de la vallée savent l'original par cœur : Ici, une montagne sourcilleuse élève ses cimes semblables à des créneaux, entre lesquels le torrent de la forêt se hâte de s'échapper pour se précipiter et subir successivement des chutes multipliées. Un fleuve d'écume jaillit avec impétuosité des fentes du rempart de rochers qu'il dépasse ; l'eau, divisée dans son élan rapide, forme une vapeur grisâtre et mobile suspendue dans les airs, qu'elle épaissit. Un arc-en-ciel jette son écharpe diaprée au milieu de ces gouttes légères qui vont abreuver au loin la vallée. L'étranger voit avec surprise une rivière prendre sa source dans les airs, sortir des nues, et se verser de nouveau dans les nuages. (Haller). Comme on voit au sommet du mât d'un esquif des banderoles légères, qu'agite doucement le zéphyr, serpenter en mille contours gracieux dans les airs, tantôt étendues, tantôt se roulant sur elles-mêmes, s'élevant et s'abaissant dans un clin d'œil, caressant un instant les ondes de leurs pointes agiles qui, bientôt, vont se perdre dans l'azur des cieux, ainsi le torrent aérien se balance dans l'atmosphère. Il se précipite dans la corniche du rocher imposant avec un élan sans cesse varié et flotte dans l'espace. Les vents entravent sa chute ; il voltige çà et là, et ne peut atteindre la terre. Voyez-le à la cime du roc, c'est un fleuve, c'est une vague puissante qui descend avec impétuosité du ciel ; plus bas, ce n'est plus qu'un nuage, et plus bas encore, qu'une vapeur blanchâtre. Dans leur chute rapide, ses ondes se dissolvent, se métamorphosent en fumée, s'évanouissent comme un rêve. Elles parlent avec le fracas du tonnerre, elles menacent d'engloutir toute la contrée. Mais bientôt leur fureur s'apaise, et, bienfaisantes qu'elles sont, elles viennent humecter en douce rosée l'humble colline et faire naître sur sa pente l'émail des plus belles fleurs du printemps. (Baggesen).

cascade au moment où elle va tomber, l'arrêtent suspendue, la repoussent vers sa source, et interrompent entièrement sa chute ; puis les eaux raccourent bientôt se précipiter dans la vallée, plus bruyantes et plus rapides. Parfois encore, des bouffées du vent du nord, à l'haleine glacée, gèlent d'un souffle ces flocons d'écume, qui se condensent en grêle. Sur ces entrefaites, l'hiver arrive, la neige tombe, s'attache à la paroi du rocher d'où la cascade se balance, se convertit en glace, augmente de jour en jour les masses qui s'allongent à sa droite et à sa gauche, puis enfin, finissent par figurer deux énormes pilastres renversés, qui semblent le premier essai d'une architecture audacieuse qui poserait ses fondements en l'air et bâtirait du haut en bas.

---

49. Le Foehn (note des éd. Bourlapapey)

Chapitre 22

Troisième course dans l'Oberland : Passage de la Wengenalp

Le lendemain, une tyrolienne chantée sous nos fenêtres par notre guide nous éveilla au point du jour.

Depuis Berne, et avec les premiers mots tudesques que nous avions entendus, des chants populaires particuliers au pays nous avaient accompagnés. Il faut avoir voyagé en Allemagne pour se douter combien le génie musical est à l'aise sur cette terre. Les enfants, bercés avec des chants nationaux, les apprennent en même temps que la langue maternelle et les modulent avec leurs premières paroles ; des hommes sans méthode et sans maîtres approchent leurs lèvres des instruments et en tirent un parti harmonieux avec un charme qu'on demanderait quelquefois en vain à nos plus habiles exécutants. Ici, ce ne sont plus les chants rauques des enfants des plaines de la France ni les cris sauvages du guide des montagnes de la Savoie. Ce sont des chants qui se répondent, des modulations infinies, reproduites avec quelques notes seulement, des octaves franchies hardiment sans gamme intermédiaire, des morceaux attaqués par six personnes et où chacune d'elles saisit du premier coup la partie qui convient à sa voix, la suit dans toutes ses modulations, la brodant à sa fantaisie de petites notes rapides et étincelantes, ce qu'aucune autre contrée n'offre enfin, exceptée l'Italie, et encore, à un degré bien inférieur, ce me semble.

Mon guide, croyant que je ne l'avais pas entendu, commença une seconde tyrolienne dans un ton plus élevé. J'ouvris ma fenêtre et je l'écoutai jusqu'au bout.

– Aurons-nous beau temps, Willer ? lui dis-je quand il eut fini.

– Oui, oui, me dit-il en se retournant. On entend siffler les marmottes, c'est bon signe. Seulement, si Monsieur voulait partir tout de suite, nous arriverions sur les trois heures à Grindelwald, de sorte qu'il aurait le temps de visiter le glacier aujourd'hui.

– Je suis prêt, moi.

En effet, je n'avais que mes guêtres à mettre et ma blouse à passer. À la porte de l'auberge, je trouvai Willer le sac sur le dos et mon bâton à la main ; il me le donna, et nous nous mîmes en route.

J'allais donc reprendre ma vie de montagnard, pèlerinage de chasseur, d'artiste et de poète, mon album dans ma poche, ma carabine sur l'épaule, mon bâton ferré à la main. Voyager, c'est vivre dans toute la plénitude du mot ; c'est oublier le passé et l'avenir pour le présent ; c'est respirer à pleine poitrine, jouir de tout, s'emparer de la création comme d'une chose qui est sienne, c'est chercher dans la terre des mines d'or que nul n'a fouillées, dans l'air des merveilles que personne n'a vues ; c'est passer après la foule et ramasser sous l'herbe les perles et les diamants qu'elle a pris, ignorante et insoucieuse qu'elle est, pour des flocons de neige ou des gouttes de rosée.

Certes, ce que je dis est vrai. Beaucoup sont passés avant moi où je suis passé, qui n'ont pas vu les choses que j'y ai vues, qui n'ont pas entendu les récits qu'on m'a faits et qui ne sont pas revenus pleins de ces mille souvenirs poétiques que mes pieds ont fait jaillir en écartant à grand peine quelquefois la poussière des âges passés. C'est qu'aussi les recherches historiques que j'ai été obligé de faire m'ont donné pour ces choses une patience merveilleuse.

Je feuilletais mes guides comme des manuscrits, trop heureux encore quand ces traditions vivantes du passé parlaient la même langue que moi. Pas une ruine ne s'offrait sur notre route dont je ne les forçasse de se rappeler le nom, pas un nom dont je ne les amenasse à m'expliquer le sens. Ces histoires éternelles, dont peut-être on fera honneur à mon imagination, parce qu'aucune histoire ne les relate, parce qu'aucun itinéraire ne les consigne, m'ont toutes été racontées plus ou moins poétiquement par ces enfants des montagnes, qui sont nés dans le même berceau qu'elles ; ils les tenaient de leurs pères, à qui les aïeux les avaient dites. Mais cependant, peut-être, ils ne les répéteront pas à leurs enfants. Car de jour en jour, le sourire incrédule du voyageur esprit fort arrête sur leurs lèvres ces légendes naïves qui fleurissent, comme les roses des Alpes, au bord de tous les torrents, au pied de tous les glaciers.

Malheureusement pour moi, il n'y avait rien de pareil dans la montée de la Wengenalp (c'est le nom de la montagne que nous gravissions) ; mais, si quelque chose avait pu m'en dédommager, c'eût été certes la vue merveilleuse qui s'étendait devant nous au fur et à mesure que nous nous élevions. Sous nos pieds, la vallée de Lauterbrunnen, verte comme une émeraude, éparpillait ses maisons rouges sur le gazon ; en face, le magnifique Staubbach, dont nous apercevions alors les chutes supérieures, méritait son nom de *poussière d'eau*, tant il semblait une vapeur flottante ; à gauche, la vallée fermée au bout de deux ou trois lieues par la montagne neigeuse d'où se précipite le Schmadribach, comme si le monde finissait là ; à droite, la vallée que nous venions de parcourir, se développant en ligne droite dans toute son étendue et reportant les yeux, à l'aide de la Lutchine qui leur sert de conducteur, jusqu'au village d'Interlaken dont, à travers cette atmosphère bleuâtre qui n'appartient qu'au pays des montagnes, on apercevait les maisons et les arbres, pareils à ces joujoux qu'on enferme dans une boîte et dont les enfants font sur la table des villes et des jardins.

Au bout d'une heure, nous fîmes une halte pour combiner notre admiration et notre déjeuner ; ce fut chose facile. Un rocher en saillie nous offrit une table, une source, son eau glacée, et un noyer, son ombre. Nous tirâmes les provisions du sac et je reconnus avec grand plaisir, au premier coup d'œil que je jetai sur elles, que Willer était, sous le rapport de la prévoyance, digne d'être nommé pour le reste de la route commissaire général des vivres de toute la caravane.

Une nouvelle étape d'une heure nous conduisit au premier sommet de la Wengenalp, sommet à pic au haut duquel on n'arrive que par un chemin taillé en zigzag. Une fois sur le plateau, la pente de la montagne devient plus douce et le sentier, prenant enfin un parti, se tend une ligne droite, l'espace d'une lieue encore, puis on trouve un chalet où l'on fait halte. On est arrivé au pied de la Jungfrau.

Je ne sais si ce nom de *Jeune fille*, donné à la montagne que j'avais devant les yeux, la décorait pour moi d'un charme magique, mais je sais qu'outre la cause qui le lui a fait donner, il s'harmonise merveilleusement avec ses proportions élégantes et sa blancheur virginale. En tout cas, au milieu de cette chaîne de colosses, ses frères et ses sœurs, elle m'a paru la privilégiée des voyageurs et des montagnards. C'est avec un sourire que les guides vous indiquent deux autres montagnes posées sur sa puissante poitrine, que les géographes appellent *Pointes d'argent* [50] et auxquelles les guides, plus naïfs, ont donné le nom de *Mamelles*. Ils vous montrent bien, à sa droite, le Finsteraarhorn, plus élevé qu'elle [51], la Blümlisalp, plus puissante par sa base ; mais ils reviennent toujours à la vierge des Alpes, dont ils font la reine des montagnes.

Ce nom de *Vierge* fut donné à la Jungfrau parce qu'aucun être créé n'avait, depuis la formation du monde, souillé son manteau de neige ; ni le pied du chamois ni la serre de l'aigle n'étaient parvenus à ces hautes régions où elle porte sa tête. L'homme cependant résolut de lui faire perdre le titre qu'elle avait si longtemps et si religieusement gardé. Un chasseur de chamois nommé Poumann fit pour elle ce que Balmat avait fait pour le mont Blanc ; après plusieurs tentatives inutiles et dangereuses, il parvint à gravir sa pointe la plus élevée, et les montagnards, émerveillés, virent un matin un drapeau rouge flotter sur la tête de la jeune fille déflorée. Depuis ce temps, ils l'appellent la Frau ; car, selon eux, elle n'a plus le droit de porter l'épithète de *jung* – outrage qui est le même que si nous arrachions du front ou du cercueil d'une jeune fille le bouquet d'oranger, parure symbolique avec laquelle ses compagnes la conduisent à l'autel ou au tombeau.

C'est sur l'une de ces mamelles, sur celle qui regarde la vallée de Lauterbrunnen, qu'un lammergeyer [52] emporta un enfant de Grindelwald et le dévora, sans que ses parents ni personne du village, accourus à ses cris, pussent lui porter secours.

À la droite de la Jungfrau s'élève le Wetterhorn (*pic du Temps*), ainsi nommé, non point parce qu'il est contemporain du monde, *intacta ævis congenita mundo*, mais parce que,

---

50. Silberhorner
51. Treize mille deux cent trente-quatre pieds ; la Jungfrau n'en a que douze mille huit cent soixante-douze.
52. Grand vautour des Alpes (Gypaëtos barbatus).

293

selon qu'il est couvert ou dégagé de nuages, on peut prédire le temps qu'il fera.

À sa gauche s'étend, sur une base de plusieurs lieues, la Blümlisalp (*montagne des Fleurs*), dont le nom, aussi significatif que celui de Wetterhorn, me parut présenter, avec son apparence, une analogie plus difficile à expliquer : car la montagne des Fleurs est entièrement couverte de neige. J'eus alors recours à Willer, qui m'expliqua ainsi cette contradiction entre le nom et la montagne à laquelle il est appliqué.

« Nos Alpes, me dit-il, n'ont pas toujours été sauvages comme elles le sont aujourd'hui. Les fautes des hommes et les punitions de Dieu ont fait descendre les neiges sur nos montagnes et les glaciers dans nos vallées ; les troupeaux paissaient là où l'aigle ni le chamois n'osent parvenir aujourd'hui. Alors la Blümlisalp était comme ses sœurs, et plus brillante qu'elles encore, sans doute, puisque, seule entre elles, elle avait mérité le nom de montagne des Fleurs. C'était le domaine d'un pâtre riche comme un roi, et qui possédait un magnifique troupeau ; dans ce troupeau, une génisse blanche était l'objet de son affection. Il avait fait bâtir pour cette favorite une étable qui ressemblait à un palais, et à laquelle on montait par un escalier de fromages. Pendant un soir d'hiver, sa mère, qui était pauvre et qui habitait la vallée, vint pour le visiter ; mais, n'ayant pu supporter les reproches qu'elle lui faisait sur sa prodigalité, il lui dit qu'il n'avait pas de place pour la loger cette nuit, et qu'il fallait qu'elle redescendit vers le village. Vainement, elle lui demanda une place au coin du feu de la cuisine ou dans l'étable de sa génisse. Il la fit prendre par ses bergers et la fit jeter dehors.

» Une bise humide et glacée sifflait dans l'air, et la pauvre femme, misérablement vêtue comme elle l'était, fut promptement saisie par le froid. Alors elle se mit à descendre vers la vallée en dévouant ce fils ingrat à toutes les vengeances célestes. À peine la malédiction fut-elle prononcée que la pluie qui tombait se convertit en neige si épaisse qu'au fur et à mesure que la mère descendait, et derrière le dernier pli de sa robe traînante, la montagne semblait se couvrir d'un linceul. Parvenue dans la vallée, elle tomba, épuisée de froid, de fatigue et de faim. Le lendemain, on la trouva morte. Et, depuis ce temps, la montagne des Fleurs est couverte de neige. »

Pendant que Willer me donnait cette explication, un bruit pareil au roulement du tonnerre, entremêlé d'épouvantables craquements, arriva jusqu'à nous. Je crus que la terre allait se fendre sous nos pieds, et je regardai avec inquiétude notre guide en lui disant :
– Eh bien ! Qu'est-ce donc ?

Alors il étendit la main vers la Jungfrau et me montra une espèce de ruban argenté et mouvant qui se précipitait des flancs de la montagne.
– Tiens, une cascade ! dis-je.
– Non, une avalanche, répondit Willer.
– Et c'est elle qui a produit ce bruit effroyable ?
– Elle-même.

Je ne voulais pas le croire ; il me semblait impossible que ce ruisseau de neige, qui de loin semblait une écharpe de gaze flottante, produisît un bruit aussi effrayant. Je tournai les yeux de tous les côtés pour en chercher la véritable cause. Mais, pendant ce temps, il s'éteignit, et, lorsque je reportai la vue vers la Jungfrau, la cascade avait cessé de couler. Alors Willer me dit de détacher ma carabine et de tirer en l'air : je le fis. La détonation, qui au premier abord me parut plus faible qu'en plaine, alla se heurter contre la montagne et nous fut renvoyée soudain par son écho ; puis, aux dernières vibrations, succéda un grondement sourd et croissant, pareil à celui qui avait déjà une fois causé ma surprise. Willer alors me montra, à la base de l'une des mamelles de la Jungfrau, une seconde cascade improvisée, et, comme le bruit était pareil, il me fallait bien reconnaître que la cause était la même.

Alors accourut à nous une espèce de nain de montagne, double crétin, portant dans ses bras un petit canon. Il le posa à nos pieds, le pointa en s'accroupissant avec autant de soin que si le boulet eût dû faire une brèche à la montagne, et, approchant un morceau d'amadou de la lumière, il souffla dessus jusqu'à ce que le coup partît. Aussitôt le même accident se renouvela pour la troisième fois. La précipitation du pauvre petit diable était causée par la détonation de ma carabine. Il était faiseur d'avalanches de son état, et, comme, au moyen de ma carabine, je m'étais approvisionné moi-même, il craignait que les quelques batz [53] qu'il prélève, au moyen de son artillerie,

---

53. Petite monnaie suisse qui vaut trois sous.

sur les voyageurs qui traversent la Wengenalp ne lui échappassent cette fois. Je le rassurai bien vite en lui payant le coup de ma carabine au même tarif que son coup de canon.

Après nous être arrêtés une heure environ en face de ce magnifique spectacle, nous nous remîmes en route, continuant de monter sur une pente douce jusqu'au moment où nous nous trouvâmes sur le point le plus élevé de l'arête de la Wengenalp. Déjà depuis longtemps, nous avions laissé derrière nous les sapins qui, pareils à de braves soldats repoussés dans un assaut, nous avaient offert d'abord, réunis en forêt, l'aspect d'une armée qui se rallie ; plus haut, disséminés selon leur force végétative, l'apparence de tirailleurs qui soutiennent la retraite ; puis enfin, où finit leur domaine, de troncs renversés sans feuillage ni écorce, pareils à des corps morts étendus et dépouillés sur le champ de bataille.

Nous nous arrêtâmes, avant de descendre le versant opposé, pour prendre congé du pays que nous venions de parcourir et pour saluer celui dans lequel nous allions entrer. Je remarquai alors que nous nous trouvions par hasard au centre d'un cercle d'une trentaine de pas de circonférence. Quoiqu'autour de ce cercle, la terre fût couverte de roses des Alpes, de gentiane purpurine et d'aconit, sous nos pieds, le sol était nu et desséché, comme il l'est dans nos forêts aux places où l'on vient d'exploiter les fourneaux à charbon. J'en demandai la cause à Willer, qui se fit longtemps prier pour me raconter la tradition suivante, et qui ne me la raconta même, je lui dois cette justice, qu'en me prévenant d'avance qu'il n'y croyait pas.

Il y avait autrefois dans la vallée de Gadmin un homme téméraire, très puissant en magie, et qui commandait aux animaux comme à des serviteurs intelligents. Toutes les nuits du samedi au dimanche, il les rassemblait sur les plus hautes montagnes, tantôt les ours, tantôt les aigles, tantôt les serpents, et là, traçant avec sa baguette un cercle qu'ils ne pouvaient franchir, il les appelait en sifflant, et, lorsqu'ils étaient réunis, il leur donnait ses ordres, qu'ils allaient exécuter aussitôt aux quatre coins de l'Oberland. Une nuit qu'il avait rassemblé les dragons et les serpents, il leur commanda des choses telles, à ce qu'il paraît, qu'ils refusèrent leur service accoutumé. Le magicien entra dans une grande colère et eut recours à des charmes qu'il n'avait point encore employés, tant lui-même hésitait à avoir recours à des paroles qu'il savait toutes-puissantes, mais aussi coupables que puissantes. À peine les eut-il prononcées qu'il vit deux dragons quitter la troupe des reptiles qui l'environnaient et se diriger vers une caverne voisine. Il crut qu'ils obéissaient enfin. Mais bientôt ils reparurent, portant sur le dos un serpent énorme dont les yeux brillaient comme deux escarboucles et qui portait sur sa tête une petite couronne de diamants ; c'était le roi des basilics. Ils s'approchèrent ainsi jusqu'au cercle, qu'ils ne pouvaient dépasser. Mais, arrivés là, ils soulevèrent leur souverain sur leurs épaules et le lancèrent par-dessus la ligne magique, qu'il franchit ainsi sans la toucher. Le magicien n'eut que le temps de faire le signe de la croix et de dire : « *Je suis perdu!* » Le lendemain, on le retrouva mort au milieu de son cercle infernal, sur lequel, depuis, aucune verdure n'a poussé.

Nous quittâmes à l'instant cet endroit maudit et nous nous remîmes en route pour Grindelwald, où nous arrivâmes heureusement sans avoir rencontré ni le roi ni la reine des basilics [54].

Nous ne nous arrêtâmes à l'auberge que pour commander le dîner, et nous nous acheminâmes aussitôt vers le glacier, qui n'est qu'à un quart d'heure de marche du village.

J'ai déjà tant parlé de glaciers que je ne m'étendrai pas sur la description de celui-ci, qui n'offre rien de particulier. Je raconterai seulement un accident dont il fut témoin, et qui servira à faire ressortir les mœurs à part de cette race d'hommes courageux et dévoués qui exercent le métier de guides.

On monte sur le glacier de Grindelwald à l'aide de quelques escaliers grossièrement pratiqués dans la glace. Je ne me souciais pas d'abord beaucoup de faire cette ascension, mais Willer, qui connaissait mon faible, me dit qu'il avait quelque chose d'intéressant à m'y faire voir. Je le suivis aussitôt.

Après une escalade assez pénible, et qui dura près d'un quart d'heure, nous nous trouvâmes sur la surface du glacier, dont la pente plus douce devient dès lors plus facile. Cependant, à chaque pas, il faut tourner des gerçures profondes dont les parois vont, en se fonçant de couleur, se réunir à cinquante,

---

54. Les bergers croient encore, au reste, à l'existence de serpents qui viennent la nuit téter leurs vaches. Ils prétendent s'en préserver en plaçant un coq blanc au milieu de leurs troupeaux.

soixante et cent pieds de profondeur. Willer sautait par-dessus ces crevasses, et je finis par faire comme lui. Après un autre quart d'heure de marche, nous arrivâmes à un trou rond comme l'ouverture d'un puits. Willer y jeta une grosse pierre qui mit plusieurs secondes à trouver le fond, puis il me dit :

– C'est en tombant dans ce précipice que s'est tué, en 1821, M. Mouron, pasteur de Grindelwald.

Voici de quelle manière l'accident arriva et quelles en furent les suites.

M. Mouron, l'un des plus habiles explorateurs de la contrée, consacrait tout le temps que lui laissait l'exercice de ses fonctions à des courses dans les montagnes. Assez bon physicien et botaniste distingué, il avait fait des observations météorologiques curieuses et possédait un herbier où il avait réuni et classé par familles à peu près toutes les plantes des Alpes. Un jour qu'il se livrait à de nouvelles recherches, il traversa le glacier de Grindelwald et s'arrêta à l'endroit où nous étions pour jeter des pierres dans le trou que nous avions devant les yeux. Après avoir écouté la chute de plusieurs, il voulut découvrir l'intérieur du précipice, et, appuyant son bâton ferré sur le bord opposé à celui sur lequel il se trouvait, il se pencha sur l'abîme. Le bâton, mal arrêté, glissa, et le pasteur fut précipité. Le guide accourut tout haletant au village, et raconta l'accident dont il venait d'être témoin.

Quelques jours se passèrent, pendant lesquels cette nouvelle devint l'entretien de toute la contrée. Le pasteur y était chéri, et, comme les regrets causés par sa mort étaient grands, des soupçons s'éveillèrent sur la fidélité du guide qui l'avait accompagné. Ces soupçons prirent bientôt de la consistance, et l'on alla jusqu'à dire que ce pasteur avait été assassiné et jeté ensuite dans le trou du glacier ; le but de l'assassinat aurait été de lui voler sa montre et sa bourse.

Alors le corps tout entier des guides, que ce soupçon attaquait dans l'un de ses membres, se réunit et décida que l'un d'eux, que le sort désignerait, descendrait au péril de sa vie dans le précipice qui avait servi de tombeau à leur malheureux pasteur ; si le cadavre avait sur lui sa montre et sa bourse, le guide était innocent. Le sort tomba sur l'un des hommes les plus forts et les plus vigoureux de la contrée, nommé Burguenen.

Au jour dit, tout le village se rendit sur le glacier. Burguenen se fit attacher une corde autour du corps, une lanterne au cou, et, prenant une sonnette d'une main pour indiquer en l'agitant qu'il fallait le retirer, et son bâton ferré de l'autre afin de se préserver du contact tranchant des glaçons, il se laissa glisser, suspendu à un câble que quatre hommes laissaient filer peu à peu. Deux fois, sur le point d'être asphyxié par le manque d'air, il sonna et fut ramené à la surface du trou. Mais enfin, la troisième, on sentit qu'un poids plus lourd pesait au bout de la corde, et Burguenen reparut, rapportant le corps mutilé du pasteur.

Le cadavre avait sa bourse et sa montre !

La pierre qui couvre le tombeau du pasteur constate l'accident dont il fut victime et le dévouement de celui qui risqua sa vie pour rendre son corps à une sépulture chrétienne. La voici :

AIMÉ MOURON, MIN. DU S. E.
À L'ÉGLISE PAR SES TALENTS ET SA PIÉTÉ NÉ À
CHARDONNE DANS LE CANTON DE VAUD,
ADMIRANT DANS CES MONTAGNES
LES OUVRAGES MAGNIFIQUES DE DIEU,
TOMBA DANS UN GOUFFRE
DE LA MER DE GLACE
LE 31 AOÛT 1821

ICI REPOSE SON CORPS, RETIRÉ DE
L'ABIME, APRÈS 12 JOURS, PAR CH.
BURGUENEN DE GRINDELWALD. SES
PARENTS ET SES AMIS,
PLEURANT SA MORT PRÉMATURÉE,
LUI ONT ÉLEVÉ CE MONUMENT

Burguenen estima qu'il était descendu à la profondeur de sept cent cinquante pieds.

Chapitre 23

Le Faulhorn

Le lendemain, à huit heures du matin, nous nous mîmes en route pour accomplir la plus rude ascension que nous eussions encore tentée. Nous avions la prétention d'aller coucher dans la plus haute habitation de l'Europe, c'est-à-dire mille cent vingt et un pieds au-dessus du niveau de la mer, cinq cent soixante-dix-neuf pieds plus haut que l'hospice du Saint-Bernard, dernière limite des neiges éternelles.

Le Faulhorn est, sinon la plus haute, du moins l'une des plus hautes montagnes de la chaîne qui sépare les vallées de Thun, d'Interlaken et de Brienz de celles du Grindelwald et de Rosenlaui. Ce n'est que depuis un an ou deux qu'un aubergiste, spéculant sur la curiosité des voyageurs, eut l'idée d'établir sur le plateau qui tranche son sommet une petite hôtellerie qui n'est habitable que l'été. Aussitôt le mois d'octobre arrivé, il abandonne sa spéculation et son domicile, démonte les portes et les volets afin de n'en avoir pas d'autres à faire établir l'année suivante, et abandonne sa maison à tous les ouragans du ciel, qui font rage autour d'elle jusqu'à ce qu'il n'en reste plus un poteau debout.

Notre hôte de la vallée eut grand soin de nous prévenir d'avance, en confrère charitable, que la vie animale était fort pauvrement alimentée dans les régions supérieures où nous allions parvenir, attendu que l'aubergiste, obligé de tirer tous ses comestibles de Grindelwald et de Rosenlaui, faisait, le lundi, les provisions de la semaine : mesure qui n'avait aucun inconvénient pour les voyageurs qui lui rendaient visite le mardi, mais qui, tout le long de la route, devait tenir dans une grande perplexité ceux que, comme nous, le hasard amenait chez lui le dimanche. Il nous invita en conséquence, et cela dans notre intérêt, nous dit-il, à revenir coucher chez lui, où nous trouverions, comme nous avions pu nous en convaincre, bon lit et bonne table. Nous le remerciâmes de l'avis ; mais nous lui dîmes que notre intention bien positive, si nous descendions le même jour, était de nous rendre droit à Rosenlaui et de gagner ainsi une journée de marche. Cette déclaration lui fit perdre à l'instant une grande partie de la sollicitude qu'il venait si tendrement de nous manifester et qui, au moment de notre départ, parut même avoir fait place à la plus complète indifférence, sentiment dont il nous donna enfin une preuve en refusant net de me vendre un poulet froid dont je voulais, à tout hasard, faire mon camarade de route. Nous partîmes donc assez inquiets de notre avenir gastronomique.

Tout mon espoir reposait de ce côté sur le fusil que je portais en bandoulière. Mais chacun sait combien, en Suisse, est précaire pour le voyageur la chance de dîner avec sa chasse : le gibier, naturellement rare, déserte encore les environs des routes fréquentées. Je m'écartai donc autant que je le pus du chemin frayé et je m'en allai, suivi par mon guide et frappant à tous les buissons, dans l'espoir d'en faire partir un gibier quelconque. De temps en temps, celui-ci s'arrêtait et me disait :

– Entendez-vous ?

J'écoutais. Et, en effet, une espèce de sifflement aigu arrivait jusqu'à moi.

– Qu'est-ce que cela ? faisais-je.

– Des marmottes, répondait mon guide. Voyez-vous, continuait-il, les marmottes, c'est fameux.

– Diable ! Si je pouvais rejoindre celle qui siffle...

– Oh ! vous ne pourrez pas... Ça se dépouille comme un lapin, ça se met à la broche, ça s'arrose avec du beurre frais ou de la crème. Puis on sème là-dessus des fines herbes, et, quand on a mangé la chair et sucé les os, on se lèche les doigts.

– Dites donc, l'ami, alors je ne serais pas fâché d'en tuer une, moi.

– Impossible ! Ou bien, quand on veut la manger froide, on la met tout bonnement dans une marmite avec du sel, du poivre, un bouquet de persil ; il y en a qui ajoutent un filet de vin. On la laisse bouillir deux heures, puis on fait à la bête une sauce avec de l'huile, du vinaigre et de la moutarde. Voyez-vous, si jamais vous en mangez, vous m'en direz de fameuses nouvelles.

– Eh bien ! mon cher ami, je tâcherai que ce soit ce soir.

– Ouiche, courez ! C'est malin comme tout, ces animaux ; ça sait bien que c'est fameux rôti et bouilli. V'là pourquoi ça ne se laisse pas approcher. Il n'y a que l'hiver ; on défonce leurs terriers, et l'on en trouve des douzaines qui dorment en rond.

Comme je ne comptais pas attendre l'hiver pour goûter de la marmotte, je me mis incontinent en quête de celle qui sifflait. Mais, lorsque je fus à quatre cents pas d'elle environ, le sifflement cessa et la bête rentra probablement dans son terrier, car je ne pus l'apercevoir. Une autre me rendit presque aussitôt le même espoir, qui fut déçu de la même manière, et ainsi de suite, jusqu'à ce que, harassé de cinq ou six tentatives aussi infructueuses, je reconnus la vérité des paroles que mon guide m'avait dites.

Je regagnais le chemin, tout penaud, lorsqu'un oiseau que je ne connaissais pas partit à mes pieds. Je n'étais pas sur mes gardes ; il était donc déjà à une cinquantaine de pas lorsque je lui envoyai mon coup de fusil. Je vis, malgré la distance, qu'il en tenait ; mon guide me cria, de son côté, que la bête était blessée. L'oiseau continua son vol, et je me mis à courir après l'oiseau.

Il n'y a qu'un chasseur qui puisse comprendre par quels chemins on passe lorsqu'on court après une pièce de gibier qui emporte son coup. Je ne crois pas m'être présenté au lecteur comme un montagnard bien intrépide. Eh bien ! je descendais à grande course une montagne aussi rapide qu'un toit, embarrassée de buissons que j'enjambais, de rochers du haut desquels je sautais, emmenant avec moi un régiment de pierres qui avaient toutes les peines du monde à me suivre, et, de plus, ne jetant pas un regard à mes pieds, tant mes yeux étaient fixés sur les courbes que décrivait en voletant la bête inconnue que je poursuivais. Elle tomba enfin de l'autre côté du torrent ; emporté par mon élan, je sautai par-dessus sans même calculer sa largeur, et je mis la main sur mon rôti. C'était une magnifique gélinotte blanche.

Je la montrai aussitôt à mon guide en poussant un grand cri de triomphe. Il était resté à l'endroit où j'avais tiré, et ce fut alors seulement que je reconnus quel espace j'avais parcouru. Je crois avoir fait un quart de lieue en moins de cinq minutes.

Il s'agissait de regagner la route, chose peu facile pour plusieurs raisons : la première était le torrent. Je m'en approchai, et m'aperçus seulement alors qu'il avait quatorze à quinze pieds de large, espace que j'avais franchi il n'y avait qu'un instant sans y regarder, mais qui, maintenant que je l'examinais, me paraissait fort respectable. Je pris deux fois mon élan, deux fois je m'arrêtai au bord ; j'entendais rire mon guide. Je me souvins alors de Payot, dont j'avais ri en pareille circonstance, et je me décidai à faire comme lui, c'est-à-dire à remonter la cascade jusqu'à ce que je trouvasse un pont, ou que son lit devînt plus étroit. Au bout d'un quart d'heure, je m'aperçus qu'elle prenait une direction opposée à celle qu'il me fallait suivre, et que je m'étais déjà fort écarté de mon chemin.

Je me tournai du côté de mon guide ; une éminence de terrain me le cachait. Je profitai de la circonstance, et, prenant une branche de sapin, je sondai le torrent avec elle. Puis, bien convaincu qu'il n'avait que deux ou trois pieds de profondeur, je descendis bravement dedans, le traversai à gué, et arrivai sur l'autre bord trempé jusqu'à la ceinture. Je n'étais qu'à la moitié de mes peines : il me fallait maintenant gravir la montagne.

Comme je commençais cette opération, mon guide parut au sommet. Je lui criai de m'apporter mon bâton, sans l'aide duquel il était évident que je resterais en route. Il eût peut-être été plus philanthropique de lui dire de me le jeter, mais, outre que j'ignorais si aucun obstacle ne devait l'arrêter en chemin, je n'étais pas fâché de me venger de certain éclat de rire qui me bruissait encore aux oreilles et pour lequel la fraîcheur de l'eau, qui ruisselait dans mes pantalons, entretenait une bonne et loyale rancune. Willer n'en vint pas moins à moi avec toute l'obéissance obligeante qui fait le fond du caractère de ces braves gens, m'aida de son expérience, me tirant après son bâton ou me soutenant sous les épaules, si bien qu'au bout de trois quarts d'heures à peu près, j'eus refait le chemin que j'avais parcouru en cinq minutes.

Cependant, nous avions monté toujours et nous commencions à rencontrer sur notre chemin de grandes flaques de neige que la chaleur de l'été n'avait pu fondre. Un vent froid passait par bouffées chaque fois qu'une ouverture de la montagne lui offrait une issue. Dans toute autre circonstance, j'y eusse fait attention à peine, mais le bain local que je venais de prendre me le rendait pour le moment fort sensible. Je grelottais donc tant soit peu en arrivant aux bords d'un petit lac situé à sept mille pieds au-dessus du niveau de la mer ; ce qui signifie que, onze cent vingt et un pieds plus haut, c'est-à-dire au sommet du Faulhorn, je grelottais beaucoup.

Aussi me précipitai-je dans la petite baraque sans m'occuper le moins du monde du paysage que je venais chercher. Je me sentais des douleurs d'entrailles assez vives et j'aurais été très peu flatté d'être pris d'une inflammation, même dans la demeure la plus élevée de l'Europe. En conséquence, je réclamai un grand feu. L'hôte me demanda combien je voulais de livres de bois.

– Eh ! pardieu, mon cher ami, donnez-moi un fagot. Il pèsera ce qu'il pèsera. J'ai trop froid pour me chauffer à l'once.

L'hôte alla me chercher une espèce de falourde qu'il suspendit à un peson : l'aiguille indiqua dix livres.

– En voilà pour trente francs, me dit-il.

Cela devait paraître naturellement un peu cher à un homme né au milieu d'une forêt, où le bois se vend douze francs la voie. Aussi fis-je une grimace fort significative.

– Dame, Monsieur, me dit l'hôte qui la comprit, à ce qu'il paraît, c'est qu'on est obligé de l'aller chercher à quatre ou cinq lieues, et cela à dos d'homme. C'est ce qui fait que la vie est un peu chère ici, attendu que, comme on ne peut pas faire la cuisine sans bois...

La tournure de la dernière phrase, et sa terminaison par une réticence, ne m'annonçaient rien de bon pour l'addition de la carte. Mais, en tout cas, comme mon rôti me coûtait déjà les trente francs de bois que j'allais brûler pour me réchauffer, je portai le défi à mon hôte de me compter le reste du dîner sur le même pied. Bien entendu, ce fut tout bas que je lui portai ce défi ; car, si je l'avais fait tout haut, il me paraissait homme à l'accepter sans la moindre hésitation.

Je fis scier en conséquence ma falourde en trois, m'enfermai avec elle dans ma chambre, fourrai pour dix francs de bois dans mon poêle, et, tirant de mon sac du linge, un pantalon de drap et ma redingote de fortune, je commençai une toilette analogue à la localité.

Je l'achevais à peine lorsque Willer frappa à ma porte ; il venait m'inviter à me dépêcher si je voulais jouir de la vue de l'horizon dans toute sa largeur. Le temps menaçait de se mettre à l'orage, et l'orage promettait de nous dérober bientôt l'aspect de l'immense panorama que nous étions venus visiter. Je m'empressai de sortir.

Nous gravîmes aussitôt une petite éminence d'une quinzaine de pieds de hauteur contre laquelle s'adosse l'auberge, et nous nous trouvâmes sur la pointe la plus élevée du Faulhorn. En nous tournant vers le nord, nous avions en face de nous toute la chaîne des glaciers que nous voyions depuis Berne et qui, quoique courant de l'orient à l'occident, à quatre ou cinq lieues de nous, paraissait fermer l'horizon à quelques pas de distance seulement. Tous ces colosses, aux épaules et aux cheveux blancs, semblaient la personnification des siècles se tenant par la main et encerclant le monde. Quelques-uns, plus géants encore que les autres, tels que le Wetterhorn, le Finsteraarhorn, la Jungfrau et la Blümlisalp, dépassaient de la tête toute cette famille patriarcale de vieillards, et, de temps en temps, nous donnaient le bruyant spectacle d'une avalanche se détachant de leur front, se déployant sur leurs épaules comme une cascade et se glissant entre les rochers qui forment leurs armures, comme un serpent immense dont les écailles argentées reluisent au soleil. Chacun de ces pics porte un nom significatif qu'il doit soit à sa forme, soit à quelques traditions connues des gens du pays, tels que le Schreckhorn (*pic Tronqué*) ou la Blümlisalp (*montagne des Fleurs*).

En nous tournant vers le midi, le paysage changeait complètement d'aspect : à trois pas de l'endroit où se posaient nos pieds, la montagne, fendue par quelque cataclysme et coupée à pic, laissait apercevoir, s'étendant à six mille cinq cents pieds au-dessous de nous, toute la vallée d'Interlaken, avec ses villages et ses deux lacs qui semblaient d'immenses glaces placées là dans leur cadre vert pour que Dieu puisse s'y mirer du ciel. Au-delà et dans le lointain, se détachaient en masses sombres, sur un horizon bleuâtre, le Pilate et le Rigi, placés aux deux côtés de Lucerne comme les géants des *Mille et une Nuits* chargés de garder quelque ville merveilleuse, tandis qu'à leurs pieds se tordait le lac des Quatre-Cantons, et, derrière eux, aussi loin que la vue pouvait s'étendre, resplendissait le lac bleu de Zoug, confondu avec le ciel auquel il semblait toucher.

Willer me frappa l'épaule. Je tournai la tête, et, suivant des yeux la direction de son doigt, je vis que j'allais assister à l'un des spectacles les plus imposants de la nature après une tempête sur mer, c'est-à-dire une tempête dans la montagne. Les nuées qui apportaient l'orage avec elles se détachaient, l'une du sommet du Wetterhorn, l'autre des flancs de la Jungfrau, et s'avançaient, silencieuses, noires et menaçantes, comme deux armées ennemies qui marchent l'une contre l'autre et ne veulent commencer le feu qu'à une portée mortelle. Quoiqu'elles voguassent avec une rapidité extrême, on ne sentait aucun souffle d'air ; on eût dit qu'elles étaient poussées l'une vers l'autre par une double puissance attractive. Un silence profond, que le cri d'aucun être ne troublait, s'était étendu sur la nature, et la Création tout entière semblait attendre, muette et immobile, la crise qui la menaçait.

Un éclair, suivi d'une détonation épouvantable, reproduite et prolongée par tous les échos des glaciers, annonça que les nuées venaient de se joindre et que le combat était commencé. Cette commotion électrique sembla rendre la vie à la Création ; elle se réveilla en sursaut avec tous les symptômes de l'effroi. Un souffle chaud et lourd passa sur nous, agitant, à défaut d'arbres, une grande croix de bois mal fixée en terre. Les chiens de nos guides hurlèrent, et trois chamois, se levant je ne sais d'où, parurent tout à coup, bondissant sur la pente d'une montagne qui s'élevait côte à côte avec la nôtre ; une balle que je leur envoyai, et qui alla labourer la neige à quelques pieds d'eux, ne parut nullement avoir attiré leur attention : le bruit du coup ne leur fit pas même tourner la tête, tant ils étaient tout entiers livrés à la terreur que leur inspirait l'ouragan.

Pendant ce temps, les nuées se croisaient, passant l'une au-dessus de l'autre et se renvoyant éclair pour éclair. De tous les points de l'horizon, on voyait accourir, comme des régiments pressés de prendre part à une bataille, des nuages de formes et de couleurs différentes qui, se précipitant dans la mêlée, augmentaient la masse de vapeurs en se réunissant à elles. Bientôt, le midi tout entier fut en feu. La partie du ciel où était le soleil s'empourpra d'une couleur vive, comme celle d'un incendie ; le paysage s'éclaira d'une manière fantastique. Le lac de Thoune parut rouler des vagues de flammes ; celui de Brienz se teignit de vert, comme une décoration de l'Opéra illuminée par des lampes de couleur, et ceux des Quatre-Cantons et de Zoug perdirent leur teinte azurée pour devenir d'un blanc mat.

Bientôt, le vent redoubla de violence. Des portions de nuages se déchirèrent, et, fouettées par lui, quittèrent le centre commun, s'égarèrent dans toutes les directions, et, comme à un signal donné, se précipitèrent vers la terre. Des portions de paysages disparurent comme si l'on avait étendu sur elles un rideau. Nous sentîmes quelques gouttes de pluie ; puis, presque aussitôt, nous fûmes enveloppés de vapeur : l'éclair s'alluma près de nous et vint réfléchir un de ses rayons sur le canon de ma carabine, que je lâchai comme si elle était de fer rouge. Nous étions au milieu de l'orage. Un sauve-qui-peut général se fit entendre, et nous nous réfugiâmes dans l'auberge. Pendant dix minutes, la pluie fouetta dans nos carreaux ; l'ouragan ébranla la cabane comme s'il voulait la déraciner ; la foudre eut littéralement l'air de frapper à la porte. Enfin, la pluie s'arrêta, le jour reparut, nous nous hasardâmes à sortir. Le ciel était pur, le soleil brillant ; l'orage que nous avions eu sur la tête était maintenant à nos pieds. Le bruit du tonnerre remontait au lieu de descendre : à cent pieds au-dessous de nous, l'orage, comme une vaste mer, roulait des vagues dans la profondeur desquelles s'allumait l'éclair. Puis, de cet océan qui comblait les précipices et les vallées, sortaient, comme de grandes îles, les têtes neigeuses de l'Eiger, du Mönch, de la Blümlisalp et la Jungfrau. Tout à coup, un être animé parut, se débattant au milieu de ces flots de vapeur et se soulevant à leur surface : c'était un grand aigle des Alpes qui cherchait le soleil et qui, l'apercevant enfin, monta majestueusement vers lui, passant à quarante pas de moi sans que je songeasse même à lui envoyer une balle, tant le spectacle qui m'entourait m'absorbait tout entier dans la contemplation de sa magnificence.

L'orage gronda pendant le reste du jour dans la vallée ; la nuit vint. Harassé de fatigue et encore tout souffrant des douleurs que j'avais éprouvées, je comptais sur le sommeil pour rétablir mon équilibre sanitaire, que je sentais violemment dérangé. Mais, cette fois, je comptais sans mon hôte, ou plutôt sans mes hôtes.

À peine fus-je couché, qu'un tapage infernal commença au-dessus de ma tête. Il paraît que le fluide électrique répandu dans l'air avait vigoureusement impressionné le système nerveux de nos guides et l'avait poussé vers la gaieté. Les drôles étaient rassemblés, au nombre d'une douzaine, dans l'espèce de grenier qui formait le premier étage de la maison, dont les voyageurs habitaient le rez-de-chaussée. Et, comme ce premier étage et ce rez-de-chaussée n'étaient séparés l'un de l'autre que par des planches de sapin d'un pouce d'épaisseur tout au plus, nous ne perdions pas une syllabe d'une conversation que peut-être j'eusse trouvée aussi intéressante qu'elle me paraissait gaie, si elle ne se fût tenue en allemand. Le bruit des verres qui se choquaient sans interruption, celui des bouteilles vides qui roulaient sur le plancher, l'introduction de deux ou trois nouveaux convives d'un sexe différent, l'absence complète de lumières, bannies par la crainte du feu, m'inspirèrent des terreurs tellement vives sur la durée et la progression bruyante de cette bacchanale que je pris le bâton ferré qui était près de mon lit et que j'en frappai à mon tour le plancher, en signe d'invitation au silence. Effectivement, le bruit cessa, les tapageurs se parlèrent à voix basse. Mais il paraît que c'était pour s'encourager mutuellement à la résistance, car, au bout de quelques secondes, un grand éclat de rire annonça le cas qu'ils faisaient de ma réclamation. Je repris mon bâton et la renouvelai, en l'accompagnant du plus abominable juron allemand que je pus trouver dans le répertoire tudesque. Cette fois, leur réponse ne se fit pas attendre. L'un d'eux prit une chaise, en frappa de son côté sur le plancher le même nombre de coups que j'avais frappés du mien, et, pour ne rien garder à moi, me renvoya en français le plus beau *s... n... de Dieu* que j'aie jamais entendu : c'était une révolte ouverte. Je restai un instant abasourdi de la riposte, puis je me mis à chercher dans mon esprit de quelle manière je pourrais forcer les rebelles à se rendre. Mon silence les fit croire à ma défaite, et les cris et le tapage recommencèrent de plus belle dans les régions supérieures.

    Cependant, je venais de me rappeler que le tuyau de mon poêle avait son orifice dans un coin du grenier même où se gaudissaient mes ennemis. La cherté du bois ayant fait présumer au propriétaire que ce poêle serait habituellement un meuble de luxe, cette conviction ne lui avait, par conséquent, inspiré aucune crainte sur les conséquences, attendu que, s'il n'y a pas de feu sans fumée, il est incontestable qu'il y a encore bien moins de fumée sans feu.

Ce souvenir fut un trait de lumière ; un autre, moins modeste, dirait une inspiration du génie. Je sautai à bas de mon lit, frappant dans mes deux mains comme un chef arabe qui appelle son cheval, et, courant à la cuisine, j'y ramassai tout le foin que j'y pus trouver, le rapportai dans ma forteresse, dont je barricadai en-dedans les fenêtres et les portes, et commençai immédiatement mes préparatifs de vengeance. Ils consistaient, le lecteur l'a déjà deviné sans doute, à humecter légèrement la matière combustible afin qu'elle donnât pour résultat la fumée la plus épaisse qu'il était possible d'en tirer ; puis, cette précaution préalablement prise, d'en bourrer atrocement le poêle ; enfin, mon artillerie ainsi préparée, d'approcher le feu des combustibles. C'est ce que je fis. Après quoi, je revins tranquillement attendre dans mon lit le résultat d'une opération si habilement préparée, et pour la réussite de laquelle l'obscurité qui enveloppait mes ennemis me donnait des garanties presque certaines.

En effet, quelques minutes se passèrent sans amener aucun changement dans la manière de faire de mes guides. Puis, tout à coup, l'un d'eux toussa, un autre éternua, et un troisième, après une seconde consacrée à l'inspiration nasale, déclara que cela sentait la fumée. Chacun se leva de table sur ces mots. C'était le moment de redoubler mon feu et de profiter du désordre qui s'était mis dans l'armée ennemie pour l'empêcher de se rallier. Je me précipitai donc vers le poêle, je le bourrai à double charge. Puis, refermant la porte, j'attendis, les bras croisés comme un artilleur près de sa pièce, le résultat de cette seconde manœuvre. Il fut aussi complet que je pouvais le désirer. Ce n'était plus une toux, ce n'étaient plus des éternuements : c'étaient des cris de rage, des hurlements de désespoir. Je les avais enfumés comme des renards.

Cinq minutes après, un parlementaire frappait à ma fenêtre. C'était à mon tour de faire mes conditions. J'usai de la victoire en véritable héros : comme Alexandre, je pardonnai à la famille de Darius et la paix fut jurée entre elle et moi, à cette condition qu'elle ne ferait plus de bruit et que je ne ferais plus de feu.

Les clauses du traité furent religieusement exécutées des deux côtés, et je commençais non pas à m'endormir, mais à espérer que je m'endormirais, lorsque les chiens de nos guides poussèrent un cri plaintif et prolongé qui finit par se résumer en hurlements continus. Je crus que les quadrupèdes étaient d'accord avec leurs maîtres pour me faire damner. Je cherchai dans mon arsenal une arme qui tînt le milieu entre une houssine et un bâton, et je sortis de ma chambre dans l'intention d'aller au chenil et d'y épousseter vigoureusement le poil de ses habitants, à quelque race qu'ils appartinssent.

À peine eus-je mis le pied dehors que Willer, que je ne voyais pas, tant la nuit était abominablement noire, surtout pour moi qui sortais d'une chambre éclairée, me prit par le bras et me fit signe de garder le silence ; j'obéis, écoutant de toutes mes oreilles, sans savoir ce que j'allais entendre. Un cri modulé d'une certaine manière monta des profondeurs de la vallée, mais si lointain et si affaibli par la distance qu'il vint mourir à l'endroit où nous étions et que, vingt pas plus loin peut-être, il eût été impossible de l'entendre.

– C'est un cri de détresse, dirent tout d'une voix les guides réunis pour écouter. Il y a des voyageurs perdus dans la montagne. Allumons les torches, lâchons les chiens, et en route !

Peu de harangues eurent jamais un effet aussi prompt sur les auditeurs que celle que je viens de rapporter. Chacun courut à son poste, les uns à la cuisine pour prendre du rhum, les autres au grenier pour chercher des falots, d'autres enfin au chenil pour lâcher les bêtes. Puis tous ensemble, se réunissant, poussèrent d'une seule voix un grand cri ayant pour but d'annoncer aux voyageurs qu'on les avait entendus et qu'on allait à leur secours.

J'avais pris ma torche comme les autres, non que j'eusse la présomption de croire que je pourrais être, la nuit, d'une grande aide dans des chemins où, le jour, j'étais quelquefois obligé de marcher à quatre pattes ; mais je voulais voir dans tous ses détails cette scène nouvelle pour moi. Malheureusement, à peine eûmes-nous fait cinq cents pas que chacun tira de son côté, la connaissance des localités permettant à mes braves compagnons de s'engager dans des chemins impraticables pour tout autre que pour eux. Je vis donc que, si j'allais plus loin à la recherche des autres, les autres seraient à leur tour obligés de venir à la mienne, ce qui ferait naturellement une perte de temps inutile. Je pris alors le parti moins philanthropique, mais plus prudent, de m'asseoir sur une pointe de rocher d'où mon regard, plongeant dans la vallée, pouvait suivre dans les différentes directions qu'elles prenaient toutes ces lumières bondissantes comme des feux follets sur un étang.

Pendant une demi-heure, elles parurent s'égarer, tant elles prirent des directions différentes et folles, disparaissant dans des ravins, reparaissant sur des cimes ; toutes leurs évolutions, accompagnées en outre de cris d'hommes, d'aboiements de chiens, de coups de pistolet, qui donnaient à ce spectacle une apparence étrange et désordonnée. Enfin, elles se dirigèrent vers un centre commun, se réunirent dans un espace circonscrit dont elles ne s'écartèrent plus. Puis, se mettant en route avec un certain ordre, elles s'acheminèrent vers mon rocher, accompagnant sur deux rangs les voyageurs retrouvés, dans le même ordre que le fait une patrouille qui conduit des vagabonds au corps de garde.

Au fur et à mesure que ce cortège s'avançait, je distinguais, à la lueur saccadée que les torches reflétaient sur lui, une troupe nombreuse d'hommes, de femmes, d'enfants, de mulets, de chevaux et de chiens ; tout cela parlant, hennissant, hurlant dans une langue différente. C'était l'arche de Noé lâchée dans la tour de Babel. Je me joignis à la caravane au moment où elle passa devant moi, et j'arrivai avec elle à l'auberge. Lorsqu'on eut trié cette macédoine, on y reconnut dix Américains, un Allemand et un Anglais, le tout dans le plus mauvais état possible, les Américains ayant été retrouvés dans le lac, l'Allemand sur la neige et l'Anglais suspendu à une branche d'arbre au-dessus d'un précipice de trois mille pieds.

Le reste de la nuit s'écoula dans la tranquillité la plus parfaite.

311

Chapitre 24

Rosenlaui

Le lendemain, à huit heures du matin, tout le monde était sur pied, infanterie et cavalerie rangées en bataille sur le plateau de Faulhorn. La cavalerie se composait d'une dame française, de l'Américain, sa femme et ses sept enfants, le fils aîné de cette jeune famille marchant à pied avec l'Anglais, les six guides et moi. Quant à l'Allemand, il était totalement perclus, et, quoiqu'il eût passé la nuit sur les dalles de la cuisine, qu'on avait fait chauffer comme un four, il ne pouvait faire un seul mouvement sans l'accompagner de cris surhumains. Nous le laissâmes donc au Faulhorn où, si la providence n'a pas jugé à propos de faire un miracle spécial en sa faveur, il doit être encore, vu la température peu favorable à la guérison des pleurésies.

Aussitôt les préparatifs indispensables accomplis, tels que les mulets resanglés et les gourdes remplies, la petite armée se mit en marche avec toute la gaieté qui suit, par réaction, toute situation précaire dont on s'est bien tiré. Notre intention était de visiter en passant le glacier de Rosenlaui et de nous en aller, de là, coucher à Meiringen. C'était une assez forte journée, mais nos dames étaient bien montées et nous avions, mes deux camarades et moi, des jambes avec lesquelles nous pouvions défier à la course les plus rudes montagnards de l'Oberland.

Je dis mes deux camarades, car nous n'avions pas fait cinq cents pas que nous étions les meilleurs amis du monde. Rien ne lie aussi vite que le collège, la chasse ou les voyages. J'avais vu d'ailleurs l'Américain à Paris, chez Mme la princesse de Salm. Quant à l'Anglais, contre la nature de ses compatriotes, il était d'un caractère très gai et d'une constitution très remuante, ce qui tranchait singulièrement avec son visage grave qui restait impassible au milieu de toutes les gambades qu'il faisait à chaque instant : c'était un contraste dont Deburau seul, avec sa figure froide et ses gestes animés, offre le pendant dans mes souvenirs. On devine donc qu'avec nos dispositions à la gaieté, il nous mit très vite à l'aise, sinon avec sa physionomie, du moins avec ses manières.

Je n'ai rien vu, au reste, de plus agile, de plus imprudent et de plus adroit dans ces imprudences que ce corps de *fantoccini* et cette tête de clown. Le tout faisait l'admiration de nos guides, qui le regardaient faire avec un air de doute et d'étonnement qui voulait visiblement dire : « Va toujours, va, et un beau matin, tu te casseras le cou ! » Quant à lui, il ne faisait aucun compte de cet avis et continuait tranquillement à enjamber les précipices, à passer à cloche-pied sur les arbres qui servent de pont aux torrents, et à faire un gros bouquet de fleurs dont la plus facile à recueillir aurait pu rester pendant l'éternité à la place où elle était sans me donner, si belle qu'elle fût, l'envie de l'y aller chercher.

Cette témérité était d'autant plus méritoire que nous suivions sur du schiste argileux un chemin détestable, tracé depuis deux ans seulement de Faulhorn à Rosenlaui et rendu plus dangereux encore par la pluie tombée la veille une partie de la nuit. À tout moment, le pied des hommes et des mulets glissait sur un fond ardoisé dont chaque pas enlevait un peu de la terre végétale qui le recouvrait. Nos dames poussaient incessamment des cris affreux, bien justifiés par l'aspect du sentier où les conduisaient leurs montures. Un moment, nous nous trouvâmes, bêtes et gens, côtoyant un précipice de quinze cents pieds de profondeur, sur une espèce de gouttière si étroite que les guides, malgré le danger, ne pouvaient tenir la bride des chevaux. Au milieu de ce défilé, le mulet de la fille aînée de l'Américain buta et la jeune personne, enlevée de sa selle par la secousse, se trouva sur le cou de sa monture, oscillant comme le balancier d'une pendule et ne sachant, pendant une seconde, si elle tomberait soit à gauche soit à droite, c'est-à-dire sur le talus ou dans le précipice. Heureusement, l'un des guides la poussa de son bâton et elle tomba avec un cri affreux du côté où elle ne courait d'autre danger que de se faire une contusion ou une égratignure.

Cet accident mit la confusion dans la caravane. Les dames, de peur de tomber, sautèrent, et, en sautant, tombèrent. Des cris plus aigus les uns que les autres partaient de tous côtés ; tout le monde, se croyant en danger de mort, appelait du secours qu'on ne pouvait porter à personne et dont, à tout prendre, personne n'avait besoin. Les chiens hurlaient, les guides juraient, les mulets profitaient de cet instant de répit pour brouter l'herbe qui poussait au bord du précipice. Et l'Anglais, perché à vingt-cinq pieds au-dessus de nos têtes, dans une position à donner des vertiges à un chamois, sifflait tranquillement le *God save the king*.

Au bout d'un instant, cependant, le calme se rétablit. On tira nos dames d'entre les jambes de leurs quadrupèdes. Elles traversèrent une à une, et conduites par les guides, le reste du mauvais chemin, et, dix minutes après, toute la caravane se retrouvait saine et sauve sur une pelouse unie comme celle du Tapis vert du jardin de Versailles. Nous profitâmes de la circonstance pour déjeuner, et nos dames, tout à fait remises de leur frayeur qui, pour toutes, une exceptée, n'avait été qu'une panique, nous tinrent courageusement compagnie. Puis nous nous remîmes en route.

Bientôt nous entrâmes dans l'Oberhasli et nous traversâmes la place des Lutteurs. La veille même, des exercices avaient eu lieu entre les montagnards, et nous regrettâmes beaucoup que le hasard ne nous eût pas conduits là au moment du spectacle.

Nous étions descendus dans une atmosphère plus tempérée, et, de place en place, nous commencions à voir reparaître les sapins, qui s'arrêtent à une région convenue comme si la baguette d'un enchanteur avait tracé un cercle magique qu'ils ne peuvent franchir. Ces troncs isolés offrirent une variété à nos exercices ; ils devinrent le but de nos bâtons de montagne qui, lancés comme des javelots, allaient, à la distance de trente à quarante pas, s'y enfoncer de toute la longueur de leur fer. L'Américain surtout excellait dans cet exercice auquel l'Anglais était le moins habile de nous trois. Cette supériorité amena entre eux une discussion assez vive au milieu de laquelle je les laissai pour suivre, non pas avec mon bâton, mais avec mon fusil, un coq de bruyère qui se leva trop loin de moi pour que je pusse le tirer et que j'espérais rejoindre à sa remise. Ma pointe fut inutile, et, dix minutes après, je redescendis de l'autre côté du petit bois où j'avais laissé mes compagnons de voyage.

Je les aperçus de loin, arrêtés au bord d'un torrent, et je m'approchai d'eux sans pouvoir bien comprendre à quel exercice se livrait l'Anglais, tant cet exercice me paraissait bizarre : il consistait à prendre de l'eau dans sa bouche et à faire sortir cette eau par le milieu de sa joue. Je crus d'abord que cette éjaculation se faisait par l'oreille et j'admirais ce nouveau genre de jonglerie lorsque, ayant fait quelques pas encore, je m'aperçus que l'eau prenait, en sortant, une teinte rouge qu'elle devait à son mélange avec le sang.

Voici ce qui était arrivé. L'Anglais, furieux de son infériorité, avait parié qu'il se planterait à soixante pas de l'Américain et que celui-ci ne l'atteindrait pas avec son bâton. L'Américain avait accepté le pari. Les parties intéressées s'étaient placées à la distance convenue, et l'Anglais, esclave de sa parole, avait attendu flegmatiquement le coup de javelot d'une nouvelle espèce, dont le fer lui avait percé la joue et cassé une dent.

Cet accident ramena un peu de calme à l'arrière-garde de notre caravane, dont la tête entra bientôt sous la grande porte de l'auberge de Rosenlaui. Nous ne nous arrêtâmes que le temps d'y prendre un bain qu'on n'eut pas même la peine de faire chauffer, l'eau thermale nous arrivant toute tiède d'une source voisine. Après quoi nous nous acheminâmes vers le glacier, l'un des plus renommés de l'Oberland.

Cette fois, nous avions sur la tête le frère cadet de l'orage que, la veille, nous avions eu sous nos pieds. Cette différence dans sa position en faisait une très grave dans la nôtre. Nous n'en continuâmes pas moins notre route, malgré l'avertissement de prudence que nous donnait le tonnerre, et nous arrivâmes sans accident au pied de la mer de glace située à un quart de lieue à peu près de l'auberge.

Le glacier de Rosenlaui mérite sa réputation, et, s'il n'est pas le plus grand, c'est, à mon avis, le plus beau de l'Oberland. Resplendissant partout d'une teinte azurée dont j'ignore la cause et qui n'appartient qu'à lui, il offre toutes les nuances de cette couleur, depuis le bleu mat et pâle de la turquoise jusqu'au bleu étincelant et foncé du saphir. L'ouverture située à sa base, et par laquelle sort en bouillonnant le Reichenbach, semble le portique d'un palais de fée ; et de merveilleuses colonnes, qu'on croirait l'œuvre des génies tant elles sont légères et transparentes, soutiennent une voûte dentelée par les festons les plus variés, les plus élégants et les plus bizarres. Lorsqu'on se penche pour regarder dans ses profondeurs où tourbillonne le torrent, on est si émerveillé de cette architecture fantastique qu'on porte envie à la déesse qui habite une pareille demeure et qu'on éprouve le besoin jaloux de s'y précipiter pour la partager avec elle. Ce dut être à l'entrée d'une pareille grotte que Gœthe fit son *Ondine*.

Le bruit produit par le bouillonnement de l'eau qui se brise sur les rochers et rejaillit en écume nous empêchait, depuis un quart d'heure, d'entendre le tonnerre, qui cependant redoublait de force. Nous avions complètement oublié l'orage lorsque quelques gouttes larges et tièdes vinrent nous le rappeler. Nous levâmes la tête, le ciel semblait s'être abaissé sur le vaste entonnoir de montagne au fond duquel nous nous trouvions, et, de moment en moment, il s'affaissait encore sur leur pente, se rapprochant toujours de nous, comme s'il devait finir par peser sur nos têtes. La respiration nous manquait, comme si nous eussions été enfermés sous une vaste machine pneumatique. Il nous semblait qu'il ne faudrait qu'un éclair pour enflammer l'atmosphère ardente qui nous environnait. Enfin un violent coup de tonnerre déchira ce dais de vapeur, et l'ouragan, fouettant l'air, secoua sur nous ses vastes ailes toutes ruisselantes de pluie.

Nous étions trop loin de l'auberge pour y aller chercher un abri ; nous nous réfugiâmes donc sous un arbre, et, à l'aide de nos blouses et de nos bâtons, nous construisîmes une petite tente pour mettre nos dames à couvert. Cette espèce de hangar remplit d'abord le but que nous nous étions proposé ; mais, au bout d'un quart d'heure, la toile s'étant mouillée, l'eau cessa de glisser dessus, passa au travers, et trois ou quatre fontaines commencèrent à jouer sur nos têtes, en manière de douches. Il fallait donc, bravant la pluie et le tonnerre, se remettre en campagne et tenter de regagner l'auberge. C'est ce que nous fîmes, ayant partout de la boue par-dessus la cheville et dans certains endroits de l'eau par-dessus le genou. Nous y arrivâmes ruisselants comme des gouttières.

Nous appelâmes Willer, chargé de la garde de nos paquets. Mais, lorsque nous lui demandâmes celui où était le linge, il nous répondit que, sachant notre désir d'arriver le soir même à Meiringen, il avait profité d'une occasion qui se présentait pour y faire parvenir nos bagages. Nous n'avions pas, à Rosenlaui, un mouchoir de poche de rechange. Quant à partir le même jour pour Meiringen, c'était chose impossible : l'orage avait rendu la route impraticable, et les chemins étaient devenus des lits de torrents.

Il n'y avait qu'un parti à prendre, et nous le prîmes : c'était de faire bassiner nos lits et de nous coucher, tandis que nos vêtements sécheraient. Nous dînâmes couchés comme les empereurs romains, puis nous nous endormîmes.

Je ne sais depuis combien de temps nous dormions. Mais ce que je sais, c'est que nous étions dans le plus beau et le plus profond de notre sommeil lorsque la fille de l'auberge entra dans notre chambre, un flambeau à la main.

— Qu'est-ce ? dis-je avec la mauvaise humeur d'un homme interrompu dans une des fonctions qui lui sont les plus chères.

— Rien, Monsieur. Seulement, il faudrait vous lever.

— Pourquoi cela ?

— C'est que, voyez-vous, l'orage a tellement grossi les deux petites cascades qui sont au-dessus de l'auberge que le ruisseau qui passe devant la porte vient d'enlever le pont, et qu'il est probable que la maison va être emportée...

— Comment, emportée ! La maison où nous sommes !

— Oh ! oui, Monsieur, ça lui est déjà arrivé une fois, pas à celle-ci, mais à une autre.

— Et mes habits ?

— Vous n'avez que le temps de les mettre.

— Allez me les chercher, alors !

Jamais toilette, j'en réponds, ne fut faite avec plus de promptitude. Je n'avais pas encore passé les manches de ma blouse, que, sans écouter les cris de la fille, j'avais pris la rampe de l'escalier au bas duquel, trouvant la porte de la cuisine, je sautai dedans.

— Eh ! fis-je aussitôt.

J'étais dans l'eau jusqu'à mi-jambe.

— Mais, Monsieur ! me criait la bonne.

Je ne l'écoutais pas, et, apercevant une porte, j'allais ouvrir.

— Monsieur, vous allez vous trouver dans le ruisseau !

Je lâchai le loquet, et, sautant sur les fourneaux, je voulus passer par la fenêtre.

— Monsieur, vous allez sauter dans la cascade !

– Ah ça ! décidément, je suis donc cerné ! Par où voulez-vous que je m'en aille ? Alors, il fallait donc me laisser dans mon lit. Au moins, je serais parti en bateau.

– Mais, Monsieur, on peut sortir par la fenêtre du premier étage !

– Que le diable vous brûle ! Pourquoi ne me dites-vous pas cela tout de suite, donc ?

– Il y a une heure qu'on vous le répète, mais vous ne m'écoutez pas, vous courez comme un égaré.

– C'est vrai, j'ai tort. Conduisez-moi.

Nous remontâmes au premier, et elle m'indiqua une planche dont un bout s'appuyait sur la fenêtre et l'autre sur la montagne. Cela ressemblait trop au pont de Mahomet pour qu'un bon chrétien pût s'y hasarder sans faire quelques observations.

– La fille ! dis-je en clignant de l'œil et en me grattant l'oreille, est-ce qu'il n'y a pas un autre chemin ?

– Est-ce que celui-là vous inquiète ? Bah ! Votre ami l'Anglais, vous savez bien, qui a une fluxion, il y a passé, et il n'a fait qu'un saut.

– Ah ! il y a passé ? C'est très bien de sa part. Et ces dames, y ont-elles passé, elles ?

– Non, les guides les ont emportées.

– Où sont-ils, les guides ?

– Dans la montagne, à abattre des sapins pour couper la cascade.

Il n'y avait pas moyen de reculer. Je pris mon parti en brave ; seulement, au lieu de faire le chemin à pied, je le fis à cheval. Quelqu'un qui m'aurait vu d'en bas pendant ce voyage m'aurait certainement pris pour une sorcière se rendant au sabbat sur un manche à balai.

Lorsque je fus arrivé à ma destination et que le contact de la terre ferme m'eut rendu la liberté d'esprit que m'avait momentanément enlevée ce mode de transport, je me dirigeai vers un endroit où je voyais briller des torches, et je n'oublierai jamais l'étrange et magnifique spectacle qui se déploya sous mes yeux.

La cascade, dont en arrivant nous avions admiré la grâce et la légèreté, était devenue un torrent épouvantable ; ses eaux, que nous avions vues tout argentées d'écume, se précipitaient, noires et boueuses, entraînant avec elles des rochers qu'elles faisaient bondir comme des cailloux, des arbres séculaires qu'elles brisaient comme des baguettes de saule. Nos guides, pendant ce temps, nus jusqu'à la ceinture et armés de haches, abattaient avec toute l'ardeur de leur nature montagnarde les sapins qui poussaient sur la rive et dont ils dirigeaient la chute de manière à former une digue. Quatre ou cinq d'entre eux seulement, prêts à relayer les autres, tenaient à main des torches dont la lueur tremblante éclairait ce tableau. Mais bientôt, le concours de tous les bras devint urgent : les éclaireurs saisirent à leur tour des haches et cherchèrent où poser leurs torches. Voyant leur embarras et l'urgence de la position, je pris un flambeau des mains de l'un d'eux, et, courant à un sapin isolé qui dominait le terrain où nous nous trouvions, j'approchai la flamme de ses branches résineuses. Dix minutes après, il était en feu depuis le tronc jusqu'à la cime et la scène fut éclairée, dès lors, par un candélabre en harmonie avec elle.

Je ne saurais exprimer quel caractère primitif et grandiose présentait le spectacle de ces hommes luttant en liberté contre les éléments ; ces arbres qui, dans tout autre pays, eussent été marqués au coin du roi, tombant les uns sur les autres, abattus par la hache montagnarde, certaine qu'elle était de n'en devoir compte à personne, offraient une image de l'une des premières scènes du déluge. Pour moi, c'était, je l'avoue, avec une certaine ébriosité que je m'acquittais de ma tâche. Et, lorsque je vis tomber le sapin monstrueux que j'avais attaqué, je poussai un véritable cri de victoire : c'est peut-être le seul moment de fatuité que j'aie eue dans toute ma vie. J'éprouvais une conviction extraordinaire de ma force ; j'aurais abattu, je crois, toute la forêt sans me reposer.

Cependant, le cri *Assez !* retentit. Toutes les haches restèrent levées, les regards se tournèrent vers le torrent : il était vaincu et enchaîné. La destruction cessa aussitôt qu'elle fut devenue inutile.

Nous rentrâmes à l'auberge, à peu près certains de ne plus en être délogés ; néanmoins, deux hommes veillèrent auprès du torrent pour donner l'alarme en cas de danger. J'ignore s'ils firent une garde bien fidèle ; mais ce que je sais, c'est que nous dormîmes tout d'une haleine jusqu'à huit heures du matin.

Nous avions dormi avec une tranquillité d'autant plus grande que nous savions que notre course du lendemain, quoique l'une des plus longues que nous eussions faites, était l'une des moins fatigantes, quatre des dix lieues dont se composait notre étape devant se faire sur le lac de Brienz, et Meiringen, par lequel nous passions, ne nous offrant rien d'assez curieux pour entraver notre marche autrement que par le déjeuner que nous comptions y prendre.

Le chemin conservait des traces affreuses de l'orage de la veille. De quart de lieue en quart de lieue, la route était coupée par des torrents improvisés qui avaient laissé à la place de leur passage un large sillon au fond duquel coulaient encore des ruisseaux assez rapides pour rendre la marche très difficile et surtout très fatigante. De temps en temps aussi, des arbres déracinés s'étaient cramponnés, à l'aide de leurs branches, aux pierres du chemin et formaient des barricades que les mulets de nos dames aimaient beaucoup à brouter, mais très peu à franchir. Aussi étaient-ce à tout moment des cris et des frayeurs qui, quelquefois, ne manquaient réellement pas de cause.

Au bout de deux heures à peu près de travail plutôt que de marche, nous nous trouvâmes au sommet de la petite montagne qui sépare la vallée de Rosenlaui de celle de Meiringen. Un plateau couvert de gazon offre de loin au voyageur son riche tapis pour y faire une halte, et lorsque, séduit par cette nappe verte, il s'en approche pour s'y reposer, il s'étonne, au fur et à mesure qu'il s'avance, de la coquetterie de la montagne qui, au pied du plateau dans lequel il n'avait vu d'abord qu'un lieu de repos, étale toutes les richesses inattendues de la plus belle vallée de la Suisse peut-être.

C'est une chose remarquable, au reste, que le soin que prend la nature de se montrer toujours dans son aspect le plus avantageux, soit qu'elle se présente dans sa grâce ou dans sa force, dans sa richesse ou dans son âpreté. Au milieu de tant de pics et de rochers dont les chamois et les aigles seuls peuvent atteindre la cime, il y a toujours quelque sommet accessible au pied de l'homme, et c'est de celui-là surtout que la vue embrasse le plus favorablement les lignes du paysage qui s'étend sous les pieds. Il semble que la nature, coquette comme une femme, indifférente qu'elle est aux suffrages des animaux, a besoin, pour son orgueil, des hommages de l'homme et que, pareille à ces reines qui sentent en elles la faiblesse de leur sexe, elle ne puisse rester sur le trône sans y faire asseoir un roi.

C'est sur ce plateau de Meiringen, plus que partout ailleurs, que doivent naître dans la pensée ces réflexions étranges. Après deux heures de marche dans un pays assez médiocrement beau, où l'on n'a eu pour distraire ses yeux de l'aspect fatigant d'un double mur de montagnes qu'une chute d'eau assez élevée, mais si exiguë qu'on l'appelle la *cascade de la Corde* (Seilibach), voilà que, tout à coup, sans préparation aucune, et comme si un vaste rideau se levait, on découvre l'un des paysages les plus variés et les plus merveilleux qui aient jamais récompensé le voyageur de sa fatigue, je devrais dire qui la lui eussent jamais fait oublier.

Après être restés une demi-heure absorbés dans la contemplation de ce spectacle que la plume ne saurait reproduire sur le papier, ni le pinceau sur la toile, nous nous acheminâmes vers la cascade de Reichenbach, dont nous ne pouvions voir encore la chute, mais dont la place était indiquée par une poussière d'eau pareille à la vapeur qui sort de la bouche d'un volcan.

Il nous fallut gravir, pour y arriver, une pente gazonneuse si rapide qu'on a pratiqué des escaliers pour arriver à son sommet. C'est du plateau qu'il forme que l'on plonge dans l'abîme où l'eau précipite sa chute. Cette eau, brisée à quatre-vingts pieds au-dessous de celui qui la contemple, remonte en poussière humide, assez épaisse pour qu'on cherche, dans une maison bâtie dans ce seul but, un abri contre cette pluie venue de la terre au lieu du ciel.

Là, comme dans beaucoup d'autres endroits de la Suisse, on vend une foule de babioles de bois sculptées avec le couteau qui feraient honte, pour la grâce des formes et le fini de l'exécution, à beaucoup d'objets d'une matière plus précieuse sortant de nos manufactures. Ce sont des sucriers autour desquels courent des branches de lierre ou de chêne surmontées d'un chamois à l'aide duquel on lève le couvercle ; des fourchettes et des cuillers sculptées comme celles du Moyen Âge ; enfin, des coupes qui rappellent celles que les bergers de Virgile se disputaient par leurs chants. Ces objets montent quelquefois à des prix assez élevés : je vis vendre cent francs une paire de ces vases.

Nous descendîmes de la petite maison où se tient l'entrepôt général vers un deuxième plateau, situé à cent pieds à peu près au-dessous d'elle. C'est de ce second plateau qu'on découvre la chute inférieure du Reichenbach, plus tourmentée encore que la première, par la disposition des rochers sur lesquels elle rebondit. Je n'ai pas vu le Pénée dont parle Ovide, je ne sais si le tableau qu'il en fait est ressemblant :

... Spumosis volvitur undis
Dejectuque gravi tenues agitantia fumos
Nubila conducit, summasque aspergine silvas
Implicit, et sonitu plus quam vicina fatigat,

mais ce que je sais, c'est que cette description s'applique si bien au Reichenbach que je la vole au premier livre de ses *Métamorphoses* pour me dispenser d'en faire une qui serait probablement moins exacte.

De ce dernier plateau à Meiringen, il y a à peine pour dix minutes de chemin, et, de Meiringen à Brienz, pour deux heures. Arrivés à ce dernier village, nous louâmes une barque et nous nous dirigeâmes vers le Giessbach, qui a le privilège de partager avec le Reichenbach la royauté des cascades de l'Oberland. Quant à moi, je n'émettrai pas d'opinion sur cette importante question : on se lasse de tout, même des cascades, et, depuis cinq ou six jours, j'en avais tant vu que je commençais à prendre en grippe tous les noms qui finissaient en *bach*. Cependant, comme on aurait évidemment crié à l'hérésie si j'étais passé devant le Giessbach sans m'y arrêter, je mis bravement pied à terre, et je commençai de gravir la montagne du haut de laquelle il se précipite par les onze chutes successives dont nous entendions le bruissement depuis Brienz, c'est-à-dire à la distance d'une lieue.

À la moitié de ma montée, à peu près, nous trouvâmes le régent Kœrli et ses deux filles qui nous attendaient pour nous offrir l'hospitalité dans un joli chalet dont la principale chambre était ornée d'un piano devant lequel il s'assit ; ses filles se mirent aussitôt à chanter plusieurs airs suisses et deux ou trois tyroliennes. Quoique cette hospitalité et cette musique ne fussent pas tout à fait désintéressées, elles étaient offertes avec tant de bonhomie qu'il n'y avait pas moyen de se croire quitte avec ce brave homme en le payant ; nous le remerciâmes donc de toutes les manières. Aussi enchanté de nous que nous paraissions l'être de lui, il nous fit don, en nous quittant, de son portrait et de celui de ses enfants. Il est lithographié accompagnant sur son piano ses deux filles qui chantent debout derrière lui.

Une singularité qui paye à elle seule la peine que l'on a prise pour gravir le sentier assez difficile qui conduit aux chutes supérieures de Giessbach est une grotte pratiquée dans le rocher, derrière l'une de ces chutes. Elle en couvre entièrement l'orifice, de sorte qu'après être parvenu dans cette grotte sans recevoir une goutte d'eau, grâce à la courbe que décrit cette cascade par la rapidité de son élan, on voit tout le paysage, c'est-à-dire le lac, le village de Brienz et le Rothorn auquel ils s'adossent. On jouit de cette vue à travers une gaze d'eau qui, mouvante elle-même, donne une apparence de vie aux objets sur lesquels elle est tendue ; ceux-ci, à leur tour, se meuvent derrière elle, silhouettes sans couleur, comme de gigantesques ombres chinoises.

Après avoir consacré une heure environ au régent Kœrli et à sa cascade, nous nous embarquâmes. Une *trinkgeld* double, que nous promîmes à nos bateliers si nous arrivions avant cinq heures à Interlaken, donna des ailes à notre barque. Nous passâmes, comme des oiseaux de mer attardés, près d'une jolie petite île appartenant à un général italien longtemps au service de la France, et qui, exilé, je crois, de son pays, s'est retiré là. Un peu plus loin, nos guides nous indiquèrent le Tanzplaz, rocher coupé à pic dont le sommet offre un magnifique plateau couvert de gazon ; c'est à cette place que les paysans des villages environnants se réunissaient autrefois pour se livrer à la danse. Un jour, un jeune homme et une jeune fille, que leurs parents refusaient d'unir l'un à l'autre, s'y donnèrent rendez-vous. Une grande valse se forma, à laquelle ils prirent part comme les autres. Seulement, on remarqua qu'à chaque tour ils se rapprochaient du précipice. Enfin, à une dernière passe, ils se serrèrent plus étroitement dans les bras l'un de l'autre ; on vit leurs lèvres se toucher, puis, comme si l'ardeur de la danse les eût entraînés, ils s'approchèrent de l'abîme et s'y précipitèrent. On les retrouva le lendemain dans le lac, morts et se tenant embrassés. Depuis ce temps, la place de danse a été transportée à un autre endroit de la vallée.

323

À cinq heures moins un quart, nous abordions à dix minutes de chemin d'Interlaken. Notre course sur le lac nous avait rafraîchis au lieu de nous fatiguer ; nous pûmes donc, après dîner, aller faire un tour à Hohbuhl, jolie promenade située derrière Interlaken.

Hohbuhl est un jardin anglais qui s'étend depuis la base jusqu'à la cime d'un petit tertre de terrain de trois ou quatre cents pieds de hauteur. Des échappées de vue, ménagées entre les arbres, laissent voir, au fur et à mesure qu'on monte, des parties isolées du panorama dont, une fois arrivé au sommet, on embrasse tout l'ensemble. À part la vue merveilleuse dont on y jouit, il n'offre, comme chose remarquable, qu'un banc sur lequel Henri de France, Caroline de Berry et François de Châteaubriand ont gravé leurs noms en passant à Interlaken.

En rentrant à l'auberge, je retrouvai Willer qui me demanda par où je comptais sortir le lendemain de l'Oberland pour me rendre dans les petits cantons. J'avais le choix entre trois passages de montagnes : le Brünig, le Grimsel et le Gemmi ; je me décidai pour le Gemmi, que je connaissais de réputation. Le surlendemain, j'eus l'avantage de le reconnaître de vue, ce qui veut dire que, si jamais je retourne à Interlaken, j'en sortirai cette fois par le Grimsel ou le Brünig.

Chapitre 25

Le mont Gemmi

Nous devions partir à cinq heures du matin d'Interlaken, dans une petite calèche qui devait nous conduire jusqu'à Kandersteg, lieu auquel la route cesse d'être praticable pour les voitures ; c'était toujours la moitié du chemin épargnée à nos jambes ; et, comme nous avions quatorze lieues à faire ce jour-là pour aller aux bains de Louèche, et, dans la dernière partie du chemin, l'une des plus rudes montagnes des Alpes à franchir, ces sept lieues de rabais sur notre étape n'étaient pas chose à dédaigner. Aussi fûmes-nous d'une exactitude militaire. À six heures, nous étions engagés dans la vallée de la Kander, dont nous remontâmes la rive pendant l'espace de trois ou quatre lieues ; enfin, à dix heures et demie, nous prenions, autour d'une table assez bien servie, à l'auberge de Kandersteg, des forces pour l'ascension que nous allions entreprendre ; à onze heures, nous réglâmes nos comptes avec notre voiturier, et, dix minutes après, nous étions en route avec notre brave Willer, qui ne devait me quitter qu'à Loueche.

Pendant une lieue et demie à peu près, nous côtoyâmes par un chemin assez facile la base de la Blümlisalp, cette sœur colossale de la Jungfrau qui a reçu maintenant, en échange de son nom de montagne des Fleurs, celui plus expressif et plus en harmonie surtout avec son aspect de *Wild-Frau* (femme sauvage). Cependant, si près que je fusse du *Wild-Frau,* j'oubliais une tradition qui s'y rattache, et dont une malédiction maternelle forme le dénouement, pour penser à une autre légende et à une autre malédiction, bien autrement terrible, d'après laquelle Werner a fait son drame du *Vingt-quatre février.* L'auberge que nous allions atteindre dans une heure était l'auberge de Schwartbach.

325

Connaissez-vous ce drame moderne, dans lequel Werner a transporté le premier la fatalité des temps antiques : cette famille de paysans que la vengeance de Dieu poursuit comme si elle était une famille royale ; ces pâtres Atrides qui, pendant trois générations, à jour et heure fixes, vengent les uns sur les autres, fils sur pères, pères sur fils, les crimes des fils et des pères ; ce drame qu'il faut lire à minuit pendant l'orage, à la lueur d'une lampe qui finit, si, n'ayant jamais rien craint, vous voulez sentir pour la première fois courir dans vos veines les atteintes frissonnantes de la peur ; ce drame enfin que Werner a jeté sur la scène, sans oser le regarder jouer peut-être, non pour s'en faire un titre de gloire, mais pour se débarrasser d'une pensée dévorante qui, tant qu'elle fut en lui, le rongeait incessamment, comme le vautour, Prométhée ?

Écoutez ce que Werner en dit lui-même dans son prologue aux fils et aux filles d'Allemagne.

« Quand je viens de me purifier devant le peuple, réveillé par la confession sincère de mes erreurs [55] et de mes fautes envers lui, je veux encore me détacher de ce poème d'horreur qui, avant que ma voix le chantât, troublait comme un nuage orageux ma raison obscurcie, et qui, lorsque je le chantais, retentissait à mes propres oreilles comme le cri aigu des hiboux... de ce poème qui a été tissu dans la nuit, semblable au retentissement du râle d'un mourant, qui, bien que faible, porte la terreur jusque dans la moelle des os. »

Maintenant, voulez-vous savoir ce que c'est que ce poème ? Je vais vous le dire en deux mots :

Un paysan habite avec son père une des cimes les plus hautes et les plus sauvages des Alpes : le besoin d'une compagne se fait sentir au jeune Kuntz, et, malgré le vieillard, il épouse Trude, fille d'un pasteur du canton de Berne qui n'a rien laissé en mourant que de vieux livres, de longs sermons et une belle fille.

Le vieux Kuntz voit avec regret entrer une maîtresse dans la maison dont il était le maître ; de là des querelles intérieures entre le beau-père et la bru, querelles dans lesquelles le mari, blessé dans la personne de sa femme, s'aigrit de jour en jour contre son père.

---

55. Werner, de luthérien qu'il était, venait de se faire catholique.

Un soir, c'était le 24 février, il revient joyeux d'une fête donnée à Louèche. Il rentre, la gaieté au front, la chanson à la bouche. Il trouve le vieux Kuntz qui gronde et Trude qui pleure. Le malheur intérieur veillait à la porte dont il vient de franchir le seuil.

Plus il avait de joie dans le cœur, plus il a maintenant de colère. Cependant, son respect pour le vieillard lui ferme la bouche ; l'eau lui coule du front ; il mord ses poings serrés ; son sang s'allume, et pourtant il se tait. Le vieillard s'emporte de plus en plus.

Alors le fils le regarde en riant de ce rire amer et convulsif de damné, prend une faux pendue à la muraille :

– L'herbe va bientôt croître, dit-il, il faut que j'aiguise cet instrument. Le cher père n'a qu'à continuer de gronder, je vais l'accompagner en musique.

Puis, tout en aiguisant sa faux à l'aide d'un couteau, il chantait une jolie chansonnette des Alpes, fraîche et naïve comme une de ces fleurs qui s'ouvrent au pied d'un glacier :

Un chapeau sur la tête,
De petites fleurs dessus ;
Une chemise de berger
Avec de jolis rubans.

Pendant ce temps, le vieillard écumait de rage, trépignait, menaçait. Le fils chantait toujours. Alors le vieillard, hors de lui, jeta à la femme une de ces lourdes injures qui soufflettent la face d'un mari. Le jeune Kuntz se releva furieux, pâle et tremblant. Le couteau, le couteau maudit avec lequel il aiguisait sa faux lui échappa des mains, et, conduit sans doute par le démon qui veille à la perte de l'homme, il alla frapper le vieillard. Le vieillard tombe, se relève pour maudire le parricide, puis retombe et meurt.

Depuis ce moment, le malheur entra dans la chaumière et s'y établit comme un hôte qu'on ne peut chasser. Kuntz et Trude continuèrent de s'aimer cependant, mais de cet amour sauvage, triste et morne sur lequel il a passé du sang. Six mois après, la jeune femme accoucha. Les dernières paroles du mourant avaient été frapper l'enfant dans le sein de sa mère ; comme Caïn, il portait, avec le signe du maudit, une faux sanglante sur le bras gauche.

327

Quelque temps après, la ferme de Kuntz brûla, la mortalité se mit dans ses troupeaux ; la cime du Renderhorn s'écroula, comme poussée par une main vengeresse ; un éboulement de neige couvrit la terre sur une surface de deux lieues, et sous cette neige étaient engloutis les champs les plus fertiles et les alpages les plus riches du parricide. Kuntz, n'ayant plus ni grange ni terre, de fermier qu'il était, se fit hôtelier. Enfin, cinq ans après être accouchée d'un garçon, Trude accoucha d'une fille. Les époux crurent la colère de Dieu désarmée, car cette fille était belle et n'avait aucun signe de malédiction sur le corps.

Un soir, c'était le 24 février, la petite fille avait alors deux ans et le garçon sept, les deux enfants jouaient sur le seuil de la porte avec le couteau qui avait tué leur aïeul ; la mère venait de couper le cou à une poule, et le petit garçon, avec cette volupté de sang si particulière à la jeunesse chez laquelle l'éducation ne l'a point encore effacée, l'avait regardée faire.

— Viens, dit-il à sa sœur, nous allons jouer ensemble ; je serai la cuisinière, et toi la poule.

L'enfant prit le couteau maudit, entraîna sa petite sœur derrière la porte de l'auberge. Cinq minutes après, la mère entendit un cri, elle accourut : la petite fille était baignée dans son sang, son frère venait de lui couper le cou. Alors Kuntz maudit son fils, comme son père l'avait maudit.

L'enfant se sauva. Nul ne sut ce qu'il devint.

À compter de ce jour, tout alla de mal en pis pour les habitants de la chaumière. Les poissons du lac moururent, les récoltes cessèrent de germer ; la neige, qui ordinairement fondait aux plus grandes chaleurs de l'été, couvrit la terre comme un linceul éternel ; les voyageurs qui alimentaient la pauvre hôtellerie devinrent de plus en plus rares parce que le chemin devint de plus en plus difficile. Kuntz fut forcé de vendre le dernier bien qui lui restait, cette petite cabane, devint le locataire de celui à qui il l'avait vendue, et vécut plusieurs années du prix de cette vente. Puis, un jour, il se trouva si dénué, qu'il ne put payer le loyer de ces misérables planches que le vent et la neige avaient lentement disjointes, comme pour arriver jusqu'à la tête du parricide.

Un soir, c'était le 24 février, Kuntz rentra, revenant de Loueche ; il s'était mis en route le matin pour aller supplier le propriétaire, qui le poursuivait, de lui accorder du temps. Celui-ci l'avait renvoyé au bailli, et le bailli l'avait condamné à payer dans les vingt-quatre heures. Kuntz avait été chez ses amis riches ; il les avait priés, implorés, conjurés, au nom de tout ce qu'il y avait de sacré dans le monde, de sauver un homme du désespoir. Pas un ne lui avait tendu la main. Il rencontra un mendiant qui partagea son pain avec lui. Il rapporta ce pain à sa femme, le jeta sur la table, et lui dit :

– Mange le pain tout entier, femme ; j'ai dîné là-bas, moi.

Cependant, il faisait un ouragan terrible. Le vent rugissait autour de la maison comme un lion autour d'une étable ; la neige tombait toujours plus épaisse, comme si l'atmosphère allait finir par se condenser ; les corneilles et les hiboux, oiseaux de mort que la destruction réjouit, se jouaient au milieu du désordre des éléments, comme les démons de la tempête, et venaient, attirés par la clarté de la lampe, frapper de l'extrémité de leurs lourdes ailes les carreaux de la cabane où veillaient les deux époux, qui, assis en face l'un de l'autre, osaient à peine se regarder, et qui, lorsqu'ils se regardaient, détournaient aussitôt la vue, épouvantés des pensées qu'ils lisaient sur le front l'un de l'autre.

En ce moment, un voyageur frappa. Les deux époux tressaillirent.

Le voyageur frappa une seconde fois. Trude alla ouvrir.

C'était un beau jeune homme de vingt à vingt-quatre ans, vêtu d'une veste de chasseur, ayant une gibecière et un couteau de chasse au côté, une ceinture à mettre de l'argent autour du corps et deux pistolets dans cette ceinture ; il portait d'une main une lanterne près de s'éteindre, et de l'autre un long bâton ferré.

En apercevant cette ceinture, Kuntz et Trude échangèrent un regard rapide comme l'éclair.

– Soyez le bienvenu, dit Kuntz.

Et il tendit la main au voyageur.

– Votre main tremble ? ajouta-t-il.

– C'est de froid, répondit celui-ci en le regardant avec une expression étrange.

À ces mots, il s'assit, tira de son sac du pain, du kirchenwasser, du pâté et une poule rôtie, et offrit à ses hôtes de souper avec lui.

– Je ne mange pas de poule, dit Kuntz.
– Ni moi, dit Trude.
– Ni moi, dit le voyageur.

Et tous trois soupèrent avec le pâté seulement. Kuntz but beaucoup.

Le souper fini, Trude alla dans le cabinet voisin, étendit une botte de paille sur le plancher, et revint dire à l'étranger :

– Votre lit est prêt.
– Bonne nuit ! dit le voyageur.
– Dormez en paix ! répondit Kuntz.

Le voyageur entra dans sa chambre, en poussa la porte, et se mit à genoux pour faire sa prière...

Trude alla s'étendre sur son lit.

Kuntz laissa tomber sa tête entre ses deux mains.

Au bout d'un instant, le voyageur se releva, détacha sa ceinture, dont il se fit un traversin, et accrocha ses habits à un clou. Le clou était mal scellé ; il tomba, entraînant les habits qu'il devait soutenir.

Le voyageur essaya de le fixer de nouveau dans la muraille en frappant dessus de son poing. L'ébranlement causé par cette tentative fit tomber un objet suspendu de l'autre côté de la cloison. Kuntz tressaillit, chercha craintivement des yeux l'objet dont la chute venait de le tirer de sa rêverie. C'était le couteau deux fois maudit qui avait tué le père par la main du fils, et la sœur par la main du frère. Il était tombé près de la porte de la chambre qu'occupait l'étranger.

Kuntz se leva pour l'aller ramasser. En se baissant, son regard plongea dans le trou de la serrure dans la chambre de son hôte. Celui-ci dormait, la tête appuyée sur sa ceinture. Kuntz resta l'œil sur la serrure, la main sur le couteau. La lampe s'éteignait dans la chambre de l'étranger.

Kuntz se retourna vers Trude pour voir si elle dormait.

Trude était appuyée sur son coude, les yeux fixes : elle regardait Kuntz.

– Lève-toi et éclaire-moi, puisque tu ne dors pas, dit Kuntz.

Trude prit la lampe ; Kuntz ouvrit la porte ; les deux époux entrèrent.

Kuntz mit la main gauche sur la ceinture. Il tenait le couteau de la main droite.

L'étranger fit un mouvement, Kuntz frappa. Le coup était si sûrement donné que la victime n'eut la force que de dire ces deux mots : « Mon père ! »

Kuntz venait de tuer son fils. Le jeune homme s'était enrichi à l'étranger et revenait partager sa fortune avec ses parents.

Voilà le drame de Werner et la légende de Schwartbach.

On peut juger jusqu'à quel point un pareil souvenir me préoccupait. Le désir de voir l'auberge qui avait été le théâtre de ces terribles événements m'avait surtout déterminé à prendre le chemin du mont Gemmi. Il y avait bien, une lieue au-delà de l'auberge, certaine descente que les gens du pays eux-mêmes regardent comme un des plus effrayants cols des Alpes, ce qui ne promettait pas à ma tête, si disposée aux vertiges, une grande liberté d'esprit pour admirer le travail des hommes qui ont pratiqué cette descente, et le caprice de Dieu qui a dressé là les rochers contre lesquels elle rampe ; mais, à force de penser à l'auberge et au chemin facile qui y conduit, j'avais fini par m'étourdir sur le chemin infernal par lequel on en sort.

Pendant que je repassais dans mon esprit tout ce drame, nous avions gravi la montagne. En arrivant sur son plateau, un vent froid nous prit tout à coup. Tant que nous avions monté, il passait au-dessus de notre tête et nous ne l'avions pas senti. Parvenus au sommet, rien ne nous garantissait plus, et il descendait par bouffées terribles des pics de l'Altels et du Gemmi, comme pour garder à lui le domaine de la mort et repousser les vivants dans la vallée où ils peuvent vivre.

Il était d'ailleurs impossible d'inventer une décoration plus en harmonie avec le drame. Derrière nous, la délicieuse vallée de la Kander (*Kander-Thal*), jeune, joyeuse et verte ; devant nous, la neige glacée et les rochers nus ; puis, au milieu de ce désert, comme une tache sur un drap mortuaire, l'auberge maudite qui vit se passer la scène que nous venons de raconter.

À mesure que j'approchais, l'impression était plus vive. J'en voulais au ciel, qui était d'un bleu d'azur transparent, et au soleil joyeux qui éclairait cette chaumière : j'aurais voulu voir l'atmosphère épaissie par les nuages ; j'aurais voulu entendre les sifflements de la tempête faisant rage autour de cette cabane. Rien de tout cela. Du moins, sans doute, la mine sauvage de nos hôtes allait s'harmoniser avec les souvenirs qui les entouraient. Point : deux beaux enfants blancs et roses, un petit garçon et une petite fille, jouaient sur le seuil de la porte, creusant des trous dans la neige avec un couteau. Un couteau ! Comment leurs parents étaient-ils assez imprudents pour laisser encore un couteau aux mains de leurs fils ? Je le lui arrachai vivement ; le pauvre petit me laissa faire et se mit à pleurer.

J'entrai dans la cabane : l'hôte vint à moi : c'était un gros homme de trente-cinq à quarante ans, bien gras et bien gai.

— Tenez, lui dis-je, voilà un couteau que j'ai repris à votre fils, qui jouait avec sa sœur ; ne lui laissez plus une pareille arme entre les mains, vous savez ce qu'il pourrait en résulter ?

— Merci, monsieur, me dit-il en me regardant avec étonnement, mais il n'y a pas de danger.

— Pas de danger, malheureux ! et le 24 février ?

L'hôte fit un geste marqué d'impatience.

— Ah ! dis-je, vous comprenez ?

En même temps, je jetai les yeux autour de moi ; la disposition intérieure de la cabane était bien la même que du temps de Kuntz. Nous étions dans la première chambre : en face de nous, dans un enfoncement, était, non plus le grabat de Trude, mais un bon lit suisse, aussi large que long ; à gauche était le cabinet où le voyageur avait été assassiné. J'allai à la porte du cabinet, je l'ouvris : une table était servie, attendant les hôtes qui passent journellement ; je regardai le plancher, il me semblait que j'allais y retrouver les traces du sang.

— Que cherchez-vous, monsieur ? me dit l'hôte ; avez-vous perdu quelque chose ?

— Comment, dis-je, répondant à ma pensée et non à sa demande, avez-vous eu l'idée de faire de ce cabinet une salle à manger ?

— Pourquoi pas ? Fallait-il y mettre un lit comme l'avait fait mon prédécesseur ? Un lit est chose inutile ici, où peu de voyageurs s'arrêtent pour passer la nuit.

— Je le crois bien, après l'événement affreux dont cette cabane a été témoin...

— Allons, encore un ! grommela l'hôte entre ses dents avec une expression de mauvaise humeur qu'il ne cherchait pas même à cacher.

– Mais vous, continuai-je, comment avez-vous eu le courage de venir habiter cette maison ?

– Je ne suis pas venu l'habiter, monsieur, elle a toujours été à moi.

– Mais avant d'être à vous ?

– Elle était à mon père.

– Vous êtes le fils de Kuntz ?

– Je ne me nomme pas Kuntz, je me nomme Hantz.

– Oui, vous avez changé de nom, et vous avez bien fait.

– Je n'ai pas changé de nom, et, Dieu merci ! j'espère n'en changer jamais.

– Je comprends, me dis-je à moi-même, Werner n'aura pas voulu...

– Tenez, monsieur, expliquons-nous, me dit Hantz.

– Je suis bien aise que vous alliez au-devant de mes désirs ; je n'aurais pas osé vous demander des détails sur des événements qui paraissent vous toucher de si près, tandis que maintenant vous allez me dire... n'est-ce pas ?

– Oui, je vais vous dire ce que j'ai dit vingt fois, cent fois, mille fois ; je vais vous dire ce qui, depuis quinze ans, me fait damner, moi et ma femme, ce qui finira un beau jour par me faire faire quelque mauvais coup.

– Ah ! des remords ! me dis-je à demi-voix.

– Car, continua-t-il avec désespoir, une persécution pareille lasserait la patience de Calvin lui-même. Il n'y a ni 24 février, ni Kuntz, ni assassinat ; cette auberge est aussi sûre pour le voyageur que le sein de la mère pour l'enfant ; et il le sait mieux que personne, le brigand qui est cause de tout cela, puisqu'il est resté quinze jours ici.

– Kuntz ?

– Eh ! mon Dieu, non : je vous dis qu'il n'y a jamais eu, à vingt lieues à la ronde, un seul homme du nom de Kuntz, mais un misérable qu'on appelait Werner.

– Comment ! le poète ?

– Oui, monsieur, le poète ; car c'est comme cela qu'ils l'appellent tous... Eh bien, monsieur, le poète est venu chez mon père : il aurait mieux valu, pour son repos dans l'autre monde et pour le nôtre dans celui-ci, qu'il se rompît le cou en grimpant le rocher que vous allez descendre. Il est donc venu ; c'était en 1813, je m'en souviens comme si c'était aujourd'hui :

une honnête et digne figure, monsieur ; impossible de rien soupçonner. Aussi, quand il a demandé à mon pauvre père de rester huit ou dix jours avec nous, mon père n'a pas fait d'objection ; il lui a dit seulement :

« – Dame ! vous ne serez pas bien ; je n'ai que ce cabinet-là à vous donner.

» L'autre, qui avait son coup à faire, a répondu :

» – C'est bon.

» Alors nous l'avons installé là, là où vous êtes. Nous aurions dû nous douter de quelque chose cependant ; car, dès la première nuit, il s'est mis à parler tout haut comme un fou. Je crus qu'il était malade ; je me levai pour regarder par le trou de la serrure : c'était à faire peur ; il était pâle, il avait les cheveux rejetés en arrière, les yeux tantôt fixes, tantôt égarés ; par moments, il restait immobile comme une statue ; tout à coup, il gesticulait comme un possédé, et puis, il écrivait, il écrivait... des pattes de mouches, voyez-vous, ce qui est toujours mauvais signe ; si bien que cela dura quinze jours ou plutôt quinze nuits, parce que, dans le jour, il se promenait tout autour de la maison. C'est moi qui le conduisais. Enfin, après quinze jours, il nous dit :

» – Mes braves gens, j'ai fini, je vous remercie.

» – Il n'y a pas de quoi, répondit mon père, vu que je ne vous ai pas beaucoup aidé, je crois.

» Alors il paya, je dois le dire, il paya même bien, et puis il partit.

» Un an se passa tranquillement sans que nous entendissions parler de lui. Un matin, c'était en 1815, je crois, deux voyageurs entrèrent, regardèrent attentivement l'intérieur de notre auberge.

» – Tiens, dit l'un, voilà la faux.

» – Tiens, dit l'autre, voilà le couteau.

» C'étaient une belle faux toute neuve, que je venais d'acheter à Kandersteg, et un vieux couteau de cuisine qui n'était plus bon qu'à casser du sucre, et qui était accroché à un clou, près de la porte du cabinet... Nous les regardions avec étonnement, mon père et moi, lorsque l'un d'eux s'approcha et me dit :

» – N'est-ce pas ici, mon petit ami, qu'a eu lieu, *le 24 février,* cet horrible assassinat ?

» Nous restâmes, mon père et moi, comme deux hébétés.
» – Quel assassinat ? dis-je.
» – L'assassinat commis par Kuntz sur son fils.
» Alors je leur répondis ce que je viens de vous répondre.
» – Connaissez-vous M. Werner ? continua le voyageur.
» – Oui, monsieur ; c'est un brave et digne homme qui a passé quinze jours ici, il y a deux ans, je crois, et qui n'avait qu'un défaut, c'était d'écrire et de parler toute la nuit, au lieu de dormir.
» – Eh bien, tenez, mon ami, voilà ce qu'il a écrit dans votre auberge et sur votre auberge.
» Alors il nous donna un mauvais petit livre en tête duquel il y avait 24 février. Jusque-là, pas de mal : le 24 février est un jour comme un autre, et je n'ai rien à dire ; mais je n'eus pas lu trente pages que ce livre me tomba des mains. C'étaient des mensonges, et puis encore des mensonges, et puis cela sur notre pauvre hôtellerie, et tout cela pour ruiner de malheureux aubergistes. Si nous lui avions pris trop cher pour son séjour ici, il pouvait nous le dire, n'est-ce pas ? On n'est pas des Turcs pour s'égorger ; mais non, il ne dit rien ; il paye ; il donne un pourboire même ; et puis, le sournois qu'il est, il va écrire que notre maison... ça fait frémir, quoi, cette indignité, une infamie ! Aussi, qu'il revienne un poète ici, que j'en trouve un, qu'il m'en passe un entre les mains, oh ! il payera pour son camarade ! »

– Comment ! rien de ce que raconte Werner n'est arrivé ?
– Mais rien du tout, c'est-à-dire pas la moindre chose.
Mon hôte trépignait.
– Mais alors je conçois que les questions que l'on vous fait là-dessus doivent être fort ennuyeuses pour vous.
– Ennuyeuses, monsieur ! Dites... (Il prit ses cheveux à deux mains.) Dites... il n'y a pas de mots, voyez-vous ! C'est au point qu'il ne passe pas une âme vivante qu'elle ne nous répète la même chanson. Tant que la faux et le couteau sont restés là :
» – Tenez, disait-on, voilà la faux et le couteau.
» Mon père les a enlevés un jour, parce qu'à la fin, ça l'embêtait d'entendre toujours répéter la même chose. Alors, ça a été une autre antienne.
» – Ah ! ah ! disaient les voyageurs, ils ont retiré la faux et le couteau ; mais voilà encore le cabinet.

» – Diable !

» – Oui, oui, ma foi, c'est vrai.

» Ah ! monsieur, c'était à se manger le cœur : ils en ont abrégé la vie de mon père de plus de dix ans. Entendre dire de pareilles choses sur la maison où l'on est né, l'entendre dire par tout le monde, et cela, chaque jour que Dieu fait, et plutôt deux fois qu'une, encore, c'est à n'y plus tenir : je donnerais la baraque pour cent écus ! Oui, je ne m'en dédis pas ; voulez-vous me l'acheter cent écus ? Je vous la donne, et le mobilier avec, et je m'en irai, et je n'entendrai plus parler ni de Werner, ni de Kuntz, ni de la faux, ni du couteau, ni du 24 février, ni de rien. »

– Voyons, voyons, mon hôte, calmez-vous et faites-nous à dîner, cela vaudra bien mieux que de vous désespérer.

– Qu'est-ce que vous voulez manger ? répondit notre homme, se calmant tout à coup et levant le coin de son tablier, qu'il passa dans sa ceinture.

– Une volaille froide.

– Ah ! oui, une volaille, cherchez-en une ici. C'était bien autre chose quand on voyait des poules. Il a mis une poule dans son affaire ; je vous demande un peu, une poule !... Faut croire qu'il ne les aimait pas, ou bien alors c'était une rage.

– Tout ce que vous voudrez, peu m'importe ; vous me préparerez cela pendant que j'irai faire un tour dans les environs.

– Dans une demi-heure, vous trouverez votre dîner prêt.

Je sortis, partageant bien sincèrement le désespoir de ce pauvre homme : car telle est, en effet, la puissance de la parole du poète, que, dans quelque lieu qu'il la sème, ce lieu se peuple à sa fantaisie de souvenirs heureux ou malheureux, et qu'il change les êtres qui l'habitent en anges ou en démons.

Je me mis en course aussitôt. Mais l'explication de Hantz avait fait un singulier tort à son paysage. L'aspect en était toujours gigantesque et sauvage, mais le principe vivifiant était détruit ; mon hôte avait soufflé sur le fantôme du poète et l'avait fait évanouir. C'était une nature terrible, mais déserte et inanimée ; c'était la neige, mais sans tache de sang ; c'était un linceul, mais ce linceul ne couvrait plus de cadavre.

Ce désenchantement abrégea d'une bonne heure au moins ma course topographique sur le plateau où nous étions parvenus. Je me contentai de jeter un coup d'œil à l'orient, sur le sommet auquel la montagne doit son nom de Gemmi, dérivé probablement de *Geminus,* et, à l'ouest, sur le vaste glacier de Lammern, toujours *mort et bleu,* comme l'a vu Werner. Quant au lac de la Daube (*Dauben see*) et à l'éboulement du Renderhorn, j'avais vu l'un en venant, et j'allais être obligé de côtoyer l'autre en m'en allant. Je rentrai donc au bout d'une demi-heure, à peu près, et trouvai mon hôte exact et debout près d'une table passablement servie.

En partant, je promis à ce brave homme d'aider de tout mon pouvoir à détruire la *calomnie* dont il était victime. Je lui ai tenu parole ; et si quelqu'un de mes lecteurs s'arrête jamais à l'auberge de Schwartbach, je lui serai fort obligé de dire à Hantz que j'ai, dans un livre, dont sans cela il ignorerait probablement à tout jamais l'existence, rétabli les faits dans leur plus exacte vérité.

Nous n'avions pas fait vingt minutes de chemin que nous nous trouvâmes sur les bords du petit lac de la Daube. C'est, avec celui du Saint-Bernard et celui du Faulhorn, l'un des plus élevés du monde connu. Aussi, comme les deux autres, est-il inhabité : aucun hôte ne peut supporter la température de ses eaux, même pendant l'été.

Le lac dépassé, nous nous engageâmes dans une petit défilé au bout duquel nous aperçûmes un chalet abandonné. Willer me dit que c'était au pied de cette cabane que commençait la descente. Curieux de voir ce passage extraordinaire et retrouvant mes jambes, fatiguées par trois heures de mauvais chemin, je hâtai le pas à mesure que j'avançais, si bien que j'arrivai en courant à la cabane. Je jetai un cri, et, fermant les yeux, je me laissai tomber en arrière.

Je ne sais si quelques-uns de mes lecteurs ont jamais connu cette épouvantable sensation du vertige ; si, mesurant des yeux le vide, ils ont éprouvé ce besoin irrésistible de se précipiter ; je ne sais s'ils ont senti leurs cheveux se dresser, la sueur couler sur leur front et tous les muscles de leur corps se tordre et se roidir alternativement, comme ceux d'un cadavre au toucher de la pile de Volta. S'ils l'ont éprouvé, ils savent qu'il n'y a pas d'acier tranchant dans le corps, de plomb fondu dans les veines, de fièvre courant dans les vertèbres dont la sensation soit aussi aiguë, aussi dévorante que celle de ce frisson qui, dans une seconde, fait le tour de tout votre être. S'ils l'ont éprouvé, dis-je, je n'ai besoin, pour leur tout expliquer, que de cette seule phrase : j'étais arrivé en courant jusqu'au bord d'un rocher perpendiculaire qui s'élève à la hauteur de seize cents pieds au-dessus du village de Louèche. Un pas de plus, et j'étais précipité.

Willer accourut à moi. Il me trouva assis, écarta mes mains, que je serrais sur mes yeux, et, me voyant près de m'évanouir, il approcha de ma bouche un flacon de kirchenwasser dont j'avalai une large gorgée ; puis, me prenant sous le bras, il me conduisit ou plutôt me porta sur le seuil de la cabane. Je le vis si effrayé de ma pâleur que, réagissant à l'instant même par la force morale sur cette sensation physique, je me mis à rire pour le rassurer ; mais c'était d'un rire dans lequel mes dents se heurtaient les unes contre les autres, comme celles des damnés qui habitent l'étang glacé du Dante.

Cependant, au bout de quelques instants, j'étais remis. J'avais éprouvé ce qui m'est habituel en pareille circonstance, c'est-à-dire un bouleversement total de toutes mes facultés, suivi presque aussitôt d'un calme parfait. C'est que la première sensation appartient au physique, qui terrasse instinctivement le moral, et la seconde au moral, qui reprend sa puissance raisonnée sur le physique. Il est vrai que, parfois, ce second mouvement est chez moi plus douloureux que le premier, et que je souffre plus encore du calme que du bouleversement.

Je me levai donc d'un air parfaitement tranquille, et je m'avançai de nouveau vers le précipice dont la vue avait produit en moi l'effet que j'ai essayé de décrire. Un petit sentier, large de deux pieds et demi, se présentait. Je le pris d'un pas en apparence aussi ferme que celui de mon guide. Seulement, de peur que mes dents ne se brisassent les unes contre les autres, je mis dans ma bouche un coin de mon mouchoir, replié vingt fois sur lui-même. Je descendis deux heures en zigzag, ayant toujours, tantôt à ma droite, tantôt à ma gauche, un précipice à pic, et j'arrivai sans avoir prononcé une seule parole au village de Louèche.

— Eh bien ! me dit Willer, vous voyez bien que ce n'est rien du tout.

Je tirai mon mouchoir de ma bouche et je le lui montrai : le tissu était coupé comme avec un rasoir.

Chapitre 26

Les bains de Louèche

J'étais si fatigué, en arrivant aux bains de Louèche, que je remis au lendemain la visite que me proposait mon guide Willer et le dîner que m'offrait l'aubergiste ; en échange, je réclamai le lit que ni l'un ni l'autre ne pensaient à me faire faire.

Le lendemain matin, Willer entra dans ma chambre à neuf heures. C'était le moment de visiter les bains : les malades s'y rendent avant leur déjeuner. J'avais bien envie de les laisser plonger à leur aise dans leur piscine et de rester dans mon lit, au risque de perdre cette scène d'ablution qu'on m'avait dit être assez curieuse ; mais Willer fut impitoyable, et il fallut me contenter de quatorze heures de sommeil.

À vingt pas de l'auberge, nous trouvâmes la grande fontaine de Saint-Laurent, qui alimente les bains ; quant aux douze ou quinze autres sources d'eaux thermales qui jaillissent dans les environs, elles se perdent sans utilité dans la Dala, et personne n'a jamais songé à en tirer parti.

L'aspect des bains de Louèche est tout différent de celui qu'offrent ordinairement les établissements de ce genre ; l'ablution s'y fait, non dans des cabinets séparés, comme à Aix, mais en commun, hommes et femmes mêlés, ce qui offre un coup d'œil tout patriarcal.

Qu'on se figure un bassin de l'école de natation, et entouré d'une galerie dallée, avec deux ponts perpendiculaires l'un à l'autre, qui, par leur réunion, forment une croix latine, et, dans chacun de leurs compartiments, une trentaine de baigneurs entassés les uns sur les autres, ce qui fait, pour les quatre, un total de cent vingt personnes hermétiquement enfermées dans des peignoirs de flanelle, et ne laissant paraître à fleur d'eau qu'une collection de têtes emperruquées ou embéguinées, plus grotesques les unes que les autres. Ajoutez à cela que chacune de ces têtes a devant elle une planche de liège ou de sapin sur laquelle, à l'aide de mains dont on ne voit pas les bras, elle fait son petit ménage, mange, boit, tricote, joue aux cartes, etc., et cela avec d'autant plus d'aisance et de facilité qu'elle possède en outre un siège mobile qui lui sert à changer de station, avec lequel elle s'établit à sa convenance, tantôt dans un coin, tantôt dans un autre, n'ayant à transporter, pour rendre le déménagement complet, que sa petite table, qui la suit au moyen d'un fil, et le tabouret invisible sanglé à la partie du corps qui ne paraît pas à la surface de l'eau. Du reste, la fréquence de ces déplacements varie avec le caractère des baigneurs. Il y a tel personnage morose qui fait ses deux heures le nez tourné vers la cloison et sans bouger du coin où il s'est mis ; tel politique qui s'endort en lisant son journal, dont la partie inférieure trempe dans l'eau et se trouve décomposée jusqu'au titre lorsqu'il se réveille ; tel brouillon qui se promène en tous sens, ayant toujours quelque chose à dire au baigneur le plus éloigné, heurtant et culbutant tout pour arriver jusqu'à lui, parlant à la fois à son enfant qui pleure sur le pont, à sa femme qui ne sait jamais où le retrouver, et à son chien qui hurle en tournant autour de la galerie.

Les trois premiers bassins que je visitai m'offrirent, l'un après l'autre, le même aspect ; le dernier seulement me présenta un épisode que je n'oublierai jamais.

Au milieu de ces têtes bouffonnes apparaissait la figure mélancolique et pâle d'une jeune fille de dix-huit ans, à peu près : elle ne cachait ses cheveux noirs ni sous le bonnet ni sous la coiffe des autres baigneurs ; sa petite table était chargée, non de verres et de tasses, mais de rhododendrons, de gentianes et de myosotis, dont elle faisait un bouquet. L'eau thermale donnait à ces plantes un éclat et une fraîcheur qu'elle ne pouvait lui rendre à elle-même ; on l'eût prise pour une fleur morte et séparée de sa tige, au milieu de ses fleurs vivantes dont elle ornait son front et sa poitrine, en chantant, comme Ophélia, folle et prête à mourir, lorsque sa tête et ses mains seules sortaient encore du ruisseau où elle se noya.

Il est possible que si j'eusse rencontré cette jeune fille à la promenade, au bal, au spectacle, partout ailleurs enfin que dans cette réunion, je ne l'eusse pas même remarquée : sa taille m'eût peut-être paru gauche, sa démarche commune, sa

341

voix prétentieuse ; elle eût passé devant mes yeux comme devant un miroir, s'y réfléchissant sans y laisser de souvenir ; mais là, mais dans ce cadre sculpté par Callot, je verrai toujours cette vierge de Raphaël.

Après l'avoir bien regardée, je fermai les yeux et je m'éloignai sans demander ni son nom ni son âge. À peine eus-je fait quatre pas que j'entendis le médecin dire, en parlant d'elle :

– Dans un mois, elle sera morte !

J'étouffais dans cette atmosphère tiède, entre ces murs humides : je sortis tout baigné de sueur. Le ciel avait son voile d'azur, la terre sa robe de fête.

Dans un mois elle sera morte !

Morte au milieu de cette nature si jeune, si robuste et si vivante !

Je passai devant le cimetière, et ces paroles revinrent me frapper comme un écho :

Dans un mois elle sera morte !

Ainsi, à compter d'aujourd'hui, le père et la mère de cette enfant chérie peuvent faire venir le fossoyeur et lui dire :

– Mettez-vous à l'ouvrage sans perdre de temps, car cette belle jeune fille que vous voyez, que Dieu nous avait donnée avec un sourire, celle qui faisait notre joie dans le passé, notre bonheur dans le présent, notre espoir dans l'avenir, eh bien ! *dans un mois elle sera morte !*

Morte ! c'est-à-dire sans voix, sans haleine, sans regard ; elle dont la voix est si harmonieuse, l'haleine si pure, le regard si doux !

Chaque jour, pendant un mois, nous verrons s'éteindre une étincelle de ses yeux, un son de sa bouche, un battement de son cœur ; puis, au bout de ce mois, malgré nos soins, nos peines, nos larmes, une heure viendra où ses yeux se fermeront, où sa bouche sera muette, où son cœur se glacera. Le corps sera cadavre : celle que nous croyons notre fille sera la fille de la terre, et sa mère nous la redemandera !...

Oh ! c'est une merveilleuse chose que la science, qui peut ainsi prédire à l'homme une des plus atroces douleurs de l'humanité ! Mais, n'est-ce pas qu'on devrait bien tuer le médecin qui laisse tomber de ses lèvres de semblables paroles ?

J'avais fait trois quarts de lieue à peu près, si préoccupé du souvenir de cette jeune fille que j'avais complètement oublié mon chemin et le but où il devait me conduire, lorsque Willer m'arrêta par le bras et me dit :

– Nous sommes arrivés.

En effet, nous nous trouvions devant une espèce de grotte, ayant au-dessous de nous la cime d'un rocher perpendiculaire de huit cents pieds de haut, à la base duquel coule la Dala, et à notre gauche la première des six échelles qui établissent une communication entre Louèche-les-Bains et le village d'Albinen, dont les habitants seraient obligés de faire un détour de trois lieues pour venir au marché s'ils n'avaient pratiqué cette route aérienne.

Il faut réellement voir ce passage si l'on veut se faire une idée de la merveilleuse hardiesse des habitants des Alpes. Après s'être couché à plat ventre, de peur de vertige, pour regarder à huit cents pieds au-dessous du sol les eaux écumantes de la Dala, il faut se relever, monter la première échelle, s'aider des mains et des pieds pour atteindre la saillie du roc sur laquelle pose la seconde ; et, arrivé à cette saillie, au moment où vous nierez à votre guide que jamais créature humaine puisse s'aventurer par un pareil chemin, vous entendrez une tyrolienne chantée dans les airs, et, à cent pieds au-dessus de vous, suspendu sur le gouffre, vous apercevrez un paysan portant ses fruits, un chasseur son chamois, une femme son enfant, et vous les verrez venir à vous presque avec la même insouciance et la même vitesse que s'ils marchaient sur la pente gazonneuse de l'une de nos collines.

Willer me demanda si je voulais continuer ma route ascendante. Je le remerciai. Il se mit à rire.

– Ce n'est rien du tout, me dit-il ; voilà une femme qui vient, vous allez la voir grimper.

En effet, une jeune fille arriva des bains en suivant notre route, et, montant l'échelle que nous venions de quitter, parut bientôt sur l'étroit plateau où nous avions à peine place pour trois, puis continua son chemin sans autre précaution que de prendre par derrière le bas de sa robe, de la ramener par devant, et de l'attacher à sa ceinture avec une épingle, de manière à s'en faire un pantalon au lieu d'une jupe.

Nous la regardions faire son ascension, quand un homme parut au haut de la quatrième échelle, descendant tandis qu'elle montait. Cela devenait embarrassant ; il n'y avait point place pour deux sur une pareille route.

– Comment vont-ils faire ? dis-je à Willer.

– Vous allez voir.

Effectivement, il n'avait pas achevé que j'avais vu.

L'homme, avec une galanterie dont peu de nos dandys seraient capables en pareille circonstance, avait fait un demi-tour, et, passant à l'envers de l'échelle, descendait d'un côté pendant que la jeune fille gravissait de l'autre ; ils se rencontrèrent ainsi vers le milieu, échangèrent quelques paroles, et continuèrent leur route. C'était à ne pas y croire !

L'homme passa près de nous.

– Vous voyez bien ce gaillard-là ? me dit Willer pendant qu'il s'éloignait.

– Eh bien ?

– Ce soir, à sept heures, il aura bu ses quatre bouteilles de vin, il sortira du cabaret ivre-mort, et tombera trente fois sur la route depuis les bains jusqu'à la première échelle, ce qui ne l'empêchera pas de traverser ce passage et d'arriver chez lui sans accident. Il y a dix ans que le coquin fait ce métier-là.

– Oui, et un beau jour il finira par se tuer.

– Lui ? Ouiche ! en descendant l'escalier de sa cave, peut-être ; mais ici, jamais. Est-ce qu'il n'y a pas un Dieu pour les ivrognes ?

– Mon cher ami, il paraît que je ne suis point en état de grâce devant ce Dieu, car la tête commence à me tourner.

– Alors, descendez vite, et n'allez pas faire comme M. B...

– Qu'est-ce que M. B... ? dis-je lorsque j'eus regagné la terre ferme.

– Ah ? M. B... ? Venez par ici, je vais vous conter cela.

Nous nous remîmes en route.

– M. B..., voyez-vous, continua Willer, c'était un agent de change.

– Oui, dis-je.

Un souvenir vague me traversait l'esprit.

– Il s'était ruiné, et il avait ruiné sa femme et ses enfants en jouant sur les fonds publics. Vous devez savoir ce que c'est, vous qui êtes de Paris ?

– Très bien.

– Voilà donc qu'il s'est ruiné. Bon. Qu'est-ce qu'il fait ? Il assure sa vie. Comprenez-vous, sa vie ? C'est-à-dire que, s'il mourait, il héritait de cinq cent mille francs. Je ne connais pas trop ça, moi ; c'est un embrouillamini du diable. Mais c'est égal, vous le concevrez peut-être, vous.

– Parfaitement.

– Tant mieux. Voilà donc qu'il vient en Suisse avec une société. Une dame dit en déjeunant : « Allons voir les échelles. – Ah ! oui, dit M. B..., allons voir les échelles. » Après le déjeuner, on monte à mulet, c'est bon. On prend un guide. M. B..., qui avait son idée, dit : « Moi, je veux aller à pied. » Il va à pied. Arrivé ici, tenez, voyez-vous, ici sur cette petite pente qui n'a l'air de rien... N'allez pas si au bord, c'est glissant, et il y a cinq cents pieds de profondeur là-dessous. Où en étais-je ?

– Arrivé ici...

– Oui, arrivé ici, voilà donc qu'il laisse aller la société en avant, qu'il s'assied et qu'il dit à son guide : « Va me chercher une grosse pierre, entends-tu ? Une grosse. Bon. L'autre y va, il ne se doutait de rien. Au bout de cinq minutes, il revient avec un moellon ; c'était tout ce qu'il pouvait faire de le porter. « Tenez, en voilà un fameux, dit-il. Si vous n'êtes pas content, vous serez difficile. » Bonsoir, il n'y avait plus personne. Seulement, on voyait sur le gazon une petite glissade de rien qui allait depuis l'endroit où il s'était assis jusqu'au bord du précipice. Il ne faut pas demander si le guide poussa des cris. Alors, tout le monde accourut. Un monsieur qui était de la société lui dit : « Mon ami, voilà un louis, tâche de regarder dans l'abîme. » Le guide ne se le fit pas dire deux fois. Il s'accrocha comme il put à ces bruyères, tant il y a qu'il parvint à regarder dans le trou. « Eh bien ? dit le monsieur. – Ah ! le voilà au fond, répondit le guide. Je le vois. » Il n'y avait plus de doute, puisqu'il le voyait. Alors la société revint aux bains ; on fit venir des hommes pour aller chercher le corps, le guide les conduisit. Cinq heures après, on rapporta deux paniers plein de chair humaine : c'étaient les restes de M. B...

– S'était-il tué avec l'intention de se tuer ?

– Jamais on ne l'a su. La compagnie d'assurances a voulu lui faire un procès comme suicide ; mais il paraît que M. B... a gagné, car il a hérité des cinq cent mille francs.

J'avais déjà entendu raconter cette histoire à Paris, mais j'avoue qu'elle m'avait fait moins d'impression qu'elle ne m'en fit sur le lieu même où elle s'était passée. C'est au point que, lorsque Willer eut fini, je fus forcé de m'asseoir ; les jambes me manquaient, et la sueur me coulait sur le front. Bizarre organisation de notre société qui, par le développement de son industrie et de son commerce, donne à un homme l'idée d'un pareil dévouement et lui permet d'escompter jusqu'à sa mort... Il faut l'avouer, si pessimiste qu'on soit, nous sommes bien près de la perfection !

Un quart d'heure après ce récit, nous étions sur la place de Louèche-les-Bains. Il y avait grande réunion près de la fontaine ; des voyageurs faisaient cuire une poule dans l'eau thermale. C'était une opération trop curieuse pour que je ne la suivisse pas jusqu'au bout ; je dis à Willer d'aller payer l'hôte et de venir me reprendre avec mon bagage.

Au bout de vingt minutes, il me retrouva mangeant un aileron de l'animal, sur lequel, je dois le dire, l'expérience s'était faite à point. Cet aileron m'avait été offert par le propriétaire de la poule qui, voyant l'intérêt que je prenais à son expérience, m'avait jugé digne d'en apprécier les résultats. À mon tour, je lui offris un verre de kirchenwasser, qu'il refusa, à son grand regret : le pauvre diable ne buvait que de l'eau, et de l'eau chaude encore !

Après cet échange de politesses, nous nous mîmes en route pour Louèche-le-Bourg. À mi-chemin, Willer s'arrêta pour me montrer le village d'Albinen, auquel conduit le passage des échelles que nous avions visité deux heures auparavant. Ce village est situé sur la pente d'une colline tellement rapide que les rues ressemblent à des toits ; ce qui fait, me dit Willer, que les habitants sont obligés de ferrer leurs poules pour les empêcher de tomber.

À trois heures, nous arrivâmes à Louèche-le-Bourg, qui ne nous offrit rien de remarquable, et où nous ne nous arrêtâmes que pour dîner.

À quatre heures, nous traversions le Rhône, et, à quatre heures et demie, je prenais congé de mon brave Willer pour monter dans une calèche de poste qui devait me conduire le même soir à Brig.

Le chemin que nous suivîmes dès lors était celui qui mène au Simplon, au pied duquel est situé Brig. Depuis Martigny jusqu'à cette ville, la route fut exécutée par les Valaisans, et ce n'est qu'à cent pas environ avant les premières maisons que les ingénieurs français commencèrent ce merveilleux passage.

Du moment où je m'étais engagé sur cette route, j'avais remarqué à l'horizon des nuages amoncelés dans la gorge du Haut-Valais, qui se déployait devant moi dans toute sa profondeur. Tant que le jour dura, je les pris pour un de ces orages partiels si communs dans les Alpes ; mais, à mesure qu'il baissa, ils se colorèrent d'une teinte sombre qui fit enfin place aux lueurs d'un immense incendie ; toute une forêt située sur le versant septentrional du Valais était en flammes et faisait étinceler à trois mille pieds au-dessus d'elle la chevelure glacée du Finsteraarhorn et de la Jungfrau. Plus la nuit s'épaississait, plus le fond devenait rouge, et plus je voyais se dessiner d'une manière bizarre les objets placés sur les plans intermédiaires. Nous fîmes ainsi sept lieues, marchant toujours vers l'incendie, qu'à chaque instant nous semblions près d'atteindre, et qui reculait devant nous. Enfin, nous aperçûmes la silhouette noire de Brig. À peine parut-elle d'abord sortir de terre ; puis, petit à petit, elle grandit sur le rideau sanglant de l'horizon comme une vaste découpure noire. Bientôt nous ne vîmes plus de l'incendie qu'une lueur flamboyant à l'extrémité des dômes d'étain qui couronnent les clochers ; enfin, il nous sembla que nous nous enfoncions dans un souterrain sombre et prolongé. Nous étions arrivés ; nous dépassions la porte ; nous entrions dans la ville, muette, calme et endormie comme Pompéia au pied de son volcan.

347

Chapitre 27

Obergesteln

Brig est située à la pointe occidentale du Kunhorn, et forme l'extrémité la plus aiguë de l'embranchement des routes du Simplon et de la vallée du Rhône. La première, large et belle, s'avance vers l'Italie par la gorge de la Ganter ; la seconde, qui n'est qu'un mauvais sentier étroit et capricieux, traverse rapidement la plaine pour aller s'escarper au revers méridional de la Jungfrau, et s'enfonce dans le Valais jusqu'à ce que la réunion du Mutthorn et du Galenstock ferme ce canton avec la cime de la Furka : alors il redescend de cette cime avec la Reuss, jusqu'à ce qu'il rencontre à Andermatt le chemin d'Uri, dans lequel le pauvre sentier se jette comme un ruisseau dans une rivière.

C'est dans ce dernier défilé que je m'engageai à pied le lendemain de mon arrivée à Brig ; il était cinq heures du matin lorsque je sortis de la ville, et j'avais douze lieues de pays à faire ; ce qui en représente à peu près dix-huit de France. Ajoutez à cela que le sentier va toujours en montant.

Les premières maisons que l'on rencontre sur ce sentier sont celles d'un petit village appelé Naters en allemand, et Natria en latin. Ce dernier nom lui vient, dit une légende, d'un dragon qui le portait et qui le lui a légué en mourant. Ce dragon se tenait dans une petite caverne, d'où il s'élançait pour dévorer les bêtes et les gens qui avaient le malheur de paraître dans le cercle que lui permettait d'embrasser l'ouverture de son antre ; il était tellement devenu la terreur des environs qu'il avait interrompu toute communication entre le Haut et le Bas-Valais. Plusieurs montagnards l'avaient cependant attaqué ; mais, comme ils avaient été, jusqu'au dernier, victimes de leur courage, personne n'osait plus depuis longtemps s'exposer à une mort que l'on regardait comme certaine.

348

Sur ces entrefaites, un serrurier qui avait assassiné sa femme par jalousie fut condamné à mort. La sentence rendue, le coupable demanda à combattre le monstre. Sa demande lui fut accordée, et, de plus, sa grâce lui fut promise s'il sortait vainqueur du combat. Le serrurier demanda deux mois pour s'y préparer.

Pendant ce temps, il se forgea une armure du plus pur acier qu'il put trouver, puis une épée qu'il trempa à la source glacée de l'Aar et dans le sang d'un taureau fraîchement égorgé.

Il passa le jour et la nuit qui précédèrent le combat en prières dans l'église de Brig ; le matin, il communia, comme pour monter à l'échafaud ; puis, à l'heure dite, il s'avança vers la caverne du dragon.

À peine l'animal l'eut-il aperçu qu'il sortit de son rocher, déployant ses ailes, dont il se battait le corps avec un tel bruit que ceux même qui étaient hors de sa portée en furent épouvantés.

Les deux adversaires marchèrent l'un contre l'autre comme deux ennemis acharnés, tous deux couverts de leur armure, l'un d'acier, l'autre d'écailles.

Arrivé à quelques pas du dragon, le serrurier baisa la poignée de son épée, qui était une croix, et attendit l'attaque de son adversaire. Celui-ci, de son côté, semblait comprendre qu'il n'avait point affaire à un montagnard ordinaire.

Cependant, après une minute d'hésitation, il se dressa sur ses pattes de derrière, et essaya de saisir le condamné avec celles de devant. L'épée flamboya comme un éclair et abattit une des pattes du monstre. Le dragon jeta un cri, et, se soulevant à l'aide de ses ailes, tourna autour de son antagoniste, et le couvrit d'une rosée de sang. Tout à coup, il se laissa tomber comme pour l'écraser sous son poids ; mais, à peine fut-il à la portée de la terrible épée, qu'elle décrivit un nouveau cercle et lui trancha encore une aile.

L'animal, mutilé, tomba à terre, se traînant sur trois pattes, saignant de ses deux blessures, tordant sa queue et mugissant comme un taureau mal tué par la masse du boucher. De grands cris de joie répondaient de toutes les parties de la montagne à ces mugissements d'agonie.

Le serrurier s'avança bravement sur le dragon, dont la tête, à fleur de terre, suivait tous ses mouvements, comme l'aurait fait un serpent ; seulement, à mesure qu'il s'approchait de lui, le monstre retirait sa tête, qui se trouva enfin presque cachée sous son corps gigantesque.

Tout à coup, et quand il crut son ennemi à sa portée, il déploya cette tête terrible, dont les yeux semblaient lancer du feu et dont les dents allèrent se briser contre la bonne armure du serrurier. Cependant, la violence du coup renversa celui-ci. Au même instant, le dragon fut sur lui.

Alors ce ne fut plus qu'une horrible lutte, dans laquelle les cris et les mugissements se confondaient ; on voyait bien de temps en temps l'aile battre ou l'épée se lever ; on reconnaissait bien dans certains moments l'armure brunie du serrurier tranchant sur les écailles luisantes du dragon ; mais, comme l'homme ne pouvait se remettre sur ses pieds, comme la bête ne pouvait reprendre son vol, les combattants n'étaient jamais assez isolés l'un de l'autre pour que l'on pût distinguer lequel était le vainqueur ou le vaincu.

Cette lutte dura un quart d'heure qui parut un siècle aux assistants. Tout à coup, un grand cri s'éleva du lieu du combat, si étrange et si terrible qu'on ne sut s'il appartenait à l'homme ou au monstre. La masse qui se mouvait s'abaissa comme une vague, trembla un instant encore, puis enfin resta immobile. Le dragon dévorait-il l'homme ? l'homme avait-il tué le dragon ?

On s'approcha lentement et avec précaution. Rien ne remuait ; l'homme et le dragon étaient étendus l'un sur l'autre. À vingt pas autour d'eux, l'herbe était rasée comme si un moissonneur y eût passé la faux, et cette place était pavée d'écailles qui étincelaient comme une poudre d'or.

Le dragon était mort, l'homme n'était qu'évanoui. On fit revenir l'homme en le dégageant de son armure et en lui jetant de l'eau glacée ; puis on le ramena au village qui reçut, en commémoration de ce combat, le nom de *Naters* (vipère).

Quant au dragon, on le jeta dans le Rhône.

Je vis, en passant à Naters, la grotte du dragon : c'est une excavation du rocher ouverte sur la prairie où eut lieu le combat. On me montra encore l'endroit où le monstre se couchait habituellement, et la trace que sa queue d'écailles a laissée sur le roc.

À partir de cet endroit, le sentier s'attache au versant méridional de la chaîne de montagnes qui sépare le Valais de

350

l'Oberland ; comme il faut rendre justice à tout, même au chemin, j'avouerai que celui-ci est assez praticable.

Je m'arrêtai à Lax après avoir fait dix lieues de France, à peu près ; j'entrai dans un café, et j'y déjeunai côte à côte avec un brave étudiant qui parlait assez bien français, mais qui ne connaissait de notre littérature moderne que Télémaque ; il me dit l'avoir lu six fois. Je lui demandai s'il y avait dans les environs quelques légendes ou quelques traditions historiques : il secoua la tête.

– Oh ! mon Dieu, non, me dit-il ; on jouit d'une fort belle vue de la montagne qui est devant nous, mais seulement les jours où il n'y a pas de brouillard.

Je le remerciai poliment, et je mis le nez dans le *Nouvelliste vaudois*. Ceux qui ont lu ce journal peuvent avoir ainsi la mesure de la détresse où j'étais réduit.

La première chose que j'y trouvai, c'était la condamnation à mort de deux républicains pris les armes à la main au cloître Saint-Merry.

Je laissai tomber ma tête entre mes mains, et je poussai un profond soupir. Je n'étais plus à Lax, je n'étais plus dans le Valais, j'étais à Paris.

Je relevai la tête, je rejetai mon sac sur mes épaules, et, mon bâton à la main, je me mis en route.

Voilà donc où nous en étions venus au bout de deux ans ! Des têtes roulent, tantôt sur les dalles des Tuileries, tantôt sur le pavé de la Grève, compte en partie double tenu au profit de la mort entre le peuple et la royauté et écrit à l'encre rouge par le bourreau !

Oh ! quand fermera-t-on ce livre, et quand le jettera-t-on, scellé du mot *liberté,* dans la tombe du dernier martyr ?

Je marchais, et ces pensées faisaient bouillonner mon sang ; je marchais sans calculer ni l'heure ni l'espace, voyant autour de moi ces scènes sanglantes de juillet et de juin, entendant les cris, le canon, la fusillade ; je marchais enfin comme un fiévreux qui se lève de son lit et qui fait sa route en délire, poursuivi par les spectres de l'agonie.

Je passai ainsi dans cinq ou six villages ; on dut m'y prendre pour le Juif errant, tant je semblais taciturne et pressé d'avancer. Enfin, une sensation de fraîcheur me calma : il pleuvait à verse ; cette eau me faisait du bien ; je ne cherchai pas d'abri, et continuai ma route, mais plus lentement.

Je traversais le village de Münster, recevant avec le calme de Socrate toute cette averse sur la tête, lorsqu'un petit garçon de quinze ou seize ans courut après moi, et me dit en italien :

– Allez-vous au glacier du Rhône, monsieur ?

– Oui, mon garçon, répondis-je aussitôt dans la même langue, qui m'avait fait tressaillir de plaisir.

– Monsieur veut-il un cheval ?

– Non.

– Un guide ?

– Oui, si c'est toi.

– Volontiers, monsieur ; pour cinq francs, je vous conduirai.

– Je t'en donnerai dix ; viens.

– Il faut que j'aille dire adieu à ma mère et chercher mon parapluie.

– Eh bien, je continue, tu me rejoindras sur la route.

Le petit bonhomme me tourna les talons en courant de toutes ses forces, et je poursuivis mon chemin.

Bizarre organisation que celle de notre machine ! Quelques gouttes d'eau avaient apaisé ma fièvre et ma colère. Pétion, menacé d'une émeute, étendit la main hors de la fenêtre, et alla se coucher tranquillement en disant : « Il n'y aura rien cette nuit, il pleut. »

Il n'y eut rien.

S'il avait plu le 27 juillet, il n'y aurait rien eu !...

On a plus peur, en France, de l'eau que des balles ; on ne sort pas sans parapluie, et l'on se bat sans cuirasse.

J'en étais là, lorsque j'entendis derrière moi le galop de mon petit guide. Le pauvre diable me rattrapait enfin ; je lui avais fait faire une demi-lieue en courant.

– Ah ! c'est toi ? lui dis-je ; causons.

– Prenez d'abord mon parapluie.

– Non, j'aime l'eau ; mais prends mon sac, toi.

– Volontiers.

– D'où es-tu ?

– De Münster.

– Et comment se fait-il que tu parles italien dans un village allemand ?

– Parce que j'ai été mis en apprentissage chez un cordonnier à Domodossola.
– Ton nom ?
– Frantz en allemand, Francesco en italien.
– Eh bien, Francesco, je vais, non seulement au glacier du Rhône, mais je descends de là dans les petits cantons ; je traverserai les Grisons, un coin de l'Autriche ; j'irai à Constance, je suivrai le Rhin jusqu'à Bâle, et reviendrai probablement à Genève par Soleure et Neufchâtel : veux-tu venir avec moi ?
– Je le veux bien.
– Combien te donnerai-je par jour ?
– Ce que vous voudrez ; ce sera toujours plus que je ne gagne chez moi.
– Quarante sous et je te nourrirai ; cela te fera à peu près soixante-dix ou quatre-vingts francs à la fin du voyage.
– C'est une fortune !
– Cela te convient donc ?
– Parfaitement.
– Eh bien, en arrivant au prochain village, tu feras dire à ta mère que ton voyage, au lieu de durer trois jours, durera un mois.
– Merci.

Francesco posa son parapluie à terre et fit la roue. Je reconnus, depuis, que c'était sa manière d'exprimer un extrême contentement. Je venais de faire un heureux ; il avait fallu, comme on le voit, peu de chose pour cela.

C'était du reste une admirable et naïve confiance que celle de cet enfant qui s'attachait avec tant de candeur et d'abandon à la suite d'un inconnu qui, passant à pied dans son village, le rencontre par hasard et l'emmène par caprice. Il n'y a qu'un âge où une pareille résolution ne puisse être troublée par la défiance : un homme aurait exigé un gage, cet enfant m'en aurait donné s'il en avait eu.

En arrivant à Obergesteln, je dis à Francesco que j'étais parti de Brig le matin ; il me répondit que j'avais fait dix-sept lieues d'Italie.

Je trouvai que c'était assez pour un jour, et je m'arrêtai à l'auberge.

C'est là que Francesco commença à me rendre service. Il était presque chez lui, puisque nous n'avions fait que deux

353

lieues depuis Münster : il connaissait tout le monde dans l'auberge, ce qui me valut incontinent la meilleure chambre et un feu splendide.

Je m'étais laissé mouiller jusqu'aux os ; je fis donc, avant de penser au dîner, une toilette d'autant plus délicieuse qu'elle était assaisonnée du sentiment égoïste et voluptueux de l'homme qui entend tomber la pluie sur le toit de la maison qui l'abrite.

J'entendis à la porte un grand bruit ; je courus à la fenêtre, et je vis un guide et un mulet qui venaient d'arriver au grand trot, précédant de cent pas, tout au plus, quatre voyageurs qui descendaient de la Furka lorsque l'orage avait commencé, et s'étaient égarés deux heures dans la montagne.

Comme il y avait parmi ces quatre voyageurs deux dames qui me parurent jeunes et jolies, malgré leurs cheveux pendant sur le visage et leurs gigots collés sur les bras, je me hâtai d'ajouter trois ou quatre morceaux de bois au feu ; je roulai vivement en paquet mes effets éparpillés çà et là ; et, passant dans une chambre voisine, j'appelai Francesco, et le chargeai de dire à la maîtresse de l'auberge qu'elle pouvait disposer, en faveur de ces dames, de la chambre qu'elle m'avait donnée et qui se trouvait toute chauffée, chose qui me parut fort essentielle pour des voyageurs qui arrivent dans l'état où je venais d'apercevoir les nôtres.

Aussi, cinq minutes après, je recevais, par Francesco, les actions de grâces de ces dames et de leurs cavaliers, qui me faisaient demander la permission de changer de vêtements avant de venir me remercier eux-mêmes.

Lorsqu'ils rentrèrent, je m'occupais des préparatifs de mon dîner, qu'ils m'invitèrent à interrompre pour partager le leur. J'acceptai. C'étaient deux hommes de trente-quatre à trente-six ans, l'un Français, gai, spirituel, bon compagnon, portant ruban rouge et figure ouverte, vieille connaissance des rues et des salons de Paris, où nous nous étions croisés vingt fois, comme cela arrive entre gens du monde ; l'autre, pâle, grave et empesé, portant ruban jaune et figure froide, parlant français juste avec ce qu'il fallait d'accent pour prouver son origine allemande ; du reste, complètement étranger à mes souvenirs. Ils n'avaient pas fait un pas dans ma chambre que j'avais flairé le compatriote et l'étranger ; ils n'avaient pas dit vingt paroles que je savais qui ils étaient : le Français se nommait Brunton, et je me rappelai le nom de l'un de nos architectes les plus distingués ; l'Allemand se nommait Kœfford, et était chambellan du roi de Danemark.

Après les premiers compliments échangés, j'appris que les dames étaient visibles ; en conséquence, M. Kœfford se chargea de me conduire près d'elles, tandis que M. Brunton descendait à la cuisine. À tout hasard, j'indiquai à celui-ci certaine marmite bouillant à la crémaillère et de laquelle s'échappait une odeur tout à fait succulente ; il me promit de s'en occuper.

Je trouvai dans les femmes les mêmes différences nationales que chez leurs maris. Ma vive et jolie compatriote se leva en m'apercevant, et m'avait déjà remercié vingt fois avant que sa compagne eût achevé la révérence d'étiquette avec laquelle elle m'accueillit. Celle-ci était une grande et belle femme, blanche, pâle et froide, n'ayant de flamme en tout le corps que l'étincelle mourante qui s'éteignait noyée dans ses yeux.

Le désordre de la toilette était, du reste, complètement réparé chez ces dames, et elles avaient la tenue matinale de la campagne. M. Kœfford, à peine rentré, ouvrit deux ou trois Guides en Suisse, déploya une carte, consulta un Itinéraire, et laissa bientôt aux dames le soin de faire les honneurs de la chambre que je leur avais cédée.

En quelque lieu du monde qu'on se rencontre, il y a, entre Parisiens, un sujet de conversation à l'aide duquel on peut s'étudier, et bientôt se connaître : c'est l'Opéra, pierre de touche de bonne compagnie qui éprouve les fashionables. L'Opéra forme dans ses habitués un monde à part, parlant cette langue des premières loges qui seule a cours pour transmettre, de la Chaussée-d'Antin au noble faubourg, les fluctuations de la Bourse, les variations de la mode, et les changements de ministère de la beauté.

J'avais un avantage sur ma jolie compatriote : c'est que je la connaissais et qu'elle ne me connaissait pas ; il est évident qu'elle cherchait à savoir à quelle classe de la société j'appartenais, et qu'elle ne pouvait le deviner à ce premier essai. Elle changea donc la conversation, et l'amena sur l'art en général.

Au bout de dix minutes, nous avions passé en revue la littérature, depuis Hugo jusqu'à Scribe ; la peinture, depuis Delacroix jusqu'à Abel de Pujol ; l'architecture, depuis M. Percier

355

jusqu'à M. Lebas. Je connaissais encore mieux les hommes que les choses, et je parlais plus savamment des individus que de leurs œuvres. L'esprit de ma compatriote était toujours flottant.

Après un moment de silence, quelques questions que je lui adressai sur sa santé firent virer de bord la conversation, qui entra à pleines voiles dans la médecine. Ma spirituelle antagoniste avait une névralgie. C'est, comme on le sait, la maladie de ceux qui ont besoin d'en avoir une. Lorsque vous entendez sortir de la bouche d'une femme ces mots : « J'ai affreusement mal aux nerfs, » vous pouvez incontinent les traduire par ceux-ci : « Madame a de vingt-cinq à quatre-vingt mille francs à dépenser par an, sa loge à l'Opéra, ne marche jamais, et ne se lève qu'à midi. » On voit donc que mon interlocutrice se livrait de plus en plus. Je soutins la conversation en homme qui, sans avoir des nerfs, ne nie point qu'ils existent, et qui, sans avoir l'honneur de les connaître personnellement, en a beaucoup entendu parler.

Madame Kœfford, qui, tant que nous avions escarmouché sur un terrain tout national, était restée simple témoin du duel, voyant que la conversation ballottait en ce moment une question d'humanité générale, fit un léger effort qui colora ses joues, et laissa tomber quelques paroles au milieu de notre dialogue : elle aussi, la pauvre femme, avait des nerfs, mais des nerfs du nord. Cela me fournit l'occasion d'établir une distinction très subtile et très savante sur la manière de sentir selon les degrés de latitude ; et il demeura clairement démontré à ces deux dames, au bout de quelques minutes, que je m'étais beaucoup occupé de la différence des sensations.

Ma compatriote hésitait donc de plus en plus à fixer son esprit sur ma spécialité. J'étais trop homme du monde pour n'être qu'un artiste, j'étais trop artiste pour n'être qu'un homme du monde ; je parlais trop bas pour un agent de change, trop haut pour un médecin, et je laissais parler mon interlocutrice, ce qui prouvait que je n'étais pas avocat.

En ce moment, M. Brunton rentra, la figure comiquement bouleversée ; il marcha droit à M. Kœfford, toujours plongé dans des Guides et des Itinéraires, et lui dit gravement :

— Mon pauvre ami !...

– Qu'est-ce ? fit le chambellan en se tournant tout d'une pièce.

– Avez-vous lu dans votre Ebel, continua M. Brunton, que les habitants d'Obergesteln fussent anthropophages ?

– Non, dit le chambellan, mais je vais voir si cela y est.

Il feuilleta un instant son livre, arriva au mot Obergesteln, et lut à haute voix :

« Obergesteln ou Oberghestelln, avant-dernier village du Haut-Valais, situé au pied du mont Grimsel, à quatre mille cent pieds au-dessus du niveau de la mer : ses maisons sont tout à fait noires ; cette couleur provient de l'action du soleil sur la résine que contient le bois de mélèze dont elles sont bâties. Les débordements du Rhône y causent de fréquentes inondations pendant l'été. »

– Je ne sais ce que vous voulez dire, continua gravement M. Kœfford en levant les yeux ; vous voyez qu'il n'y a pas, dans tout cela, un mot de chair humaine.

– Eh bien, mon ami, il y a longtemps que je vous dis que vos faiseurs d'Itinéraires sont des ignorants.

– Pourquoi cela ?

– Descendez vous-même à la cuisine, levez le couvercle de la marmite qui bout sur le feu, et vous remonterez nous dire ce que vous avez vu.

Le chambellan, qui vit un fait extraordinaire à consigner sur ses tablettes, ne se le fit pas dire deux fois. Il se leva et descendit à la cuisine. Madame Brunton et moi avions grande envie de rire. Son mari conservait invariablement cette figure triste que les plaisants de bon goût savent si bien prendre. Quant à madame Kœfford, elle était retombée dans sa rêverie, et, plutôt couchée qu'assise dans son fauteuil, elle suivait, les yeux vaguement fixés au ciel, quelques nuages à forme bizarre qui lui rappelaient ceux de sa patrie.

Sur ces entrefaites, M. Kœfford rentra, pâle et s'essuyant le front.

– Eh bien, qu'y a-t-il dans la marmite ?

– Un enfant ! répondit-il en se laissant tomber sur une chaise.

– Un enfant !...

– Pauvre petit ange ! dit madame Kœfford, qui avait écouté sans entendre ou entendu sans comprendre, et qui voyait sans doute passer dans ses songes quelque chérubin avec des ailes blanches et une auréole d'or.

Quand on a compté sur un gigot braisé ou sur une tête de veau ; que, dans cette attente, on a, depuis une heure, apaisé les murmures de son estomac à la fumée d'une marmite, et qu'on vient vous dire que cette marmite ne contient qu'un enfant, cet enfant, fût-il un ange, comme l'appelait madame Kœfford, devient un trop triste équivalent pour que l'appétit ne se révolte pas de l'échange. J'allais donc m'élancer hors de la chambre, lorsque M. Brunton m'arrêta par le bras et me dit :

– Il est inutile que vous alliez le voir, on va vous le servir.

En effet, la fille de l'auberge entra bientôt, portant sur un plat long, et couché sur un lit d'herbe, un objet qui avait l'apparence parfaite d'un enfant nouveau-né, écorché et bouilli.

Nos dames jetèrent un cri et détournèrent la tête. M. Kœfford se leva de sa chaise, s'approcha, la mort dans l'âme, du premier service, et, après l'avoir regardé attentivement, il dit avec un profond soupir :

– C'était une fille !

– Mesdames, dit M. Brunton en s'asseyant et en aiguisant un couteau, j'ai entendu dire qu'au siège de Gênes, pendant lequel, vous le savez, Masséna invita un jour tout son état-major à manger un chat et douze souris, on avait remarqué, au milieu du dépérissement général de nos troupes, un régiment qui se maintenait aussi frais et aussi dispos que s'il n'y avait pas eu de famine. La ville rendue, le général en chef interrogea le colonel sur cette étrange exception. Celui-ci alors avoua ingénument que ses soldats étaient venus lui demander la permission de manger de l'Autrichien, et qu'il n'avait pas cru devoir leur refuser une aussi légère faveur ; il ajouta même qu'en sa qualité de colonel, les meilleurs morceaux lui étaient envoyés avec la régularité d'une distribution de vivres ordinaires, et que, malgré sa répugnance primitive, il avait fini par trouver, comme les autres, que les sujets de Sa Majesté impériale étaient un mets fort agréable.

Les cris redoublèrent.

Alors M. Brunton enleva fort délicatement l'épaule de l'objet en question, et se mit à l'attaquer avec autant d'appétit que l'avait fait Cérès lorsqu'elle dévora l'épaule de Pélops.

En ce moment, la fille rentra, et, voyant que M. Brunton était seul à table :

– Eh bien, mesdames, dit-elle, est-ce que vous ne mangez pas de marmotte ?

La respiration nous revint. Mais, maintenant même que nous savions le secret, la ressemblance du quadrupède avec le bipède ne nous paraissait pas moins frappante ; ses mains et ses pieds surtout, articulés comme des membres humains, eussent suffi seuls pour m'empêcher de goûter de ce mets que Willer m'avait tant vanté en gravissant le Faulhorn.

– N'avez-vous donc pas autre chose ? dis-je à notre camérière.

– Une omelette si vous voulez.

– Va pour une omelette, dirent ces dames.

– Mais savez-vous la faire, au moins ? Une omelette, ajoutai-je en me retournant vers ces dames, est à la cuisine ce que le sonnet est à la poésie.

– Il me semble au contraire, répondirent-elles, que c'est l'*abc* de l'art.

– Lisez Boileau et Brillat-Savarin.

– Vous entendez, la fille ? dit M. Kœfford.

– Oh ! quant à ce qui est de l'omelette, nous en faisons tous les jours, et, Dieu merci ! les voyageurs ne s'en plaignent jamais.

– Nous verrons bien !

La fille alla faire son omelette : dix minutes après, elle apporta une espèce de galette plate et dure qui couvrait toute la superficie d'un énorme plat. Dès le premier coup d'œil, je vis que nous étions volés ; je n'en découpai pas moins la chose, et j'en servis un morceau à chacune de ces dames ; elles y goûtèrent du bout des lèvres, et repoussèrent aussitôt leur assiette. Je tentai la même épreuve ; mes prévisions ne m'avaient pas trompé : autant aurait valu mordre dans une courtepointe.

– Eh bien, dis-je à la fille, votre omelette est exécrable, mon enfant.

– Comment cela peut-il se faire ? On y a mis tout ce qu'il fallait.

– Qu'en dites-vous, mesdames ?

– Mais nous disons que c'est désespérant, et que nous mourrons de faim !

– Dans les cas désespérés, il faut donner quelque chose au hasard. Ces dames veulent-elles que j'essaye de leur en faire une ?

– Une omelette ?

– Une omelette, repris-je en m'inclinant modestement.

Ces dames se regardèrent.

– Mais, dit Kœfford en se levant vivement et en se rattachant à la seule planche de salut qu'il voyait flotter dans les eaux, mais puisque monsieur a la bonté de nous offrir...

– Pourvu cependant, repris-je, que M. Brunton et vous me serviez d'aides de cuisine.

– Volontiers, s'écrièrent ces deux messieurs avec une spontanéité qui dénotait la confiance de la faim.

– Volontiers, ajoutèrent ces dames avec un sourire de doute

– En ce cas, dis-je à la fille, du beurre frais, des œufs frais, de la crème fraîche.

Je chargeai M. Brunton de hacher les fines herbes, et M. Kœfford de battre les œufs ; je pris la queue de la poêle, et j'opérai le mélange avec une gravité qui faisait le bonheur de ces dames. Déjà l'omelette cuisait dans le beurre et tout le monde me regardait avec un intérêt croissant, lorsque M. Brunton interrompit le silence général :

– Monsieur, me dit-il, serait-il bien indiscret de vous demander qui nous avons l'honneur d'avoir pour cuisinier ?

– Oh ! mon Dieu, non, monsieur.

– C'est que je suis convaincu que je vous ai rencontré à Paris.

– Et moi aussi... Ayez la bonté de me passer le beurre...

J'en fis glisser quelques morceaux sous l'omelette, qui commençait à prendre, afin qu'elle ne tînt point à la poêle.

– Et je suis sûr que, si vous me disiez votre nom...

– Alexandre Dumas.

– L'auteur d'*Antony* ! s'écria madame Brunton.

– Lui-même, répondis-je en mettant dans le plat l'omelette parfaitement cuite et en la posant sur la table.

N'entendant aucune félicitation, ni pour le drame ni pour l'omelette, je levai les yeux : la société était stupéfaite. Il paraît qu'on s'était fait de ma personne une idée beaucoup plus poétique que ne le comportait le prospectus que je venais d'en donner. Par malheur, l'omelette se trouva excellente. Les dames la mangèrent jusqu'au dernier morceau.

Chapitre 28

Le pont du Diable

En quittant ces dames le soir, j'avais obtenu d'elles la permission de les voir le lendemain matin. Je me présentai donc chez elles aussitôt que je les sus visibles. Elles étaient tout à fait remises de leur mauvaise route et de leur mauvais dîner. Il n'y avait que M. Kœfford qui, ayant passé la nuit au milieu de ses cartes et de ses itinéraires, paraissait beaucoup plus fatigué que la veille.

C'était un singulier homme que notre chambellan ! Ponctuel comme l'étiquette, monté comme une horloge et réglé comme une romance. Avant de partir de Copenhague, il avait compulsé tous les voyageurs qui ont écrit sur la Suisse, consulté toutes les cartes des vingt-deux cantons, et avait fini par se tracer, jour par jour, au sein de la République helvétique, un itinéraire dont il ne s'était encore écarté ni d'une heure ni d'un sentier. Sur cet itinéraire, il y avait que, le 28 septembre, il devait descendre dans l'Oberland en traversant le Grimsel. Il est vrai qu'il n'y était pas question de l'orage qui avait empêché ce projet, tout simple d'ailleurs, de s'exécuter comme l'avait espéré M. Kœfford.

Or nous étions au 29 septembre au lieu d'être au 28, nous nous trouvions dans le Valais au lieu de nous trouver dans l'Oberland, et les guides déclaraient qu'après la tempête de la veille, le passage du mont Gemmi était seul praticable et qu'il fallait renoncer à celui du Grimsel. La chose était fort égale à M. et à Mme Brunton, mais elle bouleversait toute l'existence de M. Kœfford. Je fis tout ce que je pus pour lui rendre son courage. Je lui dis que le passage du Gemmi était beaucoup plus curieux que celui du Grimsel, et que ce n'était, à tout prendre, qu'un retard d'un jour.

– Et croyez-vous, me dit-il d'un air désespéré, que ce n'est rien qu'un retard d'un jour ? d'être obligé de faire le lundi ce qu'on croyait faire le dimanche, de marquer une heure et d'en sonner une autre, comme une pendule dérangée ?

Mme Brunton, son mari et moi fîmes ce que nous pûmes pour consoler le pauvre chambellan, mais il était comme Rachel pleurant ses fils. Quant à sa femme, qui connaissait son caractère, elle n'osait hasarder un mot. Cependant, comme il n'y avait pas d'autre parti à prendre, M. Kœfford se décida à subir un retard de vingt-quatre heures et à passer le Gemmi. Je le quittai donc à peu près calme, sinon tout à fait résigné.

Depuis notre retour à Paris, j'ai su, par une lettre de notre malheureux ami à M. Brunton, qu'il n'était arrivé à Copenhague que le 1er janvier au soir au lieu du 30 décembre. Il avait manqué sa visite du jour de l'An au roi de Danemark et avait failli perdre sa place de chambellan. Quant à moi, qui heureusement n'avais de visite à rendre à aucun roi, je baisai la main de ces dames et me mis en route avec Francesco.

C'était un brave enfant et un bon compagnon, joyeux et insouciant, toujours d'une humeur libre, plus fort que ne l'est avec cinq ans de plus un jeune homme de nos villes, vif comme un lézard et léger comme un chamois.

Nous marchâmes deux heures à peu près, suivant toujours les bords escarpés du Rhône qui, de fleuve, était devenu torrent, et de torrent devint bientôt ruisseau, mais ruisseau capricieux et fantasque, annonçant dès sa source tous les écarts de son cours, comme les bizarreries d'un enfant annoncent à l'aurore de sa vie les passions de l'homme. Enfin, au détour d'un sentier, nous aperçûmes devant nous, remplissant tout l'espace compris entre le Grimsel et la Furka, le magnifique géant de glace, la tête posée sur la montagne, les pieds pendants dans la vallée, et laissant échapper, comme la sueur de ses flancs, trois ruisseaux qui, se réunissant à une certaine distance, prennent, dès leur jonction, le nom de Rhône, que le fleuve ne perd qu'en vomissant ses eaux à la mer par quatre embouchures dont la plus petite a près d'une lieu de large. Je sautai par-dessus ces trois ruisseaux, dont le plus fort n'a pas douze pieds d'une rive à l'autre. Cet exploit terminé, nous commençâmes à gravir la Furka.

C'est une des montagnes les plus nues et les plus tristes de toute la Suisse. Les habitants attribuent son aridité au choix que fit le Juif errant de ce passage pour se rendre de France en Italie. J'ai déjà dit qu'une tradition raconte que, la première fois que le réprouvé franchit cette montagne, il la trouva couverte de moissons, la seconde fois de sapins, la troisième fois de neige.

C'est dans ce dernier état que nous la trouvâmes aussi. Arrivés à son sommet, je remarquai que cette neige était, de place en place, mouchetée de taches rouges comme un immense tapis tigré. Je vis, en approchant, que ces taches étaient produites par des sources qui venaient sourdre à la surface de la terre. Je pensai qu'elles devaient être ferrugineuses et je les goûtai. Je ne m'étais pas trompé : c'était la rouille qui donnait à la neige cette teinte rougeâtre qui m'avait étonné d'abord.

Pendant que j'examinais ce phénomène et que je cherchais à m'en rendre compte, Francesco vint à moi, et, d'un air assez embarrassé, me demanda ma gourde, qu'il s'était chargé de faire remplir le matin à Obergesteln et dans laquelle il avait versé du vin au lieu de kirchenwasser. Je m'étais aperçu de cette méprise en route seulement, et je n'avais pu deviner pour quel motif Francesco avait ainsi manqué aux instructions que je lui avais données ; mais, comme la liqueur substituée à celle que je buvais habituellement était un excellent vin rouge d'Italie, je n'avais pas considéré cette infraction à mes ordres comme un grand malheur.

Francesco, en me demandant ma gourde, ramena ma pensée à ce petit incident que j'avais déjà oublié. Je crus qu'une mesure d'hygiène personnelle lui faisait préférer le vin d'Italie à l'eau de cerises des Alpes et qu'il allait, en portant ma gourde à sa bouche, me donner une preuve de cette préférence. Je le suivis donc du coin de l'œil, tout en ayant l'air de ne le point regarder, mais cependant sans perdre de vue un seul de ses mouvements. Rien de ce que j'avais soupçonné n'arriva. Francesco alla se placer sur la crête la plus élevée de la montagne et, à cheval pour ainsi dire sur les deux versants, il fit deux fois le signe de la croix, une fois tourné vers l'occident et l'autre fois vers l'orient ; puis, versant du vin dans le creux de sa main, il jeta en l'air le liquide, qui retomba autour de lui comme une pluie dont chaque goutte faisait sur la neige une petite tache rouge assez pareille par la couleur aux grandes taches dont je venais de découvrir la cause. Enfin, cette espèce d'exorcisme achevé, Francesco me remit la gourde, sans avoir même pensé à l'approcher de ses lèvres.

– Quelle cérémonie d'enfer viens-tu de faire ? lui dis-je en replaçant la gourde à mon côté.

– Ah ! me répondit-il, c'est une précaution pour qu'il ne nous arrive pas d'accident.

– Comment cela ?

– Oui. Nous sommes sur la route d'Italie, n'est-ce pas ? C'est par ici que passent les vins qui descendent du Saint-Gothard et qu'on envoie en Suisse, en France ou en Allemagne. Ces vins sont renfermés dans des barriques et conduits par des muletiers italiens qui, presque tous, sont des ivrognes. Comme la Furka est la montagne la plus fatigante qu'ils aient à gravir pendant tout le chemin, c'est aussi pendant cette montée que le démon de l'ivrognerie les tente et arrive ordinairement à son but, en leur faisant percer les tonneaux qui leur sont confiés, et qui, de cette manière, arrivent rarement pleins à leur destination. Vous concevez que de pareils hommes, dépositaires infidèles pendant leur vie, ne peuvent entrer dans le séjour des honnêtes gens après leur mort. Leurs âmes en peine reviennent donc entrer dans le séjour des honnêtes gens après leur mort. Leurs âmes en peine reviennent donc errer la nuit à l'endroit même où la tentation les a vaincues : ce sont elles qui, tout imbibées encore du vin dérobé, font, en se posant sur la neige, ces taches rouges éparses de tous côtés ; ce sont elles qui, pour se distraire, poursuivent le voyageur avec la tempête, qui font glisser son pied au bord du précipice, qui l'égarent le soir par des lueurs trompeuses. Eh bien ! il n'y a qu'un moyen de se rendre ces âmes favorables, c'est de leur jeter, en faisant le signe de la croix, quelques gouttes de ce vin qu'elles ont tant aimé pendant leur vie et qui a été pour elles cause de damnation éternelle après leur mort. Voilà pourquoi j'ai fait mettre dans votre gourde du vin au lieu de kirchenwasser.

Cette explication me parut si satisfaisante que je ne trouvai d'autre réponse à faire que de renouveler pour mon compte l'opération que Francesco venait de faire pour le sien, et je ne doute pas que ce ne soit à cette précaution antidiabolique que nous dûmes d'arriver sans accident aucun à Realp, petit village situé à la base de la terrible montagne.

Nous ne fîmes à Realp qu'une halte d'une heure, et nous continuâmes notre route jusqu'à Andermatt. Chateaubriand et M. de Fitz-James y étaient passés quelques jours auparavant, et l'hôte me montra avec orgueil les noms des deux illustres voyageurs inscrits sur son registre.

Le lendemain matin, je fis prix avec un voiturier qui ramenait une petite calèche à Altdorf. Toute notre discussion roula sur le droit que je me réservais d'aller à pied quand bon me semblerait : le brave homme ne pouvait comprendre que je louasse une voiture à la condition de ne pas monter dedans. Enfin, je lui fis comprendre, grâce à mon interprète Francesco, que, désirant voir en détail certaines parties de la route, une course trop rapide ne me permettrait pas de me livrer à cette investigation. Ces choses convenues, nous nous mîmes en marche en prenant la route nouvelle du Saint-Gothard à Altdorf.

Cette route, profitable surtout au canton d'Uri, a été exécutée par lui avec l'aide de ses frères les plus riches : les cantons de Berne, de Zurich, de Lucerne, de Bâle, lui ouvrirent généreusement leur bourse à son premier appel et lui prêtèrent entre eux, et sans intérêts, huit millions qu'il acquitte religieusement en leur rendant une somme annuelle de cinq cent mille francs.

À peine fus-je à un quart de lieu d'Andermatt que j'usai du privilège d'aller à pied. Nous étions arrivés à un des endroits les plus curieux de la route : c'est un défilé formé par le Galenstock et le Crispalt, rempli entièrement par les eaux de la Reuss, que j'avais vue naître la veille au sommet de la Furka, et qui, cinq lieues plus loin, mérite déjà, par l'accroissement qu'elle a pris, le nom de *Géante* qu'on lui a donné. La route, arrivée à cet endroit, s'est donc heurtée contre la base granitique du Crispalt, et il a fallu creuser le roc pour qu'elle pût passer d'une vallée à l'autre. Cette galerie souterraine, longue de cent quatre-vingts pieds et éclairée par des ouvertures qui donnent sur la Reuss, est vulgairement appelée le *trou d'Uri*.

Après avoir fait quelques pas de l'autre côté de la galerie, je me trouvai en face du pont du Diable – je devrais dire des ponts du Diable : car il y en a effectivement deux. Il est vrai qu'un seul est pratiqué, le nouveau ayant fait abandonner l'ancien. Je laissai ma voiture prendre le pont neuf et je me mis en devoir de gagner, en m'aidant des pieds et des mains, le véritable pont du Diable, auquel le nouveau favori est venu voler non seulement ses passagers, mais encore son nom.

Les ponts sont tous deux jetés hardiment d'une rive à l'autre de la Reuss, qu'ils franchissent d'une seule enjambée et qui coule sous une seule arche. Celle du pont moderne a soixante pieds de haut et vingt-cinq de large ; celle du vieux pont n'en a que quarante-cinq sur vingt-deux. Ce n'en est pas moins le plus effrayant à traverser, vue l'absence de parapets. La tradition à laquelle il doit son nom est peut-être une des plus curieuses de toute la Suisse : la voici dans toute sa pureté.

La Reuss, qui coule dans un lit creusé à soixante pieds de profondeur entre des rochers coupés à pic, interceptait toute communication entre les habitants du val Curnera et ceux de la vallée de Göschenen, c'est-à-dire entre les Grisons et les gens d'Uri. Cette solution de continuité causait un tel dommage aux deux cantons limitrophes, qu'ils rassemblèrent leurs plus habiles architectes, et qu'à frais communs plusieurs ponts furent bâtis d'une rive à l'autre, mais jamais assez solides pour qu'ils résistassent plus d'un an à la tempête, à la crue des eaux ou à la chute des avalanches. Une dernière tentative de ce genre avait été faite vers la fin du quatorzième siècle, et l'hiver presque fini donnait l'espoir que, cette fois, le pont résisterait à toutes ces attaques, lorsqu'un matin, on vint dire au bailli de Göschenen que le passage était de nouveau intercepté.

– Il n'y a que le diable, s'écria le bailli, qui puisse nous en bâtir un.

Il n'avait pas achevé ces paroles qu'un domestique annonça Messire Satan.

– Faites entrer, dit le bailli.

Le domestique se retira et fit place à un homme de trente-cinq à trente-six ans, vêtu à la manière allemande, portant un pantalon collant de couleur rouge, un justaucorps noir fendu aux articulations des bras dont les crevés laissaient voir une doublure couleur de feu. Sa tête était couverte d'une toque noire, coiffure à laquelle une grande plume rouge donnait, par ses ondulations, une grâce toute particulière. Quant à ses souliers, anticipant sur la mode, ils étaient arrondis du bout, comme ils le furent, cent ans plus tard, vers le milieu du règne de Louis XII, et un grand ergot, pareil à celui d'un coq et qui adhérait visiblement à sa jambe, paraissait destiné à lui servir d'éperon lorsque son bon plaisir était de voyager à cheval.

Après les compliments d'usage, le bailli s'assit dans un fauteuil et le diable dans un autre. Le bailli mit ses pieds sur les chenets, le diable posa tout bonnement les siens sur la braise.

— Eh bien ! mon brave ami, dit Satan, vous avez donc besoin de moi ?

— J'avoue, Monseigneur, répondit le bailli, que votre aide ne nous serait pas inutile.

— Pour ce maudit pont, n'est-ce pas ?

— Eh bien ?

— Il vous est donc bien nécessaire ?

— Nous ne pouvons nous en passer.

— Ah ! ah ! fit Satan.

— Tenez, soyez bon diable, reprit le bailli après un moment de silence, faites-nous en un.

— Je venais vous le proposer.

— Eh bien ! il ne s'agit donc que de s'entendre... sur...

Le bailli hésita.

— Sur le prix, continua Satan en regardant son interlocuteur avec une singulière expression de malice.

— Oui, répondit le bailli, sentant que c'était là que l'affaire allait s'embrouiller.

— Oh ! D'abord, continua Satan en se balançant sur les pieds de derrière de sa chaise et en affilant ses griffes avec le canif du bailli, je serai de bonne composition sur ce point.

— Eh bien ! Cela me rassure, dit le bailli. Le dernier nous a coûté soixante marcs d'or. Nous doublerons cette somme pour le nouveau, mais c'est tout ce que nous pouvons faire.

— Eh ! Quel besoin ai-je de votre or ? reprit Satan. J'en fais quand je veux. Tenez.

Il prit un charbon tout rouge au milieu du feu comme il eût pris une praline dans une bonbonnière.

— Tendez la main, dit-il au bailli.

Le bailli hésitait.

— N'ayez pas peur, continua Satan.

Et il lui mit entre les doigts un lingot d'or le plus pur et aussi froid que s'il fût sorti de la mine. Le bailli le tourna et le retourna en tout sens, puis il voulut le lui rendre.

– Non, non, gardez, reprit Satan en passant d'un air suffisant une de ses jambes sur l'autre. C'est un cadeau que je vous fais.

– Je comprends, dit le bailli en mettant le lingot dans son escarcelle, que si l'or ne vous coûte pas plus de peine à faire, vous aimiez autant qu'on vous paye avec une autre monnaie. Mais comme je ne sais pas celle qui peut vous être agréable, je vous prierai de faire vos conditions vous-même.

Satan réfléchit un instant.

– Je désire que l'âme du premier individu qui passera sur ce pont m'appartienne, répondit-il.

– Soit, dit le bailli.

– Rédigeons l'acte, continua Satan.

– Dictez vous-même.

Le bailli prit une plume, de l'encre et du papier, et se prépara à écrire. Cinq minutes après, un sous-seing en bonne forme, *fait double et de bonne foi*, était signé par Satan en son propre nom et par le bailli au nom et comme fondé de pouvoirs de ses paroissiens. Le diable s'engageait formellement, par cet acte, à bâtir dans la nuit un pont assez solide pour durer *cinq cents ans* ; et le magistrat, de son côté, concédait, en paiement de ce pont, l'âme du premier individu que le hasard ou la nécessité forcerait de traverser la Reuss sur le passage diabolique que Satan devait improviser.

Le lendemain, au point du jour, le pont était bâti.

Bientôt le bailli parut sur le chemin de Göschenen : il venait vérifier si le diable avait accompli sa promesse. Il vit le pont, qu'il trouva fort convenable, et, à l'extrémité opposée à celle par laquelle il s'avançait, il aperçut Satan assis sur une borne et attendant le prix de son travail nocturne.

– Vous voyez que je suis homme de parole, dit Satan.

– Et moi aussi, répondit le bailli.

– Comment, mon cher Curtius, reprit le diable stupéfait, vous dévoueriez-vous pour le salut de vos administrés ?

– Pas précisément, continua le bailli en déposant à l'entrée du pont un sac qu'il avait apporté sur son épaule et dont il se mit incontinent à dénouer les cordons.

– Qu'est-ce ? dit Satan, essayant de deviner ce qui allait se passer.

– Prrrrrrooooou ! dit le bailli.

Et un chien, traînant une poêle à sa queue, sortit tout épouvanté du sac, et, traversant le pont, alla passer en hurlant aux pieds de Satan.

– Eh ! dit le bailli, voilà votre âme qui se sauve ! Courez donc après, Monseigneur !

Satan était furieux ; il avait compté sur l'âme d'un homme, et il était forcé de se contenter de celle d'un chien. Il y aurait eu de quoi se damner si la chose n'eût pas été faite. Cependant, comme il était de bonne compagnie, il eut l'air de trouver le tour très drôle, et fit semblant de rire tant que le bailli fut là. Mais, à peine le magistrat eut-il le dos tourné que Satan commença à s'escrimer des pieds et des mains pour démolir le pont qu'il avait bâti. Il avait fait la chose tellement en conscience qu'il se retourna les ongles et se déchaussa les dents avant d'en avoir pu arracher le plus petit caillou.

– J'étais un bien grand sot, dit Satan.

Puis, cette réflexion faite, il mit les mains dans ses poches et descendit les rives de la Reuss, regardant à droite et à gauche, comme aurait pu le faire un amant de la belle nature. Cependant, il n'avait pas renoncé à son projet de vengeance. Ce qu'il cherchait des yeux, c'était un rocher d'une forme et d'un poids convenables, afin de le transporter sur la montagne qui domine la vallée, et de le laisser tomber de cinq cents pieds de haut sur le pont que lui avait escamoté le bailli de Göschenen.

Il n'avait pas fait trois lieues qu'il avait trouvé son affaire. C'était un joli rocher, gros comme une des tours de Notre-Dame. Satan l'arracha de terre avec autant de facilité qu'un enfant aurait fait d'une rave, le chargea sur son épaule, et, prenant le sentier qui conduisait au haut de la montagne, il se mit en route, tirant la langue en signe de joie et jouissant d'avance de la désolation du bailli quand il trouverait, le lendemain, son pont effondré.

Lorsqu'il eut fait une lieue, Satan crut distinguer sur le pont un grand concours de populace. Il posa son rocher par terre, grimpa dessus, et, arrivé au sommet, aperçut distinctement le clergé de Göschenen, croix en tête et bannière déployée, qui venait de bénir l'œuvre satanique et de consacrer à Dieu le pont du diable. Satan vit bien qu'il n'y avait rien de bon à faire pour lui. Il descendit tristement, et, rencontrant une pauvre vache qui n'en pouvait mais, il la tira par la queue et la fit tomber dans un précipice. Quant au bailli de Göschenen, il n'entendit jamais reparler de l'architecte infernal. Seulement, la première fois qu'il fouilla à son escarcelle, il se brûla vigoureusement les doigts : c'était le lingot qui était redevenu charbon.

Le pont subsista cinq cents ans, comme l'avait promis le diable.

Si l'on veut chercher la vérité cachée derrière ces voiles mystérieux, mais transparents, de la tradition, ce sera surtout lorsqu'il sera question de ces grands travaux attribués à l'ennemi du genre humain qu'elle sera facile à découvrir. Ainsi, presque partout en Suisse, il y a des chaussées du Diable, des ponts du Diable, des châteaux du Diable, qu'après une investigation un peu sérieuse, on reconnaîtra pour des ouvrages romains. Contre l'exemple des Grecs qui, dans leurs invasions, détruisaient et emportaient, les Romains, dans leurs conquêtes, apportaient et bâtissaient. Aussi, à peine l'Helvétie fut-elle soumise par César qu'une tour s'éleva à Nyon (*Novidunum*), un temple à Moudon (*Mus Donium*), et qu'une voie militaire aplanissant le sommet du Saint-Bernard traversa l'Helvétie dans sa plus grande largeur et alla aboutir au Rhin, près de Mayence.

Sous Auguste, les maisons les plus nobles et les plus riches de Rome acquirent des possessions de la nouvelle conquête et vinrent s'établir à Vindisch (*Vindonissa*), à Avenches (*Aventicum*), à Arbon (*Arbor felix*) et à Coire (*Curia*). C'est alors que, pour rendre les communications plus faciles entre ces riches étrangers, les architectes romains, sinon les premiers, du moins les plus hardis du monde, jetèrent d'une montagne à l'autre et au-dessus d'épouvantables précipices ces ponts aériens si solides que, presque en tous lieux, on les retrouve debout.

La domination romaine en Helvétie dura, comme on le sait, quatre cent cinquante ans. Puis un jour apparurent sur les montagnes de nouveaux peuples, venus on ne sait d'où, conquérants nomades cherchant une patrie, s'établissant selon leur caprice, avec leurs femmes et leurs enfants, là où ils croyaient être bien, chassant devant eux avec le fer de leur épée les vainqueurs du monde, comme les bergers chassent les troupeaux avec le bois de la houlette, et faisant esclaves les populations que Rome avait adoptées pour ses filles. Ceux que le souffle de Dieu poussa vers l'Helvétie étaient les Burgondes et les Alamans ; ils s'établirent depuis Genève jusqu'à Constance et depuis Bâle jusqu'au Saint-Gothard.

Ces hommes, incultes et sauvages comme les forêts d'où ils sortaient, restèrent saisis d'étonnement en face des monuments que la civilisation romaine avait laissés. Incapables de produire de pareilles choses, leur orgueil se révolta à l'idée que des hommes les avaient produites, et toute œuvre qui leur parut au-dessus de leurs forces fut attribuée par ceux-ci à la complaisante coopération de l'ennemi des hommes, que ceux-ci avaient dû nécessairement payer au prix de leurs corps ou de leurs âmes. De là toutes les légendes merveilleuses dont le Moyen Âge hérita et qu'il a léguées à ses enfants.

Une lieue après le pont du Diable, et en descendant toujours la Reuss, on trouve un second pont jeté sur cette rivière et à l'aide duquel on passe d'une rive à l'autre ; il a été bâti à l'endroit même appelé le *saut du Moine*. Ce nom vient de ce qu'un moine qui avait enlevé une jeune fille et l'emportait entre ses bras, poursuivi par ses deux frères dont les chevaux le gagnaient de vitesse, s'élança, sans quitter son fardeau, d'une rive à l'autre, au risque de se briser avec lui dans le précipice. Les frères de la jeune fille n'osèrent le suivre, et le moine resta maître de ce qu'il aimait. Le saut fait par cet autre Claude Frollo avait vingt-deux pieds de largeur, et l'abîme qu'il franchissait, cent vingt pieds de profondeur.

Un quart d'heure avant d'arriver à Altdorf, nous aperçûmes, de l'autre côté de la rivière, le village d'Attinghausen et, derrière le clocher de ce village, les ruines de la maison de Walter Fürst, l'un des trois libérateurs de la Suisse. Nous venions d'abandonner la terre de la Fable pour celle de l'Histoire. Désormais, plus de légendes diaboliques ou de traditions monacales, mais une épopée tout entière, grande, belle et merveilleuse, accomplie par une nation sans autre secours que celui de ses enfants et dont nous lirons bientôt la première page à Bürglen, sur l'autel de la chapelle élevée à l'endroit même où naquit Guillaume Tell.

Chapitre 29

Werner Stauffacher

Un an s'est passé depuis que nous avons pris congé de nos lecteurs sur les bords de la Reuss, après leur avoir fait traverser avec nous le *pont du Diable* et le *saut du Moine* **(57)**. Nous étions restés, si nous avons bonne mémoire, en vue du village d'Attinghausen, derrière le clocher duquel nous apercevions les ruines de la maison de Walter Fürst, l'un des trois libérateurs de la Suisse. Depuis ce temps, nous avons fait une lointaine et longue excursion chez d'autres peuples et au fond d'autres contrées ; nous en avons rapporté de nouvelles impressions et de puissants souvenirs qui demandent aussi à voir le jour, mais qui, en frères respectueux, doivent cependant céder la place à leurs aînés. Nous allons donc revenir, non plus à notre Helvétie des glaciers et des montagnes, mais à la Suisse des lacs et des prairies ; non plus au sol fabuleux, mais à la terre historique, car nous n'avons que cette petite montagne qui est devant nous à gravir, que ce petit cimetière plein de roses à traverser, et, près de l'église, à gauche, nous allons nous trouver à la porte d'une petite chapelle bâtie sur l'emplacement de la maison même où est né Guillaume Tell, et dont le sacristain est allé nous chercher la clé.

Si connue que soit l'histoire du héros populaire dont nous venons de prononcer le nom, et quelque familiers que nous soyons généralement avec cette histoire, nous ne pouvons nous dispenser, arrivés où nous en sommes et près de parcourir les lieux qui se déroulent à notre vue, d'entrer dans quelques détails sur la révolution helvétique et de suivre dans ses développements l'association qui donna naissance à la plus vieille république, non seulement de l'ère moderne, mais encore des temps anciens. D'ailleurs, nous écrivons non seulement pour le lecteur casanier qui nous lit au coin de son feu, un pied sur chacun de ses chenets et enveloppé dans sa robe de chambre, mais encore pour le voyageur aventureux qui, comme nous, le grand chapeau de paille sur la tête, le sac sur l'épaule et le bâton ferré à la main, suivra dans l'avenir la route que nous avons suivie et que nous lui traçons. Or, celui-là, à qui nous donnons ici notre salut fraternel, sera heureux de s'asseoir au haut de cette petite colline de roses, près de cette église et en face de cette chapelle où nous sommes, et de trouver chez nous un précis historique court et cependant exact des événements passés il y a près de six siècles et dont il peut embrasser presque tout l'ensemble sur cet immense panorama qui s'étend à nos pieds comme une carte géographique.

Albert d'Autriche, qui était de la maison de Habsbourg, parvint au trône impérial en 1298. À l'époque de son avènement, il n'existait en Helvétie [56] ni associations, ni cantons, ni Diète.

Quant à l'empereur, il possédait seulement, au milieu de ces contrées, à titre de chef des comtes de Habsbourg, une quantité considérable de villes, de forteresses et de terres qui font aujourd'hui partie des cantons de Zurich, Lucerne, Zug, Argovie, etc., etc. Les autres comtes auxquels appartenait le reste du pays étaient ceux de Savoie, de Neufchâtel et de Rapperswil.

Il serait difficile de faire l'histoire individuelle de cette noblesse, riche, débauchée et remuante, toujours en guerre et en plaisir, épuisant le sang et l'or de ses vassaux et couvrant chaque cime de montagne de tours et de forteresses d'où, comme les aigles dans leurs aires, ils s'abattaient dans la plaine pour y enlever l'objet de leur désir, qu'ils revenaient mettre en sûreté derrière les murs de leurs châteaux. Et que l'on ne croie pas que les laïcs seuls se livraient à ces déprédations : non, les puissants évêques de Bâle, de Constance, de Coire et de Lausanne vivaient de la même manière, et les riches abbés de Saint-Gall et d'Einsiedeln suivaient l'exemple de leurs chefs mitrés, comme la petite noblesse celui des hauts barons.

Au milieu de cette terre couverte d'esclaves et d'oppresseurs, trois petites communes étaient restées libres : c'étaient celles d'Uri, de Schwyz et d'Unterwald, qui, dès 1291, prévoyant les jours de malheur et les circonstances périlleuses

---

56. L'Helvétie ne prit le nom de Suisse qu'après la Confédération.

cachées dans l'avenir, s'étaient réunies et engagées à défendre mutuellement envers et contre tous leurs personnes, leurs familles, leurs biens, et s'aider, le cas échéant, par les conseils et par les armes. Cette alliance leur avait fait donner le nom d'Eidgenossen [57], c'est-à-dire *alliés par serment*. Albert, déjà alarmé de cette première démonstration hostile, voulut les forcer à renoncer à la protection de l'empereur, leur seul suzerain, et à se soumettre à celle plus immédiate et plus directe des comtes de Habsbourg, afin que, si aucun de ses fils n'était élu au trône romain après lui, ils conservassent la souveraineté de ces pays qui, sans cela, échappaient à la noble maison des ducs d'Autriche. Mais Uri, Schwyz et Unterwald avaient trop vu quels brigandages infâmes s'exerçaient autour d'eux pour être dupes d'une pareille proposition. Ils repoussèrent donc les ouvertures qui leur en furent faites, en 1305, par les députés d'Albert, et supplièrent qu'on ne les privât pas de la protection de l'empereur régnant ou, selon l'expression usitée à cette époque, qu'on ne les séparât point de l'Empire.

Albert leur fit répondre que son désir était de les adopter comme enfants de sa famille royale, offrit des fiefs à leurs principaux citoyens, et parla d'une création de dix chevaliers par commune. Mais ces vieux montagnards répondirent que ce qu'ils demandaient était le maintien de leurs anciens droits et non de nouvelles faveurs. Alors Albert, voyant qu'il n'y avait rien à faire de ces hommes par la corruption, voulut voir ce qu'on en pourrait faire par la tyrannie. Il leur envoya en conséquence deux baillis autrichiens dont il connaissait le caractère despotique et emporté : c'étaient Hermann Gessler de Brunegg et le chevalier Beringer de Landenberg. Ces nouveaux baillis s'établirent dans le pays même des Confédérés, ce que leurs devanciers ne s'étaient jamais permis de faire : Landenberg prit possession du château royal de Sarnen, dans le Haut-Unterwald, et Gessler, ne trouvant point de séjour digne de lui dans le pauvre pays qui lui était échu en partage, fit bâtir une forteresse à laquelle il donna le nom d'*Urijoch*, ou *Joug d'Uri*. Dès lors commença à être mis à exécution le plan d'Albert, qui espérait, à l'aide de cette tyrannie, déterminer les Confédérés à se détacher eux-mêmes de l'Empire et à se mettre sous la protection de la maison d'Autriche : en conséquence, les

---

57. Étymologie du mot huguenot.

péages furent augmentés, les plus petites fautes punies par de fortes amendes, et les citoyens traités avec hauteur et mépris.

Un jour que Hermann Gessler faisait sa tournée dans le canton de Schwyz, il s'arrêta devant une maison que l'on achevait de bâtir et qui appartenait à Werner Stauffacher.

– N'est-ce point une honte, dit-il en s'adressant à l'écuyer qui le suivait, que de misérables serfs bâtissent de pareilles maisons quand les chaumières seraient trop bonnes pour eux ?

– Laissez-la finir, Monseigneur, répondit l'écuyer, et, lorsqu'elle sera achevée, nous ferons sculpter au-dessus de la porte les armes de la maison de Habsbourg, et nous verrons si son maître est assez hardi pour la réclamer.

– Tu as raison, dit Gessler.

Et, piquant son cheval, il continua son chemin. La femme de Werner Stauffacher était sur le seuil de la porte ; elle entendit cette conversation et donna aussitôt l'ordre aux ouvriers de laisser là leur ouvrage et de se retirer chacun chez eux. Ils obéirent.

Lorsque Werner Stauffacher revint, il regarda avec étonnement cette maison solitaire et demanda à sa femme pourquoi les ouvriers s'étaient retirés, qui leur en avait donné l'ordre.

– Moi, répondit-elle.

– Et pourquoi cela, femme ?

– Parce qu'une chaumière est tout ce qu'il faut à des vassaux et à des serfs.

Werner poussa un soupir et entra dans la maison. Il avait faim et soif ; il s'attendait à trouver le dîner préparé. Il s'assit à table. Sa femme lui servit du pain et de l'eau, et s'assit près de lui.

– N'y a-t-il plus de vin au cellier, plus de chamois dans les montagnes, plus de poissons dans le lac, femme ? dit Werner.

– Il faut savoir vivre selon sa condition. Le pain et l'eau sont le dîner des vassaux et des serfs.

Werner fronça le sourcil, mangea le pain et but l'eau. La nuit vint, ils se couchèrent. Avant de s'endormir, Werner prit sa femme entre ses bras et voulut l'embrasser ; elle le repoussa.

– Pourquoi me repousses-tu, femme ? dit Werner [58].

---

58. Qu'on me permette de rapporter la tradition suisse dans toute sa naïveté : c'est le seul moyen de lui conserver sa couleur.

– Parce que des vassaux et des serfs ne doivent point désirer donner le jour à des enfants qui seront vassaux et serfs comme leurs pères.

Werner se jeta à bas du lit, se rhabilla en silence, détacha de la muraille une longue épée qui y était pendue, la jeta sur ses épaules, et sortit sans prononcer une parole.

Il marcha, sombre et pensif, jusqu'à Brunnen. Arrivé là, il fit prix avec quelques pêcheurs, traversa le lac, arriva deux heures avant le jour à Attinghausen, et alla frapper à la maison de Walter Fürst, son beau-père. Ce vieillard vint ouvrir lui-même et, quoique étonné de voir paraître son gendre à cette heure de la nuit, il ne lui demanda pas la cause de cette visite, mais donna l'ordre à un serviteur d'apporter sur la table un quartier de chamois et du vin.

– Merci, père, dit Werner, j'ai fait un vœu.

– Et lequel ?

– De ne manger que du pain et de ne boire que de l'eau jusqu'à un moment peut-être bien éloigné encore.

– Et lequel ?

– Celui où nous serons libres.

Walter Fürst s'assit en face de Werner.

– Ce sont de bonnes paroles que celles que tu viens de dire. Mais auras-tu le courage de les répéter à d'autres qu'au vieillard que tu appelles ton père ?

– Je les répéterai à la face de Dieu qui est au ciel, et à la face de l'empereur qui est son représentant sur la terre.

– Bien dit, enfant. Il y a longtemps que j'attendais de ta part une pareille visite et une semblable réponse. Je commençais à croire que ni l'une ni l'autre ne viendraient.

On frappa de nouveau ; Walter Fürst alla ouvrir. Un jeune homme armé d'un bâton qui ressemblait à une massue était debout à la porte. Un rayon de lune éclaira en ce moment ses traits pâles et bouleversés.

– Melchtal ! s'écrièrent à la fois Walter Fürst et Stauffacher.

– Et que viens-tu demander ? continua Walter Fürst, effrayé de sa pâleur.

– Asile et vengeance ! dit Melchtal d'une voix sombre.

– Tu auras ce que tu demandes, répondit Walter Fürst, si la vengeance dépend de moi comme l'asile.

– Qu'est-il donc arrivé, Melchtal ?

– Il est arrivé que j'étais à labourer ma terre et que j'avais à ma charrue les deux plus beaux bœufs de mon troupeau, lorsqu'un valet de Landenberg vint à passer et s'arrêta. Puis, après un instant, s'approchant de mon attelage :

» – Voilà de trop beaux bœufs pour un vassal, dit-il. Il faut qu'ils changent de maître.

» – Ces bœufs sont à moi, lui dis-je, et, comme j'en ai besoin, je ne veux pas les vendre.

» – Et qui parle de te les acheter, manant ?

» À ces mots, il tira de sa ceinture un couteau à dépouiller le gibier et coupa les traits.

» – Mais si vous me prenez cet attelage, comment ferai-je pour labourer ma terre ?

» – Des paysans comme toi peuvent bien traîner leur charrue eux-mêmes s'ils veulent manger le pain dont ils ne sont pas dignes.

» – Tenez, lui dis-je, il en est encore temps, si vous passez votre chemin, je vous pardonne.

» – Et où est ton arc ou ton arbalète pour parler ainsi ?

» Il y avait près de moi un jeune arbre, je le brisai.

» – Je n'ai besoin ni de l'un ni de l'autre, vous voyez que je suis armé, lui dis-je.

» – Si tu fais un pas, me répondit-il, je t'éventre comme un chamois.

» D'un seul bond, je fus près de lui, le bâton levé.

» – Et moi, si vous portez la main sur mon attelage, je vous assomme comme un taureau. Il étendit le bras et toucha le joug. Oui, je crois qu'il le toucha du bout du doigt. Mon bâton tomba, et le valet de Landenberg avec lui. Je lui avais rompu le bras comme si c'eût été une baguette de saule. »

– Et tu avais bien fait, et c'était justice, s'écrièrent les deux hommes.

– Je le sais, et je ne m'en repens pas, continua Melchtal. Mais je ne fus pas moins forcé de me sauver. J'abandonnai mes bœufs et je me cachai tout le jour dans le bois du Rotstock. Puis, la nuit venue, je pensai à vous, qui êtes bon et hospitalier. Je pris la passe de Surchen, et me voilà.

– Sois le bienvenu, Melchtal, dit Walter Fürst en lui tendant la main.

– Mais ce n'est point tout, continua le jeune homme. Il nous faudrait un homme intelligent que nous pussions envoyer à Sarnen, afin qu'il sache ce qui s'est passé depuis hier et quelles mesures de vengeance ont été prises contre moi par Landenberg.

En ce moment, un pas alourdi par la fatigue se fit entendre. Un instant après, un homme frappa en disant :

– Ouvrez, je suis Ruder.

Melchtal ouvrit la porte pour se jeter dans les bras du serviteur de son père, mais il le trouva si pâle et si abattu qu'il recula, épouvanté.

– Qu'y a-t-il, Ruder ? dit Melchtal d'une voix tremblante.

– Malheur sur vous, mon jeune maître ! Malheur sur le pays qui voit tranquillement de pareils crimes ! Malheur sur moi qui vous apporte de si fatales nouvelles !

– Il n'est rien arrivé au vieillard ? dit Melchtal. Ils ont respecté son âge et ses cheveux blancs ? La vieillesse est sacrée.

– Respectent-ils quelque chose ? Y a-t-il quelque chose de saint pour eux ?

– Ruder ! s'écria Melchtal en joignant les mains.

– Ils l'ont pris, ils ont voulu lui faire dire où vous étiez, et, comme il ne le savait pas... pauvre vieillard ! Ils lui ont crevé les yeux !

Melchtal jeta un cri terrible. Werner et Walter Fürst se regardèrent, les cheveux hérissés et la sueur sur le front.

– Tu mens ! s'écria Melchtal en saisissant Ruder au collet, tu mens ! Il est impossible que des hommes commettent de pareils crimes ! Oh ! tu mens ! Dis-moi que tu mens !

– Hélas ! répondit Ruder.

– Ils lui ont crevé les yeux, dis-tu ? Et cela parce que je m'étais sauvé comme un lâche ! Ils ont crevé les yeux du père parce qu'il ne voulait pas livrer le fils ! Ils ont enfoncé une pointe de fer dans les yeux d'un vieillard, et cela à la face du jour, du soleil, de Dieu ! Et nos montagnes ne se sont pas écroulées sur leurs têtes ! Nos lacs n'ont pas débordé pour les engloutir ! Le tonnerre n'est pas tombé du ciel pour les foudroyer ! Ils n'ont plus assez de nos larmes, et ils nous font pleurer le sang ! Ah ! ah ! mon Dieu ! Prenez pitié de nous !

Et Melchtal tomba comme un arbre déraciné, se roula et mordit la terre. Werner s'approcha de Melchtal.

– Ne pleure pas comme un enfant, ne te roule pas comme une bête fauve. Relève-toi comme un homme, nous vengerons ton père, Melchtal !

Le jeune homme se retrouva debout, comme si un ressort l'avait remis sur ses pieds.

– Nous le vengerons, avez-vous dit, Werner ?

– Nous le vengerons, reprit Walter Fürst.

– Ah ! fit Melchtal en jetant un éclat de voix qui ressemblait au rire d'un fou.

En ce moment, le refrain d'une chanson joyeuse se fit entendre à quelque distance, et, au détour du chemin, on vit, aux premiers rayons du jour, apparaître un nouveau personnage.

– Rentrez, s'écria Ruder en s'adressant à Melchtal.

– Reste, dit Walter Fürst. C'est un ami.

– Et qui pourrait nous être utile, ajouta Werner.

Melchtal, accablé, tomba sur un banc. Pendant ce temps, l'étranger s'approchait toujours. C'était un homme de quarante ans à peu près. Il était vêtu d'une espèce de robe brune qui lui descendait jusqu'aux genoux seulement, et qui tenait le milieu entre le costume monacal et le vêtement des laïcs ; cependant, ses cheveux longs, ses moustaches et sa barbe, taillés comme ceux des bourgeois libres, indiquaient que, s'il appartenait au cloître, c'était fort indirectement. Sa démarche était d'ailleurs bien plus celle d'un soldat que d'un moine, et l'on aurait pu le prendre pour un homme de guerre s'il n'eut porté, à la place de l'épée, une écritoire pendue à sa ceinture et, dans une trousse d'archer vide de flèches, un rouleau de parchemin et des plumes. Son costume était complété, du reste, par un pantalon de drap bleu collant sur sa jambe, par des brodequins lacés dessus et par le long bâton ferré sans lequel voyage si rarement le montagnard.

Dès qu'il avait aperçu le groupe qui s'était formé devant la porte, il avait cessé de chanter, et il s'approchait avec cet air ouvert qui annonçait sa certitude d'y trouver des figures de connaissance. En effet, il était encore à quelques pas que Walter Fürst lui adressa la parole.

– Sois le bienvenu, Guillaume, lui dit-il. Où vas-tu si matin ?

— Dieu vous garde, Walter. Je vais toucher les redevances du *fraumünster*[59] de Zurich dont je suis, comme vous savez, le receveur.

— Ne peux-tu pas t'arrêter un quart d'heure avec nous ?

— Pour quoi faire ?

— Pour écouter ce que va te dire ce jeune homme...

L'étranger se tourna du côté de Melchtal et vit qu'il pleurait. Alors il s'approcha de lui et lui tendit la main.

— Que Dieu sèche vos larmes, frère, lui dit-il.

— Que Dieu venge le sang ! répondit Melchtal.

Et il lui raconta tout ce qui venait d'arriver. Guillaume écouta ce récit avec une grande compassion et une profonde tristesse.

— Et qu'avez-vous résolu ? dit Guillaume lorsqu'il eut fini.

— De nous venger et de délivrer notre pays, répondirent les trois hommes.

— Dieu s'est réservé la vengeance des crimes et la délivrance des peuples, dit Guillaume.

— Et que nous a-t-il donc laissé à nous autres hommes ?

— La prière et la résignation qui les hâtent.

— Guillaume, ce n'est point la peine d'être un si vaillant archer si tu réponds comme un moine quand on te parle comme à un citoyen.

— Dieu a fait la montagne pour le daim et le chamois, et le daim et le chamois pour l'homme. Voilà pourquoi il a donné la légèreté au gibier et l'adresse au chasseur. Vous vous êtes donc trompé, Walter Fürst, en m'appelant un vaillant archer, je ne suis qu'un pauvre chasseur.

— Adieu, Guillaume, va en paix !

— Dieu soit avec vous, frères !

Guillaume s'éloigna. Les trois hommes le suivirent des yeux en silence jusqu'à ce qu'il eut disparu au premier détour du chemin.

— Il ne faut pas compter sur lui, dit Werner Stauffacher. Et cependant, c'eût été un puissant allié.

— Dieu réserve à nous seuls la délivrance de notre pays. Dieu soit loué !

— Et quand nous mettrons-nous à l'œuvre ? dit Melchtal. Je suis pressé... Mes yeux pleurent, et ceux de mon père saignent.

---

59. Couvent de femmes.

– Nous sommes chacun d'une commune différente : toi, Werner, de Schwyz ; toi, Melchtal, d'Unterwald, et moi, d'Uri. Choisissons chacun, parmi nos amis, dix hommes sur lesquels nous puissions compter ; rassemblons-nous avec eux au Grütli. Dieu peut ce qu'il veut et, lorsqu'ils marchent dans sa voie, trente hommes valent une armée.

– Et quand nous rassemblerons-nous ? dit Melchtal.

– Dans la nuit de dimanche à lundi, répondit Walter Fürst.

– Nous y serons, répondirent Werner et Melchtal.

Et les trois amis se séparèrent.

Chapitre 30

Conrad de Baumgarten

Parmi les dix hommes du canton d'Unterwald qui devaient accompagner Melchtal au Grütli, dans la nuit du 17 novembre, était un jeune homme de Wolfenchiessen nommé Conrad de Baumgarten. Il venait d'épouser par amour la plus belle fille d'Altzellen, et le désir seul de délivrer son pays l'avait fait entrer dans la conjuration ; car il était heureux. Aussi ne voulut-il pas dire à sa jeune femme quel motif l'éloignait d'elle. Il feignit une affaire au village de Brunnen, et, le 16 au soir, il lui annonça qu'il quittait la maison jusqu'au lendemain. La jeune femme pâlit.

– Qu'y a-t-il, Roschen[60] ? dit Conrad. Il est impossible qu'une chose aussi simple vous fasse une telle impression.

– Conrad, dit la jeune femme, ne pouvez-vous remettre cette affaire ?

– Impossible !

– Allez, alors !

Conrad la regarda.

– Serais-tu jalouse, pauvre enfant ?

Roschen sourit tristement.

– Mais non, c'est impossible, continua-t-il. Il est arrivé quelque chose que tu me caches ?

– Peut-être ai-je tort de craindre, répondit Roschen.

– Et que peux-tu craindre dans ce village, au milieu de nos parents, de nos amis ?

– Tu connais notre jeune seigneur, Conrad ?

– Oui, sans doute, répondit celui-ci en fronçant le sourcil. Eh bien ?

– Eh bien ! il m'a vue à Altzellen avant que je fusse ta femme.

---

60. Rosette

– Et il t'aime ? s'écria Conrad en fermant les poings et en la regardant fixement.
– Il me l'a dit.
– Autrefois ?
– Oui, et je l'avais oublié. Mais hier, je l'ai rencontré sur le chemin de Stans, et il m'a répété les mêmes paroles.
– Bien, bien, murmura Conrad. Insolents seigneurs ! Ce n'était donc pas assez de mon amour pour la patrie, vous voulez que j'y joigne la haine pour vous ? Mais hâtez-vous d'amasser de nouveaux crimes sur vos têtes, le jour de la vengeance va venir.
– Qui menaces-tu ainsi ? dit Roschen. Oublies-tu qu'il est le maître ?
– Oui, de ses vassaux, de ses serfs et de ses valets. Mais moi, Roschen, je suis de condition libre, citoyen de la ville de Stans, seigneur de mes terres et de ma maison. Et si je n'ai pas droit, comme lui, d'y rendre justice, j'ai droit de me la faire.
– Tu vois bien que j'avais raison de craindre, Conrad.
– Oui.
– Ainsi, tu ne me quitteras pas ?
– J'ai donné ma parole, il faut que je la tienne.
– Tu me permettras de t'accompagner, alors ?
– Je t'ai déjà dit que c'était impossible.
– Mon Dieu, Seigneur ! murmura Roschen.
– Écoute, reprit Conrad, nous nous effrayons à tort, peut-être. Je n'ai dit à personne que je dusse partir, personne ne le sait donc. Je ne serai absent que jusqu'à demain midi. On me croira près de toi, et tu seras respectée.
– Dieu le veuille !

Conrad embrassa Roschen et la quitta. Le rendez-vous était, nous l'avons dit, au Grütli **(63)** . Personne n'y manqua. C'est là, dans cette petite plaine que forme une prairie étroite entourée de buissons, au pied des rocs du Seelisberg, que, dans la nuit du 17 novembre 1307, la terre donna au ciel l'un de ses plus sublimes spectacles, celui de trois hommes promettant sur leur honneur de rendre, au risque de leur vie, la liberté à tout un peuple. Walter Fürst, Werner Stauffacher et Melchtal étendirent le bras et s'écrièrent à Dieu, *devant qui les rois et les peuples sont égaux, de vivre et de mourir pour leurs frères, d'entreprendre et de supporter tout en commun ; de ne plus* *souffrir, mais de ne pas commettre d'injustice ; de respecter les droits et les propriétés du comte de Habsbourg ; de ne faire aucun mal aux baillis impériaux, mais de mettre un terme à leur tyrannie* ; priant Dieu, si ce serment lui était agréable, de le faire connaître par quelque miracle. Au même instant, trois sources d'eau vive jaillirent aux pieds des trois chefs. Les conjurés crièrent alors : « Gloire au Seigneur ! » et, levant la main, firent à leur tour le serment de rétablir la liberté en hommes de cœur. Quant à l'exécution de ce dessein, il fut remis à la nuit du 1er janvier 1308. Puis, le jour approchant, ils se séparèrent, et chacun reprit le chemin de sa vallée et de sa cabane.

Quelque diligence que fit Conrad, il était midi lorsqu'en sortant du Dallenwil, il aperçut le village de Wolfenchiessen et, près du village, la maison où l'attendait Roschen ; tout paraissait tranquille. Ses craintes se calmèrent à cette vue, son cœur cessa de battre, il s'arrêta pour respirer. En ce moment, il lui sembla que son nom passait à ses oreilles, emporté sur une bouffée de vent. Il tressaillit et se remit en marche.

Au bout de quelques minutes, il entendit une seconde fois une voix qui l'appelait. Il frémit car cette voix était plaintive, et il crut reconnaître celle de Roschen. Cette voix venait de la route ; il s'élança vers le village. À peine eut-il fait vingt pas qu'il aperçut une femme accourant à lui, échevelée, éperdue, qui, dès qu'elle l'aperçut, étendit les bras, prononça son nom, et, sans avoir la force d'aller plus avant, tomba au milieu du chemin. Conrad ne fit qu'un bond pour arriver près d'elle. Il avait reconnu Roschen.

– Qu'as-tu, ma bien-aimée ? s'écria-t-il.
– Fuyons, fuyons ! murmura Roschen en essayant de se relever.
– Et pourquoi faut-il que nous fuyions ?
– Parce qu'il est venu, Conrad, parce qu'il est venu pendant que tu n'y étais pas...
– Il est venu !
– Oui... et abusant de ton absence et de ce que j'étais seule...
– Parle donc ! parle donc !
– Il a exigé que je lui préparasse un bain.
– L'insolent ! Et tu as obéi ?

– Que pouvais-je faire, Conrad ? Alors il m'a parlé de son amour, il a étendu la main sur moi... C'est alors que je me suis sauvée, t'appelant à mon aide. J'ai couru comme une insensée, puis, quand je t'ai aperçu, les forces m'ont abandonnée et je suis tombée tout à coup, comme si la terre manquait sous mes pieds.
– Et où est-il ?
– À la maison, dans le bain...
– L'insensé ! s'écria Conrad en s'élançant vers Wolfenchiessen.
– Que vas-tu faire, malheureux ?
– Attends-moi, Roschen, je reviens.

Roschen tomba à genoux, les bras tendus vers l'endroit où avait disparu Conrad. Elle resta ainsi un quart d'heure, immobile et muette comme la statue de la Prière, puis, tout à coup, elle se releva et poussa un cri. C'était Conrad qui revenait, pâle et tenant à la main une cognée rouge de sang.

– Fuyons, Roschen ! dit-il à son tour. Fuyons, car nous ne serons en sûreté que de l'autre côté du lac. Fuyons sans suivre de route, loin des sentiers, loin des villes... Fuyons, si tu ne veux pas que je meure de crainte, non pour ma vie, mais pour la tienne !

À ces mots, il l'entraîna à travers la prairie. Roschen n'était pas une de ces fleurs délicates et étiolées comme il en pousse dans nos villes ; c'était une noble montagnarde, forte et puissante en face du danger, faite au soleil et à la fatigue. Conrad et elle eurent donc bientôt atteint le pied de la montagne. Conrad, alors, voulut se reposer, mais elle lui montra du doigt le sang qui couvrait le fer de sa cognée.

– Quel est ce sang ? lui dit-elle.
– Le sien... répondit Conrad.
– Fuyons ! s'écria Roschen.

Et elle se remit en route. Alors ils s'enfoncèrent dans le plus fourré de la forêt, gravissant les flancs de la montagne par des sentiers connus des seuls chasseurs. Plusieurs fois, Conrad voulut s'arrêter encore, mais toujours Roschen lui rendit le courage en lui assurant qu'elle n'était pas fatiguée. Enfin, une demi-heure avant la tombée de la nuit, ils arrivèrent au sommet d'un des prolongements du Rotstock ; de là, ils entendaient le bêlement des troupeaux qui rentraient à Seedorf et à

Bauen, et, devant ces deux villages, ils apercevaient, couché au fond de la vallée, le lac de Waldstätten, tranquille et pur comme un miroir. À cet aspect, Roschen voulait continuer sa route, mais sa volonté dépassait ses forces ; aux premiers pas qu'elle fit, elle chancela. Alors Conrad exigea d'elle qu'elle prît quelques heures de repos, et il lui prépara un lit de feuilles et de mousse sur lequel elle se coucha, tandis qu'il veillait près d'elle.

Conrad entendit mourir l'une après l'autre toute les clameurs de la vallée, il vit s'éteindre, chacune à son tour, toutes les lumières qui semblaient des étoiles tombées sur la terre. Puis, aux rumeurs discordantes des hommes succédèrent les bruits harmonieux de la nature ; aux lueurs éphémères allumées par des mains mortelles, cette splendide poussière d'étoiles que soulèvent les pas de Dieu. La montagne a, comme l'océan, des voix immenses qui s'élèvent tout à coup, au milieu des nuits, de la surface des lacs, du sein des forêts, des profondeurs des glaciers. Dans leurs intervalles, on entend le bruit continu de la cascade ou le fracas orageux des avalanches, et tous ces bruits parlent au montagnard une langue sublime qui lui est familière et à laquelle il répond par ses cris d'effroi ou ses chants de reconnaissance, car ces bruits lui présagent le calme ou la tempête.

Aussi Conrad avait-il suivi avec inquiétude la vapeur qui, ternissant le miroir du lac, avait commencé de s'élever à sa surface et qui, montant lentement dans la vallée, avait été se condenser autour de la tête neigeuse de l'Axemberg. Plusieurs fois déjà, il avait tourné avec anxiété les yeux vers le point du ciel où la lune allait se lever, lorsqu'elle apparut, mais blafarde et entourée d'un cercle brumeux qui voilait sa pâle splendeur. De temps en temps aussi, des brises passaient, portant avec elles une saveur humide et terreuse. Et alors Conrad se retournait vers l'occident, les aspirant avec l'instinct d'un limier et murmurant à demi-voix :

– Oui, oui, je vous reconnais, messagers d'orage, et je vous remercie. Vos avis ne seront pas perdus.

Enfin, une dernière bouffée de vent apporta avec elle les premières vapeurs enlevées au lac de Neufchâtel et aux marais de Morat. Conrad reconnut qu'il était temps de partir et se baissa vers Roschen.

– Ma bien-aimée, murmura-t-il à son oreille, ne crains rien, c'est moi qui t'éveille.

Roschen ouvrit les yeux et jeta ses bras au cou de Conrad.

– Où sommes-nous ? dit Roschen. J'ai froid.

– Il faut partir, Roschen. Le ciel est à l'ouragan et nous avons le temps à peine de gagner la grotte de Rickenbach, où nous serons en sûreté contre lui. Puis, lorsqu'il sera passé, nous descendrons à Bauen, où nous trouverons quelque batelier qui nous conduira à Brunnen ou à Sisikon.

– Mais ne perdons-nous pas un temps précieux, Conrad ? Et ne vaudrait-il pas mieux gagner tout de suite les rives du lac ? Si l'on nous poursuivait...

– Autant vaudrait chercher la trace du chamois et de l'aigle, répondit négligemment Conrad. Sois donc tranquille de ce côté, pauvre enfant. Mais voici l'orage, partons.

En effet, un coup de tonnerre éloigné se fit entendre, parcourut en grondant les sinuosités de la vallée, et s'en alla mourir sur les flancs nus de l'Axemberg.

– Tu as raison, il n'y a pas un instant à perdre, dit Roschen. Fuyons, Conrad, fuyons !

À ces mots, ils se prirent par la main et coururent aussi vite que leur permettaient les difficultés du terrain dans la direction de la grotte de Rickenbach. Cependant, l'ouragan s'était déclaré en même temps que les premiers rayons du jour et se rapprochait en grondant. De dix minutes en dix minutes, des éclairs sillonnaient le ciel, et des nuages, s'abattant sur la tête des fugitifs, leur dérobaient un instant l'aspect de la vallée, et, glissant rapidement le long de la montagne, les laissait imprégnés d'une humidité froide et pénétrante qui glaçait la sueur sur leur front. Tout à coup, et dans ces intervalles de silence où la nature semble rappeler à elle toutes ses forces pour la lutte qu'elle va soutenir, on entendit dans le lointain les aboiements d'un chien de chasse.

– Napft ! s'écria Conrad en s'arrêtant tout à coup.

– Il aura brisé sa chaîne et aura profité de sa liberté pour chasser dans la montagne, répondit Roschen.

Conrad lui fit signe de faire silence, et il écouta avec cette attention profonde d'un chasseur et d'un montagnard habitué à tout deviner, salut et péril, d'après le plus léger indice. Les aboiements se firent entendre de nouveau. Conrad tressaillit.

– Oui, oui, il est en chasse, murmura-t-il. Mais sais-tu bien quel gibier il guette ?

– Que nous importe ?

– Qu'importe la vie à ceux qui fuient pour la conserver ? Nous sommes poursuivis, Roschen. L'Enfer a donné une idée à ces démons. Ne sachant où me retrouver, ils ont détaché Napft et se sont fiés à son instinct.

– Mais qui peut te faire croire... ?

– Écoute et remarque avec quelle lenteur les aboiements s'approchent ; ils le tiennent en laisse pour ne pas perdre notre piste. Sans cela, Napft serait déjà près de nous, tandis que, de cette façon, il en a pour une heure encore avant de nous rejoindre.

Napft aboya de nouveau, mais sans se rapprocher d'une manière sensible. Au contraire, on eût dit que sa voix était plus éloignée que la première fois qu'elle s'était fait entendre.

– Il perd notre trace, dit Roschen avec joie, la voix s'écarte.

– Non, non, répondit Conrad, Napft est trop bon chien pour leur faire défaut, c'est le vent qui tourne. Écoute, écoute.

Un violent coup de tonnerre interrompit les aboiements, qui venaient effectivement de se faire entendre de plus près. Mais à peine fut-il éteint qu'ils retentirent de nouveau.

– Fuyons, s'écria Roschen, fuyons vers la grotte !

– Et que nous servira la grotte maintenant ? Si, dans deux heures, nous n'avons pas mis le lac entre nous et ceux qui nous poursuivent, nous sommes perdus !

À ces mots, il lui prit la main et l'entraîna.

– Où vas-tu, où vas-tu ? s'écria Roschen. Tu perds la direction du lac.

– Viens, viens. Il faut que nous luttions de ruse avec ces chasseurs d'hommes. Il y a trois lieues d'ici au lac, et si nous allions en ligne droite, avant vingt minutes, pauvre enfant, tu ne pourrais plus marcher. Viens, te dis-je.

Roschen, sans répondre, rassembla toutes ses forces, et, s'avançant rapidement dans la direction choisie par son mari, ils marchèrent ainsi dix minutes à peu près. Puis, tout à coup, ils se trouvèrent sur les bords d'une de ces larges gerçures si communes dans les montagnes ; un tremblement de terre l'avait produite dans des temps que les aïeux avaient eux-mêmes oubliés, et un précipice de vingt pieds de largeur et d'une lieue de long peut-être faisait une ceinture profonde à la montagne. C'était une de ces rides qui annoncent la vieillesse de la terre. Mais, arrivé là, Conrad jeta un cri terrible. Le pont fragile qui servait de communication d'un bord à l'autre avait été brisé par un rocher qui avait roulé du haut du Rotstock. Roschen comprit tout ce qu'il y avait de désespoir dans ce cri, et, se croyant perdue, elle tomba à genoux.

– Non, non, ce n'est pas encore l'heure de prier, s'écria Conrad, les yeux brillants de joie. Courage, Roschen, courage ! Dieu ne nous abandonne pas tout à fait.

En disant ces mots, il avait couru vers un vieux sapin ébranché par les orages, qui poussait, solitaire et dépouillé, au bord du précipice, et il avait commencé l'œuvre du salut en frappant de sa cognée. L'arbre, attaqué par un ennemi plus acharné et plus puissant que la tempête, gémit de sa racine à son sommet. Il est vrai que jamais bûcheron n'avait frappé de si rudes coups.

Roschen encourageait son mari tout en écoutant la voix de Napft qui, pendant ces retards et ces contre-temps, avait gagné sur eux.

– Courage, mon bien-aimé, disait-elle, courage ! Vois comme l'arbre tremble ! Oh ! que tu es fort et puissant ! Courage, Conrad : il chancelle, il tombe ! Il tombe ! Ô mon Dieu, je te remercie, nous sommes sauvés !

En effet, le sapin, coupé par sa base et cédant à l'impulsion que lui avait donnée Conrad, s'était abattu en travers du précipice, offrant un pont impraticable pour tout autre que pour un montagnard, mais suffisant au pied d'un chasseur.

– Ne crains rien, s'écria Roschen en s'élançant la première, ne crains rien, Conrad, et suis-moi !

Mais, au lieu de la suivre, Conrad, n'osant regarder le périlleux trajet, s'était jeté à terre et assujettissait l'arbre avec sa poitrine, afin qu'il ne vacillât pas sous le pied de sa bien-aimée. Pendant ce temps, les aboiements de Napft se faisaient entendre, distants d'un quart de lieue à peine. Tout à coup, Conrad sentit que le mouvement imprimé à l'arbre par le poids du corps de Roschen avait cessé. Il se hasarda à regarder de son côté : elle était sur l'autre bord, lui tendant les bras et l'excitant à la rejoindre.

Conrad s'élança aussitôt sur ce pont vacillant d'un pas aussi ferme que s'il eût passé sur une arche de pierre ; puis, arrivé près de sa femme, il se retourna, et, d'un coup de pied, précipita le sapin dans l'abîme. Roschen le suivit du regard, et, le voyant se briser sur les rochers et bondir de profondeur en profondeur, elle détourna les yeux et pâlit. Conrad, au contraire, fit entendre un de ces cris de joie comme en poussent l'aigle et le lion après une victoire. Puis, passant son bras autour de la taille de Roschen, il s'enfonça dans un de ces sentiers frayés par les seules bêtes fauves. Cinq minutes après, ceux qui les poursuivaient, guidés par Napft, arrivèrent sur le bord du précipice...

Cependant, la tempête redoublait de force, les éclairs se succédaient sans interruption, le tonnerre ne cessait pas un instant de se faire entendre, la pluie tombait par torrents. Les cris des chasseurs, les aboiements de Napft, tout était perdu dans ce chaos. Au bout d'un quart d'heure, Roschen s'arrêta.

– Je ne puis plus marcher, dit-elle en laissant tomber ses bras et en pliant sur ses genoux. Fuis seul, Conrad, fuis, je t'en supplie !

Conrad regarda autour de lui pour reconnaître à quelle distance il se trouvait du lac, mais le temps était si sombre, tous les objets avaient pris, sous le voile de l'orage, une teinte si uniforme, qu'il lui fut impossible de s'orienter. Il releva les yeux au ciel, mais il n'était que foudre et éclairs, et le soleil avait disparu comme un roi chassé de son trône par une émeute populaire. La pente du sol lui indiquait bien à peu près la route qu'il avait à suivre, mais sur cette route pouvaient se trouver de ces accidents de terrain si communs dans les montagnes, et qu'il n'y a que les jambes du chamois ou les ailes de l'aigle qui les puissent surmonter. Conrad, à son tour, laissa tomber ses bras et poussa un gémissement, comme un lutteur à demi-vaincu.

En ce moment, un long et bizarre murmure se fit entendre, venant du haut du Rotstock. La montagne oscilla trois fois, pareille à un homme ivre, et un brouillard chaud comme la vapeur qui s'élève au-dessus de l'eau bouillante traversa l'espace.

– Une trombe ! s'écria Conrad, une trombe !

Et, prenant Roschen dans ses bras, il se jeta avec elle sous la voûte d'un énorme rocher, serrant d'un bras sa femme contre sa poitrine et se cramponnant de l'autre aux aspérités du roc. À peine étaient-ils sous cet abri que les branches supérieures des sapins tressaillirent, puis bientôt ce mouvement se communiqua aux branches inférieures. Un sifflement dont le bruit dominait celui de l'ouragan s'empara à son tour de l'espace ; la forêt se courba comme un champ d'épis, des craquements affreux se firent entendre, et bientôt ils virent les troncs des arbres les plus forts voler en éclats, se déraciner, s'enlever comme si la main d'un démon les prenait en passant par la chevelure, et fuir devant le souffle de la trombe, tournoyant comme une ronde insensée de gigantesques et effrayants fantômes. Au-dessus d'eux, une masse épaisse de branchages, de rameaux brisés et de bruyères fuyaient, suivaient la même impulsion ; au-dessous bondissaient des milliers de rocs arrachés à la montagne et qui tourbillonnaient comme une poussière. Heureusement, celui sous lequel ils étaient abrités tenait par des liens séculaires à l'ossature immense de la montagne : il resta immobile, protégeant les fugitifs qui, se trouvant au centre même de l'ouragan, suivirent d'un œil épouvanté la marche de l'effrayant phénomène qui, s'avançant en ligne droite et renversant tous les obstacles, marcha vers Bauen, passa sur une maison, qui disparut avec lui, atteignit le lac, sépara le brouillard qui le couvrait en deux parois qu'on eût crues solides, rencontra une barque qu'il abîma, et s'en alla mourir contre les rochers de l'Axemberg, laissant l'espace qu'il avait parcouru vide et écorché comme le lit d'un fleuve mis à nu.

— Allons, voilà notre chemin tout tracé, s'écria Conrad en entraînant Roschen dans le ravin. Nous n'avons qu'à suivre cette blessure de la terre, et elle nous conduira au lac.

— Peut-être aussi, dit Roschen en rassemblant toutes ses forces pour suivre Conrad, peut-être l'ouragan nous aura-t-il débarrassés de nos ennemis.

— Oui, répondit Conrad, oui, si j'avais laissé le pont derrière moi... Car ils se seraient trouvés sur la même ligne que nous, et alors il est probable que nous aurions vu passer leurs cadavres au-dessus de nos têtes. Mais ils ont été obligés de prendre à gauche pour tourner le précipice. La trombe leur

391

aura donné du temps pour nous joindre, et voilà tout... Et la preuve, tiens, tiens... la voilà...

En effet, on recommençait à entendre les aboiements de Napft. Conrad, alors, sentant que les forces de Roschen l'abandonnaient, la prit dans ses bras, et, chargé de ce fardeau, continua sa route plus rapidement qu'il n'aurait pu le faire suivi par elle. Dix minutes d'un silence de mort succédèrent aux quelques mots que les époux avaient échangés entre eux. Mais, pendant ces dix minutes, Conrad avait gagné bien du terrain ; le lac lui apparaissait maintenant, à travers le brouillard et la pluie, éloigné de cinq cents pas à peine. Quant à Roschen, ses yeux étaient fixés sur l'étrange vallée qu'ils venaient de parcourir. Tout à coup, Conrad la sentit tressaillir par tout le corps. En même temps, des cris de joie se firent entendre : c'étaient ceux des soldats qui les poursuivaient et qui, enfin, les avaient aperçus. Au même instant, Napft vint bondir aux côtés de son maître ; il avait, en le reconnaissant, donné une si vive secousse à la chaîne, qu'il l'avait brisée aux mains de celui qui le tenait ; quelques anneaux pendaient encore à son collier.

— Oui, oui, murmura Conrad, tu es un chien fidèle, Napft ; mais ta fidélité nous perd mieux qu'une trahison. Maintenant, ce n'est plus une chasse, c'est une course.

Alors Conrad se dirigea en droite ligne vers le lac, suivi, à trois cents pas environ, par huit ou dix archers du seigneur de Wolfenschiessen. Mais, arrivés au bord de l'eau, un autre obstacle se présenta : le lac était soulevé comme une mer en démence, et, malgré les prières de Conrad, aucun batelier ne voulut risquer sa vie pour sauver la sienne.

Conrad courait comme un insensé, portant toujours Roschen à demi-évanouie et demandant aide et protection à grands cris, et poursuivi toujours par les archers qui, à chaque pas, gagnaient sur lui. Tout à coup, un homme s'élança d'un rocher au milieu du chemin.

— Qui demande secours ? dit-il.

— Moi, moi, dit Conrad. Pour moi et pour cette femme que vous voyez. Une barque, au nom du ciel ! Une barque !

— Venez, dit l'inconnu en s'élançant dans un bateau amarré dans une petite anse.

— Oh ! vous êtes mon sauveur ! mon Dieu !

– Le Sauveur est celui qui a répandu son sang pour les hommes ; Dieu est celui qui m'a envoyé sur votre route. Adressez-lui donc vos actions de grâce, et surtout vos prières ; car nous allons avoir besoin qu'il ne nous perde pas de vue.

– Mais, au moins, faut-il que vous sachiez qui vous sauvez.

– Vous êtes en danger, voilà tout ce que j'ai besoin de savoir. Venez !

Conrad sauta dans le bateau et y déposa Roschen. Quant à l'inconnu, il déploya une petite voile, et, se plaçant au gouvernail, il détacha la chaîne qui retenait la barque au rivage. Aussitôt elle s'élança, bondissant sur chaque vague et s'animant au vent, comme un cheval aux éperons et à la voix de son cavalier. À peine les fugitifs étaient-ils à cent pas du lieu où ils s'étaient embarqués que les archers y arrivèrent.

– Vous venez trop tard, mes maîtres, murmura l'inconnu ; nous sommes maintenant hors de vos mains. Mais ce n'est pas le tout, continua-t-il en s'adressant à Conrad. Couchez-vous, jeune homme, couchez-vous : ne voyez-vous pas qu'ils fouillent à leurs trousses ? Une flèche va plus vite que la meilleure barque, fût-elle poussée par le démon de la tempête lui-même. Ventre à terre, ventre à terre, vous dis-je !

Conrad obéit. Au même instant, un sifflement se fit entendre au-dessus de leurs têtes ; une flèche se fixa en tremblant dans le mât de la barque, les autres allèrent se perdre dans le lac. L'étranger regarda avec une curiosité calme la flèche, dont tout le fer avait disparu dans le trou qu'elle avait fait.

– Oui, oui, murmura-t-il, il pousse dans nos montagnes de bons arcs de frêne, d'if et d'érable, et si la main qui les bande et l'œil qui dirige la flèche qu'ils lancent étaient plus exercés, on pourrait s'inquiéter de leur servir de but. Au reste, ce n'est point une chose facile que d'atteindre le chamois qui court, l'oiseau qui vole ou la barque qui bondit. Baissez-vous encore, jeune homme, baissez-vous, voilà une seconde volée qui nous arrive.

En effet, une flèche s'enfonça dans la proue et deux autres, perçant la voile, y restèrent arrêtées par les plumes. Le pilote les regarda dédaigneusement.

– Maintenant, dit-il à Conrad et à Roschen, vous pouvez vous asseoir sur les bancs du bateau, comme si vous faisiez votre promenade du dimanche. Avant qu'ils aient eu le temps de tirer une troisième flèche de leurs trousses, nous serons hors de leur portée. Il n'y a qu'un vireton d'arbalète poussé par un arc de fer qui puisse envoyer la mort à la distance où nous sommes ; et tenez, voyez si je me trompe.

En effet, une troisième volée de flèches vint s'abattre dans le sillage du bateau. Les fugitifs étaient sauvés de la colère des hommes et n'avaient plus à redouter que celle de Dieu ; mais l'inconnu semblait aguerri contre la seconde aussi bien que contre la première, et, une demi-heure après être partis d'une rive, Conrad et sa femme débarquaient sur l'autre. Quant à Napft, qu'ils avaient oublié, il les avait suivis à la nage.

Avant de quitter l'étranger, Conrad pensa de quelle importance un homme aussi intrépide pouvait être dans la conjuration dont il faisait partie. Il commença donc par lui dire ce qui avait été résolu au Grütli, mais, au premier mot, l'étranger l'arrêta :

– Vous m'avez appelé à votre secours, et j'y suis venu comme j'aurais désiré que l'on vînt au mien, si je m'étais trouvé dans une position pareille à la vôtre. Ne m'en demandez pas davantage, car je ne ferais pas plus.

– Mais, au moins, s'écria Roschen, dites-nous quel est votre nom, que nous le reportions dans notre cœur auprès de celui de nos pères et de nos mères, car, comme à eux, nous vous devons la vie.

– Oui, oui, votre nom, dit Conrad, vous n'avez aucun motif pour nous le cacher.

– Non, sans doute, répondit naïvement l'étranger en amarrant sa barque au rivage. Je suis né à Bürglen, je suis receveur du *fraumünster* de Zurich et je me nomme Guillaume Tell.

À ces mots, il salua les deux époux et prit le chemin de Flüelen.

Chapitre 31

Guillaume Tell

Le lendemain du jour où les choses que nous venons de raconter s'étaient passées, on annonça au bailli Hermann Gessler de Brunegg un messager du chevalier Beringer de Landenberg. Il donna l'ordre de le faire entrer. Le messager raconta l'aventure de Melchtal et la vengeance de Landenberg.

À peine eut-il fini qu'on annonça un archer du seigneur de Wolfenchiessen. L'archer raconta la mort de son maître et de quelle manière le meurtrier s'était échappé, grâce au secours que lui avait porté un homme nommé Guillaume, de Bürglen, village placé sous la juridiction de Gessler. Le bailli promit qu'il serait fait justice de cet homme.

Il venait d'engager sa parole, lorsqu'on annonça un soldat de la garnison de Schwanau. Le soldat raconta que le gouverneur du château, ayant attenté à l'honneur d'une jeune fille d'Arth, avait été surpris à la chasse par les deux frères de cette jeune fille et assommé par eux. Puis les assassins s'étaient réfugiés dans la montagne, où on les avait poursuivis inutilement.

Alors Gessler se leva et jura que si le jeune Melchtal, qui avait cassé le bras à un valet de Landenberg, que si Conrad de Baumgarten, qui avait tué le seigneur de Wolfenchiessen dans son bain, que si les jeunes gens qui avaient assassiné le gouverneur du château de Schwanau tombaient entre ses mains, ils seraient punis de mort. Les messagers allaient se retirer avec cette réponse, mais Gessler les invita à l'accompagner auparavant sur la place publique d'Altdorf.

Arrivé là, il ordonna qu'on plantât en terre une longue perche, et, sur cette perche, il plaça son chapeau, dont le fond était entouré par la couronne ducale d'Autriche ; puis il fit annoncer à son de trompe que tout noble, bourgeois ou paysan, passant devant cet insigne de la puissance des comtes de

395

Habsbourg eût à se découvrir en signe de foi et hommage. Alors il congédia les messagers en leur ordonnant de raconter ce qu'ils venaient de voir et d'inviter ceux qui les avaient envoyés à en faire autant dans leurs juridictions respectives – ce qui était, ajouta-t-il, le meilleur moyen de reconnaître les ennemis de l'Autriche. Enfin il plaça une garde de douze archers sur la place et leur ordonna d'arrêter tout homme qui refuserait d'obéir à l'ordonnance qu'il venait de rendre.

Trois jours après, on vint le prévenir qu'un homme avait été arrêté pour avoir refusé de se découvrir devant la couronne des ducs d'Autriche. Gessler monta à l'instant à cheval et se rendit à Altdorf, accompagné de ses gardes. Le coupable était lié à la perche même au haut de laquelle était fixé le chapeau du gouverneur, et, autant qu'on en pouvait juger à son justaucorps de drap vert de Bâle et à son chapeau orné d'une plume d'aigle, c'était un chasseur de montagne. Arrivé en face de lui, Gessler donna ordre qu'on détachât les liens qui le retenaient. Cet ordre accompli, le chasseur, qui savait bien qu'il n'en était pas quitte, laissa tomber ses bras et regarda le gouverneur avec une simplicité aussi éloignée de la faiblesse que de l'arrogance.

– Est-il vrai, lui dit Gessler, que tu aies refusé de saluer ce chapeau ?

– Oui, Monseigneur.

– Et pourquoi cela ?

– Parce que nos pères nous ont appris à ne nous découvrir que devant Dieu, les vieillards et l'empereur.

– Mais cette couronne représente l'Empire.

– Vous vous trompez, Monseigneur, cette couronne est celle des comtes de Habsbourg et des ducs d'Autriche. Plantez cette couronne sur les places de Lucerne, de Fribourg, de Zug, de Bienne et du pays de Glaris, qui leur appartiennent, et je ne doute pas que les habitants ne lui rendent hommage. Mais nous, qui avons reçu de l'empereur Rodolphe le privilège de nommer nos juges, d'être gouvernés par nos lois et de ne relever que de l'Empire, nous devons respect à toutes les couronnes, mais hommage seulement à la couronne impériale.

– Mais l'empereur Albert, en montant sur le trône romain, n'a point ratifié ces libertés accordées par son père.

– Il a eu tort, Monseigneur, et voilà pourquoi Uri, Schwyz et Unterwald ont fait alliance entre eux et se sont engagés par serment à défendre mutuellement envers et contre tous leurs personnes, leurs familles, leurs biens, et à s'aider les uns les autres par les conseils et par les armes.

– Et tu crois qu'ils tiendront leur serment ? dit en souriant Gessler.

– Je le crois, répondit tranquillement le chasseur.

– Et que les bourgeois mourront plutôt que de le rompre ?

– Jusqu'au dernier.

– C'est ce qu'il faudra voir.

– Tenez, Monseigneur, continua le chasseur, que l'empereur y prenne garde, il n'est pas heureux en expéditions de ce genre. Il se souviendra du siège de Berne, où sa bannière impériale fut prise ; de Zurich, dans laquelle il n'osa point entrer, quoique toutes ses portes fussent ouvertes ; et cependant, avec ces deux villes, ce n'était point une question de liberté, mais de limites. Je sais qu'il vengea ces deux échecs sur Glaris. Mais Glaris était faible et fut surprise sans défense, tandis que nous autres, Confédérés, nous sommes prévenus et armés.

– Et où as-tu pris le temps d'apprendre les lois et l'histoire, si tu n'es qu'un simple chasseur, comme on pourrait le croire d'après ton costume ?

– Je sais nos lois parce que c'est la première chose que nos pères nous apprennent à respecter et à défendre. Je sais l'histoire parce que je suis quelque peu clerc, ayant été élevé au couvent de Notre-Dame-des-Ermites, ce qui fait que j'ai obtenu la place de receveur des rentes du *fraumünster* de Zurich. Quant à la chasse, ce n'est point mon état, mais mon amusement, comme celui de tout homme libre.

– Et comment te nomme-t-on ?

– Guillaume de mon nom de baptême, et Tell de celui de nos aïeux.

– Ah ! répondit Gessler avec joie, n'est-ce pas toi qui as porté secours à Conrad de Baumgarten et à son épouse, lors du dernier ouragan ?

– J'ai donné passage dans ma barque à un jeune homme et à une jeune femme qui étaient poursuivis, mais je ne leur ai pas demandé leur nom.

397

– N'est-ce pas toi aussi que l'on cite comme le plus habile chasseur de toute l'Helvétie ?

– Il enlèverait à cent cinquante pas une pomme sur la tête de son fils, dit une voix qui s'éleva de la foule.

– Dieu pardonne ces paroles à celui qui les a dites ! s'écria Guillaume. Mais, à coup sûr, elles ne sont pas sorties de la bouche d'un père.

– Tu as donc des enfants ? dit Gessler.

– Quatre, trois garçons et une fille. Dieu a béni ma maison.

– Et lequel aimes-tu le mieux ?

– Je les aime tous également.

– Mais n'en est-il pas un pour lequel ta tendresse soit plus grande ?

– Pour le plus jeune, peut-être, car c'est le plus faible, et, par conséquent, celui qui a le plus besoin de moi, ayant sept ans à peine.

– Et comment se nomme-t-il ?

– Walter.

Gessler se retourna vers un des gardes qui l'avaient suivi à cheval.

– Courez à Bürglen, lui dit-il, et ramassez-en le jeune Walter.

– Et pourquoi cela, Monseigneur ?

Gessler fit un signe, le garde partit au grand galop.

– Oh ! vous n'avez sans doute que de bonnes intentions, monseigneur ; mais que voulez-vous faire de mon enfant ?

– Tu le verras, dit Gessler en se retournant vers le groupe et en causant tranquillement avec les écuyers et les gardes qui l'accompagnaient.

Quant à Guillaume, il resta debout à la place où il était, la sueur sur le front, les yeux fixes et les poings fermés. Au bout de dix minutes, le garde revint, ramenant l'enfant assis sur l'arçon de sa selle. Puis, arrivé près de Gessler, il le descendit à terre.

– Voilà le petit Walter, dit le garde.

– C'est bien, répondit le gouverneur.

– Mon fils ! s'écria Guillaume.

L'enfant se jeta dans ses bras.

– Tu me demandais, père ? dit l'enfant en frappant de joie ses petites mains l'une dans l'autre.

– Comment ta mère t'a-t-elle laissé venir ? murmura Guillaume.

– Elle n'était point à la maison, il n'y avait que mes deux frères et ma sœur. Oh ! ils ont été bien jaloux, va ! Ils ont dit que tu m'aimais mieux qu'eux.

Guillaume poussa un soupir et serra son enfant contre son cœur. Gessler regardait cette scène avec des yeux brillants de joie et de férocité. Puis, lorsqu'il eut bien donné aux cœurs du père et du fils le temps de s'ouvrir :

– Qu'on attache cet enfant à cet arbre, dit-il en montrant un chêne qui s'élevait à l'autre extrémité de la place.

– Pour quoi faire ? s'écria Guillaume en le serrant dans ses bras.

– Pour te prouver qu'il y a parmi mes gardes des archers qui, sans avoir ta réputation, savent aussi diriger une flèche.

Guillaume ouvrit la bouche comme s'il ne comprenait pas, quoique la pâleur de son visage et les gouttes d'eau qui lui ruisselaient sur front annonçassent qu'il avait compris. Gessler fit un signe, les hommes d'armes s'approchèrent.

– Attacher mon enfant pour exercer l'adresse de tes soldats ! Oh ! N'essaye pas cela, gouverneur, Dieu ne te laisserait pas faire.

– C'est ce que nous verrons, dit Gessler.

Et il renouvela l'ordre. Les yeux de Guillaume brillèrent comme ceux d'un lion. Il regarda autour de lui pour voir s'il n'y avait pas un passage ouvert à la fuite, mais il était entouré.

– Que me veulent-ils donc, père ? dit le petit Walter, effrayé.

– Ce qu'ils te veulent, mon enfant ? Ce qu'ils te veulent ? Oh ! les tigres à face humaine ! Ils veulent t'égorger.

– Et pourquoi cela, père ? dit l'enfant en pleurant. Je n'ai fait de mal à personne.

– Bourreaux ! bourreaux ! bourreaux ! s'écria Guillaume en grinçant des dents.

– Allons, finissons, dit Gessler.

Les soldats s'élancèrent sur lui et lui arrachèrent son fils. Guillaume se jeta aux pieds du cheval de Gessler.

– Monseigneur, lui dit-il en joignant les mains, Monseigneur, c'est moi qui vous ai offensé, c'est donc moi qu'il faut punir. Monseigneur, punissez-moi, tuez-moi, mais renvoyez cet enfant à sa mère.

– Je ne veux pas qu'ils te tuent, cria l'enfant en se débattant dans les bras des archers.

– Monseigneur, continua Guillaume, ma femme et mes enfants quitteront l'Helvétie, ils vous laisseront ma maison, mes terres, mes troupeaux, ils s'en iront mendier de ville en ville, de maison en maison et de chaumière en chaumière. Mais, au nom du ciel, épargnez cet enfant !

– Il y a un moyen de le sauver, Guillaume, dit Gessler.

– Lequel ? s'écria Tell en se relevant et en joignant les mains. Oh ! lequel ? Dites, dites vite, et si ce que vous voulez exiger de moi est au pouvoir d'un homme, je le ferai.

– Je n'exigerai rien qu'on ne te croie capable d'accomplir.

– J'écoute.

– Il y a une voix qui a dit, tout à l'heure, que tu étais si habile chasseur, que tu enlèverais, à cent cinquante pas de distance, une pomme sur la tête de ton fils.

– Oh ! C'était une voix maudite, et j'avais cru qu'il n'y avait que Dieu et moi qui l'avions entendue.

– Eh bien ! Guillaume, continua Gessler, si tu consens à me donner cette preuve d'adresse, je te fais grâce pour avoir contrevenu à mes ordres en ne saluant pas ce chapeau.

– Impossible, impossible, Monseigneur, ce serait tenter Dieu.

– Alors, je vais te prouver que j'ai des archers moins craintifs que toi. Attachez l'enfant.

– Attendez, Monseigneur, attendez ! Quoique ce soit une chose bien terrible, bien cruelle, bien infâme, laissez-moi réfléchir.

– Je te donne cinq minutes.

– Rendez-moi mon fils, pendant ce temps au moins.

– Lâchez l'enfant, dit Gessler.

L'enfant courut à son père.

– Ils nous ont donc pardonné, père ? dit l'enfant en essuyant ses yeux avec ses petites mains, en riant et en pleurant à la fois.

– Pardonné ? Sais-tu ce qu'ils veulent ? Ô mon Dieu ! Comment une pareille pensée peut-elle venir dans la tête d'un homme ! Ils veulent... mais non, ils ne le veulent pas, c'est impossible qu'ils veuillent une telle chose. Ils veulent, pauvre enfant, ils veulent qu'à cent cinquante pas, j'enlève avec une flèche une pomme sur ta tête.

– Et pourquoi ne le veux-tu pas, père ? répondit naïvement l'enfant.

– Pourquoi ? Et si je manquais la pomme, si la flèche allait t'atteindre ?

– Oh ! Tu sais bien qu'il n'y a pas de danger, père, dit l'enfant en souriant.

– Guillaume ! cria Gessler.

– Attendez, Monseigneur, attendez donc, il n'y a pas cinq minutes !

– Tu te trompes, le temps est passé. Guillaume, décide-toi.

L'enfant fit un signe d'encouragement à son père.

– Eh bien ? murmura Guillaume à demi-voix. Oh ! jamais, jamais !

– Reprenez son fils, cria Gessler.

– Mon père veut bien, dit l'enfant.

Et il s'élança des bras de Guillaume pour courir de lui-même vers l'arbre. Guillaume resta anéanti, les bras pendants et la tête sur la poitrine.

– Donnez-lui un arc et des flèches, dit Gessler.

– Je ne suis pas archer, s'écria Guillaume en sortant de sa torpeur, je ne suis pas archer, je suis arbalétrier.

– C'est vrai, c'est vrai, cria la foule.

Gessler se tourna vers les soldats qui avaient arrêté Guillaume, comme pour les interroger.

– Oui, oui, dirent-ils, il avait une arbalète et des viretons.

– Et qu'en a-t-on fait ?

– On les lui a pris quand on l'a désarmé.

– Qu'on les lui rende, dit Gessler.

On alla les chercher et on les apporta à Guillaume.

– Maintenant, une pomme, dit Gessler.

On lui en apporta une pleine corbeille. Gessler en choisit une.

– Oh ! pas celle-là ! s'écria Guillaume, pas celle-là ! À la distance de cent cinquante pas, je la verrai à peine. Il n'y a vraiment pas de pitié à vous de la choisir si petite.

Gessler la laissa retomber et en prit une autre, d'un tiers plus grosse.

– Allons, Guillaume, je veux te faire beau jeu, dit le gouverneur. Que dis-tu de celle-ci ?

Guillaume la prit, la regarda et la rendit en soupirant.

– Allons, voilà qui est convenu. Maintenant, mesurons la distance.

– Un instant, un instant, dit Guillaume. Une distance royale, Monseigneur, des pas de deux pieds et demi, pas plus. C'est la mesure, n'est-ce pas, Messieurs les archers, c'est la mesure pour les tirs et pour les défis ?

– On la fera telle que tu désires, Guillaume.

Et l'on mesura la distance en comptant cent cinquante pas de deux pieds et demi. Guillaume suivit celui qui calculait l'espace, mesura lui-même trois fois la distance. Puis, voyant qu'elle avait été loyalement prise, il revint à la place où étaient son arbalète et ses traits.

– Une seule flèche, cria Gessler.

– Laissez-la-moi choisir, au moins, dit Guillaume. Ce n'est pas une chose de peu d'importance que le choix du trait. N'est-ce pas, Messieurs les archers, qu'il y a des flèches qui dévient, soit parce que le fer en est trop lourd, soit qu'il y ait un nœud dans le bois, soit qu'elles aient été mal empennées ?

– C'est vrai, dirent les archers.

– Eh bien ! choisis, reprit Gessler. Mais une seule, tu m'entends ?

– Oui, oui, murmura Guillaume en cachant un vireton dans sa poitrine. Oui, une seule, c'est dit.

Guillaume examina toutes ces flèches avec la plus scrupuleuse attention. Il les prit et reprit les unes après les autres, les essaya sur son arbalète pour s'assurer qu'elles s'emboîtaient exactement dans la rainure, les posa en équilibre sur son doigt pour voir si le fer n'emportait pas de son côté, ce qui aurait fait baisser le coup. Enfin il en trouva une qui réunissait toutes les qualités suffisantes, mais, longtemps après l'avoir trouvée, il fit semblant de chercher parmi les autres, afin de gagner du temps.

– Eh bien ? dit Gessler avec impatience.

– Me voilà, Monseigneur, dit Guillaume, le temps de faire ma prière.

– Encore ?

– Oh ! c'est bien le moins que, n'ayant pas obtenu pitié des hommes, je demande miséricorde à Dieu. C'est une chose qu'on ne refuse pas au condamné sur l'échafaud.

– Prie.

Guillaume se mit à genoux et parut absorbé dans sa prière. Pendant ce temps, on liait l'enfant à l'arbre. On voulut lui bander les yeux, mais il refusa.

– Eh bien ! eh bien ! dit Guillaume en interrompant sa prière. Ne lui bandez-vous pas les yeux ?

– Il a demandé à vous voir, crièrent les archers.

– Et moi, je ne veux pas qu'il me voie, s'écria Guillaume. Je ne le veux pas, entendez-vous ? Ou sans cela, rien n'est dit, rien n'est arrêté ; il fera un mouvement en voyant venir la flèche, et je tuerai mon enfant. Laisse-toi bander les yeux, Walter, je t'en prie à genoux.

– Faites, dit l'enfant.

– Merci, dit Guillaume en s'essuyant le front et en regardant autour de lui avec égarement. Merci, tu es un brave enfant.

– Allons, courage, père ! lui cria Walter.

– Oui, oui, dit Guillaume en mettant un genou en terre et en bandant son arbalète. Puis, se tournant vers Gessler :

– Monseigneur, il est encore temps, épargnez-moi un crime, et à vous un remords. Dites que tout cela était pour me punir, pour m'éprouver, et que maintenant que vous voyez ce que j'ai souffert, vous me pardonnez, n'est-ce pas, Monseigneur ? N'est-ce pas que vous me faites grâce ? continua-t-il en se traînant sur ses genoux. Au nom du ciel, au nom de la Vierge Marie, au nom des saints, grâce ! grâce !

– Allons, hâte-toi, Guillaume, dit Gessler, et crains de lasser ma patience. N'est-ce pas chose convenue ? Allons, chasseur, montre ton adresse !

– Mon Dieu, Seigneur, ayez pitié de moi ! murmura Guillaume en levant les yeux au ciel.

Alors, ramassant son arbalète, il y plaça le vireton, appuya la crosse contre son épaule, leva lentement le bout ; puis, arrivé à la hauteur voulue, cet homme, tremblant tout à l'heure comme une feuille agitée par le vent, devint immobile comme un archer de pierre. Pas un souffle ne se faisait entendre, toutes les respirations étaient suspendues, tous les yeux étaient fixes. Le coup partit, un cri de joie éclata : la pomme était clouée au chêne et l'enfant n'avait point été atteint. Guillaume voulut se lever, mais il chancela, laissa échapper son arbalète, et retomba évanoui.

Lorsque Guillaume revint à lui, il était dans les bras de son enfant. Lorsqu'il l'eut embrassé mille fois, il se tourna vers le gouverneur et rencontra ses yeux étincelants de colère.

— Ai-je fait ainsi que vous me l'aviez ordonné, Monseigneur ? dit-il.

— Oui, répondit Gessler, et tu es un vaillant archer. Aussi, je te pardonne, comme je te l'ai promis, ton manque de respect à mes ordres.

— Et moi, Monseigneur, dit Guillaume, je vous pardonne mes angoisses de père.

— Mais nous avons un autre compte à régler ensemble. Tu as donné secours à Conrad de Baumgarten, qui est un assassin et un meurtrier, et tu dois être puni comme son complice.

Guillaume regarda autour de lui comme un homme qui devient fou.

— Conduisez cet homme en prison, mes maîtres, continua Gessler. C'est un procès en forme qu'il faut pour punir l'assassinat et la haute trahison.

— Oh ! il doit y avoir une justice au ciel, dit Guillaume.

Et il se laissa conduire dans son cachot.

Quant à l'enfant, il fut fidèlement rendu à sa mère.

Chapitre 32

Gessler

Cependant, le bruit des divers événements accomplis dans cette journée s'était répandu dans les villages environnants et y avait éveillé une vive agitation. Guillaume était généralement aimé. La douceur de son caractère, ses vertus domestiques, son dévouement désintéressé pour toutes les infortunes en avaient fait un ami pour la chaumière et le château. Son adresse extraordinaire avait ajouté au sentiment une admiration naïve qui faisait qu'on le regardait comme un être à part. Les peuples primitifs sont ainsi faits : forcés de se nourrir par l'adresse, de se défendre par la force, ces deux qualités sont celles qui élèvent dans leur esprit l'homme à la qualité de demi-dieu. Hercule, Thésée, Castor et Pollux n'ont point eu d'autre marchepied pour monter au ciel.

Aussi, vers le milieu de la nuit, vint-on prévenir Gessler qu'il serait possible qu'une révolte eût lieu si on lui laissait le temps de s'organiser. Gessler pensa que le meilleur moyen de la prévenir était de transporter Guillaume hors du canton [61] d'Uri, dans une citadelle appartenant aux ducs d'Autriche et située au pied du mont Rigi, entre Küssnacht et Weggis. En conséquence, et pensant que le trajet était plus sûr par eau que par terre, il donna l'ordre de préparer une barque et, une heure avant le jour, il y fit conduire Guillaume. Gessler, six gardes, le prisonnier et trois bateliers formaient tout l'équipage du petit bâtiment.

---

61. Qu'on nous permette d'employer ce mot, quoique l'Helvétie n'ait point encore à cette époque subi la division sous laquelle la Suisse est connue de nos jours. C'est juridiction peut-être que nous devrions dire ; mais le mot canton représente mieux les limites, puisqu'on n'a qu'à jeter les yeux sur la carte pour nous suivre. Nous demandons en conséquence pardon pour cet anachronisme de trois cents ans.

Lorsque le gouverneur arriva à Flüelen, lieu de l'embarquement, il trouva ses ordres exécutés. Guillaume, les pieds et les mains liés, était couché au fond de la barque ; près de lui, et comme preuve de conviction, était l'arme terrible qui, en lui servant à donner une preuve éclatante de son adresse, avait éveillé tant de craintes dans le cœur de Gessler. Les archers, assis sur les bancs inférieurs, veillaient sur lui. Les deux matelots, à leur poste près du petit mât, se tenaient prêts à mettre à la voile, et le pilote attendait sur le rivage l'arrivée du bailli.

– Aurons-nous le vent favorable ? dit Gessler.
– Excellent, Monseigneur, du moins en ce moment.
– Et le ciel ?
– Annonce une magnifique journée.
– Partons donc sans perdre une minute.
– Nous sommes à vos ordres.

Gessler prit place au haut de la barque, le pilote s'assit au gouvernail, les bateliers déployèrent la voile, et le petit bâtiment, léger et gracieux comme un cygne, commença de glisser sur le miroir du lac. Cependant, malgré ce lac bleu, malgré ce ciel étoilé, malgré ces heureux présages, il y avait quelque chose de sinistre dans cette barque passant, silencieuse, comme un esprit des eaux. Le gouverneur était plongé dans ses pensées, les soldats respectaient sa rêverie et les bateliers, obéissant à contre-cœur, accomplissaient tristement leurs manœuvres sur les signes qu'ils recevaient du pilote. Tout à coup, une lueur météorique traversa l'espace, et, se détachant du ciel, parut se précipiter dans le lac. Les deux bateliers échangèrent un coup d'œil, le pilote fit le signe de la croix.

– Qu'y a-t-il, patron ? dit Gessler.
– Rien, rien encore jusqu'à présent, Monseigneur, répondit le vieux marinier. Cependant, il y en a qui disent qu'une étoile qui tombe du ciel est un avis que vous donne l'âme d'une personne qui vous est chère.
– Et cet avis est-il de mauvais ou de bon présage ?
– Hum ! murmura le pilote, le ciel se donne rarement la peine de nous envoyer des présages heureux. Le bonheur est toujours le bienvenu.
– Ainsi, cette étoile est un signe funeste ?

— Il y a de vieux bateliers qui croient que, lorsqu'une semblable chose arrive au moment où l'on s'embarque, il vaut mieux regagner la terre, s'il en est encore temps.

— Oui, mais lorsqu'il est urgent de continuer sa route ?

— Alors, il faut se reposer sur sa conscience, répondit le pilote, et remettre sa vie à la garde de Dieu.

Un profond silence succéda à ces paroles et la barque continua de glisser sur l'eau comme si elle eût eu les ailes d'un oiseau de mer. Cependant, depuis l'apparition du météore, le pilote tournait avec inquiétude ses yeux du côté de l'orient, car c'était de là qu'allaient lui arriver les messagers de mauvaises nouvelles. Bientôt il n'y eut plus de doute sur le changement de l'atmosphère. À mesure que l'heure matinale s'avançait, les étoiles pâlissaient au ciel, non pas dans une lumière plus vive, comme elles ont l'habitude de le faire, mais comme si une main invisible eût tiré un voile de vapeurs entre la terre et le ciel. Un quart d'heure avant l'aurore, le vent tomba tout à coup ; le lac, d'azur qu'il était, devint couleur de cendre, et l'eau, sans être agitée par aucun vent, frissonna comme si elle eût été prête à bouillir.

— Abattez la voile ! cria le pilote.

Les deux mariniers se dressèrent contre le mât ; mais, avant qu'ils eussent accompli l'ordre qu'ils venaient de recevoir, de petites vagues couronnées d'écume s'avancèrent rapidement de Brunnen et semblèrent venir à l'encontre de la barque.

— Le vent ! le vent ! s'écria le pilote. Tout à bas !

Mais, soit maladresse de la part de ceux à qui ces ordres étaient adressés, soit que quelque nœud mal formé empêchât l'exécution de la manœuvre, le vent était sur le bâtiment avant que la voile fût abattue. La barque, surprise, trembla comme un cheval qui entend rugir un lion, puis sembla se cabrer comme lui. Enfin, elle se tourna d'elle-même, comme si elle eût voulu fuir les étreintes d'un si puissant lutteur, mais, dans ce mouvement, elle présenta ses flancs à son ennemi.

La voile, tout à l'heure incertaine, s'enfla comme si elle eût été près de s'ouvrir, la barque s'inclina à croire qu'elle allait chavirer. En ce moment, le pilote coupa avec son couteau le cordage qui retenait la voile. Elle flotta un instant, comme un pavillon, au bout du mât où elle était retenue encore ; enfin, les liens qui l'attachaient se brisèrent, elle s'enleva comme un oiseau par les dernières bouffées de vent, et la barque, n'offrant plus aucune prise à la bourrasque, se redressa lentement et reprit son équilibre. En ce moment, les premiers rayons du jour parurent. Le pilote se replaça à son gouvernail.

— Eh bien ! maître, dit Gessler, le présage ne mentait pas, et l'événement ne s'est pas fait attendre.

— Oui, oui, la bouche de Dieu est moins menteuse que celle des hommes... et l'on se trouve rarement bien de mépriser ses avertissements.

— Croyez-vous que nous en soyons quittes pour cette bourrasque, ou bien ce coup de vent n'est-il que le précurseur d'un orage plus violent ?

— Il arrive parfois que les esprits de l'air et des eaux profitent de l'absence du soleil pour donner de pareilles fêtes sans la permission du Seigneur, et alors, au premier rayon du jour, les vents se taisent et disparaissent, s'en allant où vont les ténèbres. Mais, le plus souvent, c'est la voix de Dieu qui a dit à la tempête de souffler. Alors elle doit accomplir sa mission tout entière, et malheur à ceux contre qui elle a été envoyée !

— Tu n'oublieras pas, je l'espère, qu'il s'agit de ta vie en même temps que de la mienne.

— Oui, oui, Monseigneur, je sais que nous sommes tous égaux devant la mort, mais Dieu est tout-puissant : il punit qui il veut punir, et sauve qui il veut sauver. Il a dit à l'apôtre de marcher sur les flots, et l'apôtre a marché comme sur la terre. Et, tout lié et garrotté qu'est votre prisonnier, il est plus sûr de son salut, s'il est dans la grâce du Seigneur, que tout homme libre qui serait dans sa malédiction. Un coup de rame, Frantz, un coup de rame, que nous présentions la proue au vent. Car nous n'en sommes pas encore quittes, et le voilà qui revient sur nous.

En effet, des vagues plus hautes et plus écumeuses que les premières accouraient, menaçantes, et, quoique la barque offrît le moins de prise possible, le vent qui les suivait fit glisser la barque en arrière avec la même rapidité que ces pierres plates que les enfants font bondir sur la surface de l'eau.

— Mais, s'écria Gessler, commençant à comprendre le danger, si le vent nous est contraire pour aller à Brunnen, il doit être favorable pour retourner à Altdorf ?

– Oui, oui, j'y ai bien pensé, continua le pilote, et voilà pourquoi, plus d'une fois, j'ai regardé de ce côté. Mais regardez au ciel, Monseigneur, et voyez les nuages qui passent entre le Tödiberg et le Titlis : ils viennent du Saint-Gothard et suivent le cours de la Reuss. C'est un souffle contraire à celui qui soulève ces vagues qui les pousse, et, avant cinq minutes, ils se seront rencontrés.

– Et alors ?

– Alors, c'est le moment où il faudra que Dieu pense à nous, ou que nous pensions à Dieu.

La prophétie du pilote ne tarda point à s'accomplir. Les deux orages qui s'avançaient au-devant l'un de l'autre se rencontrèrent enfin. Un éclair flamboya et un coup de tonnerre terrible annonça que le combat venait de commencer. Le lac ne tarda point à partager cette révolte des éléments : ses vagues, tour à tour poussées et repoussées par des souffles contraires, s'enflèrent comme si un volcan sous-marin les faisait bouillonner, et la barque parut bientôt ne pas leur peser davantage qu'un de ces flocons d'écume qui blanchissent à leur cime.

– Il y a danger de mort, dit le pilote. Que ceux qui ne sont pas occupés à la manœuvre fassent leur prière.

– Que dis-tu là, prophète de malheur ? s'écria Gessler, et pourquoi ne nous as-tu pas prévenus plus tôt ?

– Je l'ai fait au premier avertissement que Dieu m'a donné, Monseigneur, mais vous n'avez pas voulu le suivre.

– Il fallait gagner le bord malgré moi.

– J'ai cru qu'il était de mon devoir de vous obéir, comme il est du vôtre d'obéir à l'empereur, comme il est de celui de l'empereur d'obéir à Dieu.

En ce moment, une vague furieuse vint se briser contre les flancs de l'esquif, le couvrit, et jeta un pied d'eau dans la barque.

– À l'œuvre, Messieurs les hommes d'armes ! cria le pilote. Rendez au lac l'eau qu'il nous envoie, car nous sommes assez chargés ainsi. Vite, vite ! Une deuxième vague nous coulerait, et, quelle que soit l'imminence de la mort, il est toujours du devoir de l'homme de lutter contre elle.

– Ne vois-tu aucun moyen de nous sauver, et n'y a-t-il plus d'espoir ?

– Il y a toujours espoir, Monseigneur, quoique l'homme avoue que sa science est inutile, car la miséricorde du Seigneur est plus grande que les connaissances humaines.

– Comment as-tu pu prendre une pareille responsabilité, ne sachant pas mieux ton métier, drôle ? murmura Gessler.

– Quant à mon métier, Monseigneur, répondit le vieux marinier, il y a quarante ans que je l'exerce, et il n'y a peut-être dans toute l'Helvétie qu'un homme meilleur pilote que moi.

– Alors, que n'est-il ici pour prendre ta place ! s'écria Gessler.

– Il y est, Monseigneur, dit le pilote.

Gessler regarda le vieillard d'un air étonné.

– Ordonnez qu'on détache les cordes du prisonnier, car si la main d'un homme peut nous sauver à cette heure, c'est la sienne.

Gessler fit signe qu'il y consentait. Un léger sourire de triomphe passa sur les lèvres de Guillaume.

– Tu as entendu ? lui dit le vieux marinier en coupant avec son couteau les cordes qui le garrottaient.

Guillaume fit signe que oui, étendit les bras comme un homme qui ressaisit sa liberté, et alla reprendre au gouvernail la place abandonnée, tandis que le vieillard, prêt à lui obéir, alla s'asseoir au pied du mât avec les deux autres bateliers.

– As-tu une seconde voile, Rudenz ? dit Guillaume.

– Oui, mais ce n'est pas l'heure de s'en servir.

– Prépare-la et tiens-toi prêt à la hisser.

Le vieillard le regarda avec étonnement.

– Quant à vous, continua Guillaume en s'adressant aux mariniers, à la rame, enfants, et nagez dès que je vous le dirai.

En même temps, il pressa le gouvernail. La barque, surprise de cette brusque manœuvre, hésita un instant, puis, comme un cheval qui reconnaît la supériorité de celui qui le monte, elle tourna enfin sur elle-même.

– Nagez ! cria Guillaume aux matelots qui, se courbant aussitôt sur leurs rames, firent, malgré l'opposition des vagues, marcher le bateau dans la direction voulue.

– Oui, oui, murmura le vieillard, il a reconnu son maître, et il obéit.

– Nous sommes donc sauvés ! s'écria Gessler.

– Hum ! fit le vieillard, fixant ses yeux sur ceux de Guillaume, pas encore, mais nous sommes en bon chemin, car je devine... Oui, sur mon âme, tu as raison, Guillaume, il doit y avoir entre les deux montagnes de la rive droite un courant d'air qui, si nous l'atteignons, nous mènera en dix minutes sur l'autre bord. Tu as deviné juste : ce serait la première fois qu'il y aurait pareille fête au lac sans que le vent d'ouest s'y mêlât. Et tenez, le voilà qui siffle comme s'il était le roi du lac.

Guillaume se tourna en effet vers l'ouverture déjà désignée par le vieux pilote. Une vallée séparait deux montagnes, et, par cette vallée, le vent d'ouest établissait un courant et soufflait avec une telle violence qu'il formait une espèce de route sur le lac. Guillaume s'engagea dans cette ornière liquide, et, tournant sa poupe au vent, il fit signe aux bateliers de rentrer les avirons et au pilote de hisser la voile. Il fut obéi aussitôt, et la barque commença de cingler avec rapidité vers la base de l'Axemberg.

En effet, dix minutes après, comme l'avait prédit le vieillard et avant que Gessler et les gardes fussent revenus de leur étonnement, la barque était près de la rive. Alors Guillaume donna l'ordre d'abattre la voile, et, feignant de se baisser pour amarrer un cordage, il posa la main gauche sur son arbalète, pressa de la main droite le gouvernail. La barque vira aussitôt, et, la poupe se présentant la première, Guillaume s'élança, léger comme un chamois, et retomba sur un rocher à fleur d'eau, tandis que la barque, cédant à l'impulsion que lui avait donnée son élan, retournait vers le large. D'un deuxième bond, Guillaume fut à terre, et, avant que Gessler et ses gardes songeassent même à pousser un cri, il avait disparu dans la forêt.

Aussitôt que la stupéfaction causée par cet accident fut dissipée, Gessler ordonna de gagner la terre afin de se mettre à la poursuite du fugitif. Ce fut chose facile, deux coups de rame suffirent pour conduire la barque vers la rive. Un des mariniers sauta à terre, tendit une chaîne, et, malgré les vagues, le débarquement se fit sans danger. Aussitôt un archer partit pour Altdorf avec ordre d'envoyer des écuyers et des chevaux à Brunnen, où allait les attendre le gouverneur.

À peine arrivé dans le village, Gessler fit annoncer à son de trompe que celui qui livrerait Guillaume recevrait cinquante marcs d'argent et serait exempt d'impôts, lui et ses

411

descendants, jusqu'à la troisième génération. Pareille récompense fut aussi promise pour Conrad de Baumgarten.

Vers le milieu du jour, les chevaux et les écuyers arrivèrent. Gessler, tout entier à sa vengeance, refusa de s'arrêter plus longtemps et partit aussitôt pour le village d'Arth, où il avait aussi des mesures de rigueur à prendre contre les assassins du gouverneur de Schwanau. À trois heures, il sortait de ce village, et, côtoyant les bords du lac de Zug, il arriva à Immensee, qu'il traversa sans s'arrêter, et prit le chemin de Küssnacht.

C'était pendant une froide et sombre journée du mois de novembre [62] que s'étaient accomplis les derniers événements que nous venons de raconter. Elle tirait à sa fin et Gessler, désireux d'arriver avant la nuit à la forteresse, pressait de l'éperon son cheval engagé dans le chemin creux de Küssnacht. Arrivé à son extrémité, il ralentit le pas en faisant signe à son écuyer de le rejoindre. Celui-ci, que le respect avait retenu en arrière, s'avança ; les gardes et les archers suivaient à quelque distance. Ils cheminèrent ainsi pendant quelque temps sans parler. Enfin, Gessler, tournant la tête de ce côté, le regarda comme s'il eût voulu lire jusqu'au fond de son âme. Puis, tout à coup.

– Niklaus, m'es-tu dévoué ? lui dit-il.

L'écuyer tressaillit.

– Eh bien ? continua Gessler.

– Pardon, Monseigneur, mais je m'attendais si peu à cette question...

– Que tu n'es point préparé à y répondre, n'est-ce pas ? Eh bien ! prends ton temps, car c'est une réponse réfléchie que je te demande.

– Et elle ne se fera pas attendre, Monseigneur. Sauf mes devoirs envers Dieu et envers l'empereur, je suis à vos ordres.

– Es-tu prêt à les accomplir ?

– Je suis prêt.

– Tu partiras ce soir pour Altdorf, tu y prendras quatre hommes, tu te rendras cette nuit avec eux à Bürglen, et là seulement, tu leur diras ce qu'ils auront à faire.

– Et qu'auront-ils à faire, Monseigneur.

– Ils auront à s'emparer de la femme de Guillaume et de ses quatre enfants. Aussitôt en ton pouvoir, tu les feras conduire

---

62. Le 19.

dans la forteresse de Küssnacht où je les attendrai, et, une fois là...

– Oui, je vous comprends, Monseigneur.

– Il faudra bien qu'il se livre lui-même, car chaque semaine de retard coûtera la vie à un de ses enfants, et la dernière à sa femme.

Gessler n'avait pas achevé ce mot qu'il poussa un cri, lâcha les rênes, étendit les bras et tomba de son cheval. L'écuyer se précipita à terre pour lui porter secours, mais il n'était déjà plus temps : une flèche lui avait traversé le cœur. C'était celle que Guillaume Tell avait cachée sous son pourpoint lorsque Gessler le força d'enlever une pomme de la tête de son fils, sur la place publique d'Altdorf.

La nuit du dimanche au lundi suivant, les conjurés se réunirent au Grütli. La mort de Gessler avait provoqué cette réunion extraordinaire. Plusieurs étaient d'avis d'avancer le jour de la liberté, et de ce nombre étaient Conrad de Baumgarten et Melchtal. Mais Walter Fürst et Werner Stauffacher s'y opposèrent, disant qu'ils trouveraient certainement le chevalier de Landenberg sur ses gardes, ce qui rendrait l'expédition mille fois plus hasardeuse ; tandis qu'au contraire, si le pays restait tranquille malgré la mort de Gessler, il attribuerait cette mort à une vengeance particulière et ne s'en inquiéterait que pour rechercher le meurtrier.

– Mais, en attendant, s'écria Conrad, que deviendra Guillaume ? Que deviendra sa famille ? Guillaume m'a sauvé la vie, et il ne sera pas dit que je l'abandonnerai.

– Guillaume et sa famille sont en sûreté, dit une voix dans la foule.

– Je n'ai plus rien à dire, répondit Conrad.

– Maintenant, dit Walter Fürst, arrêtons le plan de l'insurrection.

– Si les anciens me permettent de parler, dit en s'avançant un jeune homme du Haut-Unterwald nommé Zagheli, je propose une chose.

– Laquelle ? dirent les anciens.

– C'est de me charger de la prise du château de Rossberg.

– Et combien demandes-tu d'hommes pour cela ?

– Quarante.

– Fais attention que le château de Rossberg est un des mieux fortifiés de toute la juridiction.
– J'ai des moyens d'y pénétrer.
– Quels sont-ils ?
– Je ne puis les dire, répondit Zagheli.
– Es-tu sûr de trouver les quarante hommes qu'il te faut ?
– J'en suis sûr.
– C'est bien, ton offre est acceptée.
Zagheli rentra dans la foule.
– Moi, dit Stauffacher, si l'on veut m'abandonner cette entreprise, je me charge du château de Schwanau.
– Et moi, ajouta Walter Fürst, je prendrai la forteresse d'Uri.

Un assentiment unanime accueillit ces deux dernières propositions. Chaque conjuré prit l'engagement, pendant les cinq semaines qui restaient encore à passer, de recruter des soldats parmi ses amis les plus braves, et l'on adopta, avant de se séparer, les trois bannières sous lesquelles on marcherait. Uri choisit pour la sienne une tête de taureau avec un anneau brisé, en mémoire du joug qu'ils allaient rompre ; Schwyz, une croix, en souvenir de la Passion de Notre-Seigneur ; et Unterwald, deux clés, en l'honneur de l'apôtre saint Pierre, qui était en grande vénération à Sarnen.

Ainsi que l'avaient prévu les vieillards, le meurtre de Gessler fut considéré comme l'expression d'une vengeance particulière. Les poursuites initiales dirigées contre Guillaume se ralentirent faute de résultat, et tout redevint calme et tranquille dans les trois juridictions jusqu'au jour où devait éclater la conjuration.

Le soir du 31 décembre, le gouverneur du château de Rossberg fit, comme d'habitude, la visite des postes, plaça des sentinelles, donna le mot d'ordre, et fit sonner le couvre-feu. Alors le château lui-même parut s'endormir comme les hôtes qu'il renfermait. Les lumières disparurent les unes après les autres, le bruit s'éteignit peu à peu, et les seules sentinelles placées au sommet des tours interrompirent ce silence par le bruit régulier de leurs pas et les cris de veille répétés de quart d'heure en quart d'heure.

Cependant, malgré cette apparence de sommeil, une petite fenêtre donnant sur les fossés du château s'ouvrit avec précaution ; une jeune fille de dix-huit ou dix-neuf ans passa sa tête craintive, et, malgré l'obscurité de la nuit, elle essaya de plonger ses regards dans le fossé du château. Au bout de quelques minutes d'une investigation que les ténèbres rendaient inutile, elle laissa tomber le nom de Zagheli. Ce nom avait été dit si bas qu'on eût pu le prendre pour un soupir de la brise ou pour un murmure du ruisseau. Cependant, il fut entendu, et une voix plus forte et plus hardie, quoique prudente encore, y répondit par le nom d'Anneli.

La jeune fille resta un moment immobile, la main sur sa poitrine, comme pour en étouffer les battements. Le nom d'Anneli se fit entendre une seconde fois.

— Oui, oui, murmura-t-elle en se penchant vers l'endroit d'où semblait lui parler l'esprit de la nuit. Oui, mon bien-aimé... mais pardonne-moi, j'ai si grand-peur !

— Que peux-tu craindre ? dit la voix. Tout est endormi au château, les sentinelles seules veillent au haut des tours. Je ne puis te voir, et à peine si je t'entends. Comment veux-tu qu'elles nous entendent et qu'elles nous voient ?

La jeune fille ne répondit pas, mais elle laissa tomber quelque chose. C'était le bout d'une corde, à laquelle Zagheli attacha l'extrémité d'une échelle qu'Anneli tira à elle et fixa à la barre de sa fenêtre. Un instant après, le jeune homme entra dans sa chambre. Anneli voulut retirer l'échelle de corde.

— Attends, ma bien-aimée, lui dit Zagheli, car j'ai encore besoin de cette échelle, et ne t'effraie pas surtout de ce qui va se passer ; car le moindre mot, le moindre cri de ta part seraient ma mort.

— Mais qu'y a-t-il ? Au nom du ciel ! dit Anneli. Ah ! nous sommes perdus ! Regarde ! regarde !

Et elle lui montrait un homme qui apparaissait à la fenêtre.

— Non, non, Anneli, nous ne sommes pas perdus. Ce sont des amis.

— Mais moi, moi, je suis déshonorée ! s'écria la jeune fille en cachant sa tête entre ses deux mains.

— Au contraire, Anneli, ce sont des témoins qui viennent assister au serment que je fais de te prendre pour femme aussitôt que la patrie sera délivrée.

La jeune fille se jeta dans les bras de son amant. Les vingt jeunes gens montèrent les uns après les autres, puis Zagheli retira l'échelle et ferma la fenêtre. Les vingt jeunes gens se répandirent dans l'intérieur. La garnison, surprise endormie, ne fit aucune résistance. Les conjurés enfermèrent les Allemands dans la prison du château, revêtirent leurs uniformes, et le drapeau d'Albert continua de flotter sur la forteresse, qui ouvrit le lendemain ses portes à l'heure accoutumée.

À midi, la sentinelle placée au haut de la tour aperçut plusieurs cavaliers qui se dirigeaient à toute bride vers la forteresse. Deux conjurés se placèrent à la porte, les autres se rangèrent dans la cour. Dix minutes après, le chevalier de Landenberg franchissait la herse, qui se baissait derrière lui. Le chevalier était prisonnier, comme la garnison. Le plan de Zagheli avait complètement réussi.

Nous avons vu que vingt des quarante hommes nécessaires à son entreprise avaient escaladé avec lui le château et s'en étaient rendus maîtres ; les vingt autres avaient pris le chemin de Sarnen. Au moment où Landenberg sortait du château royal de Sarnen pour se rendre à la messe, ces vingt hommes se présentèrent à lui, apportant, comme présents d'usage, des agneaux, des chèvres, des poules ; le gouverneur leur dit d'entrer au château et continua sa route. Arrivés sous la porte, ils tirèrent de dessous leurs habits des fers aiguisés, qu'ils mirent au bout de leurs bâtons, et s'emparèrent du château. Alors l'un d'entre eux monta sur la plate-forme et fit entendre trois fois le son prolongé de la trompe montagnarde. C'était le signal convenu : de grands cris de révolte se firent entendre de rue en rue. On courut vers l'église pour s'emparer de Landenberg, mais, prévenu à temps, il s'élança sur son cheval et prit la fuite vers le château de Rossberg. C'est ce qu'avait prévu Zagheli.

Les plus grands soins et les plus grands égards furent prodigués au bailli impérial pendant le reste de la journée. Le soir, il demanda à prendre l'air sur la plate-forme de la forteresse. Zagheli l'accompagna. De là, il pouvait découvrir tout le pays soumis encore la veille à sa juridiction, et, détournant ses yeux de la bannière où les clés d'Unterwald avaient remplacé l'aigle d'Autriche, il les fixa dans la direction de Sarnen, et demeura immobile et pensif. À l'autre angle du parapet était Zagheli, immobile et pensif aussi, les yeux fixés sur un autre point. Ces deux hommes attendaient, l'un un secours pour la tyrannie, l'autre un renfort pour la liberté.

Au bout d'un instant, une flamme brilla au sommet de l'Axemberg. Zagheli jeta un cri de joie.
— Qu'est-ce que cette flamme ? dit Landenberg.
— Un signal.
— Et que veut dire ce signal ?
— Que Walter Fürst et Guillaume Tell ont pris le château d'Urijoch.
Au même instant, des cris de joie qui retentirent par toute la forteresse confirmèrent ce que venait de dire Zagheli.
— Toutes les Alpes sont-elles donc changées en volcan ? s'écria Landenberg. Voilà le Rigi qui s'enflamme.
— Oui, oui, répondit Zagheli en bondissant de joie, lui aussi arbore la bannière de la liberté.
— Comment ! murmura Landenberg, est-ce donc aussi un signal ?
— Oui, et ce signal annonce que Werner Stauffacher et Melchtal ont pris le château de Schwanau. Maintenant, tournez-vous de ce côté, Monseigneur.
Landenberg jeta un cri de surprise en voyant le Pilate se couronner à son tour d'un diadème de feu.
— Et voilà, continua Zagheli, voilà qui annonce à tous ceux d'Uri et de Schwyz que leurs frères d'Unterwald ne sont pas en arrière et qu'ils ont pris le château de Rossberg et fait prisonnier le bailli impérial.
De nouveaux cris de joie retentirent par toute la forteresse.
— Et que comptez-vous faire de moi ? dit Landenberg en laissant tomber sa tête sur sa poitrine.
— Nous comptons vous faire jurer, Monseigneur, que jamais vous n'entrerez dans les trois juridictions de Schwyz, d'Uri et d'Unterwald ; que jamais vous ne porterez les armes contre les Confédérés ; que jamais vous n'exciterez l'empereur à nous faire la guerre, et, lorsque vous aurez fait ce serment, vous serez libre de vous retirer où vous voudrez.
— Et me sera-t-il permis de rendre compte de ma mission à mon souverain ?
— Sans doute, répondit Zagheli.
— C'est bien, dit Landenberg. Maintenant je désire descendre dans mon appartement. Un pareil serment demande à être médité, surtout lorsqu'on veut le tenir.

Chapitre 33

L'empereur Albert

Le hasard, cette fois, avait semblé favoriser les Confédérés de toutes les manières. Le nouvel an de la liberté avait sonné pour l'Helvétie le 1er janvier 1308, et, le 15 du même mois, avant même que la nouvelle de l'insurrection fût parvenue à l'empereur, il apprenait la défaite de son armée en Thuringe. Il ordonna aussitôt une levée de troupes, déclara qu'il marcherait lui-même à leur tête, et fit, avec son activité ordinaire, tous les préparatifs de cette nouvelle campagne. Ils étaient terminés à peine lorsque le chevalier Beringer de Landenberg arriva d'Unterwald et lui raconta ce qui venait de se passer.

Albert écouta ce récit avec impatience et incrédulité. Puis, lorsqu'il ne lui fut plus permis de conserver aucun doute, il étendit le bras dans la direction des trois cantons et jura sur son épée et sa couronne impériale d'exterminer jusqu'au dernier de ces misérables paysans qui aurait pris part à l'insurrection. Landenberg fit ce qu'il put pour le détourner de ces desseins de vengeance, mais tout fut inutile. L'empereur déclara qu'il marcherait lui-même contre les Confédérés, et fixa au 24 février le jour du départ de l'armée.

La veille de ce jour, Jean de Souabe, son neveu, fils de Rodolphe, son frère cadet, se présenta devant lui. L'empereur avait été nommé tuteur de cet enfant pendant sa minorité, mais, depuis deux ans, son âge l'affranchissait de la tutelle impériale ; et cependant, Albert avait constamment refusé de lui rendre son héritage ; il venait, avant le départ de son oncle, essayer une dernière tentative. Il se mit donc respectueusement à genoux devant lui et lui redemanda la couronne ducale de ses pères. L'empereur sourit, dit quelques mots à un officier de ses gardes, qui sortit et rentra bientôt avec une couronne de

419

fleurs. L'empereur la posa sur la tête blonde de son neveu, et, comme celui-ci le regardait, étonné :

– Voilà, lui dit l'empereur, la couronne qui convient à ton âge. Amuse-toi à l'effeuiller sur les genoux des dames de ma cour, et laisse-moi le soin de gouverner tes États.

Jean devint pâle, se releva en tremblant, arracha la couronne de sa tête, la foula aux pieds et sortit.

Le lendemain, au moment où l'empereur montait à cheval, un homme couvert d'une armure complète et la visière baissée vint se ranger près de lui. Albert regarda cet inconnu, et, voyant qu'il demeurait à la place qu'il avait prise, il lui demanda qui il était et quel droit il avait de marcher à sa suite.

– Je suis Jean de Souabe, fils de votre frère, dit le cavalier en levant sa visière. J'ai réclamé hier ma souveraineté, vous m'avez refusé et vous avez eu raison. Il faut que le casque ait pesé sur la tête où pèsera la couronne ; il faut que le bras qui portera le sceptre ait porté l'épée. Laissez-moi vous suivre, Sire, et, à mon retour, vous ordonnerez de moi ce que vous voudrez.

Albert jeta un coup d'œil profond et rapide sur son neveu.

– Me serais-je trompé ? murmura-t-il.

Et, sans lui rien permettre ni lui rien défendre, il se mit en route. Jean de Souabe le suivit.

Le 1er mai 1308, l'armée impériale arriva sur les bords de la Reuss. Des bateaux avaient été préparés pour le passage de l'armée, et l'empereur allait descendre dans l'un d'eux, lorsque Jean de Souabe s'y opposa, disant qu'ils étaient trop chargés pour qu'il laissât son oncle s'exposer au danger que couraient de simples soldats. Il lui offrit en même temps une place dans un petit batelet où se trouvaient seulement Walter d'Eschenbach, son gouverneur, et trois de ses amis, Rodolphe de Wart, Rodolphe de Balm et Conrad de Tegernfeld. L'empereur s'assit près d'eux. Chacun des cavaliers prit son cheval par la bride afin qu'il pût suivre son maître en nageant, et la petite barque, traversant la rivière avec rapidité, déposa sur l'autre bord l'empereur et sa suite.

À quelques pas de la rive, et sur une petite éminence, s'élevait un chêne séculaire. Albert alla s'asseoir à son ombre afin de surveiller le passage de l'armée, et, détachant son casque, il le jeta à ses pieds.

En ce moment, Jean de Souabe, regardant autour de lui et voyant l'armée tout entière arrêtée sur l'autre bord, prit sa lance, monta sur son cheval, puis, faisant de feintes manœuvres, il prit du champ, et, revenant au galop sur l'empereur, il lui traversa la gorge avec sa lance. Au même instant, Rodolphe de Balm, saisissant le défaut de la cuirasse, lui enfonçait son épée dans la poitrine, et Walter d'Eschenbach lui fendait la tête avec sa hache d'armes. Quant à Rodolphe de Wart et à Conrad de Tegernfeld, le courage leur manqua et ils restèrent l'épée à la main, mais sans frapper.

À peine les conjurés eurent-ils vu tomber l'empereur qu'ils se regardèrent, et que, sans dire un mot, ils prirent la fuite chacun de son côté, épouvantés qu'ils étaient l'un de l'autre. Cependant, Albert expirant se débattait sans secours. Une pauvre femme qui passait accourut vers lui et le chef de l'Empire germanique rendit le dernier soupir dans les bras d'une mendiante, qui étancha son sang avec des haillons.

Quant aux assassins, ils restèrent errants dans le monde. Zurich leur ferma ses portes, les trois cantons leur refusèrent asile. Jean le Parricide gagna l'Italie en remontant le cours de la Reuss, sur les bords de laquelle il avait commis son crime. On le vit à Pise, déguisé en moine, puis il se perdit du côté de Venise et l'on n'en entendit plus parler. D'Eschenbach vécut trente-cinq ans caché sous un habit de berger dans un coin du Würtemberg, et ne se fit connaître qu'au moment de sa mort. Conrad de Tegernfeld disparut comme si la terre l'avait englouti et mourut on ne sait où ni comment. Quant à Rodolphe de Wart, livré par un de ses parents, il fut pris, roué vif et exposé encore vivant à la voracité des oiseaux de proie. Sa femme, qui n'avait pas voulu le quitter, resta agenouillée près de la roue du haut de laquelle il lui parlait pendant le supplice, l'exhortant et le consolant jusqu'au moment où il rendit le dernier soupir.

Parmi les enfants d'Albert [63], deux se chargèrent de la vengeance : ce furent Léopold d'Autriche et Agnès de Hongrie, Léopold en se mettant à la tête des troupes, Agnès en présidant aux supplices. Soixante-trois chevaliers innocents, mais parents et amis des coupables, furent décapités à Farnenghen.

---

63. L'empereur Albert eut vingt et un enfants. Aucun de ses fils ne lui succéda comme empereur.

Agnès, non seulement assista à l'exécution, mais encore se plaça si près d'eux que bientôt le sang coula jusqu'à ses pieds et que les têtes roulaient alentour d'elle. Alors on lui fit observer que ses vêtements allaient être souillés : « Laissez, laissez, répondit-elle, je me baigne avec plus de plaisir dans ce sang que je ne le ferais dans la rosée du mois de mai. » Puis, le supplice terminé, elle fonda avec les dépouilles des morts le riche couvent de Kœnigsfelden [64], sur la place même où son père avait été tué, et s'y retira pour finir ses jours dans la pénitence, la solitude et la prière.

Pendant ce temps, le duc Léopold se préparait à la guerre. D'après ses ordres, le comte Otton de Strassberg se prépara à passer le Brünig avec quatre mille combattants. Plus de mille hommes furent armés par les gouvernements de Wellisau, de Walhausen, de Rothenbourg et de Lucerne pour surprendre Unterwald du côté du lac. Quant au duc, il marcha contre Schwyz avec l'élite de ses troupes et conduisant à sa suite des chariots chargés de cordes pour pendre les rebelles.

Les Confédérés rassemblèrent à la hâte treize cents hommes, dont quatre cents d'Uri et trois cents d'Unterwald. La conduite de ce corps fut donnée à un vieux chef nommé Rodolphe Reding de Bibereck, dans l'expérience duquel les trois cantons avaient grande confiance. Le 14 novembre, la petite armée prit ses positions sur le penchant de la montagne de Sattel, ayant à ses pieds des marais presque impraticables, et, derrière ces marais, le lac Égérie.

Chacun venait de choisir son poste de nuit, lorsqu'une nouvelle troupe de cinquante hommes se présenta. C'étaient des bannis de Schwyz qui venaient demander à leurs frères d'être admis à la défense commune, tout coupables qu'ils étaient. Rodolphe Reding prit l'avis des plus vieux et des plus sages, et la réponse unanime fut qu'il ne fallait pas compromettre la sainte cause de la liberté en admettant des hommes souillés parmi ses défenseurs. Défense fut faite, en conséquence, aux bannis de combattre sur le territoire de Schwyz. Ils se retirèrent, marchèrent une partie de la nuit, et allèrent prendre poste dans un bois de sapins situé au haut d'une montagne, sur le territoire de Zug.

---

64. Champ du Roi.

Le lendemain, au point du jour, les Confédérés virent briller les lances des Autrichiens. De leur côté, les chevaliers, en apercevant le petit nombre de ceux qui les attendaient pour disputer le passage, mirent pied à terre, et, ne voulant pas leur laisser l'honneur de commencer l'attaque, marchèrent au-devant d'eux. Les Confédérés les laissèrent gravir la montagne, et, lorsqu'ils les virent épuisés par le poids de leurs armures, ils descendirent sur eux comme une avalanche. Tout ce qui avait essayé de monter à cette espèce d'assaut fut renversé du premier choc, et ce torrent d'hommes alla du même coup s'ouvrir un chemin dans les rangs de la cavalerie, qu'elle refoula sur les hommes de pied, tant le choc fut terrible et désespéré.

Au même moment, on entendit de grands cris à l'arrière-garde. Des rochers qui semblaient se détacher tout seuls descendaient en bondissant et sillonnaient les rangs, broyant hommes et chevaux. On eût dit que la montagne s'animait, et, prenant parti pour les montagnards, secouait sa crinière comme un lion. Les soldats, épouvantés, se regardèrent, et, voyant qu'ils ne pouvaient rendre la mort pour la mort, se laissèrent prendre à une terreur profonde et reculèrent. En ce moment, l'avant-garde, écrasée sous les massues armées de pointes de fer des bergers, se replia en désordre. Le duc Léopold se crut enveloppé par des troupes nombreuses ; il donna l'ordre ou plutôt l'exemple de la retraite, quitta l'un des premiers le champ de bataille, et, le soir même, dit un auteur contemporain, fut vu à Winterthur, pâle et consterné. Quant au comte de Strassberg, il se hâta de repasser le Brünig en apprenant la défaite des Autrichiens.

Ce fut la première victoire que remportèrent les Confédérés. La fleur de la noblesse impériale tomba sous les coups de pauvres bergers et de vils paysans, et servit d'engrais à cette noble terre de la liberté. Quant à la bataille, elle prit le nom expressif de *Morgenstern* parce qu'elle avait commencé à la lueur de l'étoile du matin.

C'est ainsi que le nom des hommes de Schwyz devint célèbre dans le monde, et, qu'à dater du jour de cette victoire, les Confédérés furent appelés *Suisses*, du mot *Schwyzer*, qui veut dire *homme de Schwyz*. Uri, Schwyz et Unterwald devinrent le centre autour duquel vinrent se grouper tour à tour les autres cantons, que le traité de 1815 porta au nombre de vingt-deux.

Quant à Guillaume Tell, qui avait pris une part si active, quoique si involontaire, à cette révolution, après avoir retrouvé sa trace sur le champ de bataille de Laupen, où il combattit comme simple arbalétrier avec sept cents hommes des petits cantons, on le perd de nouveau de vue pour ne le retrouver qu'au moment de sa mort, qui eut lieu, à ce que l'on croit, au printemps de 1354. La fonte des neiges avait grossi la Schachen et venait d'entraîner une maison avec elle. Au milieu des débris, Tell vit flotter un berceau et entendit les cris d'un enfant ; il se précipita aussitôt dans le torrent, atteignit le berceau, et le poussa vers la rive. Mais, au moment où il allait aborder lui-même, le choc d'une solive lui fit perdre connaissance, et il disparut. Il y a de ces hommes élus dont la mort couronne la vie.

Le fils aîné du savant Matteo publia, en 1760, un extrait d'un écrivain danois du douzième siècle nommé Saxo Grammaticus, qui raconte le fait de la pomme, et l'attribue à un roi de Danemark. Aussitôt l'école positive, cette bande noire de la poésie, déclara que Guillaume Tell n'avait jamais existé, et, joyeuse de cette découverte, tenta d'enlever au jour solennel de la liberté suisse les rayons les plus éclatants de son aurore. Mais le bon peuple de Waldstätten garda à la religion traditionnelle de ses pères un saint respect et resta dévot à ses vieux souvenirs. Chez lui, le poème est demeuré vivant et sacré comme s'il venait de s'accomplir, et, si sceptique que l'on soit, il est impossible de douter encore de la vérité de cette tradition lorsqu'en parcourant cette terre éloquente, on a vu les descendants de Walter Fürst, de Stauffacher et de Melchtal prier Dieu de les conserver libres devant la chapelle consacrée à la naissance de Guillaume et à la mort de Gessler.

Printed in Great Britain
by Amazon